交通职业教育教学指导委员会推荐教材
高职高专院校物流管理专业教学用书

高等职业教育规划教材

Baoguan Yu Baojian Shiwu

报关与报检实务

主　编　文妮佳
副主编　程　军
主　审　黄映琴

人民交通出版社

内 容 提 要

本书是高等职业教育规划教材，由交通职业教育教学指导委员会交通运输管理专业指导委员会组织编写。全书共分三篇。第一篇为报关基础，内容包括：概述，报关与海关管理，报关与对外贸易管制，报关程序，进出口商品归类，进出口税费。第二篇为报检基础，内容包括：报检单位与报检员管理，出入境货物检验检疫的报检，进出境集装箱、运输工具、人员及其他物品的报检，出入境检验检疫签证、通关与放行，现行出入境货物检验检疫注册登记审批的申请。第三篇为单证缮制，内容包括：报关单证的填制，报检单证的填制。书中附有案例并甄选了历年报关员、报检员考试题，方便读者学用结合。

本书是高职高专院校物流管理及其相关专业教学用书，也可作为交通领域物流管理专业技能型紧缺人才培养培训工程教材，或作为有关专业继续教育及职业培训教材，也可作为报关员、报检员考试的复习用书。

图书在版编目（CIP）数据

报关与报检实务 / 文妮佳主编 . -- 北京 ：人民交通出版社，2008.8

ISBN 978-7-114-07229-1

Ⅰ. 报… Ⅱ. 文… Ⅲ. ①进出口贸易－海关手续－中国高等学校 ：技术学校－教材②国境检疫 －中国－高等学校 ：技术学校－教材 Ⅳ. F752.5 R185.3

中国版本图书馆 CIP 数据核字（2008）第 087377 号

书　　名：报关与报检实务
著 作 者：文妮佳
责任编辑：李世华
出版发行：人民交通出版社
地　　址：(100011) 北京市朝阳区安定门外外馆斜街 3 号
网　　址：http://www.ccpress.com.cn
销售电话：(010) 59757973
总 经 销：人民交通出版社发行部
经　　销：各地新华书店
印　　刷：北京鑫正大印刷有限公司
开　　本：787 × 1092　1/16
印　　张：24.75
字　　数：616 千
版　　次：2008 年 8 月　第 1 版
印　　次：2015 年 7 月　第 5 次印刷
书　　号：ISBN 978-7-114-07229-1
印　　数：14001-17000 册
定　　价：48.00 元

前　言

进入21世纪,随着经济全球化的发展,物流业作为国民经济的动脉和基础产业起着越来越重要的作用,各级政府和企业都把发展物流业作为提高竞争能力和提高企业核心竞争力的重要手段。现代物流理念、先进的物流技术逐步引入到经济建设和企业经营管理之中。物流业作为一个独立的产业迅速崛起,同时也促进了物流教育的发展。为提高物流运作和管理水平,解决人才制约物流产业发展的瓶颈,加强国际物流、物流管理、仓储配送、物流运输、企业物流、物流营销、物流信息处理等技能型人才的培养,已是推动物流行业发展的关键。

为了实现人才培养目标,适应物流行业的发展要求,贯彻《国务院关于大力发展职业教育的决定》精神,培养面向生产、建设、服务和管理第一线需要的物流行业的高技能人才,推动课程建设与改革,加强教材建设,交通职业教育教学指导委员会交通运输管理专业指导委员会根据物流管理专业人才培养要求,组织全国交通职业技术院校的教师编写了物流管理专业规划教材,供高等职业院校物流管理及其相关专业教学使用。

本套教材全面、系统、科学地阐述了现代物流学的相关理论、方法和应用技术,突出以就业为导向,以能力为本位,以企业工作需求为出发点的职业教育特色,在内容上注重与岗位实际要求紧密结合,与职业资格标准紧密结合,体现了教材的科学性、系统性、应用性、前瞻性和通俗性。既满足了物流管理专业人才培养的需要,也可供物流企业管理和技术人员阅读,还可作为在职人员的培训教材。

《报关与报检实务》是高职高专院校物流管理专业规划教材之一,全书共分三篇。第一篇为报关基础,内容包括:概述,报关与海关管理,报关与对外贸易管制,报关程序,进出口商品归类,进出口税费。第二篇为报检基础,内容包括:报检单位与报检员管理,出入境货物检验检疫的报检,进出境集装箱、运输工具、人员及其他物品的报检,出入境检验检疫签证、通关与放行,现行出入境货物检验检疫注册登记审批的申请。第三篇为单证缮制,内容包括:报关单证的填制,报检单证的填制。

本书具有以下特点:案例与理论知识、报关和报检程序相结合,增强实用性和可操作性;技能训练和习题多,力争做到即学即练,巩固重点;与报关员和报检员资格考试紧密结合,书中甄选了历年报关员、报检员考试题,方便读者复习参考。

参加本书编写工作的有：浙江交通职业技术学院洪理平（编写第一、五、六章），吉林交通职业技术学院祖天明（编写第二、十二章），广州航海高等专科学校程军（编写第三、九、十、十一章）、文妮佳（编写第四、七、八、十三章）。全书由文妮佳担任主编，程军担任副主编，福建交通职业技术学院黄映琴担任主审。

本套教材在编写过程中参阅和引用了国内外有关物流学科的论著和资料，无论在参考文献中是否列出，在此，对这些文献的作者和译者表示由衷的感谢和诚挚的敬意。由于作者水平有限，书中不妥之处在所难免，恳请专家和读者给予批评和指正。

交通职业教育教学指导委员会
交通运输管理专业指导委员会
2007.5

目　　录

第一篇　报关基础

第二篇　报 检 基 础

第三篇 单 证 缮 制

第一篇

报关基础

Baoguan Jichu

第一章　报关概述

● 知识目标

1. 报关、报关单位、报关员的概念；
2. 报关的范围、分类及基本内容；
3. 报关单位、报关活动相关人的基本类型和法律责任，报关单位的注册登记条件，报关员执业资格及执业管理，报关行业协会的性质和作用。

● 技能目标

识别报关员、报关单位和报关之间的关系。

引　例

1. A公司委托Y运输代理有限公司以一般贸易方式向某海关申报进口缝合机3台，申报价格每台15.4万美元。经查验，海关发现当事人实际进口缝合机6台，少报多进3台，涉嫌漏缴税款人民币47.7万元，遂对此立案调查，最后根据调查所掌握的证据情况和《海关行政处罚实施条例》的规定，对A公司作出罚款人民币20万元的行政处罚决定；另根据《海关行政处罚实施条例》第十七条的规定，对报关企业Y公司罚款人民币8万元，并暂停该公司15天报关业务。

2. 某公司于1995年6月到深圳海关报案，称在其报关员张某（案发后离职）任职期间，公司丢失了《进口集中报关货物申报单》158份。经查，其中113份申报单上均加盖了该公司印章，被人利用以其公司的名义进口了保税料件（塑胶料、稳定剂、增塑剂等）1 567 790kg，价值3 498 358美元，涉及税款1 000多万元。本案发生的主要原因是该公司对报关员、报关资料及其印章管理极为混乱。案发后，报关员张某已逃逸，给该公司造成了无法弥补的损失，致使其正常经营难以得到保证。

报关员是报关企业的职工，报关企业对报关员的违法行为应承担责任。

第一节　报关、报关单位、报关活动相关人

一、报关

1. 报关的概念

《中华人民共和国海关法》（以下简称《海关法》）第八条规定："进出境运输工具、货物、物

品,必须通过设立海关的地点进境或者出境。”

国际贸易、国际交流和国际交往活动一般都是通过运输工具、货物、物品和人员的进出境来实现的。因此,在设关地进出境并按规定办理相关的海关手续是运输工具、货物、物品进出境的基本规则,也是进出境运输工具负责人、进出口货物收发货人、进出境物品的所有人应履行的一项基本义务。

报关是指进出口货物收发货人、进出境运输工具负责人、进出境物品的所有人或者他们的代理人向海关办理有关货物、运输工具、物品进出境手续及相关海关事务的全过程。其中进出口货物收发货人、进出境运输工具负责人、进出境物品的所有人或者他们的代理人是报关行为的承担者,是报关的主体,也就是报关人。而进出口货物、进出境运输工具、进出境物品是报关的对象,也就是报关的客体。

货物进出境过程中,有时还需要办理“报检、报验”手续。报检、报验与报关不同,指的是按照国家有关法律、行政法规的规定,向进出口检验、检疫部门办理进出口商品检验、卫生检疫、动植物检疫和其他检验、检疫手续。一般而言,报检、报验手续要先于报关手续办理。

2. 报关对象

报关对象具体包括进出境运输工具、货物和物品。

1)进出境运输工具

进出境运输工具是指用以载运人员、货物、物品进出境,并在国际间运营的各种境内境外船舶、车辆、航空器和驮畜等。

2)进出境货物

进出境货物主要包括一般进出口货物,保税货物,暂准进出境货物,特定减免税货物,过境、转运和通运货物及其他进出境货物。

另外,一些特殊形态的货物,如通过电缆、管道输送进出境的水、电等和无形的货物,如以货品为载体的软件等也属报关的范围。

3)进出境物品

主要包括进出境的行李物品、邮递物品和其他物品。以进出境人员携带、托运等方式进出境的物品为行李物品;以邮递方式进出境的物品为邮递物品;其他物品主要包括享有外交特权和豁免的外国机构或者人员的公务用品或自用物品等。

3. 报关的分类

1)按照报关的对象分

按照报关的对象,可分为运输工具报关、货物报关和物品报关。

(1)运输工具报关

进出境运输工具作为货物、人员及其携带物品的进出境载体,其报关主要是向海关直接交验随附的、符合国际商业运输惯例、能反映运输工具进出境合法性及其所承运货物、物品情况的合法证件、清单和其他运输单证,其报关手续较为简单。

(2)货物报关

进出境货物的报关由于涉及种类繁多,且海关监管要求各异,报关手续较为复杂。

(3)物品报关

进出境物品属于非贸易性质,且一般限于自用、合理数量,其报关手续也很简单。

2)按照报关的目的分

按照报关的目的,主要可分为进境报关和出境报关。

鉴于海关对报关对象进境和出境的不同管理要求,运输工具、货物、物品根据进境或出境的目的分别形成了一套进境报关和出境报关手续。另外,由于运输或其他方面的需要,有些海关监管货物需要办理从一个设关地点运至另一个设关地点的海关手续,在实践中产生了"转关"的需要,转关货物也需要办理相关的报关手续。

3)按照报关活动的实施者不同分

按照报关活动的实施者不同,可分为自理报关和代理报关 。

(1)自理报关

进出口货物收发货人自行办理报关业务称为自理报关。根据我国海关目前的规定,自理报关单位必须具有对外贸易经营权,拥有一定数量的合格报关员,依法向海关办理注册登记后方能办理报关业务。

(2)代理报关

代理报关是指接受进出口收发货人的委托代理其办理报关业务的行为。我国海关法律把有权接受他人委托办理报关业务的企业称为报关企业。报关企业必须依法取得报关企业注册登记许可并向海关注册登记后方能从事代理报关业务。根据代理报关法律行为的责任承担不同,代理报关又分为直接代理报关和间接代理报关。

①直接代理报关。以委托人名义报关,委托人承担完全法律责任。

②间接代理报关。以报关企业自身的名义报关,报关企业承担进出口货物收发货人自理报关时等同的法律责任。

4. 报关的基本内容

1)进出境运输工具报关的基本内容

根据我国《海关法》的规定,所有进出我国关境的运输工具必须经由设有海关的港口、车站、机场、国界孔道、国际邮件互换局(交换站)及其他可办理海关业务的场所申报进出境。进出境申报是运输工具报关的主要内容。根据海关监管的要求,进出境运输工具负责人或其代理人在运输工具进入或驶离我国关境时均应如实向海关申报运输工具所载旅客人数、进出口货物数量、装卸时间等基本情况,但不同种类的运输工具报关时所需递交的单证及所要申明的具体内容也不完全相同。

2)进出境货物报关的基本内容

进出境货物的报关比较复杂。根据海关规定,进出境货物的报关业务应由依法取得报关员从业资格,并在海关注册登记的报关员办理。进出境货物的报关业务包括:按照规定如实申报进出口货物的商品编码、实际成交价格、原产地及相应优惠贸易协定代码等,并办理填制报关单、提交报关单证等与申报有关的事宜;申请办理缴纳税费和退税、补税事宜;申请办理加工贸易合同备案、变更和核销及保税监管等事宜;申请办理进出口货物减税、免税等事宜;办理进出口货物的查验、结关等事宜;办理应当由海关单位办理的其他事宜。

对于不同性质的进出境货物,海关规定了不同的报关程序和要求,具体内容请参考本书第四章。

3)进出境物品报关的基本内容

《海关法》规定，个人携带进出境的行李物品、邮寄进出境的物品，应当以自用合理数量为限。所谓自用合理数量，对于行李物品而言，“自用”指的是进出境旅客本人自用、馈赠亲友而非为出售或出租，“合理数量”是指海关根据进出境旅客旅行目的和居留时间所规定的正常数量；对于邮递物品，则指的是海关对进出境邮递物品规定的征、免税限制。自用合理数量原则是海关对进出境物品监管的基本原则，也是对进出境物品报关的基本要求。

二、报关单位

1. 概念

报关单位是指依法在海关注册登记的进出口货物收发货人和报关企业。

《海关法》第十一条规定：“进出口货物收发货人、报关企业办理报关手续，必须依法经海关注册登记，报关人员必须依法取得报关资格。未依法经海关注册登记的企业和未依法取得报关从业资格的人员，不得从事报关业务。”法律明确规定了对向海关办理进出口货物报关手续的进出口货物收发货人、报关企业实行注册登记管理制度。因此，依法向海关注册登记是法人、其他组织或者个人成为报关单位的法定要求。

2. 类型

根据《海关法》的规定，报关单位划分为进出口货物收发货人和报关企业两种类型。

1）进出口货物收发货人

进出口货物收发货人是指依法直接进口或者出口货物的中华人民共和国关境内的法人、其他组织或者个人。

一般而言，进出口货物收发货人是指依法向国务院对外贸易主管部门或者其委托的机构办理备案登记的对外贸易经营者。对于一些未取得对外贸易经营者备案登记表但按照国家有关规定需要从事非贸易性进出口活动的单位，由海关出具临时报关单位注册登记证明（有效期最长为7日），海关也视其为进出口货物收发货人。

进出口货物收发货人经向海关注册登记后，只能为本单位进出口货物报关。

2）报关企业

报关企业，是指按照规定经海关准予注册登记，接受进出口货物收发货人的委托，以进出口货物收发货人的名义或者以自己的名义，向海关办理代理报关业务，从事报关服务的境内企业法人。

进出口货物报关是一项专业性很强的工作。作为报关企业，必须在经营规模、管理人员素质、报关员数量、守法状况、管理制度等几个方面符合海关规定的设立条件，并经海关注册登记行政许可，依法向海关办理注册登记。

目前，我国从事报关服务的报关企业主要有两类：一类是主营代理报关业务的报关公司或报关行；另一类是经营国际货物运输代理、国际运输工具代理等业务，兼营进出口货物代理报关业务的国际货物运输代理公司等。

3. 报关单位的报关行为规则

1）进出口货物收发货人的报关行为规则

进出口货物收发货人在海关办理注册登记后，可以在中华人民共和国关境内各个口岸或海关监管业务集中的地点办理本单位的报关业务，但不能代理其他单位报关；也可以委托在海

关注册登记的报关企业，由该企业所属的报关员代为办理报关业务；但不得委托未取得注册登记许可、未在海关办理注册登记的单位或者个人办理报关业务。

进出口货物收发货人在办理报关业务时，应当通过本单位所属的报关员向海关办理，向海关递交的纸质报关单必须加盖本单位在海关备案的报关专用章。

进出口货物收发货人应对其所属报关员的报关行为承担相应的法律责任。其所属的报关员离职，报关员未按规定办理报关员注册注销的，报关企业应当自报关员离职之日起 7 日内向海关报告并将报关员证件交注册地海关予以注销；如果报关员离职时未交还报关员证件的，其所在单位应当在报刊上声明作废，并向注册地海关办理注销手续。

2）报关企业的报关行为规则

（1）报关企业报关服务的地域范围

报关企业可以在依法取得注册登记许可的直属海关关区内的各口岸或海关监管业务集中的地点从事报关服务，但必须在拟从事报关服务的相应口岸地或海关监管业务集中的地点依法设立分支机构，并且在开展报关服务前按规定向直属海关备案。

报关企业如需在注册登记许可区域以外从事报关服务的，应当依法设立分支机构，并且向拟注册登记地海关申请报关企业分支机构注册登记许可。报关企业分支机构经海关依法准予注册登记许可的，向海关办理注册登记后，可在所在地口岸或者海关监管业务集中的地点从事报关服务。报关企业对其分支机构的行为承担法律责任。

（2）报关企业从事报关服务应当履行的义务

①遵守法律、行政法规、海关规章的各项规定，依法履行代理人职责，配合海关监管工作，不得违法滥用报关权。

②依法建立各种账簿和营业记录。真实、正确、完整地记录营业过程，完整保留委托单位提供的各种单证、票据、函电，接受海关稽查。

③与委托方签订书面的委托协议，协议应当载明受托报关企业的名称、地址、委托事项、双方责任、期限、委托人的名称、地址等内容，由双方签章确认。

④接受进出口货物收发货人的委托，办理报关手续时，应当承担对委托人所提供情况的真实性、完整性进行合理审查的义务。审查内容包括：证明进出口货物的实际情况的资料，包括进出口货物的名称、规格、用途、产地、贸易方式等；有关进出口货物的合同、发票、运输单据、装箱单等商业单据；进出口所需的许可证件及随附单证；海关要求的加工贸易手册（纸质或电子数据的）及其他进出口单证等。报关企业未对进出口货物收发货人提供情况的真实性、完整性履行合理审查义务或违反海关规定申报的，应当承担相应的法律责任。

⑤不得以任何形式出让报关企业的名义，供其他人办理报关业务。

⑥对于代理报关的货物涉及走私违规情事的，应当接受或者协助海关进行调查。

3）报关企业的其他规则

①办理报关业务时，向海关递交的纸质进出口货物报关单必须加盖本单位在海关备案的报关专用章。该报关专用章仅限在报关企业标明的口岸地或者海关监管业务集中地使用，每一口岸地或者海关监管业务集中地报关专用章只有 1 枚。

②应对报关企业所属报关员的报关行为承担相应的法律责任。报关企业所属的报关员离职，报关员未按规定办理报关员注册注销的，报关企业应当自报关员离职之日起 7 日内向海关

报告并将报关员证件交注册地海关予以注销;报关员离职时未交还报关员证件的,其所在单位应当在报刊上声明作废,并向注册地海关办理注销手续。

4. 报关单位的海关法律责任

报关单位的法律责任是指报关单位违反海关法律规范所应承担的法律后果,并由海关及有关司法机关对其违法行为依法予以追究,实施法律制裁。《海关法》、《海关行政处罚实施条例》及有关的海关行政规章等都对报关单位的海关法律责任进行了规定;《刑法》中关于走私犯罪的规定,《行政处罚法》中关于处罚的原则、程序、时效、管辖、不予、从轻或减轻处罚以及执行等规定,也都适用于对报关单位海关法律责任的追究。

报关单位的海关法律责任按其违反《海关法》、《海关行政处罚实施条例》及有关的海关行政规章的严重程度的不同,可分成走私罪及其法律责任,走私行为及其法律责任,违规行为及其法律责任。

小博士 1-1: **报关单位的海关法律责任**

1. 违法但未构成走私,海关按《海关行政处罚实施条例》的有关规定处理。

2. 违法且构成走私但不构成犯罪的,没收走私货物、物品及违法所得,可并处罚款;没收用于掩护走私的货物、物品、运输工具;拆毁或没收藏匿走私货物、物品的特制设备。

3. 违法且构成犯罪的,依法追究刑事责任。

4. 对应申报项目未申报或申报不实的,按下列规定予以处罚,没收违法所得:

(1)影响海关统计准确性的,予以警告或者处1 000元以上1万元以下罚款;

(2)影响海关监管秩序的,予以警告或者处1 000元以上3万元以下罚款;

(3)影响国家许可证件管理的,处货物价值5%以上30%以下罚款;

(4)影响国家税款征收的,处漏缴税款30%以上2倍以下罚款;

(5)影响国家外汇、出口退税管理的,处申报价格10%以上50%以下罚款。

5. 报关企业有下列情形之一的,责令改正,给予警告,可以暂停其6个月以内从事报关业务:

(1)拖欠税款或者不履行纳税义务的;

(2)报关企业出让其名义供他人办理进出口货物报关纳税事宜的;

(3)有需要暂停其从事报关业务的其他违法行为的。

6. 报关企业有下列情形之一的,海关可以撤销其注册登记:

(1)报关企业构成走私犯罪或者1年内有2次以上走私行为的;

(2)所属报关员1年内3人次以上被海关暂停执业的;

(3)被海关暂停从事报关业务,恢复从事报关业务后1年内再次发生上述5规定情形的;

(4)有需要撤销其注册登记的其他违法行为的。

7. 报关企业非法代理他人报关或者超出海关准予的从业范围进行报关活动的,责令改正,处5万元以下罚款,暂停其6个月内从事报关业务;情节严重的,撤销其报关注册登记。

8. 进出口货物收发货人、报关企业向海关工作人员行贿的,撤销其报关注册登记,并处10

万元以下罚款;构成犯罪的,依法追究刑事责任,并不得重新注册登记为报关企业。

9. 未经海关注册登记从事报关业务的,予以取缔,没收违法所得,可以并处10万元以下罚款。

10. 提供虚假资料骗取海关注册登记的,撤销其注册登记,并处30万元以下罚款。

11. 报关单位有下列情形之一的,海关予以警告,责令其改正,并可以处人民币1 000元~5 000元罚款:

(1)报关企业注册登记的内容发生变更,未按照规定向海关办理变更手续的;

(2)未向海关备案,擅自变更或者启用“报关专用章”的;

(3)所属报关员离职,未按照规定向海关报告并办理相关手续的。

训练1-1:

1. 海关对进出境物品监管的基本原则是(　　)。

A. 合法原则　B. 不限制原则　C. 充分合理原则　D. 自用合理数量原则

2. 报关企业如需要在注册登记许可区域外从事报关服务的,应依法设立分支机构,并且向(　　)递交报关企业分支机构注册登记许可申请。

A. 海关总署　B. 所在地海关　C. 原报关注册登记海关　D. 拟报关注册登记海关

3. 下列关于进出口收发货人和报关企业报关行为规则表述错误的是(　　)。

A. 两者办理报关业务时,向海关递交的纸质进出口货物报关单必须加盖本单位在海关备案的报关专用章

B. 两者均应对其所属报关员的报关行为承担相应的法律责任

C. 两者均可以代理其他单位办理报关业务

D. 两者均可在其注册登记地直属海关关区内各口岸或海关业务集中的地点办理报关业务

4. 对伪报、瞒报进出口货物价格偷逃关税的行为,海关除没收其违法所得外,还可以并处(　　)罚款。

A. 进口货物等值以下　B. 偷逃税款1倍以下

C. 进口货物价值3倍以下　D. 偷逃税款3倍以下

5. 海关在行使下列(　　)权力时需经直属海关关长或者其授权的隶属海关关长批准。

A. 在调查走私案件时,查询案件涉嫌单位和涉嫌人员在金融机构、邮政企业的存款、汇款

B. 在海关监管区和海关附近沿海沿边规定地区,检查走私嫌疑人的身体

C. 检查有走私嫌疑的进出境运输工具

D. 询问被稽查人的法定代表人、主要负责人员和其他有关人员与进出口活动有关的情况和问题

6. 报关企业注册登记许可,应由(　　)部门作出。

A. 海关总署　B. 直属海关

C. 隶属海关　D. 海关总署授权的直属海关或隶属海关

7. 报关企业报关注册登记证书和进出口收发货人报关注册登记证书的有效期为(　　)。
A. 均为2年　　B. 报关企业为2年,进出口货物收发货人为3年
C. 均为3年　　D. 报关企业为3年,进出口货物收发货人为2年

三、报关活动相关人

1. 概念

报关活动相关人是指其经营行为涉及海关监管货物,但并不直接参与货物进出口报关的有关企业或单位。这是一个相对于报关人而言的概念。这些企业或单位虽然不是报关人,不直接参与报关业务,但与报关活动密切相关,承担着相应的海关义务和法律责任。

2. 类型

1)海关监管货物仓储企业

这类企业经营着海关监管货物的仓储业务,其经营场所目前主要有以下几种:

①在海关监管区内存放海关监管货物的仓库、场所,一般存放海关尚未放行的进口货物和已办理申报、放行手续尚待装运离境的出口货物;

②保税仓库,主要存放经口岸海关放行后按海关保税制度继续监管的货物;

③出口监管仓库,专门存放已向海关办完全部出口手续并已对外卖断结汇的出口货物;

④其他经海关批准存放海关监管货物的仓库、场所。

该类报关活动相关人在从事海关监管货物仓储业务前必须经海关批准,并办理海关注册登记手续。其仓储的海关监管货物必须按照海关的规定收存、交付。在保管期间造成海关监管货物损毁或者灭失的,除不可抗力外,仓储企业应承担相应的纳税义务和法律责任。

2)从事加工贸易生产加工的企业

该类企业是指接受加工贸易经营单位的委托,按经营单位与外商签订的加工贸易合同规定,将进口料件加工成品后,再交由其委托人即经营单位办理成品出口手续的具有法人资格的生产加工企业。

作为报关活动相关人的从事加工贸易生产加工的企业有两种类型:

①未向海关办理报关注册登记的企业,但因其从事保税料件的加工业务,故也须向海关办理保税加工的注册登记手续,接受海关监管;

②已向海关办理了报关注册登记的企业,但因其保税料件加工业务是受经营单位的委托而开展的,在这种情况下该企业应视为报关活动相关人,而不是报关单位。

3)转关运输货物的境内承运人

转关运输货物的境内承运人须经海关批准,并办理海关注册登记手续。其从事转关运输的运输工具和驾驶人员也须向海关注册登记。运载转关运输货物的运输工具、装备应具备密封装置和加封条件。在运输期间转关运输货物损毁或者灭失的,除不可抗力外,承运人应承担相应的纳税义务和法律责任。

3. 报关活动相关人的法律责任

报关活动相关人在从事与报关相关的活动中,违反《海关法》和有关法律、行政法规的,要

承担相应的行政、刑事法律责任。

根据《海关法》的规定，海关准予从事有关业务的企业，违反《海关法》有关规定的，由海关责令改正，可以给予警告、暂停其从事有关业务，直至撤销注册。

第二节　报关员与报关行业协会

根据现行《海关法》的规定，进出口货物的报关业务必须由经海关批准并注册登记的专业人员代表进出口货物收发货人或者报关企业向海关办理，这些专业人员就是报关员。

一、报关员

1. 概念

报关员是指依法取得报关员从业资格，并在海关注册登记，向海关办理进出口货物报关业务的人员。

报关员是报关单位与海关之间的桥梁和纽带。报关员业务水平的高低和报关质量的好坏不仅影响着正常通关速度，也影响着海关的工作效率，而且还直接影响报关单位的经济效益。尤其在报关企业，报关员的业务水平直接关系到企业的声誉，影响着企业的生存与发展。

报关员必须受雇于一个依法向海关注册登记的进出口货物收发货人或者报关企业，并代表该企业向海关办理报关业务，报关员不是自由职业者。同时《海关法》还规定，报关企业和报关人员不得非法代理他人报关，或者超出其业务范围进行报关活动。

2. 报关员资格

改革开放以来，我国在各个领域都取得了很大的进步，尤其是对外贸易活动，得到了巨大的发展。对外贸易进出口总额从1980年的381亿美元增加到2008年的25 616亿美元，进出口规模分别达到11 331亿美元和14 285亿美元。随着对外经济交流的加深与增强，各类进出境活动也日益频繁，报关业务量也快速上升，社会对报关员的需求日益增长，报关作为向社会提供专门化服务的职业已引起社会的关注。

由于报关工作的专业性，要求从事报关工作的人员必须具备一定的学识水平和实际业务能力，必须熟悉与货物进出口有关的法律制度、贸易程序、商品知识，必须精通海关法律、法规、规章并具备办理报关业务的技能。为此，《海关法》以“未依法取得报关从业资格的人员，不得从事报关业务”条款，明确了报关员从业资格许可制度。

我国的报关员从业资格许可是通过报关员资格全国统一考试和颁发报关员资格证书的形式进行的。首先，海关规定报关员资格全国统一考试的报名条件，然后，对符合报名条件的人员进行全面、系统的业务知识水平和能力的考试，来检验其是否符合报关职业的基本要求，最后，通过行政许可的方式对其中符合条件者颁发报关员资格证书。

报关员资格证书是从事报关工作的资格证明，由海关总署统一制定，在全国范围内有效，取得报关员资格证书者可以按规定向海关申请报关员注册。

3. 报关员注册

报关员注册是指报关单位所在地海关或受其委托的隶属海关，对通过报关员资格考试、依法取得报关员资格证书的考生提出的注册申请，依法作出准予报关员注册的决定，并颁发报关员证的行为。

报关员注册是法律设定的海关行政许可事项之一。2006年3月8日对外公布，自2006年6月1日起施行的《中华人民共和国海关报关员执业管理办法》（以下简称《执业管理办法》），专门明确规定了报关员注册制度的实体性和程序性要求。

对符合法定条件的申请，海关应当依法作出准予报关员注册的决定，并应当自作出决定之日起10日内向申请人颁发报关员证。可以当场作出决定并颁发报关员证的，海关不再制发受理决定书和准予报关员注册决定书。

对不符合法定条件的申请，海关应当依法作出不予报关员注册的书面决定。

报关员注册有效期为2年。报关员需要延续报关员注册有效期的，应当在注册有效期届满30日前，提交法律规定的相关资料，向海关提出报关员注册延续申请。逾期提出报关员注册延续申请的，海关不予受理。报关员未办理注册延续手续或者海关未准予报关员注册延续的，自有效期届满之日起，其报关员注册自动终止。

对报关员提出的变更报关员注册申请，注册地海关应当按照报关员注册程序进行审核，对符合法定条件的，应当作出准予变更决定，并于作出准予变更决定后的10日内办结变更手续，换发《报关员证》。

可以当场作出变更决定并换发《报关员证》的，不再制发受理决定书、准予变更报关员注册决定书。

报关员注册有效期届满未延续，报关员死亡或者丧失民事行为能力，报关员注册依法被撤销、撤回，报关员被海关依法取消从业资格，报关员所在报关单位被海关注销注册登记的情形，海关应当依法办理报关员注册的注销手续。

4. 报关员的义务和权利

报关员作为代表企业办理进出境手续的专业人员，在报关活动中应遵照《执业管理办法》，自觉履行法定义务，同时也依法享有相应的权利。

1）报关员应当履行的义务

①熟悉所申报货物的基本情况，对申报内容和有关材料的真实性、完整性进行合理审查；

②提供齐全、正确、有效的单证，准确、清楚、完整填制海关单证，并按照规定办理报关业务及相关手续；

③海关查验进出口货物时，配合海关查验；

④配合海关稽查和对涉嫌走私违规案件的查处；

⑤按照规定参加直属海关或者直属海关授权组织举办的报关业务岗位考核；

⑥持《报关员证》办理报关业务，海关核对时，应当出示；

⑦妥善保管海关核发的《报关员证》和相关文件；

⑧协助落实海关对报关单位管理的具体措施；

2）报关员的权利

①以所在报关单位名义执业，办理报关业务；

②向海关查询其办理的报关业务情况；

③拒绝海关工作人员的不合法要求；

④对海关对其作出的处理决定享有陈述、申辩、申诉的权利；

⑤依法申请行政复议或者提起行政诉讼；

⑥合法权益因海关违法行为受到损害的，依法要求赔偿；

⑦参加执业培训。

5. 报关员执业管理

报关员资格考试成绩合格并取得《报关员资格证书》者，应持有关资料到报关单位所在地海关申请注册，经海关审核通过并颁发报关员证后，方可开始报关员执业。报关员证是报关员执业的法律凭证。除法律、行政法规另有规定的外，报关单位的报关业务应当由报关员办理。

1）报关员执业范围

《执业管理办法》规定，报关员应当在一个报关单位执业。

报关企业及其跨关区分支机构的报关员，应当在所在报关企业或者跨关区分支机构的报关服务的口岸地或者海关监管业务集中的地点执业。

进出口货物收发货人的报关员，可以在中华人民共和国关境内的各口岸地或者海关监管业务集中的地点执业。

报关员应当在所在报关单位授权范围内执业。

2）执业内容

报关员应当按照报关单位的要求和委托人的委托依法办理下列业务：

①按照规定如实申报进出口货物的商品编码、商品名称、规格型号、实际成交价格、原产地及相应优惠贸易协定代码等报关单有关项目，并办理填制报关单、提交报关单证等与申报有关的事宜；

②申请办理缴纳税费和退税、补税事宜；

③申请办理加工贸易合同备案（变更）、深加工结转、外发加工、内销、放弃核准、余料结转、核销及保税监管等事宜；

④申请办理进出口货物减税、免税等事宜；

⑤协助海关办理进出口货物的查验、结关等事宜；

⑥应当由报关员办理的其他报关事宜。

3）报关员执业禁止

报关员执业不得有以下行为：

①故意制造海关与报关单位、委托人之间的矛盾和纠纷；

②假借海关名义，以明示或者暗示的方式向委托人索要委托合同约定以外的酬金或者其他财物、虚假报销；

③同时在2个或者2个以上报关单位执业；

④私自接受委托办理报关业务，或者私自收取委托人酬金及其他财物；

⑤将《报关员证》转借或者转让他人，允许他人持本人《报关员证》执业；

⑥涂改《报关员证》；

⑦其他利用执业之便谋取不正当利益的行为。

6. 报关员的海关记分考核管理

目前全国已取得报关员资格的约有13万人。虽然自实行报关员资格全国统一考试后，报关员业务素质普遍有所提高，但受利益驱动而违规操作的情况仍十分普遍。报关员业务和服务水平不高、超范围报关、私自报关、借权报关、无序流动、诚信缺失，甚至参与走私违法等，已成为增加海关监管成本、制约通关效率、影响海关对外贸易统计、扰乱进出口秩序、阻碍国家投资软环境改善的一个重要因素。为了维护报关秩序，提高报关质量，规范报关员的报关行为，保证通关效率，海关根据《中华人民共和国海关法》及其他有关法律、行政法规，制定了《海关对报关员记分考核管理办法》，从 2005 年 1 月 1 日起对报关员实行记分考核管理。根据海关规定，对记分达到规定分值的报关员，海关中止其报关员证效力，不再接受其办理报关手续。报关员应当参加注册登记地海关的报关业务岗位考核，经岗位考核合格之后，方可重新上岗。

1）记分考核管理的对象和范围

报关员记分考核管理对象：取得报关从业资格，并按照规定程序在海关注册登记，持有报关员证件的报关员，即在职报关员。

报关员记分考核管理范围：

①报关单填制不规范。包括海关电子审单系统接受电子数据报关单后进行逻辑处理，发现差错自动将报关单退回的；海关接受纸质报关单申报后，报关单证及其内容因报关员填制不规范导致需要修改或撤销的；影响海关统计的。

②报关行为不规范。包括未按规定在纸质报关单及随附单证上加盖报关专用章及其他印章，或者使用印章不规范的；未按规定在纸质报关单及随附单证上签名盖章或由其他人代表签名盖章的；出借本人报关员证件、借用他人报关员证件或者涂改报关员证件内容的；因报关员原因，导致海关退回或撤销报关单的。

③违反海关监管规定被海关予以行政处罚，但未被暂停执业、取消报关从业资格的。

④因走私被海关予以行政处罚，但未被暂停执业、取消报关从业资格的。

值得注意的是，对这些行为的认定遵循责任明确的原则，仅对报关员在报关单填制不规范、报关行为不规范以及违反海关监管规定或走私但未予资格处罚的行为实施记分，对不在此范围之列的其他行为则不予记分。在记分时，海关有责任认定报关员是否对该记分情事负有责任，而对于无法区分责任主体是报关员还是其他单位或个人的，海关不予记分。

2）记分考核管理的性质

海关对报关员的记分考核管理从性质上讲是一种教育和管理措施，而不是行政处罚。海关对记分达到一定分值的报关员实行岗位考核管理，目的是督促其增强遵纪守法意识，提高自身业务水平。当报关员记分累计至 30 分，海关中止其报关员证效力、不再接受其办理报关手续的方式。此时报关员应当参加注册登记地海关的报关业务岗位考核，经岗位考核合格之后，方可重新上岗。

若报关员向海关工作人员行贿或有违反海关监管规定、走私行为等其他违法行为，由海关处以暂停执业、取消报关从业资格处罚的，不适用于《记分考核管理办法》，而应按照《海关行政处罚实施条例》等规定处理。

3）记分考核的管理部门

海关企业管理部门负责对报关员记分考核的职能指导、日常监督管理及相关协调工作。

海关通关业务现场及相关业务职能部门负责具体执行记分工作。海关人员在记分时，应当将记分原因和记分分值以电子或者纸质告知单的形式告知报关员。

记分的行政行为应当以各级海关名义作出。

4)记分考核管理量化标准

海关对报关员的记分考核,依据其报关单填制不规范、报关行为不规范的程度和行为性质,一次记分的分值分别为1分、2分、5分、10分、20分、30分。

小博士1-2:

海关对报关员的记分考核

1. 有下列情形之一的,记1分:

(1)电子数据报关单的有关项目填写不规范,海关退回责令更正的;

(2)在海关签印放行前,因为报关员原因造成申报差错,报关单位向海关要求修改申报单证及其内容,经海关同意修改,但未对国家贸易管制政策的实施、税费征收及海关统计指标等造成危害的;

(3)未按照规定在纸质报关单及随附单证上加盖报关专用章及其他印章或者使用印章不规范的;

(4)未按照规定在纸质报关单及随附单证上签名盖章或者由其他人代表签名盖章的。

2. 有下列情形之一的,记2分:

(1)在海关签印放行前,因为报关员填制报关单不规范,报关单位向海关申请撤销申报单证及其内容,经海关同意撤销,但未对国家贸易管制政策的实施、税费征收及海关统计指标等造成危害的;

(2)海关人员审核电子数据报关单时,要求报关员向海关解释、说明情况、补充材料或者要求提交货物样品等有关内容的,海关告知后报关员拒不解释、说明、补充材料或者拒不提供货物样品等有关内容,导致海关退回报关单的。

3. 有下列情形之一的,记5分:

(1)报关员自接到海关"现场交单"或者"放行交单"通知之日起10日内,没有正当理由,未按照规定持打印出的纸质报关单,备齐规定的随附单证,到货物所在地海关递交书面单证并办理相关海关手续,导致海关撤销报关单的;

(2)在海关签印放行后,因为报关员填制报关单不规范,报关单位向海关申请修改或者撤销报关单(因出口更换舱单除外),经海关同意且不属于走私、偷逃税等违法违规性质的;

(3)在海关签印放行后,海关发现因为报关员填制报关单不规范,报关单币值或者价格填报与实际不符,且两者差额在100万元人民币以下;数量与实际不符,且有四位数以下差值,经海关确认不属伪报的,但影响海关统计的。

4. 有下列情形之一的,记10分:

(1)出借本人报关员证件、借用他人报关员证件或者涂改报关员证件内容的;

(2)在海关签印放行后,海关发现因报关员填制报关单不规范,报关单币值或者价格填报与实际不符,且两者差额在100万元人民币以上;数量与实际不符,且有四位数以上差值,经海关确认不属伪报的。

5. 因为违反海关监管规定行为被海关予以行政处罚,但未被暂停执业、取消报关从业资格的,记20分。

6. 因为走私行为被海关予以行政处罚，但未被暂停执业、取消报关从业资格的，记30分。

记分周期为公历年，即从每年1月1日起至12月31日止。报关员在海关注册登记之日起至当年12月31日不足1年的，按一个记分周期计算。一个记分周期期满后，记分分值累加未达到30分的，该周期内的记分分值予以消除，不转入下一个记分周期。但报关员在一个记分周期内办理变更注册登记报关单位或者注销手续的，已记分分值在该记分周期内不予以消除。

具体的记分项目在海关总署统一制定的报关员记分对照表中予以列明。

5）记分考核管理的救济途径

记分考核管理是一项与报关员利益密切相关的行政行为，《记分考核管理办法》除了根据《行政复议法》、《行政诉讼法》的规定，对具体行政行为允许报关员提请行政复议或行政诉讼外，还结合记分的实际情况，规定报关员可以向记分执行海关提出书面申辩的救济途径，以降低救济成本。《记分考核管理办法》规定：报关员对记分的行政行为有异议的，应当自收到电子或纸质告知单之日起7日内向作出该记分行政行为的海关部门提出书面申辩；海关应当在接到申辩申请7日内作出答复，对记分错误的应当及时予以更正。

6）岗位考核

根据海关规定，记分达到30分的报关员，海关中止其报关员证效力，不再接受其办理报关手续。报关员应当参加注册登记地海关的报关业务岗位考核，经岗位考核合格之后，方可重新上岗。

岗位考核由报关员注册地直属海关或者直属海关委托的单位负责组织。岗位考核内容为海关法律、行政法规、报关单填制规范及相关业务知识和技能。

报关员经岗位考核合格的，可以向注册登记地海关申请将原记分分值予以消除。岗位考核不合格的，应当继续参加下一次考核。

报关员记分已达30分，拒不参加考核的，直属海关可以将报关员的姓名及所在单位等情况对外公告。

7. 报关员的法律责任

报关员在报关活动中，违反《海关法》和相关法律、行政法规的，由海关或其他部门给予相应的处理和行政处罚，构成犯罪的，依法移送司法机关追究其刑事责任。

①报关员在报关活动中，违反《海关法》和相关法律、行政法规的，由海关或其他报名给予相应的处理和行政处罚，构成犯罪的，依法移送司法机关追究其刑事责任。

②报关员因工作疏忽或在代理报关业务中因对委托人所提供情况的真实性未进行合理审查，致使发生进出口货物的品名、税则号列、数量、规格、价格、贸易方式、原产地、起运地、运抵地、最终目的地或者其他应当申报的项目未申报或者申报不实的，海关可以暂停其6个月以内报关执业；情节严重的，取消其报关从业资格。

③报关员被海关暂停其报关执业，恢复从事有关业务后1年内再次被暂停报关执业的，海关可以取消其报关从业资格。

④报关员非法代理他人报关或者超出海关准予的从业范围进行报关活动的，责令改正，处5万元以下罚款，暂停其6个月以内报关执业；情节严重的，取消其报关从业资格。

⑤报关员向海关工作人员行贿的，取消其报关从业资格，并处10万元以下罚款；构成犯罪的，依法追究刑事责任，并不得重新取得报关从业资格。

⑥未取得报关从业资格从事报关业务的，予以取缔，没收违法所得，可以并处10万元以下罚款。

⑦提供虚假资料骗取海关注册登记、报关从业资格的，撤销其注册登记、取消其报关从业资格，并处30万元以下罚款。

⑧报关员有违反《海关法》行为，受到海关按照《海关法》、《海关行政处罚实施条例》规定吊销其报关员证件处罚的，5年内不得重新申请报关员注册。

二、报关行业协会

报关行业协会是由从事报关的企业和个人自愿结成的、非盈利性质的、具有法人资格的全国性行业组织，是报关服务市场的主要的行业自律管理力量，是海关等政府部门与广大报关企业之间、会员单位与会员单位之间沟通的桥梁和纽带。

中国报关协会（China Customs Brokers Association，简称CCBA），是由经海关批准的从事报关的企业和个人自愿结成的非盈利性质的具有法人资格的全国性行业组织。

中国报关协会是中国唯一的全国性报关行业组织。协会成员包括报关企业、进出口货物收发货人及其报关员。中国报关协会受民政部和海关总署双重管理，其登记管理机关为民政部，业务主管单位为海关总署。

根据《报关协会章程》规定，协会的宗旨是配合政府部门加强对我国报关行业的管理，维护、改善报关市场的经营秩序，促进会员间的交流与合作，依法代表本行业利益，保护会员的合法权益，促进我国报关服务行业的健康发展；协会的业务范围是：监督指导、沟通协调、行业自律、培训考试、出版刊物、交流合作、创办实体。

中国报关协会自成立以来，在行业自律方面作了大量工作。2003年12月21日，中国报关协会第一届理事会第二次会议全体审议通过了《报关行业自律准则（试行）》和《报关员公约》，为行业自律机制的创建打下了较好的基础。

训练1-2：

1. 报关员的注册有效期是（　　）。

A. 一年　　B. 两年　　C. 三年　　D. 永久

2. 海关对于未取得报关从业资格的人员从事报关业务，将（　　）。

A. 予以取缔，没收违法所得，可以并处10万元以下罚款

B. 予以取缔，没收违法所得，可以并处10万元以下罚款，且规定其3年内不得参加报关员资格全国统一考试

C. 以走私行为论处，给予相应的行政处罚

D. 无权处理该人员，但可以对其所属报关单位处以罚款

3. 根据《报关员记分考核管理办法》的规定，记分达到（　　）的报关员，海关中止其报关员证效力，不再接受其办理报关手续。

A. 15分　　B. 20分　　C. 30分　　D. 50分

4. 根据《报关员记分考核管理办法》的规定，报关员因为走私行为被海关予以行政处罚，

但未被暂停执业、取消报关从业资格的,记(　　)。

A.5 分　　B.10 分　　C.20　　D.30 分

5. 报关员遗失报关员证件,应自证件遗失之日起(　　)内向海关递交情况说明并登报声明作废。

A.10 日　　B.15 日　　C.20 日　　D.30 日

练习题

一、多项选择题

1. 报关的具体范围包括(　　)。

A.进出境人员的报关　　B.进出境运输工具的报关

C.进出境货物的报关　　D.进出境物品的报关

2. (　　)是报关行为的承担者,即报关人。

A.进出境运输工具负责人　　B.进出口货物的收发货人

C.进出境物品的所有人　　D.以上三种人的代理人

3. 在报关活动中,负有连带法律责任的报关活动相关人是指(　　)。

A.进出口货物收发货人　　B.间接代理报关的报关企业

C.装有转关运输货物的运输工具的驾驶员　　D.经营海关监管业务仓储业务的企业

4. 按照《中华人民共和国海关法》的规定,属于走私罪或按走私罪论处的行为是:(　　)。

A.未经海关批准并补缴关税,擅自转让进出境运输工具的自用物料、物品的

B.在内海、领海运输、收购、贩卖国家限制进出口的货物,数额较大没有合法证明的

C.未经国务院或国务院授权的机关批准,从未设立海关的地点运输应当缴纳关税的货物、物品进出境,数额巨大的

D.进出境货物的原产国别、消费国别、贸易国别、贸易方式等应当申报的项目申报不实的

5. 报关员是代表一个企业向海关办理报关事项的人员,他既要对本企业负责,同时也要认真履行其职责,配合海关做好工作。按照规定,报关员在报关活动中应履行的义务是:(　　)。

A.遵守国家有关法律、法规和海关规章

B.配合海关对走私违规案件的调查

C.负责在规定的时间内办理缴纳所报进出口货物的各项税费手续、海关罚款和销案手续

D.协助本企业完整保存各种原始报关单证、票据、函电等资料

二、判断题

1. 报关员非法代理他人报关或者超出海关准予的从业范围进行报关活动的,责令其改正,处5万元以下罚款,暂停其6个月以内报关执业。(　　)

2. 根据《中华人民共和国刑法》的规定,单位犯走私罪的,除对单位处以罚金外,还要追究

其直接责任的主管人员和其他直接责任人员的刑事责任。（　　）

3. 自理报关单位只具有报关权，不具备进出口经营权。（　　）

4. 走私行为的主体既可以是自然人，也可以是法人。（　　）

5. 企业向海关申请注册登记是其取得海关资格的法定条件。（　　）

6. 海关规定，除进出口货物的申报外，申请办理加工贸易合同备案、变更和核销等报关业务也应由依法取得报关员从业资格，并在海关注册登记的报关员办理。（　　）

7. 已向海关办理了报关注册登记的企业，在接受加工贸易经营单位的委托开展加工贸易生产时，应视其为报关活动相关人。（　　）

8. 根据《中华人民共和国海关法》规定的设关原则，如果海关监督管理需要，国家可以在现有的行政区划之外安排海关的上下级关系和海关的相互关系。（　　）

9. 报关企业和进出口货物收发货人须经海关注册登记许可后方可向海关办理报关单位注册登记手续。（　　）

10. 对外贸易经营者只能在国家允许的范围内为本企业从事对外贸易经营活动，不可以接受他人的委托，在经营范围内代为办理对外贸易业务。（　　）

第二章　报关与海关管理

● **知识目标**

1. 海关的产生与发展，海关的性质与任务；
2. 海关的权力与管理体制以及报关管理制度。

● **技能目标**

能够办理报关单位和报关员的注册、登记和年审等手续。

引　言

张平是学习物流管理专业的大学生，对于和国际物流接轨的报关员专业一直很向往，想在毕业后从事这方面的相关业务，但是他对于海关的管理体制和管理方式都不了解，如何才能进入这个行业中，今后在实际工作中应该注意哪些方面的问题，这就是本章要讲的内容。

第一节　海 关 概 述

一、海关的产生与发展

海关是根据国家法令，对进出关境的运输工具、货物、物品进行监督管理，征收关税和其他税费，查缉走私，编制海关统计的国家行政管理机关。

海关是国家发展到一定阶段的产物，在一个国家的国家机器和政治制度比较完备，对外经济交往日益增多的情况下，管理进出境人员与货物的关卡机构便开始建立，中国海关的产生和发展经历了一个漫长的历史过程。

据史书记载，我国古代是从西周开始设关的。西周建立于公元前 11 世纪，当时奴隶制已经得到相当程度的发展，国家机构和政治制度日趋完备。西周建国后，即开始建立管理陆路进出境事物的关卡机构，在古籍中有“关执禁以讥”、“讥异服，识异言”的记载。其目的在于防止奴隶外逃和奸细潜入，带有一定的军事色彩。

西周以后，逐步进入封建社会，关卡增多，并开始征收关税。到了春秋战国时期，随着商品交换的发达，各国之间的交往频繁，国家机构和政治制度的完善，关卡日渐增多，并开始征收关

税。当时古籍中出现了许多关于“关”、“关市之征”的记录，这可以说是我国海关的萌芽。

正式使用海关这一名词是在清朝康熙二十四年（公元1685年），当时设立江、浙、闽、粤四海关。

新中国建立后，标志着我国海关开始进入了新的历史进程。1949年10月25日，中央人民政府在北京成立了中华人民共和国海关总署，统一管理全国海关。1951年5月，颁布实施了《中华人民共和国暂行海关法》，这是新中国历史上第一部海关法典。为维护社会主义的稳定，恢复和发展国民经济发挥了极其重要的作用。

1987年1月22日，第六届全国人民代表大会常务委员会第19次会议通过了《中华人民共和国海关法》，并于2000年7月8日进行了修正，修正后的新《海关法》于2001年1月1日起实施。

二、海关的性质和任务

1．海关的性质

1）海关是国家的行政机关

海关从属于国家行政管理体制，是国务院的直属机构。海关对内对外代表国家依法独立行使行政管理权，海关的权力授自于国家。

2）海关是国家行政监督管理机关

海关实施监督管理的范围是进出关境及与之有关的活动，对象是所有进出关境的运输工具、货物和物品。

3）海关监督管理是国家行政执法活动

海关监督管理是为保证国家有关法律、法规实施的行政执法活动，执法的依据是《海关法》和其他有关法律、行政法规。

《海关法》是管理海关事务的基本法律规范。值得注意的是，地方政府制定的法律规范是不能作为海关执法依据的，海关事务属于中央立法事权，立法者为全国人大及其常委会以及国家最高权力机关的最高执行机关——国务院。海关总署可以根据法律和国务院的法规、决定、命令执法，制度规章，作为执法依据的补充。省、自治区、直辖市人民代表大会和人民政府不得制定海关法律规范，其制定的地方法规、地方规章也不是海关执法的依据。

2．海关的任务

海关有4项基本任务，即监管进出境的运输工具、货物、行李物品、邮递物品和其他物品（监管），征收关税和其他税费（征税），查缉走私和编制海关统计。

1）监管

海关监管不是海关监督管理的简称。海关监管是一项国家职能，其目的在于保证一切进出境活动符合国家政策和法律的规范，维护国家主权和利益。海关监督管理是海关全部行政执法活动的统称。

根据监管对象的不同，海关监管分为货物监管、物品监管和运输工具监管三大体系。

2）征税

代表国家征收关税和其他税、费是海关的另一项重要任务。关税是指由海关代表国家，根据《海关法》和进出口税则，对准许进出口的货物、进出境物品征收的一种税。“其他税、费”是指海关在货物进出口环节，按照关税征收程序征收的有关国内税、费，目前主要有增值税、消费税等。关税是国家财政收入的重要来源，也是国家宏观经济调控的重要工具。关税的征收主体是国家，《海关法》明确将征收关税的权力授予海关，由海关代表国家行使征收关税职能。

海关征税工作的基本法律依据是《海关法》、《中华人民共和国进出口关税条例》。

3）查缉走私

查缉走私是海关为保证顺利完成监管和征税等任务而采取的保障措施，是指海关依照法律赋予的权力，在海关监管场所和海关附近的沿海沿边规定地区，为发现、制止、打击、综合治理走私活动而进行的一种调查和惩处活动。

4）编制海关统计

海关统计是以实际进出口货物作为统计和分析的对象，通过搜集、整理、加工处理进出口货物报关单或经海关核准的其他申报单证，对进出口货物的品种、数（重）量、价格、国别（地区）、经营单位、境内目的地、境内货源地、贸易方式、运输方式、关别等项目分别进行统计和综合分析。海关统计能全面准确地反映对外贸易的运行态势，及时提供统计信息和咨询。

训练 2-1：

1. 据《海关法》的规定，中华人民共和国海关属于（　　）性质的机关。

A. 司法机关　　B. 税收机关

C. 监察机关　　D. 监督管理机关

2. 根据《海关法》的规定，海关的基本任务是：（　　）。

A. 监督进出境的运输工具、货物、行李物品、邮递物品和其他物品

B. 征收关税和其他税、费

C. 查缉走私

D. 编制海关统计和办理其他海关业务

三、海关的权力

为保证海关任务的完成，《海关法》赋予海关许多具体权力，海关权力属于公共行政职权，其行使受一定范围和条件的限制，并应当接受执法监督。

1. 海关权力的特点

海关权力除具有一般行政权力的单方性、强制性、无偿性等基本特征外，还具有以下特点：

1）特定性

《海关法》规定："海关是国家进出关境监督管理机关"，从法律上明确了海关享有对进出境活动进行监督管理的行政主体资格，具有进出关境监督管理权。

海关权力的特定性也体现在对海关权力的限制上，即这种权力只适用于进出关境监督管理领域，而不能作用于其他场合。

2）独立性

《海关法》第 3 条规定："海关依法独立行使职权，向海关总署负责"，不仅明确了我国海关

的垂直领导管理体制，也表明海关行使职权只对法律和上级海关负责，不受地方政府、其他机关、企事业单位或个人的干预。

3）效力先定性

效力先定性表现在海关行政行为一经作出，就应推定其符合法律规定，对海关本身和海关管理相对人都具有约束力。在没有被国家权力机关宣布为违法和无效之前，即使管理相对人认为海关行政行为侵犯其合法权益，也必须遵守和服从。

4）优益性

优益性是指海关在行使行政职权时，依法享有一定的行政优先权和行政受益权。

行政优先权是国家为保障海关有效地行使职权而赋予海关职务上的优先条件，如海关执行职务受到暴力抗拒时，执行有关任务的公安机关和人民武装警察部队应当予以协助。行政受益权是指海关享受国家所提供的各种物质优益条件，如直属中央的财政经费等。

2．海关权力的具体内容

1）行政许可权

行政许可权包括对以下活动的许可权力：

①企业报关资格；

②海关监管货物仓储；

③转关运输货物境内运输的许可；

④保税货物的加工、备案、变更、核销的许可；

⑤报关员从业资格许可。

2）税费征收权

税费征收权具体包括以下征管权力：

①代表国家依法对进出口货物、物品征收关税及其他税费；

②根据法律、行政法规及有关规定，依法对特定的进出口货物、物品减征或免征关税；

③对经海关放行后的有关进出口货物、物品，发现少征或者漏征税款的，依法补征、追征税款。

3）行政监督检查权

行政监督检查权包括以下为保证海关行政管理职能得到履行的权力：

（1）检查权。对进出境运输工具；对有走私嫌疑的运输工具和有藏匿走私货物、物品的场所；对走私嫌疑人的身体进行检查。

（2）查验权。海关有权查验进出境货物、物品。

（3）施加封志权。根据《海关法》的规定，海关对所有未办结海关手续、处于海关监管状态的进出境货物、物品、运输工具，有权施加封志。

（4）查阅、复制权。此项权力包括查阅进出境人员的证件，查阅、复制与进出境运输工具、货物、物品有关的合同、发票、账册、单据、记录、文件、业务函电、录音录像制品和其他有关资料。

（5）查问权。海关有权对违反《海关法》或者其他法律、行政法规的嫌疑人进行查问，调查其违法行为。

（6）查询权。海关在调查走私案件时，经直属海关关长或者其授权的隶属海关关长批准，

可以查询案件涉嫌单位和人员在金融机构、邮政企业的存款、汇款。

(7)稽查权。自进出口货物放行之日起3年内或者在保税货物、减免税进口货物的海关监管期限内及其后的3年内,海关可以对与进出口货物直接有关的企业、单位的会计账簿、会计凭证、报关单证以及其他有关资料和有关进出口货物实施稽查。

根据《中华人民共和国海关稽查条例》规定,海关进行稽查时,可以行使下列职权:

①询问被稽查人的法定代表人、主要负责人和其他有关人员与进出口活动有关的情况和问题;

②检查被稽查人的生产经营场所;

③查询被稽查人在商业银行或者其他金融机构的存款账户;

④封存有可能被转移、隐匿、篡改、毁弃的账簿、单证等有关资料;

⑤封存被稽查人有违法嫌疑的进出口货物等。

4)行政强制权

(1)扣留权

①对违反《海关法》或者其他法律、行政法规的进出境运输工具、货物和物品以及与之有关的合同、发票、账册、单据、记录、文件、业务函电、录音录像制品和其他资料,可以扣留。

②对在海关监管区和海关附近沿海沿边规定地区,有走私嫌疑的运输工具、货物、物品和走私犯罪嫌疑人,经直属海关关长或者其授权的隶属海关关长批准,可以扣留;对走私犯罪嫌疑人,扣留时间不得超过24小时,在特殊情况下,可以延长至48小时。

③在海关监管区和海关附近沿海沿边规定地区以外,对其中有证据证明有走私嫌疑的运输工具、货物、物品,可以扣留。

海关对查获的走私罪嫌疑案件,应扣留走私犯罪嫌疑人,移送海关侦查走私犯罪公安机构。

(2)滞报金、滞纳金征收权

①对超期未报货物,征收滞报金;

②对逾期缴纳进出口税费的,征收滞纳金。

(3)提取货物变卖、先行变卖权

①进口货物超过3个月未向海关申报,海关可以提取依法变卖处理;

②进口货物收货人或其所有人声明放弃的货物,海关有权提取依法变卖处理;

③海关依法扣留的货物、物品不宜长期保留的,经直属海关关长或其授权的隶属海关关长批准,可以先行依法变卖等;

④在规定期限内,未向海关申报的以及误卸或溢卸的不宜长期保留的货物,海关可以按照实际情况提前变卖处理。

(4)强制扣缴和变价抵缴关税权

进出口货物的纳税义务人、担保人超过规定期限未缴纳税款的,经直属海关关长或者其授权的隶属海关关长批准,海关可以:

①书面通知其开户银行或者其他金融机构从其存款内扣缴税款;

②将应税货物依法变卖,以变卖所得抵缴税款;

③扣留并依法变卖其应纳税款的货物或者其他财产,以变卖所得抵缴税款。

(5)税收保全

进出口货物纳税义务人在海关依法责令其提供纳税担保，而纳税义务人不能提供纳税担保的，经直属海关关长或者其授权的隶属海关关长批准，海关可以采取下列税收保全措施：

①书面通知纳税义务人开户银行或者其他金融机构，暂停支付纳税义务人相当于应纳税款的存款；

②扣留纳税义务人价值相当于应纳税款的货物或者其他财产。

(6)抵缴、变价抵缴罚款权

根据《海关法》的规定，当事人逾期不履行海关处罚决定又不申请复议或者向人民法院提起诉讼的，海关可以将其保证金抵缴、罚款，或者将其被扣留的货物、物品、运输工具依法变价抵缴、罚款。

(7)其他特殊行政强制

①处罚担保。根据《海关法》及有关行政法规的规定，海关依法扣留有走私嫌疑的货物、物品、运输工具，如果无法或不便扣留的，或者有违法嫌疑但依法不应予以没收货物、物品、运输工具，当事人申请先予放行或解除扣留的，海关可要求当事人或者运输工具负责人提供等值担保，未提供等值担保的，海关可以扣留当事人等值的其他财产；受海关处罚的当事人在离境前未缴纳罚款，或未缴清依法被没收的违法所得和依法被追缴的货物、物品、走私运输工具的等值价款的，应当提供相当于上述款项的担保。

②税收担保。根据《海关法》的规定，进出口货物的纳税义务人在规定的缴纳期限内有明显转移、藏匿其应税货物以及其他财产迹象的，海关可以责令纳税义务人提供担保；经海关批准的暂时进口或暂时出口货物、特准进口的保税货物，收发货人须缴纳相当于税款的保证金或者提供担保后，才可准许暂时免纳关税。

5)行政处罚权

海关有权对尚未构成走私罪的违法当事人处以行政处罚。包括对走私货物、物品及违法所得处以没收，对有走私行为和违反海关监管规定行为的当事人处以罚款，对有违法情事的报关单位和报关员处以警告以及处以暂停或取消报关资格的处罚等。

6)其他权利

(1)佩带和使用武器权

海关为履行职责，可以配备武器。海关工作人员佩带和使用武器的规定，由海关总署会同公安部制定，报国务院批准。海关使用的武器包括轻型枪支、电警棍、手铐等。

①使用范围：执行缉私任务。

②作用对象：走私分子和走私嫌疑人。

③使用条件：必须是在不能制服被追缉逃跑的走私团伙或遭遇武装掩护走私，以暴力劫夺查扣的走私货物、物品，以及暴力抗拒缉私、抢夺武器、威胁海关人员生命安全非动用武器不能自卫时。

(2)连续追缉权

进出境运输工具或者个人违抗海关监管逃逸的，海关可以连续追至海关监管区和海关附近沿海沿边规定地区以外，将其带回处理。

这里所称的逃逸，既包括进出境运输工具或者个人违抗海关监管，自海关监管区和海关附近沿海沿边规定地区向内(陆地)一侧逃逸，也包括向外(海域)一侧逃逸。海关追缉时，须保持连续状态。

(3)行政裁定权

包括应对对外贸易经营者的申请,对进出口商品的归类、进出口货物原产地的确定、禁止进出口的措施和许可证件的适用等海关事务进行行政裁定的权力。

(4)行政奖励权

包括对举报或者协助海关查获违反《海关法》案件的有功单位和个人给予精神或者物质奖励的权力。

3. 海关行使权力的基本原则

1)合法原则

合法原则,是指权力的行使要合法,这是行政法基本原则一依法行政原则的基本要求。按照《行政法》理论,行政权力行使的合法性至少包括:

①行使行政权力的主体资格合法,即行使权力的主体必须有法律授权。

②行使权力必须有法律规范为依据。《海关法》第2条规定了海关的执法依据是《海关法》、其他有关法律和行政法规。

③行使权力的方法、手段、步骤、时限等程序应合法。

④一切行政违法主体,包括海关及管理相对人,都应承担相应的法律责任。

2)适当原则

适当原则,是指权力的行使应该以公平性、合理性为基础,以正义性为目标。

为防止海关滥用自由裁量权,目前我国法律约束途径主要有行政监督(行政复议程序)和司法监督(行政诉讼程序)。

3)依法独立行使原则

海关实行高度集中统一的管理体制和垂直领导方式,地方各级海关对海关总署负责。海关无论级别高低,都是代表国家行使管理权的国家机关,海关依法独立行使权力,“各地方、各部门应当支持海关依法行使职权,不得非法干预海关执法活动”。

4)依法受到保障原则

海关权力是国家权力的一种,应受到保障,才能实现国家权力的作用。《海关法》规定:海关依法执行职务,有关单位和个人应当如实回答询问,并予以配合,任何单位和个人不得阻挠;海关执行职务受到暴力抗拒时,执行有关任务的公安机关和人民武装警察部队应当予以协助。

4. 海关权力的监督

海关权力的监督即海关执法监督,以确保海关权力在法定范围内运行。

海关执法监督主要指中国共产党的监督、国家最高权力机关的监督、国家最高行政机关的监督、监察机关的监督、审计机关的监督、司法机关的监督、管理相对人的监督、社会监督(舆论监督)以及海关上下级机构之间的相互监督、机关内部不同部门之间的相互监督、工作人员之间的相互监督等。

训练2-2:

1. 海关调查人员在调查走私案件时,可以径行查询案件涉嫌单位和涉嫌人员在金融机

构、邮政企业的存款、汇款。　(对/错)

2. 根据《海关法》的规定，在海关监管区和海关附近沿海、沿边地区，海关有权检查、扣留有走私嫌疑的运输工具、货物、物品以及走私嫌疑人员。　(对/错)

四、海关的管理体制与机构

海关机构是国务院根据国家改革开放的形势以及经济发展战略的需要，依照海关法律而设立的。

1. 海关的领导体制

海关总署作为国务院的直属机构，其集中统一的垂直领导体制既适应了国家改革开放、社会主义现代化建设的需要，也适应了海关自身建设与发展的需要，有力地保证了海关各项监督管理职能的实施。

2. 海关的设关原则

《海关法》以法律形式明确了海关的设关原则："国家在对外开放的口岸和海关监管业务集中的地点设立海关。海关的隶属关系、不受行政区划的限制。"对外开放的口岸是指由国务院批准，允许运输工具及所载人员、货物、物品直接出入国(关)境的港口、机场、车站以及允许运输工具、人员、货物、物品出入国(关)境的边境通道。

3. 海关的组织机构

海关机构的设置为海关总署、直属海关和隶属海关三级，此外还设有海关缉私警察机构。隶属海关由直属海关领导，向直属海关负责；直属海关由海关总署领导，向海关总署负责。

1)海关总署

海关总署是国务院的直属机构，在国务院领导下统一管理全国海关机构、人员编制、经费物资和各项海关业务，是海关系统的最高领导部门。

2)直属海关

直属海关是指直接由海关总署领导，负责管理一定区域范围内海关业务的海关。

3)隶属海关

隶属海关是指由直属海关领导，负责办理具体海关业务的海关，是海关进出境监督管理职能的基本执行单位。

4)海关缉私警察机构

海关缉私警察是专司打击走私犯罪活动的警察队伍。1998年，根据党中央、国务院的决定，由海关总署、公安部联合组建走私犯罪侦查局(现改称缉私局)，设在海关总署。缉私局既是海关总署的一个内设局，又是公安部的一个序列局，实行海关总署和公安部双重领导、以海关领导为主的体制。

五、报关与海关管理

报关与海关管理有着十分密切的关系。报关活动作为运输工具、货物、物品进出境的重要环节，是海关管理相对人与海关发生权利、义务关系的最主要和最直接的途径。而海关作为国家进出境的监督管理机关，根据《海关法》和有关的法律、行政法规的规定和授权对报关活动进行有效管理则是实现其职能的重要措施。

1. 报关与海关的工作任务

报关质量与报关秩序直接影响着海关工作任务的完成。海关监管作为海关的基础工作任务，其主要目的是通过法定的方式、程序和手段监管运输工具、货物、物品的合法进出境，查处违规和违法。为了达到这一目的，海关规定了运输工具、货物、物品进出境的手续和要求，这些手续和要求需要通过海关管理相对人的报关活动而实现。因此，报关活动是否规范、合法，直接影响海关监管的工作量和工作效率。与此同时，报关活动的规范、守法程度也会影响海关监管的方式和制度。

2. 报关与海关业务改革

为了适应我国对外开放形势的需要，海关业务制度处于不断的改革和发展之中。海关业务改革的根本目标就是建立"方便、严密"的海关业务制度，而这种业务制度的建立离不开对报关方式和要求的重新设计。纵观几次比较大的海关业务改革，都是围绕着报关方式、报关要求的改变和对报关的处理进行的。海关 H883 系统的建立，使海关实现了从手工操作时代到计算机时代的变革，报关数据的电子化是实现这一变革的基础；海关通关作业改革则是以海关对报关的处理方式为核心进行的海关管理体系和管理职能的重新设定和调整；海关 H2000 工程的建设也与报关方式转变有着密切的关系。因此，海关对报关的管理是海关业务改革的重要内容之一。

3. 报关与海关对企业的管理

海关基于对进出口货物监督管理的需要，通过一系列管理措施对进出口货物收发货人及其代理人、相关企业的进出口活动及与之有关的活动进行规范，形成了对企业的管理制度。海关对企业的管理作为海关管理的重要组成部分，报关管理是其工作的重要内容。

4. 报关与海关廉政建设

不规范报关、违法报关是海关廉政建设的隐患。海关大量的常规性工作是在报关人员的配合下完成的。因此，报关人员是海关工作人员接触最多的群体。部分报关单位及其报关人员为了谋取非法利益，经常用行贿等手段拉拢腐蚀海关干部，影响了海关队伍建设。为此，改革报关管理模式，加强对报关活动的管理对于海关廉政建设有着重要意义。

总之，海关作为报关的法定管理机构，对报关的管理是其工作的重要内容。尤其是近年来，海关越来越重视对报关的管理工作，通过一系列有关报关资格和行为管理的法律、法规和规章，不断规范报关活动，优化报关秩序，引导报关行业健康发展。

训练 2-3：

1. 按照《海关法》的规定，中华人民共和国设立海关的地点为(　　)。

A. 对外开放口岸　　B. 海关监管业务集中的地点

C. 边境　　D. 沿海城市

2. 我国实行联合缉私、统一处理、综合治理的缉私体制，由(　　)负责组织、协调、管理查缉走私工作。

A. 海关　　B. 公安部门　　C. 工商部门　　D. 税务部门

3. 海关行政行为一经作出，就应推定其符合法律规定，对海关本身和海关管理相对人都

具有约束力。这是海关权力的（　　）表现。

A. 特定性　B. 独立性　C. 效力优先性　D. 优益性

4. 自进出口货物放行之日起(　　)内,海关可以对与进出口货物直接有关的企业、单位的会计账簿,会计凭证,报关单证以及有关资料和有关进出口货物实施稽查。

A. 1 年　B. 2 年　C. 3 年　D. 4 年

5. 海关进出境监督管理职能的基本执行单位是(　　),一般都设在口岸和海关业务集中的地点。

A. 海关总署　B. 地方海关　C. 直属海关　D. 隶属海关

第二节　报关管理制度

引　言

1. 某进出口公司是新成立的公司,他们拟向国外出口一批汽车配件,公司目前还没有申请报关权。由于该公司刚刚从事国际贸易方面的业务,对于报关方面的管理制度还不熟悉,他们应该如何处理呢?

2. 小李已经受聘于报关行从事报关业务两年了,一直想拥有一家自己的专业报关公司,但国家对于专业报关公司的注册、登记、年审以及如何申请的程序和规定,他还不是很了解,具备什么样的条件才可以注册自己的报关公司呢?

根据《海关法》和相关的行政法规,报关管理制度是海关对报关单位及其报关行为实施管理的基本业务制度。

一、报关管理制度概述

1. 报关管理制度的概念

报关管理制度,是指海关依法对报关企业和报关员的注册登记许可,报关单位和报关员的注册登记,报关单位和报关员的报关行为进行规范和管理的业务制度。

2. 报关管理制度的作用

报关管理制度是海关实现其职能的基础业务制度,它的根本作用在于:

①确保海关对进出境运输工具、货物、物品的监管、征收税费、查缉走私、编制统计和其他任务的顺利完成;

②实现海关进出境监督管理职能、维护国家进出口经济贸易活动正常秩序的重要保证;

③确立报关单位及其报关员的报关行为准则。

二、报关单位登记注册制度

《海关法》第9条规定,进出口货物,除另有规定的外,可以由进出口货物收发货人自行办理报关纳税手续,也可以由进出口货物收发货人委托海关准予注册登记的报关企业办理报关纳税手续。第11条规定,进出口货物收发货人、报关企业办理报关手续,必须依法经海关注册登记。因此,向海关办理注册登记手续,是进出口货物收发货人、报关企业取得报关资格的法定条件。

1. 报关注册登记制度的概念

报关注册登记制度是指进出口货物收发货人、报关企业向海关提供规定的法律文书,申请报关资格,经海关审查核实,准予其办理报关业务的管理制度。

根据《海关法》的规定,可以向海关办理报关注册登记的单位有两类:一是进出口货物收发货人,主要包括依法办理备案登记的对外贸易经营者等;二是报关企业,主要包括报关行、国际货运公司等。他们的注册登记的程序有所不同:报关企业在办理报关注册登记之前,须向海关申请办理注册登记许可手续,然后再向海关申请办理报关单位的注册登记手续。即:向海关申请办理“报关企业注册登记许可”——到工商行政管理部门办理许可经营项目登记——到所在地海关办理注册登记手续。对于进出口货物收发货人,实行“备案制”。不需要经过“申请办理注册登记许可手续”程序,可直接向海关申请办理报关单位注册登记手续。

其他企业和单位,海关一般不接受申请办理报关注册登记。

2. 报关企业注册登记

报关服务是一项专业性、技术性很强的工作,是进出口贸易中重要的中介服务环节。作为提供报关服务的企业应该具有一定的经营规模、相当数量的报关专业人员和有经验的管理人员,并具有健全的组织机构和财务管理制度,同时应对报关服务市场有一定的了解。为此,海关对报关企业规定了具体的设立条件,报关企业注册登记前依法获得报关企业注册登记许可。

1)报关企业注册登记许可

(1)报关企业设立条件

报关企业注册登记许可应当具备的条件包括:具备境内企业法人资格条件;企业注册资本不低于人民币150万元;健全的组织机构和财务管理制度;报关人数不少于5名;投资者、报关业务负责人、报关员均无走私记录,报关业务负责人具有5年以上从事对外贸易工作经验或者报关工作经验;无因走私违法行为被海关撤销注册登记许可的记录;有符合从事报关服务所需的固定经营场所和设施;海关监管所需要的其他条件等。

(2)报关企业注册登记许可程序

①报关企业注册登记许可申请。申请报关企业注册登记许可的申请人应当到所在地直属海关对外公布受理申请的场所向海关提出申请。

提出申请时应提交的材料包括:报关企业注册登记许可申请书;企业法人营业执照副本或者企业名称预先核准通知书复印件;企业章程;出资证明文件复印件;所聘报关从业人员的报关员资格证书复印件;从事报关服务的可行性研究报告;报关业务负责人工作简历;报关服务营业场所所有权证明、租赁证明,其他与申请注册登记许可相关的材料等。

申请人可以委托代理人提出注册登记许可申请。申请人委托代理人代为提出申请的,应当出具授权委托书。

②海关对申请的处理。对申请人提出的申请,海关应当根据下列情况分别作出处理:

A. 申请人不具备报关企业注册登记许可申请资格的,应当作出不予受理的决定;

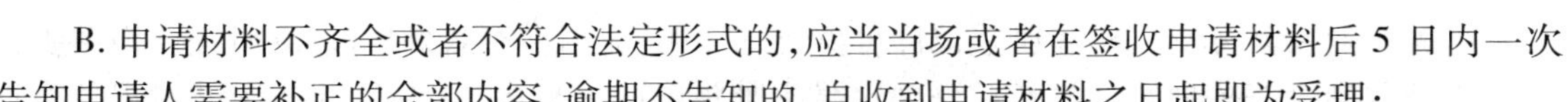

B. 申请材料不齐全或者不符合法定形式的，应当当场或者在签收申请材料后 5 日内一次告知申请人需要补正的全部内容，逾期不告知的，自收到申请材料之日起即为受理；

C. 申请材料仅存在文字性、技术性或者装订等可以当场更正的错误的，应当允许申请人当场更正，并且由申请人对更正内容予以签章确认；

D. 申请材料齐全、符合法定形式，或者申请人按照海关的要求递交全部补正申请材料的，海关应当受理报关企业注册登记许可申请，并作出受理决定。

③海关对申请的审查。海关受理申请后，应当根据法定条件和程序进行全面审查，并于受理注册登记许可申请之日起 20 日内审查完毕，将审查意见和全部申请材料报送直属海关。直属海关应当自收到接受申请的海关报送的审查意见之日起 20 日内作出决定。

④行政许可的作出。申请人的申请符合法定条件的，海关应当依法作出准予注册登记许可的书面决定，并通知申请人；申请人的申请不符合法定条件的，海关应当依法作出不准予注册登记许可的书面决定，并且告知申请人享有依法申请行政复议或者提起行政诉讼的权利。

(3)报关企业跨关区分支机构注册登记许可规定

报关企业如需要在注册登记许可区域外(另一直属海关关区)从事报关服务的，应当依法设立分支机构，并且向拟注册登记地海关递交报关企业分支机构注册登记许可申请。

申请分支机构注册登记许可的报关企业应当符合的条件包括：报关企业自取得海关核发的“中华人民共和国海关报关企业报关注册登记证书”(以下简称“报关企业登记证书”)之日起满 2 年；报关企业自申请之日起最近两年未因走私受过处罚。同时，报关企业每申请一项跨关区分支机构注册登记许可，应当增加注册资本人民币 50 万元。

报关企业跨关区设立的分支机构拟取得注册登记许可的，应当具备的条件包括：符合境内企业法人分支机构设立的条件；报关员人数不少于 3 名；有符合从事报关服务所必需的固定经营场所及设施；分支机构负责人应当具有 5 年以上从事对外贸易工作经验或者报关工作经验；报关业务负责人、报关员无走私行为记录。

海关比照报关企业注册登记许可程序规定作出是否准予跨关区分支机构注册登记许可的决定。

(4)报关企业及其跨关区分支机构注册登记许可期限

报关企业及其跨关区分支机构注册登记许可期限均为 2 年。被许可人需要延续注册登记许可有效期的，应当办理注册登记许可延续手续。

报关企业未办理注册登记许可延续手续或者海关未准予注册登记许可延续的，自丧失注册登记许可之日起，其跨关区分支机构注册登记许可自动终止。

(5)报关企业注册登记许可的变更和延续

报关企业及其分支机构注册登记许可中的企业名称及其分支机构名称、企业注册资本、法定代表人(负责人)有变更的，应以书面形式到注册地海关申请变更注册登记许可。注册地海关按照注册登记许可程序对被许可人提出的变更注册登记许可申请进行初审，并且上报直属海关决定。直属海关依法审查后，对符合法定条件、标准的，应当准予变更，并且作出准予变更决定。海关准予变更注册登记的报关企业及其分支机构凭直属海关变更决定到相关管理部门办理变更手续。

报关企业及其分支机构注册登记许可需要延续的,应当在有效期届满40日前向海关提出延续申请并递交海关规定的材料。海关比照注册登记许可程序,在有效期届满前对报关企业的申请予以审查,对符合注册登记许可条件,并符合法律、行政法规、海关规章规定的延续注册登记许可其他条件的,依法作出准予延续的决定,延续有效期为2年。海关对不具备其他条件或不符合法律、行政法规、海关规章规定的延续注册登记许可条件的报关企业或其分支机构,不予延长其注册登记许可。对未按照规定申请注册登记许可延续或海关不予延长其注册登记许可的报关企业或者分支机构,海关不再接受其办理报关业务。

(6)报关企业注册登记许可的撤销

有下列情形之一的,作出注册登记许可决定的直属海关,根据利害关系人的请求或者依据职权,可以撤销注册登记许可:

①海关工作人员滥用职权、玩忽职守作出准予注册登记许可决定的;

②超越法定职权作出准予注册登记许可决定的;

③违反法定程序作出准予注册登记许可决定的;

④对不具备申请资格或者不符合法定条件的申请准予注册登记许可的;

⑤依法可以撤销注册登记许可的其他情形:

A. 被许可人以欺骗、贿赂等不正当手段取得注册登记许可的,应当予以撤销。

B. 海关依照规定撤销注册登记许可,可能对公共利益造成重大损害的,不予撤销。

(7)报关企业注册登记许可的注销

有下列情形之一的,海关应当依法注销注册登记许可:

①有效期届满未延续的;

②报关企业依法终止的;

③注册登记许可依法被撤销、撤回,或者注册登记许可证件被吊销的;

④因不可抗力导致注册登记许可事项无法实施的;

⑤法律、行政法规规定的应当注销注册登记许可的其他情形。

2)报关企业注册登记手续

报关企业申请人经直属海关注册登记许可后,应当到工商行政管理部门办理许可经营项目登记,并且自工商行政管理部门登记之日起90日内到企业所在地海关办理注册登记手续。逾期,海关不予注册登记。

报关企业申请办理注册登记,应当提交的文件材料包括:

①直属海关注册登记许可文件复印件;

②企业法人营业执照副本复印件(分支机构提交营业执照);

③税务登记证书副本复印件,银行开户证明复印件;

④组织机构代码证副本复印件;

⑤报关单位情况登记表、报关单位管理人员情况登记表;

⑥报关企业与所聘报关员签订的用工劳动合同的复印件;

⑦其他与海关注册登记有关的文件材料。

注册地海关依法对申请注册登记材料是否齐全、是否符合法定形式进行核对。申请材料齐全、符合法定形式的申请人由注册地海关核发报关企业登记证书。报关企业凭以办理报关业务。

3. 进出口货物收发货人注册登记

进出口货物收发货人应当按照规定到所在地海关办理报关单位注册登记手续。

进出口货物收发货人申请办理注册登记，应当提交的文件材料包括：

①企业法人营业执照副本复印件（个人独资、合伙企业或者个体工商户提交营业执照）；

②对外贸易经营者登记备案表复印件（法律、行政法规或者商务部规定不需要备案登记的除外）；

③企业章程复印件（非企业法人免提交）；

④税务登记证书副本复印件；

⑤银行开户证复印件；

⑥组织机构代码证书副本复印件；

⑦报关单位情况登记表；

⑧报关单位管理人员情况登记表；

⑨其他与注册登记有关的文件材料。

注册地海关依法对申请注册登记材料是否齐全、是否符合法定形式进行核对。申请材料齐全、符合法定形式的申请人由注册地海关核发“中华人民共和国海关进出口货物收发货人报关注册登记证书”（以下简称“收发货人登记证书”），进出口收发货人凭以办理报关业务。

4. 报关单位注册登记时效及换证管理

1）报关单位注册登记时效

根据海关规定，“报关企业登记证书”有效期限为2年，“收发货人登记证书”有效期限为3年。

2）报关单位注册登记换证手续

报关企业应当在办理注册登记许可延续的同时办理换领“报关企业登记证书”手续。

进出口货物收发货人应当在“收发货人登记证书”有效期届满前30日到注册地海关办理换证手续。进出口货物收发货人办理换证手续时，应当向注册地海关递交文件材料，包括：

①企业法人营业执照副本复印件（个人独资、合伙企业或者个体工商户提交营业执照）；

②对外贸易经营者登记备案表复印件（法律、行政法规或者商务部规定不需要备案登记的除外）；

③中华人民共和国外商投资企业批准证书、中华人民共和国台、港、澳、侨投资企业批准证书复印件（限外商投资企业递交）；

④报关单位情况登记表、报关员情况登记表（无报关员的免递交）、报关单位管理人员情况登记表。

材料齐全、符合法定形式的报关单位由注册地海关换发“报关企业登记证书”或者“收发货人登记证书”。

5. 报关单位的变更登记及注销登记

1）变更登记

报关企业取得变更注册登记许可后或者进出口货物收发货人单位名称、企业性质、企业住所、法定代表人（负责人）等海关注册登记内容发生变更，应当自批准变更之日起30日内，向注册地海关递交变更后的工商营业执照或者其他批准文件及复印件，办理变更手续。

2）注销登记

报关单位有下列情形之一的，应当以书面形式向注册地海关报告。海关在办结有关手续后，依法办理注销注册登记手续：

①破产、解散、自行放弃报关权或者分立成两个以上新企业的；

②被工商行政管理部门注销登记或吊销营业执照的；

③丧失独立承担责任能力的；

④报关企业丧失注册登记许可的；

⑤进出口货物收发货人的对外贸易经营者备案登记表或者外商投资企业批准证书失效的；

⑥其他依法应当注销注册登记的情形。

三、报关员注册登记和考核管理制度

报关员的注册登记和考核管理制度见第一章第二节。

训练 2-4：

1. 依法设立的外商投资企业，应向企业所在地主管海关办理企业登记备案手续。(　　)不属于登记备案的应向海关提供的文件。

　A. 外经贸主管部门签发的外商投资企业批准证书

　B. 工商行政管理部门颁发的营业执照

　C. 企业章程

　D. 验资报告

2. 报关企业海关注册登记许可应具备的条件中，企业注册资本不低于(　　)。

　A. 人民币 100 万元　　B. 人民币 150 万元

　C. 人民币 200 万元　　D. 人民币 250 万元

3. 报关单位是已经完成(　　)手续，取得办理进出口货物报关资格的境内企业。

　A. 主管部门批准　　B. 工商注册登记

　C. 税务注册登记　　D. 海关报关注册登记

4. 报关单位共有的特征是(　　)。

　A. 境内法人　　B. 能独立承担相应的经济和法律责任

　C. 经海关注册登记，取得报关资格　　D. 具有对外贸易经营权

5. 进出口货物收发货人应当在收发货人登记证书有效期届满前(　　)到注册地海关办理换证手续。

　A. 15 日　　B. 30 日　　C. 45 日　　D. 60 日

6. 以下单位不属于报关单位的是(　　)。

　A. 在海关注册登记的某进出口公司

　B. 在海关注册登记的某报关行

　C. 在海关注册登记的经营转关运输货物的某承运人

　D. 在海关注册登记的经营进出境快件的某速递公司

7. 报关单位办理报关业务时,进出口货物的品名,税则号列,数量,规格,价格,贸易方式,原产地等项目未申报或申报不实,影响国家税款征收的,海关对其( )。

A. 警告或处以1000元以上1万元以下罚款

B. 警告或处以1000元以上3万元以下罚款

C. 处以货物价值5%以上30%以下罚款

D. 处以漏税税款30%以上两倍以下罚款

8. 报关单位向海关工作人员行贿的,海关对其( )。

A. 处以人民币1000元以上5000元以下罚款

B. 暂停其6个月以内从事报关业务

C. 撤销其报关注册登记,并处以10万元以下罚款

D. 暂停其6个月以内从事报关业务,并处以10万元以下罚款

练习题

一、多项选择题

1. 关于报关员资格的表述正确的有( )。

A. 遵纪守法,品行端正

B. 年满18周岁,具有大专及以上学历

C. 全国报关员资格统一考试成绩合格,获得报关员资格证书

D. 受雇于一个报关单位

E. 按规定向海关申请注册登记

2. 海关监管的对象包括( )。

A. 货物 B. 服务 C. 运输工具 D. 行李物品 E. 邮递物品

3. 我国海关现行组织机构的设置为三级,即( )。

A. 海关总署 B. 地方海关 C. 直属海关 D. 隶属海关 E. 口岸海关

4. 以下属于海关权力特点的有( )。

A. 强制性 B. 独立性 C. 多方性 D. 有偿性 E. 效力先定性

5. 《中华人民共和国海关法》规定,我国实行( )的缉私体制。

A. 联合缉私 B. 多重打击 C. 统一处理 D. 综合治理 E. 集中整顿

6. 以下属于海关行政强制权的有( )。

A. 检查权 B. 扣留权 C. 强制扣缴和变价抵缴关税权

D. 滞报金、滞纳金征收权 E. 稽查权

7. 报关企业申请海关注册登记应提交的材料包括( )。

A. 注册登记许可申请书

B. 企业法人营业执照副本,企业章程,出资证明复印件

C. 所聘报关员资格证书复印件

D. 从事报关服务业可行性研究报告

E. 报关服务营业场所证明

8. 申请分支机构登记许可的报关企业应当符合(　　)的条件。
A. 自取得报关企业登记证书满2年
B. 自取得报关企业登记证书满3年
C. 自申请之日起最近2年内未因走私受过处罚
D. 自申请之日起最近3年内未因走私受过处罚
E. 每申请一项跨关区分支机构应增加注册资本人民币50万元
9. 进出口货物收发货人申请办理注册登记,一般应提交(　　)材料。
A. 企业法人营业执照副本复印件
B. 税务登记证书复印件
C. 外贸经营者登记备案复印件
D. 组织机构代码证书副本复印件
E. 报关单位情况登记表,报关单位管理人员情况登记表
10. 关于海关对报关员记分考核管理的表述正确的是(　　)。
A.《报关员记分考核管理办法》自2005年1月1日起施行
B. 管理对象是在职报关员
C. 一次记分分值分别为1分,2分,5分,10分,20分,30分
D. 记分周期从每年1月1日起至12月31日止
E. 记分达到30分的报关员,海关中止其报关员证效力
11. 关于报关员的表述错误的是(　　)。
A. 通过报关员资格考试即可申请海关注册登记
B. 报关员可以自己的名义接受社会企业的委托代理报关业务
C. 报关员明知报关单位的行为违法而故意实施,应承担连带责任
D. 报关单位的报关业务由所属报关员向海关办理
E. 报关员的报关行为是一种职务行为
12. 以下属于海关权力的是(　　)。
A. 行政许可权　　B. 税费征收权　　C. 行政监管权
D. 行政强制权　　E. 行政处罚权
13. 海关权力行使应遵循(　　)。
A. 合法原则　　B. 适当原则　　C. 依法独立行使原则
D. 依法受到保障原则　　E. 公正公开原则

二、判断题

1. 报关员遗失报关员证件,应在规定的期限内向海关申请补发,在申请期间可以办理报关业务。(　　)

2. 监管、查验、征税、查缉走私是海关的4项基本任务。(　　)

3. 报关企业,进出口收发货人应对所属的报关员的报关行为承担相应的法律责任。(　　)

4. 如果代理报关企业受委托人的欺骗,向海关报关时发生伪报、瞒报行为的,由海关追究委托人的经济责任。(　　)

5. 报关员自领取报关员证件之日起2年内或连续2年未报关的，其年审不合格。（　　）

6. 报关员受到海关依法吊销其报关员证件处罚的，3年内不得重新申请报关员注册。（　　）

7. 报关企业所属的报关员离职，应当自报关员离职之日起15日内向海关报告并将报关员证件交注册地海关予以注销。（　　）

8. 海关对进出境工具的检查不受海关监管区域的限制。（　　）

9. 报关企业在海关办理注册登记后，可以在中华人民共和国关境内各个口岸或者海关监管业务集中的地点办理本企业的报关业务。（　　）

10. 报关员被海关暂停其报关执业，恢复从事有关业务后1年内再次被暂停报关执业的，海关可以取消其报关从业资格。（　　）

11. 海关监管即海关监管管理的简称。（　　）

12. 报关员提供虚假资料骗取海关注册登记，报关从业资格的，撤销其注册登记，取消其报关从业资格，并处以30万以下罚款。（　　）

13. 报关管理制度是实现海关职能的基础业务制度。（　　）

第三章　报关与对外贸易管制

● **知识目标**

1. 对外贸易管制及我国的贸易管制制度；
2. 我国货物、技术进出口许可管理制度及其他贸易管制制度，我国贸易管制主要措施及报关规范。

● **技能目标**

按具体进出口货物、技术的管制措施进行规范操作，具有根据各种进出口技术、货物管制要求准备单证的能力。

引　例

某公司准备进口一批天然橡胶，因对目前国家有关进口天然橡胶的管制措施、规定和法规不了解，特向海关咨询。如是否对天然橡胶进口有许可证管理？相关部门，如商务部、国家质量监督检验检疫总局对天然橡胶的进口有何规定？

海关回复：天然橡胶进口需要办理自动进口许可证和入境货物通关单。自动进口许可证需要到省商务厅办理，入境货物通关单到入境地出入境检验检疫局办理。

第一节　对外贸易管制概述

对外贸易管制是指一国政府为了国家的宏观经济利益、国内外政策需要以及履行所缔结或加入国际条约的义务，确立实行各种管制制度、设立相应管制机构和规范对外贸易活动的总称。

对外贸易管制是政府的一种强制性行政管理行为，它所涉及的法律、行政法规、部门规章，是强制性的法律文件，不得随意改变。我国颁布了一系列对外贸易管制的法律、行政法规、部门规章，确立了对外贸易经营者登记管理、出入境检验检疫、外汇管理等制度，制定了有关进出口禁止、限制、自动许可、反倾销、反补贴、进出口收付汇核销等措施。

一、对外贸易管制的目的及特点

对外贸易管制是各国政府为保护和促进国内生产、增加出口、限制进口而采取的鼓励或限

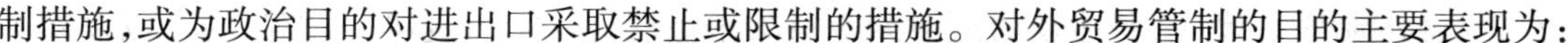

制措施，或为政治目的对进出口采取禁止或限制的措施。对外贸易管制的目的主要表现为：

①保护本国经济利益，发展本国经济；

②推行本国的外交政策；

③行使国家职能。

贸易管制政策是一国对外政策的体现，会因时间形势的变化而变化，一般以对外进口的管制为重点。

二、对外贸易管制目标的实现

对外贸易管制是对外贸易的国家管制，所涉及的法律、行政法规均属于强制性法律规范，任何从事对外贸易的活动者都必须无条件地予以遵守。国家对外贸易管制的目标是以对外贸易管制法律、法规为保障，依靠有效的政府行政管理手段来最终实现的。

1. 海关监管是实现贸易管制的重要手段

海关执行国家贸易管制政策通过对进出口货物的监管来实现。国家贸易管制是通过国家对外贸易主管部门及其他行业主管部门依据国家贸易管制政策发放各类许可证件，最终由海关依据许可证件对实际进出口货物合法性的监督管理来实现的。

对进出口受国家贸易管制的货物，海关确认货物合法进出口的必要条件是要求达到“单单相符”、“单货相符”、“单证相符”、“证货相符”，“单”即包括报关单在内的各类报关单据及其电子数据，“证”即各类许可证件及其电子数据，“货”即实际进出口货物。

2. 报关是海关确认进出口货物合法性的先决条件

海关监管通过对“单”、“证”、“货”三要素来确认货物进出口的合法性，而其中的“单”和“证”在报关申报手续这一环节中向海关递交的文件。申报意味着向海关报告进出口货物的情况，申请按申报的内容放行进出口货物。《海关法》第二十四条规定：“进出口货物的收货人应当向海关如实申报，交验进出口许可证件和有关单证。国家限制进出口的货物，没有进出口许可证件的，不予放行。”明确了报关是海关确认进出口货物合法性的先决条件。

训练 3-1：

1. 我国对外贸易管制是按管制对象分为(　　)。

A. 货物进出口贸易管制　　B. 技术进出口贸易管制和国际服务贸易管制

C. 关税措施　　D. 非关税措施

2. 对外贸易管制的目的是(　　)。

A. 保护发展本国经济　　B. 增加出口

C. 限制进口　　D. 政治或军事

三、我国对外贸易管制的基本框架与法律体系

我国对外贸易管制制度是一种综合管理制度，主要由海关监管制度、关税制度、对外贸易经营者的资格管理制度、进出口许可制度、出入境检验检疫制度、进出口货物收付汇管理制度

以及贸易救济制度等构成，所涉及的法律渊源只限于宪法、法律、行政法规、部门规章以及相关的国际条约。

1. 法律

法律是指由国家最高权力机关全国人民代表大会或它的常务委员会制定，由国家主席颁布的规范性文件的总称。我国现行的与贸易管理有关的法律主要有：

①《中华人民共和国对外贸易法》；

②《中华人民共和国海关法》；

③《中华人民共和国进出口商品检验法》；

④《中华人民共和国进出境动植物检疫法》；

⑤《中华人民共和国固体废物污染环境防治法》；

⑥《中华人民共和国国境卫生检疫法》；

⑦《中华人民共和国野生动植物保护法》；

⑧《中华人民共和国药品管理法》；

⑨《中华人民共和国文物保护法》；

⑩《中华人民共和国食品卫生法》。

2. 行政法规

行政法规是指国务院为了实施宪法和其他相关法律，在自己职权范围内制定的基本行政管理规范性文件的总和。我国现行的与贸易管制有关的行政法规主要有：

①《中华人民共和国货物进出口管理条例》；

②《中华人民共和国技术进出口管理条例》；

③《中华人民共和国进出口关税条例》；

④《中华人民共和国知识产权海关保护条例》；

⑤《中华人民共和国核出口管制条例》；

⑥《中华人民共和国野生植物保护条例》；

⑦《中华人民共和国外汇管理条例》。

3. 部门规章

部门规章是国务院各部门根据法律和国务院的行政法规、决定和命令，在本部门权限范围内发布的规范性文件总和。我国现行的与贸易管制有关的部门规章很多，例如：

①《货物进出口许可证管理办法》；

②《货物出口许可证管理办法》；

③《货物自动进出口许可管理办法》；

④《出口收汇核销管理办法》；

⑤《进口药品管理办法》；

⑥《中华人民共和国精神药品管理办法》；

⑦《中华人民共和国放射性药品管理办法》；

⑧《纺织品出口管理办法（暂行）》。

4. 国际条约

国际条约是指国家及其他国际法主体间所缔结的以国际法为准则，并确定其相互关系中

权利和义务的一种国际书面协议。也是国际法主体间相互交往的一种最普遍的法律形式。目前我国所加入或缔结的涉及贸易管制的国际条件主要有：

①我国加入世界贸易组织(WTO)所签订的有关双边或多边的各类贸易协定；

②《京都公约》——关于简化和协调海关制度的国际公约；

③《濒危野生动植物种国际公约》；

④《蒙特利尔议定书》——关于消耗臭氧层物质的国际公约；

⑤《精神药物国际公约》；

⑥《伦敦准则》——关于化学品国际贸易资料交流的国际公约；

⑦《鹿特丹公约》——关于在国际贸易中对某些危险化学品和农药采用事先知情同意程序的国际公约；

⑧《巴塞尔公约》——关于控制危险废物越境转移及其处置的国际公约；

⑨《建立世界知识产权组织公约》。

训练 3-2：

1. 不属于我国对外贸易管制的法律渊源的是(　　)。

A. 法律　　B. 国际条约

C. 行政法规　　D. 地方性法规

2. 请收集整理与我国纺织品出口管理相关的法律法规。

第二节　我国货物、技术进出口许可管理制度

进出口许可制度是世界各国管理进出口贸易的一种常见手段,作为一项非关税措施在国际贸易中长期存在,并广泛运用。进出口许可制度既包括准许进出口有关证件的审批和管理制度本身的程序,也包括以国家各类许可为条件的其他行政管理手续。我国进出口许可管理制度的主体是货物、技术进出口许可管理制度,其管理范围包括禁止进出口货物和技术、限制进出口货物和技术、自由进出口技术以及自由进出口中部分实行自动许可管理的货物。

一、禁止进出口管理

为维护国家安全和社会公共利益,保护人民的生命健康,履行中华人民共和国所缔结或者参加的国际条约和协定,国务院对外贸易主管部门会同国务院有关部门,依照《对外贸易法》的有关规定,制定、调整并公布禁止进出口货物、技术目录。海关依据国家相关法律、法规对禁止进出口目录商品实施监督管理。

1. 禁止进口

对列入国家公布的禁止进口目录以及其他法律、法规明令禁止或停止进口的货物、技术,任何对外贸易经营者不得经营进口。

1)禁止进口货物

我国政府明令禁止进口的货物包括:列入由国务院对外贸易主管部门或由其会同国务院

有关部门制定的《禁止进口货物目录》的商品，国家有关法律、法规明令禁止进口的商品以及其他各种原因停止进口的商品。主要包括：

（1）列入《禁止进口货物目录》的商品（表3-1）

禁止进口货物目录 表3-1

第一、六批	自然生态类	为了保护我国的自然生态环境和生态资源，从我国国情出发，履行我国所缔结或者参加的与保护世界自然生态环境相关的一系列国际条约和协定而发布的
第二批	旧机电产品类	涉及生产安全（压力容器类）、人身安全（电器、医疗设备类）和环境保护（汽车、工程及车船机械类）的旧机电产品
第三、四、五批	固体废物类	对环境有污染的包括城市垃圾、医疗废物、含铅汽油淤渣等13个类别的废物

（2）国家有关法律、法规明令禁止进口的商品

①依据《中华人民共和国固体废物污染环境防治法》，对未列入《国家限制进口的可用作原料的废物目录》以及《自动进口许可管理类可用作原料的废物目录》的废物，不符合环保规定的废物以及受放射性污染的废旧金属禁止进口；

②依据《中华人民共和国进出境动植物检疫法》，对来自疫区或不符合我国卫生标准的动物和动物产品禁止进口。

（3）其他

①停止进口以CFC—12为制冷工质的汽车以及CFC—12为制冷工质的汽车空调压缩机（含汽车空调器）；

②停止进口属右置方向盘的汽车；

③停止进口旧服装、Ⅷ因子制剂等血液制品、黑人牙膏（“DARKLE”、“DARLIE”）等；

④停止进口氯酸钾、硝酸铵；

⑤进口货物及其包装上带有违反“一个中国”原则内容的，不得进口。

2）禁止进口技术管理

根据《对外贸易法》、《技术进出口管理条例》以及《禁止进口、限制进口技术管理办法》的有关规定，国务院对外贸易主管部门会同国务院有关部门，制定、调整并公布禁止进口的技术目录。属于禁止进口的技术，不得进口。

目前《中国禁止进口限制进口技术目录》（第一批）所列明的禁止进口的技术涉及钢铁冶金技术、有色金属冶金技术、化工技术、石油炼制技术、石油化工技术、消防技术、电工技术、轻工技术、印刷技术、医药技术、建筑材料生产技术等技术领域。

2. 禁止出口

对列入国家公布禁止出口目录的以及其他法律、法规明令禁止或停止出口的货物、技术、任何对外贸易经营者不得经营出口。

1）禁止出口货物

（1）列入《禁止出口货物目录》的商品（表3-2）。

禁止出口货物目录 表3-2

第一、三批	自然生态类	从我国国情出发，为履行我国所缔结或者参加的与保护世界自然生态环境相关的一系列国际条约和协定而发布的，其目的是为了保护我国自然生态环境和生态资源
第二批	森林资源类	禁止出口木炭
第四批	矿物类	主要包括硅砂及石英砂

(2)国家有关法律、法规明令禁止出口的商品

例如,依据《中华人民共和国野生植物保护条例》,禁止出口未定名的或者新发现并有重要价值的野生植物。

(3)其他

如禁止出口劳改产品等。

2)禁止出口技术

根据《对外贸易法》、《技术进出口管理条例》以及《禁止出口限制技术管理办法》的有关规定,国务院对外贸易主管部门会同国务院有关部门,制定、调整并公布禁止出口的技术目录。属于禁止出口的技术,不得出口。

目前列入《中国禁止出口限制出口技术目录》禁止出口部分的技术涉及核技术、测绘技术、地质技术、药品生产技术、农业技术等技术领域。

训练 3-3:

1. 禁止进口货物的范围包括(　　)。

   A. 列入《禁止进口货物目录》的商品　　B. 法规明令禁止进口的商品

   C. 国家有关法律明令禁止进口的商品　　D. 其他

2. 货物、技术进出口许可管理制度是我国进出口许可管理制度的主体,其管理范围包括(　　)。

   A. 禁止进出口货物和技术　　B. 限制进出口货物和技术

   C. 自由进出口的技术　　D. 自由进出口中部分实行自动许可管理的货物

3. 请收集整理我国《禁止进口货物目录》。

4. 请收集整理我国《禁止出口货物目录》。

二、限制进出口管理

为维护国家安全和社会公共利益,保护人民的生命健康,履行中华人民共和国所缔结或者参加的国际条件和协定,国务院对外贸易主管部门会同国务院有关部门,依照《对外贸易法》的规定,制定、调整并公布各类限制进出口货物、技术目录。海关依据国家有关法律、法规对限制进出口目录货物、技术实施监督管理(表 3-3)。

限制进出口监督管理　　表 3-3

<table>
<tr><td rowspan="3">限制进口监督管理</td><td rowspan="2">货物</td><td colspan="2">许可证件管理</td></tr>
<tr><td colspan="2">关税配额管理</td></tr>
<tr><td>技术</td><td colspan="2">许可证管理</td></tr>
<tr><td rowspan="4">限制出口监督管理</td><td rowspan="3">货物</td><td rowspan="2">配额限制</td><td>出口配额许可证</td></tr>
<tr><td>出口配额招标</td></tr>
<tr><td>非配额限制</td><td>许可证件管理</td></tr>
<tr><td>技术</td><td colspan="2">许可证管理</td></tr>
</table>

1. 限制进口管理

国家实行限制进口管理的货物、技术,必须依照国家有关规定取得国务院对外贸易主管部门或者由其会同国务院有关部门许可,方可进口。

1)限制进口货物

目前,我国限制进口货物管理按照其限制方式划分为许可证件管理和关税配额管理。

(1)许可证件管理

许可证件管理系指在一定时期内根据国内政治、工业、农业、商业、军事、技术、卫生、环保、资源保护等领域的需要,以及为履行我国所加入或缔结的有关国际条约的规定,以经国家各主管部门签发许可证件的方式来实现各类限制进口的措施。国务院对外贸易主管部门或者国务院有关部门在各自的职责范围内,根据国家有关法律、法规及国际公约的有关规定签发各类许可证件。

许可证件管理主要包括进口许可证、濒危物种进口、可利用废物进口、进口药品、进口音像制品、黄金及其制品进口等管理。

(2)关税配额管理

关税配额管理系指一定时期内(一般是1年),国家对部分商品的进口制定关税配额税率并规定该商品进口数量总额,在限额内,经国家批准后允许按照关税配额税率征税进口,如果超出限额则按照配额外税率征税进口的措施。一般情况下,关税配额税率优惠幅度很大,有的商品如小麦,关税配额税率与最惠国税率相差达65倍。国家通过这种行政管理手段对一些重要商品,以关税这个成本杠杆来实现限制进口的目的,因此关税配额管理是一种相对数量的限制。

2)限制进口技术管理

限制进口技术实行目录管理。根据《对外贸易法》、《技术进出口管理条例》以及《禁止进口限制进口技术管理办法》的有关规定,国务院对外贸易主管部门会同国务院有关部门,制定、调整并公布限制进口的技术目录。属于目录范围内的限制进口的技术,实行许可证管理;未经国家许可,不得进口。

进口属于限制进口的技术,应当向国务院对外贸易主管部门提出技术进口申请,国务院对外贸易主管部门收到技术进口申请后,应当会同国务院有关部门对申请进行审查。技术进口申请经批准的,由国务院对外贸易主管部门发给"中华人民共和国技术进口许可意向书"。进口经营者取得技术进口许可意向书后,可以对外签订技术进口合同。进口经营者签订技术进口合同后,应当向国务院对外贸易主管部门申请技术进口许可证。经审核符合发证条件的,由国务院对外贸易主管部门颁发"中华人民共和国技术进口许可证",凭以向海关办理进口通关手续。

目前,列入《中国禁止进口限制进口技术目录》(第一批)中属限制进口的技术包括生物技术、化工技术、石油炼制技术、石油化工技术、生物化工技术和造币技术等。

经营限制进口技术的经营者在向海关申报进口手续时,必须主动递交技术进口许可证,否则经营者将承担为此而造成的一切法律责任。

2. 限制出口管理

国家实行限制出口管理的货物、技术,必须依照国家有关规定取得国务院对外贸易主管部门或者由其会同国务院有关部门许可,方可出口。

1)限制出口货物管理

对于限制出口货物管理,《货物进出口管理条例》规定:国家规定有数量限制的出口货物,实行配额管理；其他限制出口货物，实行许可证件管理；实行配额管理的限制出口货物，由国务院对外贸易主管部门和国务院有关经济管理部门按照国务院规定的职责划分进行管理。

目前，我国货物限制出口按照其限制方式划分为出口配额限制、出口非配额限制。

(1)出口配额限制

出口配额限制系指在一定时期内为建立公平竞争机制、增强我国商品在国际市场的竞争力，保障最大限度的收汇，保护我国产品的国际市场利益，国家对部分商品的出口数量直接加以限制的措施。我国出口配额限制有两种管理形式，即出口配额许可证管理和出口配额招标管理。

①出口配额许可证管理。是国家对部分商品的出口，在一定时期内(一般是1年)规定数量总额，经国家批准获得配额的允许出口，否则不准出口的配额管理措施。出口配额许可证管理是国家通过行政管理手段，对一些重要商品以规定绝对数量的方式，从而实现限制出口的目的。

出口配额许可证管理是通过直接分配的方式，由国务院对外贸易主管部门或者国务院有关部门，在各自的职责范围内，根据申请者需求并结合其进出口实绩、能力等条件，按照效益、公正、公开和公平竞争的原则进行分配。国家各配额主管部门对经申请有资格获得配额的申请者发放各类配额证明。

申请者取得配额证明后，到国务院对外贸易主管部门及其授权发证机关，凭配额证明申领出口许可证。

②出口配额招标管理。是国家对部门商品的出口，在一定时期内(一般是1年)规定数量总额，采取招标分配的原则，经招标获得配额的允许出口，否则不准出口的管理配额措施。出口配额招标管理是国家通过行政管理手段对一些重要商品以规定绝对数量的方式实现限制出口的目的。

国家各配额主管部门对中标者发放各类配额证明。中标者取得配额证明后，到国务院对外贸易主管部门及其授权发证机关，凭配额证明申领出口许可证。

(2)出口非配额限制

出口非配额限制系指在一定时期内根据国内政治、军事、技术、卫生、环保、资源保护等领域需要，以及为履行我国所加入或缔结的有关国际条约的规定，以经国家各主管部门签发许可证件的方式来实现的各类限制出口措施。目前，我国非配额限制管理主要包括出口许可证、濒危物种、敏感物项出口以及军品出口等许可管理。

2)限制出口技术管理

根据《对外贸易法》、《技术进出口管理条例》、《中华人民共和国生物两用品及相关设备和技术出口管制条例》、《中华人民共和国核两用品及相关技术出口管制条例》、《中华人民共和国导弹及相关物项和技术出口管制条例》、《中华人民共和国核出口管制条例》以及《禁止出口限制出口技术管制条例》等有关规定，限制出口技术实行目录管理，国务院对外贸易主管部门会同国务院有关部门，制定、调整并公布限制出口的技术目录。属于目录范围内的限制出口的技术，实行许可证管理，未经国家许可，不得出口。

我国目前限制出口技术目录主要有《两用物项和技术出口许可管理目录》以及《中国禁止出口限制出口技术目录》。

出口属于上述限制出口的技术，应当向国务院对外贸易主管部门提出技术出口申请，经国务院对外贸易主管部门审核批准后取得技术出口许可证件，凭以向海关办理出口通关手续。

经营限制出口技术的经营者在向海关申报出口手续时必须主动递交相关技术出口许可证件，否则经营者将承担为此而造成的一切法律责任。

三、自由进出口管理

除国家禁止、限制进出口货物、技术外的其他货物、技术，均属于自由进出口范围。自由进出口货物、技术的进出口不受限制，基于监测进出口情况的需要，国家对部分属于自由进出口的货物实行自动进出口许可管理，对自由进出口的技术实行技术进出口合同登记管理。

1. 货物自动进出口许可管理

进口属于自动进口许可管理的货物，进口经营者应当在向海关报送手续前，向国务院对外贸易主管部门或者国务院有关经济管理部门提交自动进口许可申请；进口经营者凭国务院对外贸易主管部门或者国务院有关经济管理部门发放的自动进口许可证明，向海关办理报关手续。自动进口许可管理在任何情况下对进口申请一律予以批准，是一种在进口前的自动登记性质的许可制度，通常用于国家对这类货物的统计和监督目的，目前被各国普遍使用。

2. 技术进出口合同登记管理

进出口属于自由进出口的技术，应当向国务院对外贸易主管部门或者其委托的机构办理合同备案登记。国务院对外贸易主管部门应当在自收到规定的文件之日起3个工作日内，对技术进出口合同进行登记，颁发技术进出口合同登记证。申请人凭技术进出口合同登记证，办理外汇、银行、税务、海关等相关手续。

训练3-4：

1. 比较出口配额许可证管理与出口配额招标管理的异同。

2. 自由进出口货物、技术的进出口不受限制，基于监测进出口情况的需要，国家对部分属于自由进出口的货物实行自动进出口许可管理，对自由进出口的技术实行技术进出口合同登记管理。 （对/错）

3. 限制出口的技术，应当向国务院对外贸易主管部门提出技术出口申请，经国务院对外贸易主管部门审核批准后取得技术出口许可证件，凭以向海关办理出口通关手续。 （对/错）

4. 目前我国货物限制出口按照其限制方式划分为(　　)。

A. 出口配额许可证管理　　B. 出口配额招标管理

C. 出口非配额限制　　D. 出口配额限制

第三节 其他贸易管理制度

一、对外贸易经营者管理制度

为了鼓励对外经济贸易的发展，发挥各方面的积极性，保障对外贸易经营者的对外自主

权，国务院对外贸易主管部门和相关部门制定了一系列法律、行政法规、部门规章，对对外贸易经营活动涉及的相应内容作出了规范，对外贸易经营者在进出口经营活动中必须遵守相应的法律、行政法规、部门规章。

对外贸易经营者，是指依法办理工商登记或者其他执业手续，依照《对外贸易法》和其他有关法律、行政法规、部门规章的规定从事对外贸易经营活动的法人、其他组织或者个人。目前，我国对对外贸易经营者的管理，实行备案登记制。即法人、其他组织或者个人在从事对外贸易经营前，必须按照国家的有关规定，依法定程序在国务院对外贸易主管部门备案登记，取得对外贸易经营资格后，方可在国家允许的范围内从事对外贸易经营活动。对外贸易经营者未按照规定办理备案登记的，海关不予办理进出口货物的报关验放手续；对外贸易经营者可以接受他人的委托，在经营范围内代为办理对外贸易业务。

国务院对外贸易主管部门也可以对部分进出口商品实施国营贸易管理，或者在一定期限内对部分进出口商品实施国营贸易管理，其目的是对关系国计民生的重要进出口商品实行有效的宏观管理。实行国营贸易管理货物的进出口业务只能由经授权的企业经营；但是，国家允许部分数量的国营贸易管理货物的进出口业务由非授权企业经营的除外。对未经批准擅自进出口实行国营贸易管理的货物的，海关不予放行。

二、出入境检验检疫制度

出入境检验检疫制度是指由国家出入境检验检疫部门依据我国有关法律和行政法规以及我国政府所缔结或者参加的国际条约、协定，对出入境的货物、物品、及其包装物、交通运输工具、运输设备和出入境人员实施检验检疫监督管理的法律依据和行政手段的总和。其国家主管部门是国家质量监督检验检疫总局。

1. 出入境检验检疫职责范围

①我国出入境检验检疫制度实行目录管理，即国家质量监督检验检疫总局根据对外贸易需要，公布调整《出入境检验检疫机构实施检验检疫的进出境商品目录》(简称法检目录)。该目录所列名的商品称为法定检验商品，是国家规定实施强制性检验的进出境商品。

②对于法定检验以外的进出口商品是否需要检验，由对外贸易当事人决定。对外贸易合同约定或者进出口商品的收发货人申请检验检疫时，检验检疫机构可以接受委托，实施检验检疫并制发证书。此外，检验检疫机构对法检以外的进出口商品，可以以抽查的方式予以监督管理。

③对关系国计民生、价值较高、技术复杂或涉及环境卫生、疫情标准的重要进出口商品，收货人应当在对外贸易合同中约定，在出口国装运前进行预检、监造或监装，以及保留货到后最终检验和索赔的条款。

2. 出入境检验检疫制度的组成

我国出入境检验检疫制度内容包括：进出口商品检验制度、进出境动植物检疫制度以及国境卫生监督制度(详见表3-4)。

1)进出口商品检验制度

进出口商品检验制度是根据《中华人民共和国进出口商品检验法》及其实施条例的规定，

国家质量监督检验检疫总局及其口岸出入境检验检疫机构对进出口商品所进行品质、质量检验和监督管理的制度。

出入境检验检疫制度组成 表3-4

比较项 制度	法律依据	内容	方式
进出口商品检验制度	《中华人民共和国进出口商品检验法》	商品的质量、规格、数量、重量、包装以及是否符合安全,卫生要求	法定检验、合同检验、公正鉴定和委托检验
进出境动植物检疫制度	《中华人民共和国进出境动植物检疫法》	对进出境动植物、动植物产品的生产、加工、存放过程实行动植物检疫	进境检疫、出境检疫、过境检疫、进出境携带和邮寄物检疫以及出入境运输工具检疫
国境卫生监督制度	《中华人民共和国国境卫生检疫法》和《中华人民共和国食品卫生法》	对出入境的交通工具、货物、运输容器以及口岸辖区的公共场所、环境、生活设施、生产设备所进行的卫生检查、鉴定、评价和采样检验	进出境检疫、国境传染病检测、进出境卫生监督

我国实行进出口商品检验制度的目的是为了保证进出口商品的质量,维护对外贸易有关各方的合法权益,促进对外经济贸易关系的顺利发展。商品检验机构实施进出口商品检验的内容,包括商品的质量、规格、数量、重量、包装以及是否符合安全、卫生的要求。我国商品检验的种类分为4种,即法定检验、合同检验、公正检验和委托检验。对法律、行政法规、部门规章规定有强制性标准或者其他必须执行的检验标准的进出口商品,依照法律、行政法规、部门规章规定的检验标准检验;法律、行政法规未规定有强制性标准或者其他必须执行的检验标准的,依照对外贸易合同约定的检验标准检验。

2)进出境动植物检疫制度

进出境动植物检疫制度是根据《中华人民共和国进出境动植物检疫法》及其实施条例的规定,国家质量监督检验检疫总局及其口岸出入境检验检疫机构对进出境动植物、动植物产品生产、加工、存放过程实行动植物检疫的进出境的监督管理制度。

我国实行进出境检验检疫制度的目的是为了防止动物传染病、寄生虫病和植物危险性病、虫、杂草以及其他有害生物传入、传出国境,保护农、林、牧、渔业生产和人体健康,促进对外经济贸易的发展。

口岸出入境检验检疫机构实施动植物检疫监督管理的方式有:实行注册登记、疫情调查、检测和防疫指导等。其管理主要包括:进境检疫、出境检疫、过境检疫、进出境携带和邮寄检疫以及出入境运输工具检疫等。

3)国境卫生监督制度

国境卫生监督制度是指出入境检验检疫机构根据《中华人民共和国国境卫生检疫法》及其实施细则,以及国家其他的卫生法律、法规和卫生标准,在进出口口岸对出入境的交通工具、货物、运输容器以及口岸辖区的公共场所、环境、生活设施、生产设备所进行的卫生检查、鉴定、评价和采样检验的制度。

我国实行国境卫生监督制度是为了防止传染病由国外传入或者由国内传出,实施国境卫生检疫,保护人体健康。其监督职能主要包括:进出境检疫、国境传染病检测、进出境卫生监督等。

三、进出口货物收付汇管理制度

对外贸易经营者在对外贸易经营活动中，应当依照国家有关规定结汇、用汇。这里所提的国家有关规定就是我国的外汇管理制度，即国家外汇管理局、中国人民银行及国务院其他有关部门依据国务院《外汇管理条例》及其他有关规定，对包括经营项目外汇业务、资本项目外汇业务、金融机构外汇业务、人民币汇率的生成机制和外汇市场等领域实施的监督管理。进出口货物收付汇管理是我国实施外汇管理的主要手段，也是我国外汇管理制度的重要组成部分。

1. 出口货物收汇管理

国家为了防止出口单位将外汇截留境外，提高收汇率，国家外汇管理局先后颁布了《出口收汇核销管理办法》和《出口收汇核销管理办法实施细则》，规定了出口外汇核销单管理的方式，对出口货物实施直接收汇控制。

我国对出口收汇管理采取的是外汇核销形式，“出口外汇核销单”是跟踪、监督出口单位出口后收汇核销和出口单位办理货物出口手续的重要凭证之一。该控制方式的具体内容是：国家外汇管理局制发出口外汇核销单，由货物的发货人或其代理人填写，外汇管理部门凭海关签注的出口外汇核销单和出口货物报关单出口收汇核销联收汇核销。

2. 进口货物付汇管理

国家为了防止汇出外汇而实际不进口商品的套汇行为的发生，通过海关对进口货物的实际监管来监督进口付汇情况。

出口货物收汇管理采取外汇核销形式，其具体程序为：进口企业在进口付汇前需向付汇银行申请国家外汇管理局统一制发的“贸易进口付汇核销单”，凭以办理付汇。货物进口后，进口单位或其代理人凭海关出具的进口货物报关单付汇证明联向国家外汇管理局指定银行办理付汇核销。

四、对外贸易救济措施

我国2001年底正式成为世界贸易组织（WTO）成员国，世界贸易组织允许成员方在进口产品倾销、补贴和过激增长等给其国内产业造成损害的情况下，可以使用反倾销、反补贴和保障措施（表3-5）以保护国内产业不受损害。

对外贸易救济措施　　表3-5

类别＼比较项	实施的条件	适用对象	具体实施形式	实施期限
反倾销措施	低价倾销对进口国造成了实质性损害	不公平贸易或不公平竞争	现金保证金、价格承诺、保函以及最终加征相应的税赋	不超过4个月，特殊情况可延长至9个月
反补贴措施	因政府补贴而具有价格竞争优势，对进口国造成了实质性损害	不公平贸易或不公平竞争	现金保证金、价格承诺、保函以及最终加征相应的税赋	不超过4个月（不能延长）
保障措施	进口产品的数量激增而挤占进口国的市场份额，并对进口国造成实质性危害	公平条件下数量猛增	加征关税、实行配额数量限制或者最终加征关税或实行关税配额	临时保障措施不超过200天，一般不超过4年，最长可延至10年

反补贴、反倾销和保障措施都属于贸易救济措施。反补贴和反倾销措施针对的是价格歧

视这种不公平贸易行为，保障措施针对的则是进口产品激增的情况。

为充分利用 WTO 规则，维护国内市场的国内外商品的自由贸易和公平竞争秩序，我国依据 WTO《反倾销协议》、《补贴与反补贴措施协议》、《保障措施协议》以及我国《对外贸易法》的有关规定，制定颁布了《中华人民共和国反补贴条例》、《中华人民共和国反倾销条例》、《中华人民共和国保障措施条例》。

1. 反倾销措施

我国依据 WTO 关于《反倾销协议》以及《中华人民共和国反倾销条例》实施反倾销措施。反倾销措施包括临时反倾销措施和最终反倾销措施。

1）临时反倾销措施

临时反倾销措施是指进口方主管机构经过调查，初步认定被指控产品存在倾销，并对国内同类产业造成损害，据此可以依据 WTO 所规定的程序进行调查，在全部调查结束之前，采取临时性的反倾销措施，以防止在调查期间国内产业继续受到损害。

临时反倾销措施有两种形式：

①是征收临时反倾销税。由商务部提出建议，国务院关税税则委员会根据其建议作出决定，由商务部予以公告。

②是要求提供现金保证金、保函或者其他形式的担保。由商务部作出决定并予以公告。海关自公告实施之日起执行。

临时反倾销措施实施的期限自临时反倾销措施决定公告规定实施之日起，不超过 4 个月；在特殊情形下，可以延长至 9 个月。

2）最终反倾销措施

对终裁决定确定倾销成立并由此对国内产业造成损害的，可以在正常的海关税费之外征收反倾销税。征收反倾销税，由商务部提出建议，国务院关税税则委员会根据其建议作出决定，由商务部予以公告。海关自公告规定实施之日起执行。

2. 反补贴措施

反补贴与反倾销的措施相同，也分为临时反补贴措施和最终反补贴措施。

1）临时反补贴措施

初裁决定确定补贴成立并由此对国内产业造成损害的，可以采取临时反补贴措施。临时反补贴措施采取担保（现金保证金或保函）或征收临时反补贴税的形式。

采取临时反补贴措施，由商务部提出建议，国务院关税税则委员会根据其建议作出决定，由商务部予以公告。海关自公告规定实施之日起执行。

临时反补贴措施实施的期限，自临时反补贴措施决定公告规定实施之日起，不超过 4 个月。

2）最终反补贴措施

在为完成磋商的努力没有取得效果的情况下，终裁决定确定补贴成立并由此对国内产业造成损害的，征收反补贴税。征收反补贴税，由商务部提出建议，国务院关税税则委员会根据其建议作出决定，由商务部予以公告。海关自公告规定实施之日起执行。

3. 保障措施

根据 WTO《保障措施协议》的有关规定，保障措施分为临时保障措施和最终保障措施。

1）临时保障措施

临时保障措施是指在紧急情况下，如果延迟会造成难以弥补的损失，进口国与成员国之间可不经磋商而采取临时性保障措施。临时保障措施的实施期限不得超过200天，并且此期限计入保障措施总期限。

临时保障措施应采取增加关税形式。如果事后调查不能证实进口激增对国内有关产业已经造成损害或损害威胁，则征收的关税应立即退还。

2）最终保障措施

最终保障措施，可以采取提高关税、纯粹的数量限制和关税配额形式。但保障措施应仅在防止或救济严重损害的必要限度内实施。

保障措施的实施期限一般不超过4年，如果仍需以保障措施防止损害或救济损害的产业，或有证据表明该产业正在进行调整，则可延长实施期限。但保障措施全部实施期限（包括临时保障措施期限）不得超过10年。

案　例

2006年11月9日海关总署公告《关于实施临时反倾销措施有关事项》（2006年第66号）。

根据《中华人民共和国反倾销条例》的规定，商务部发布2006年第45号公告，决定对原产于美国和欧盟的进口耐磨纸实施临时反倾销措施，海关总署就具体实施的有关问题发布了2006年第34号公告。本案调查过程中，应有关利害关系方申请，商务部经调查并经国务院关税税则委员会和海关总署认定，被调查产品在《中华人民共和国进出口税则》（以下简称《税则》）中应归入《税则》号列48043900，而不应归入《税则》号列48064000，商务部为此发布2006年第89号公告。现就实施临时反倾销措施的有关事项公告如下：

1. 符合商务部2006年第89号公告中耐磨纸产品描述的产品，应归入《税则》号列48043900。自2006年11月10日起，对原产于美国和欧盟的耐磨纸（《税则》号列48043900），按照海关总署2006年第34号公告规定的反倾销保证金征收比率，区分不同供货厂商征收反倾销保证金。

2. 进口经营单位在申报进口48043900项下“添加了耐磨材料三氧化二铝的成卷或成张的耐磨纸原纸”时，商品编号应填报为4804390001；申报进口《税则》号列48043900项下“每平方米重量不超过150克的其他牛皮纸及纸板”时，商品编号应填报为4804390009。

3. 自2006年11月10日起，海关对《税则》号列48064000项下产品不再按照海关总署2006年第34号公告征收反倾销保证金。进口经营单位在申报进口《税则》号列48064000项下产品时，商品编号应填报为4806400000。2006年11月10日前，进口经营者按《税则》号列48043900申报进口的原产于美国和欧盟的耐磨纸，海关没有征收反倾销保证金的不再追征；2006年11月10日前，进口经营单位申报进口《税则》号列48064000项下产品所缴纳的反倾销保证金，可自2006年11月10日起6个月内向征收地海关申请退还。

4. 对原产于美国和欧盟的进口耐磨纸征收反倾销保证金的其他事项，仍按照海关总署

2006 年第 34 号公告的有关规定执行。

训练 3-5:

1. 结合上述案例，分析采取反倾销措施的步骤。
2. 目前我国对外贸易经营者的管理采用(　　)。
   A. 自由进出制　　B. 登记和核准制
   C. 审批制　　D. 备案登记制
3. 下列关于保障措施表述错误的是(　　)。
   A. 保障措施针对的是公平贸易条件下的进口产品
   B. 保障措施分为临时保障措施和最终保障措施
   C. 临时保障措施不超过 4 个月，并计入保障措施总期限
   D. 最终保障措施一般不超过 4 年，仍需延长实施期限，不得超过 10 年
4. 对外贸易救济措施中针对进口产品激增情况的是(　　)。
   A. 反补贴　　B. 反倾销　　C. 保障措施　　D. 技术壁垒

第四节　我国贸易管制主要管理措施及报关规范

对外贸易管制作为一项综合制度，所涉及的管理规定繁多，以下是我国主要贸易管制的具体管理措施和报关规范。

一、进出口许可证管理

进出口许可证管理是指由商务部或者会同国务院其他有关部门，依法制定并调整进出口许可证管理目录，以签发进出口许可证的形式对该目录商品实行的行政许可管理。进出口许可证管理属于国家限制进出口管理范畴，分为进口许可证管理和出口许可证管理。

1. 主管部门及办理程序

商务部是全国进出口许可证的归口管理部门，负责制定进出口许可证管理办法及规章制度，监督、检查进、出口许可证管理办法的执行情况，处罚违规行为。商务部会同海关总署制定、调整和发布年度《进口许可证管理货物目录》及《出口许可证管理货物目录》。

商务部授权配额许可证事务局(以下简称许可证局)统一管理、指导全国各发证机构的进出口许可证签发工作，许可证局对商务部负责；许可证局及商务部驻各地特派员办事处和各省、自治区、直辖市、计划单列市以及商务部授权的其他省会城市商务厅(局)、外经贸委(厅、局)为进出口许可证的发证机构，在许可证局统一管理下，负责授权范围内签发“中华人民共和国进口许可证”或“中华人民共和国出口许可证”。

凡属于进出口许可证管理的货物，除国家另有规定外，对外贸易经营者应当在进口或出口前按规定向指定的发证机构申领进出口许可证，海关凭进出口许可证接受申报和验放。进出口许可证是国家管理货物进出口的凭证，不得买卖、转让、涂改、伪造和变造。

2. 适用范围及报关规范

1)进口许可证

进口许可证是我国进出口许可证管理制度中具有法律效力、对外贸易经营者经营列入国家进口许可证管理目录商品合法进口的证明文件，是海关验放该类货物的重要依据。

(1)适用范围

2007 年实行进口许可证管理的货物为消耗臭氧层物质 1 类。凡属于进口许可证管理的货物，除国家另有规定外，对外贸易经营者应当在进口前按规定向指定的发证机构申领进口许可证，海关凭进口许可证接受申报和验放。

(2)报关规范

①进口许可证的有效期为 1 年，当年有效。特殊情况需要跨年度使用时，有效期最长不得超过次年 3 月 31 日，逾期自行失效，海关不予放行。

②进口许可证不得擅自更改证面内容。如需更改，经营者应当在许可证有限期内提出更改申请，并将许可证交回原发证机构，由原发证机构重新换发许可证。

③进口许可证管理实行“一证一关”管理。一般情况下，进口许可证为“一批一证”。如要实行“非一批一证”，应当同时在进口许可证备注栏内打印“非一批一证”字样，但最多不超过 12 次，由海关在许可证背面“海关验放签注栏”内逐批签注核减进口数量。

④对进口实行许可证管理的大宗、散装货物，溢装数量按照国际贸易惯例办理，即报关进口的大宗、散装货物的溢装数量不得超过进口许可证所列进口数量的 5%。对不实行“一批一证”制的大宗、散装货物，在每批货物进口时，按其实际进口数量进行核扣，最后一批进口货物进口时，其溢装数量按该许可证实际剩余数量并在规定的溢装上限 5% 内计算。

小博士 3-1：

一证一关：指进口许可证只能在一个海关报关。

一批一证：指进口许可证在有限期内一次报关使用。

非一批一证：指进口许可证在有限期内可多次报关使用。

2)出口许可证

出口许可证是我国进出口许可证管理制度中具有法律效力、用来证明对外贸易经营者经营列入国家出口许可证管理目录商品合法出口的证明文件，是海关验放该类货物的重要依据。

(1)适用范围

2007 年实行出口许可证管理的 41 种货物，分别实行出口配额许可证、出口配额招标和出口许可证管理。凡实行配额许可证管理和出口许可证管理的货物，除国家另有规定外，对外贸易经营者应当在出口前按规定向指定的发证机构申领出口许可证，海关凭出口许可证接受申报和验放。

(2)报关规范

①出口许可证的有效期不得超过 6 个月。出口许可证需要跨年度使用时，出口许可证有效期的截止日期不得超过次年 2 月底。出口许可证应当在有限期内使用，逾期自行失效，海关不予放行。

②出口许可证不得擅自更改内容。如需更改，经营者应当在许可证有效期内提出更改申

请,并将许可证交回原发证机构,由原发证机构重新换发许可证。

③出口许可证管理实行“一证一关”制、“一批一证”制和“非一批一证”制。实行“非一批一证”制的,签发出口许可证时应在备注栏内注明“非一批一证”,但最多不超过12次,由海关在许可证背面“海关验放签注栏”内逐批签注核减进口数量。实行“非一批一证”制的货物包括:外商投资企业出口许可证管理的货物;加工贸易及补偿贸易项下出口许可证管理的货物;其他在《出口许可证管理货物目录》中规定实行“非一批一证”的出口许可证管理货物。

④报关出口的大宗、散装货物的溢装数量不得超过出口许可证所列出口数量的5%。对不实行“一批一证”制的大宗、散装货物,每批货物出口时按其实际出口数量进行核扣,最后一批出口货物出口时,其溢装数量按该许可证实际剩余数量并在规定的溢装上限5%内计算。

二、自动进口许可证管理

商务部根据监测货物进口情况的需要,对部分自由进出口货物实行自动许可管理。商务部授权配额许可证事务局,商务部驻各地特派员办事处,各省、自治区、直辖市、计划单列市商务(外经贸)主管部门以及地方机电产品进出口机构负责自动进口许可货物管理和自动进口许可证的签发工作。目前涉及的管理目录是商务部公布的《自动许可管理货物目录》,对应的许可证件为“中华人民共和国自动进口许可证”(以下简称自动进口许可证)。

自动进口许可证是我国自动进口制度中具有法律效力,用来证明对外贸易经营者经营某些商品合法进口的证明文件,是海关验放该类货物的重要依据。

1. 适用范围

1)商品范围

2007年实行自动进口许可是按一般商品、机电商品(包括旧机电商品)、重要工业品3个目录的形式分别进行管理。

训练3-6:

了解2006年实行自动进口许可的3个目录主要包括哪些商品。

2)免交情形

进口列入《自动进口许可管理货物目录》的商品,在办理报关手续时须向海关提交自动进口许可证,但下列情形免交:

①加工贸易项下进口并复出口的(原油、成品油除外);

②外商投资企业作为投资进口或者投资额内生产自用的(旧机电产品除外);

③货样广告品、实验品进口,每批次价格不超过5 000元人民币的;

④暂时进口的海关监管货物;

⑤进入中华人民共和国保税区、出口加工区等海关特殊监管区域及进入保税仓库、保税物流中心的属自动进口许可管理的货物;

⑥国家法律法规规定其他免领自动进口许可证的。

2. 报关规范

①自动进口许可证有效期为6个月,但仅限公历年度内有效。

②自动进口许可证项下货物原则上实行“一批一证”管理，对部分货物也可实行“非一批一证”管理。对实行“非一批一证”管理的，在有效期内可以分批次累计报关使用，但累计使用次数不得超过6次；海关在自动进口许可证原件“海关验放签注栏”内批注后，海关留存复印件，最后一次使用后，海关留存正本。同一进口合同项下，收货人可以申请并领取多份自动进口许可证。

③海关对散装货物溢短装数量在货物总量正负5%以内的予以免证验放；对原油、成品油、化肥、钢材4种大宗货物的散装货物溢短装数量在货物总量正负3%以内予以免证验放。对“非一批一证”进口实行自动进口许可管理的大宗散装商品，每批货物进口时，按其实际进口数量核扣自动进口许可证额度数量；最后一批货物进口时，其溢装数量按该自动进口许可证实际剩余数量并在规定的允许溢装上限内计算。

进出口许可证报关规范详见表3-6。

进出口许可证报关规范　　表3-6

	有效期	次数	溢短装
进口许可证	1年，当年有效； 跨年，次年3月31日	一批一证； 非一批一证，12次	5%
出口许可证	6个月； 跨年，次年2月底	一批一证； 非一批一证，12次	5%
自动进口许可证	6个月，公历年度内有效	一批一证； 非一批一证，6次	5% 3%

三、纺织品出口临时管理

为规范纺织品出口经营秩序，根据《中华人民共和国对外贸易法》和《中华人民共和国行政许可法》，商务部审议通过《纺织品出口管理办法（暂行）》。商务部负责全国纺织品出口管理工作，并会同海关总署和质检总局制定并调整《纺织品出口临时管理商品目录》。商务部授权各省、自治区、直辖市、计划单列市、新疆生产建设兵团及哈尔滨、长春、沈阳、南京、武汉、成都、广州、西安商务主管部门（以下简称地方商务主管部门）负责本地区纺织品临时出口许可管理工作。

1. 适用范围

对外贸易经营者在出口《纺织品出口临时管理商品目录》所列的纺织品前，应当向当地商务主管部门办理纺织品临时出口许可审批手续，并申领许可证，凭许可证向海关办理报关验放手续。

纺织品临时出口许可适用于一般贸易、易货贸易、来料加工装配贸易、补偿贸易、进料加工、保税工厂和其他贸易方式的纺织品出口许可管理。

2. 报关规范

纺织品临时出口许可证实行“一批一证”、“一关一证”，在公历年度内有效，有效期为6个月，逾期作废。

出口样品的，对于每批商品数量不超过50件（含50件、套、双、公斤或其他商品单位，不包括打、打双、打套、吨数量单位）的，可免领出口许可证；但属于进口国（地区）海关要求凭许可证放行的，经营者应在本企业可申请数量范围内向发证机构申领许可证。

纺织品临时出口许可证不得伪造和变造。

四、进口废物管理

这里所称的废物系指《中华人民共和国固体废物污染环境防治法》管理范围内的废物，即在生产建设、日常生活和其他活动中产生的污染环境的固态、半固态废弃物质。包括：工业固体废物（指在工业、交通等生产活动中产生的固体废物）、城市生活垃圾（指在城市日常生活中或者为城市日常生活提供服务的活动中产生的固体废物以及法律、行政法规规定视为城市生活垃圾的固体废物）、危险废物（指列入国家危险废物名录或者根据国家规定的危险废物鉴别标准和鉴别方法认定的具有危险特性的废物）以及液态废物和置于容器中的气态废物。

1. 含义

进口废物管理是国务院环境保护行政主管部门根据《中华人民共和国固体废物污染环境防治法》和《废物进口环境保护管理暂行规定》等法律法规，对进口废物所实施的禁止、限制以及自动许可措施的总和。

2. 主管部门及办理程序

为了防治固体废物污染环境，保障人体健康，促进社会主义现代化建设的发展，国家禁止进口不能用作原料的固体废物，对进口可以用作原料的固体废物实行限制管理。国家环境保护总局是进口废物的国家主管部门，会同国务院对外贸易主管部门制定、调整并公布《限制进口类可用作原料的废物目录》及《自动进口许可管理类可用作原料的废物目录》，对未列入上述两目录的固体废物禁止进口。

进口可用作原料的废物的办理程序为：提出申请，审查批准，进口废物批准证书，组织进口，报验，审核，入境货物通关单，依法处理。

废物进口单位或者废物利用单位直接向国家环境保护总局提出废物进口申请，由国家环境保护总局审查批准，取得国家环境保护总局签发的“进口废物批准证书”后才可组织进口。进口废物运抵口岸后，口岸检验检疫机构凭国家环境保护总局签发的进口废物批准证书及其他必要单证受理报验，经审核未发现不符合环境保护要求的，向报验人出具入境货物通关单，海关凭有效进口废物批准证书及入境货物通关单办理通关手续。对不符合环境保护要求的，向报验人出具检验证书并及时以检验证书副本通知口岸海关和当地环保部门，海关会同地方环保部门对废物依法处理。

3. 适用范围及报关规范

进口废物批准证书是我国进出口许可管理制度中具有法律效力、用来证明对外贸易经营者经营列入《限制进口类可用作原料的废物目录》及《自动进口许可管理类可用作原料的废物目录》的废物合法进口的证明文件，是海关验放货物的重要依据。不论以何种方式进口列入上述管理范围的废物，均须事先申领进口许可证。

1）适用范围

列入国家《限制进口类可用作原料的废物目录》和《自动进口许可管理类可用作原料的废物目录》的废物。

2）报关规范

①向海关申报进口列入《限制进口类可用作原料的废物目录》的废物，报关单位应主动向海关提交有效的、经国家环境保护总局签发并盖有“国家环境保护总局废物进口审批专用章”

的“进口废物批准证书(第一联)”及口岸检验检疫机构出具的入境货物通关单及其他有关单据。

②向海关申报进口列入《自动进口许可管理类可用作原料的废物目录》的废物,报关单位应主动向海关提交有效的、经国家环境保护总局签发并盖有“国家环境保护总局废物进口审批专用章”的标注“自动进口许可”字样的“进口废物批准证书(第一联)”及口岸检验检疫机构出具的入境货物通关单及其他有关单据。

③对未列入《限制进口类可用作原料的废物目录》及《自动进口许可管理类可用作原料的废物目录》或虽列入上述目录但未取得有效进口废物批准证书的废物一律不得进口和存入保税仓库。

④进口废物批准证书实行“非一批一证”管理。

⑤进口的废物不能转关(废纸除外),只能在口岸海关办理申报进境手续。

五、濒危物种进出口管理

野生动植物是人类的宝贵自然财富。挽救珍稀濒危动植物种,保护、发展和合理利用野生动植物资源,对维护自然生态平衡,开展科学研究,发展经济、文化、教育、医药、卫生等事业有着极其重要的意义。为此,我国颁布了如《中华人民共和国森林法》、《中华人民共和国野生动物保护法》以及《中华人民共和国野生植物保护条例》等相关法律法规并颁布了我国物种保护目录,同时,我国也是《濒危野生动植物种国际贸易公约》的成员国(地区)应履行保护义务的物种以及位保护我国珍稀物种而自主保护的物种。我国依法对上述物种实施管理。

1. 含义

濒危物种进出口管理是指中华人民共和国濒危物种进出口管理办公室会同国家其他部门,依法制定或调整《进出口野生动植物种商品目录》并以签发“濒危野生动植物种国际贸易公约允许进出口证明书”(简称公约证明)、“中华人民共和国濒危物种进出口管理办公室野生动植物允许进出口证明书”(简称非公约证明)或“非《进出口野生动植物种商品目录》物种证明”(简称非物种证明)的形式,对该目录列明的依法受保护的珍贵、濒危野生动植物及其产品实施的进出口限制管理。

凡进出口列入《进出口野生动植物种商品目录》的野生动植物或其产品,必须严格按照有关法律、行政法规的程序进行申报和审批,并在进出口报关前取得国家濒危物种进出口管理办公室或其授权的办事处签发的公约证明或非公约证明后,向海关办理进出口手续。

2. 适用范围及报关规范

1)非公约证明

非公约证明是我国进出口许可管理制度中具有法律效力、用来证明对外贸易经营者经营列入《进出口野生动植物种商品目录》中属于我国自主规定管理的野生动植物及其产品合法进出口的证明文件,是海关验放该类货物的重要依据。

(1)适用范围

①用于列入《进出口野生动植物种商品目录》中属于我国自主规定管理的野生动植物及其产品的进出口通关。

②不论以何种方式进出口列入上述管理范围的野生动植物及其产品，均须事先申领非公约证明。

(2)报关范围

①向海关申报进出口列入《进出口野生动植物种商品目录》中属于我国自主规定管理的野生动植物及其产品，报关单位应主动向海关提交有效的非公约证明及其他有关单据。

②非公约证明实行"一批一证"制度。

2)公约证明

公约证明是我国进出口许可管理制度中具有法律效力、用来证明对外贸易经营者经营列入《进出口野生动植物种商品目录》中属于《濒危野生动植物种国际贸易公约》成员国(地区)应履行保护义务的物种合法进出口的证明文件，是海关验放该类货物的重要依据。

(1)适用范围

①用于列入《进出口野生动植物种商品目录》属于《濒危野生动植物种国际贸易公约》成员国(地区)应履行保护义务的物种的进出口通关。

②不论以何种方式进出口列入上述管理范围的野生动植物及其产品，均须事先申领公约证明。

(2)报关规范

①向海关申报进出口列入《进出口野生动植物种商品目录》中属于《濒危野生动植物种国际贸易公约》成员国(地区)应履行保护义务的物种，报关单位应主动向海关提交有效的公约证明及其他有关单据。

②公约证明实行"一批一证"制度。

3)非物种证明

由于受濒危管理的动植物种很多，认定工作的专业性很强，为使濒危物种进出口监管工作做到既准确又严密，海关总署和濒危物种进出口管理办公室共同商定，对海关无法认定的，由濒危物种进出口管理办公室指定机构进行认定并出具非物种证明，报关单位凭以办理报关手续。

(1)适用范围

适用于未列入《进出口野生动植物种商品目录》的动植物种的进出口，以及列入该目录的非《濒危野生动植物种国际贸易公约》附录植物物种的进口。

(2)报关规范

①非物种证明按时效分为"当年使用"和"一次性使用"。

②"当年使用"的证明，用于未列入该目录的动植物物种的进出口，以及列入该目录的非公约附录植物物种的进口。在不涉及目录调整时，证面注明的使用单位在本关区、本年度内(截止至当年 12 月 31 日)进出口相同物种时有效。进出口企业使用"当年使用"的证明报关时，应向海关出具证明正本及复印件。海关接受报关后，将复印件连同报关单据一并存档，正本交还进出口企业报关使用，直至证明失效。

③"一次性使用"的证明，用于列入上述目录的非公约附录人工培植植物物种的出口。出口企业持"一次性使用"的证明正本向海关报关。

训练 3-7：

1.《进口许可证》原则实行"一批一证"制度，对不实行"一批一证"的商品，发证机关在签发进口许可证时必须在备注栏中注明"非一批一证"字样，该证在有效期内可使用（ ）。

A. 12 次　　B. 8 次　　C. 6 次　　D. 无次数限制

2. 由海关申报出口列入《进出口野生动植物种商品目录》中属于《濒危野生动植物种国际贸易公约》成员国应履行保护义务的物种时，报关单位应向海关提交的证明为（ ）。

A.《公约证明》　　B.《非公约证明》

C.《非物种证明》　　D.《入境货物通关单》

3.《敏感物项技术出口许可证》的有关规定是（ ）。

A. 在有效期内每证只能在一个海关报关使用，每证只能使用 1 次

B. 在有效期内每证只能在一个海关报关使用，每证最多使用 12 次

C. 在有效期内每证可在多个在一个海关报关使用，每证最多使用 12 次

D. 原则上不能更改证面内容，如需更改，出口经营者需向商务不提出申请在更改处加盖印章

4. 实行"非一批一证"的自动进口许可证管理的，在有效期内可以分批累计报关使用，最多可以使用（ ）。

A. 12 次　　B. 6 次　　C. 8 次　　D. 无次数限制

5. 出口许可证如有特殊情况需要跨年度使用时，其有效期最长不得超过次年的（ ）。

A. 1 月 31 日　　B. 2 月底　　C. 3 月 31 日　　D. 4 月 30 日

六、进出口药品管理

1. 含义

进出口药品管理是指为加强对药品的监督管理，保证药品质量，保障人体用药安全，维护人民身体健康和用药合法权益，国家食品药品监督管理局依照《中华人民共和国药品管理法》、有关国际公约以及国家其他法规，对进出口药品实施监督管理的行政行为。

2. 主管部门及管理形式

我国对进出口药品管理是我国进出口许可管理制度的重要组成部分，属于国家限制进出口管理范畴，实行分类和目录管理。进出口药品从管理角度可将其分为进出口麻醉药品、进出口精神药品以及进口一般药品。国家食品药品监督管理局会同国务院对外贸易主管部门对上述药品依法制定并调整管理目录，以签发许可证件的形式对其进出口加以管制。

目前我国公布的药品进出口管理目录有：《进口药品目录》、《生物制品目录》、《精神药品管制品种目录》和《麻醉药品管制品种目录》。

3. 适用范围及报关规范

1）精神药品进出口准许证

精神药品进出口准许证是我国进出口精神药品管理批件，国家食品药品监督管理局依据《中华人民共和国药品管理法》和国务院《精神药品管理办法》以及有关国际条约，对进出口直

接作用于中枢神经系统，使之兴奋或抑制，连续使用能产生依赖性的药品，制定和调整《精神药品管制品种目录》并以签发“精神药品进口准许证”及“精神药品出口准许证”的形式对该目录商品实行进出口限制管理。

精神药品进出口准许证是我国进出口许可管理制度中具有法律效力、用来证明对外贸易经营者经营列入《精神药品管制品种目录》管理药品合法进出口的证明文件，是海关验放该类货物的重要依据。

《精神药品管制品种目录》所列药品进出口时，货物所有人或其合法代理人在办理进出口报关手续前，均须取得国家食品药品监督管理局核发的精神药品进出口准许证向海关办理报关手续。海关凭上述单证办理验放手续。

(1)适用范围

进出口列入《精神药品管制品种目录》的药品，包含精神药品标准品及对照品，如咖啡因、去氧麻黄碱等。

(2)报关规范

向海关申报进出口列入《精神药品管制品种目录》中的药品，报关单位应主动向海关提交有效的精神药品进出口准许证及其他有关单据。

精神药品的进出口准许证实行“一批一证”制度并仅限在注明的口岸海关使用，证面内容不得自行更改，如需更改，应到国家食品药品监督管理局办理换证手续。

2)麻醉药品进出口准许证

麻醉药品进出口准许证是我国进出口麻醉药品管理批件，国家药品监督管理部门依据《中华人民共和国药品管理法》和国务院《麻醉药品管理办法》以及有关国际条约，对进出口连续使用后易使身体产生依赖性、能成瘾癖的药品，制定和调整《麻醉药品管制品种目录》并以签发“麻醉药品进口准许证”或“麻醉药品出口准许证”的形式对该目录商品实行进出口限制管理。

麻醉药品进出口准许证是我国进出口许可管理制度中具有法律效力、用来证明对外贸易经营者经营列入《麻醉药品管制品种目录》管理药品合法进出口的证明文件，是海关验放该类货物的重要依据。

《麻醉药品管制品种目录》所列药品进出口时，货物所有人或其合法代理人在办理进出口报关手续前，均须取得国家食品药品监督管理局核发的麻醉药品进出口准许证向海关办理报关手续。海关凭上述单证办理验放手续。

(1)适用范围

①进出口列入《麻醉药品管制品种目录》的麻醉药品，包括：鸦片类、可卡因类、大麻类、合成麻醉药类及其他易成瘾癖的药品、药用原植物及其制剂等。

②任何单位以任何贸易方式进出口列入《麻醉药品管制品种目录》的药品，不论用于何种用途，均事先申领麻醉药品进出口准许证。

(2)报关规范

①向海关申报进出口列入《麻醉药品管制品种目录》中的药品，报关单位应主动向海关提交有效的麻醉药品进出口准许证及其他有关单据；

②麻醉药品的进出口准许证实行“一批一证”制度并仅限在注明的口岸海关使用，证面内

容不得自行更改,如需更改,应到国家食品药品监督管理局办理换证手续。

3)进口药品通关单

进口药品通关单是国家针对一般药品,即除上述特殊用途药品外的其他药品的进口管理批件。

国家对一般药品的管理实行目录管理。国家食品药品监督管理局依据《中华人民共和国药品管理法》、《中华人民共和国药品管理法实施条例》制定和调整《进口药品目录》;国家食品药品监督管理局授权的口岸药品检验所以签发进口药品通关单的形式对该目录商品实行进口限制管理。

进口药品通关单是我国进出口许可管理制度中具有法律效力、用来证明对外贸易经营者经营列入《进口药品目录》的药品合法进口的证明文件,是海关验放该类货物的重要依据。

(1)适用范围

①进口列入《进口药品目录》的药品,包括:用于预防、治疗、诊断人的疾病,有目的地调节人的生理机能并规定有适应症、用法和用量的物质,包括中药材、中药饮品、中成药、化学原料及其制剂、抗生素、生化药品、血清疫苗、血液制品和诊断等药品;

②进口列入《生物制品目录》的药品,包括:疫苗类、血液制品类及血源筛查用诊断试剂等;

③首次在中国境内销售的药品;

④对进口暂未列入《进口药品目录》的原料药的单位,必须遵守《进口药品管理办法》中的各项有关规定,主动到各口岸药品检验所报检。

(2)报关规范

①向海关申报进口列入《进口药品目录》中的药品,报关单位应主动向海关提交有效的进口药品通关单及其他有关单据;

②进口药品通关单实行"一批一证"制度并仅限在该单注明的口岸海关使用,证面内容不得更改;

③任何单位以任何贸易方式进口列入《进口药品目录》的药品,不论用何种用途,均须事先申领进口药品通关单。一般药品出口目前暂无特殊的管理要求。

七、黄金制品进出口管理

1. 含义

进出口黄金管理是指中国人民银行、商务部依据《中华人民共和国金银管理条例》等有关规定,对进出口黄金及其制品实施监督管理的行政行为。

2. 主管部门及管理方式

黄金及其制品进出口管理属于我国进出口许可管理制度中限制进出口管理范畴,中国人民银行总行为黄金及其制品进出口的管理机关,具体规定为:

①出口黄金及其制品,出口企业应事先向中国人民银行申领"黄金产品出口准许证"(加工贸易除外)。

②进口黄金及其制品,进口企业应事先向中国人民银行申领批件,即"中国人民银行授权书"(加工贸易除外)。

3. 适用范围及报关规范

1)黄金产品出口准许证

黄金产品出口准许证是我国进出口许可管理制度中具有法律效力、用来证明对外贸易经营者经营黄金及其制品合法出口的证明文件,是海关验放该类货物的重要依据。

(1)适用范围

实施出口管理的黄金,包括黄金条、块、锭、粉,黄金铸币,黄金制品,黄金基合金制品,含黄金化工产品,含黄金废渣、废液、废料,包金制品,镶嵌金制品等。

(2)报关规范

向海关申报出口上述范围的黄金及其制品,报关单位应主动向海关提交有效的黄金产品出口准许证。

2)中国人民银行授权书

中国人民银行授权书是我国进出口许可管理制度中具有法律效力、用来证明对外贸易经营者经营黄金及其制品合法进口的证明文件,是海关验放该类货物的重要依据。

(1)适用范围

实施进口管理的黄金,包括黄金条、块、锭、粉,黄金铸币,黄金制品,黄金基合金制品,含黄金化工产品,含黄金废渣、废液、废料,包金制品,镶嵌金制品等。

(2)报关规范

①向海关申报出口上述范围的黄金及其制品,报关单位应主动向海关提交有效的中国人民银行授权书。

②中国人民银行授权书当年有效,跨年度作废。

八、两用物项和技术进出口许可证管理

为维护国家安全和社会公共利益,履行我国在缔结或者参加的国际条约、协定中所承担的义务,加强两用物项和技术进出口许可证管理,依据《对外贸易法》、《海关法》和有关行政法规的规定,国家对两用物项和技术实行进出口许可证管理。

1. 含义

两用物项和技术是指《中华人民共和国核出口管制条例》、《中华人民共和国核两用品及相关技术出口管制条例》、《中华人民共和国导弹及相关物项和技术出口管制条例》、《中华人民共和国生物两用品及相关设备和技术出口管制条例》、《中华人民共和国监控化学品管理条例》、《中华人民共和国易制毒化学品管理条例》及《有关化学品及相关设备和技术出口管制办法》所规定的相关物项及技术。

为便于对上述物项和技术的进出口管制,商务部和海关总署依据上述法规颁布了《两用物项和技术进出口许可证管理办法》并联合发布《两用物项和技术进出口许可证管理目录》,规定对列入目录的物项及技术的进出口统一实行"两用物项和技术出进口许可证"管理。商务部委托商务部配额许可证事务局(以下简称许可证局)统一管理、指导全国各发证机构的两用物项和技术进出口许可证发证工作。许可证局和受商务部委托的省级商务主管部门为两用物项和技术进出口许可证发证机构,省级商务主管部门在许可证局的统一管理下,负责委托范围内两用物项和技术进出口许可证的发证工作。两用物项和技术进出口前,进出口经营者应

当向发证机关申领“中华人民共和国两用物项和技术进口许可证”或“中华人民共和国两用物项和技术出口许可证”(以下统称“两用物项和技术进出口许可证”)凭以向海关办理进出口通关手续。

2. 报关规范

①对以任何方式进口或出口,以及过境、转运、通运列入《两用物项和技术进出口许可证管理目录》的商品,进出口经营者应向海关提交有效的两用物项和技术进出口许可证。

②海关有权对进出口经营者进出口的货物是否属于两用物项和技术提出质疑,进出口经营者应按规定向相关行政主管部门申请进口或者出口许可,或者向商务主管部门申请办理不属于管制范围的相关证明。省级商务主管部门受理其申请,提出处理意见后报商务部审定。对进出口经营者未能出具两用物项和技术进口或者出口许可证或者商务部相关证明的,海关不予办理有关手续。

③两用物项和技术进口许可证实行“非一批一证”制和“一证一关”制,在两用物项和技术进口许可证备注栏内打印“非一批一证”字样;两用物项和技术出口许可证实行“一批一证”制和“一证一关”制。

④两用物项和技术进出口许可证有效期一般不超过 1 年。跨年度使用时,在有效期内能使用到次年 3 月 31 日,逾期发证机构将根据原许可证有效期换发许可证。

⑤两用物项和技术进出口许可证仅限于申领许可证的进出口经营者使用,不得买卖、转让、涂改、伪造和变造;两用物项和技术进出口许可证应在批准的有效期内使用,逾期自动失效,海关不予验放。

⑥两用物项和技术进出口许可证一经签发,任何单位和个人不得更改证面内容,如需对证面内容进行更改,进出口经营者应当在许可证有效期内向相关行政主管部门重新申请进出口许可,并凭原许可证和新的批准文件向发证机构申领两用物项和技术进出口许可证。

⑦两用物项和技术进出口许可证证面的进口商、收货人应分别与海关进口货物报关单的经营单位、收货单位相一致;两用物项和技术出口许可证证面的出口商、发货人分别与海关出口货物报关单的经营单位、发货单位相一致。

九、出入境检验检疫管理

1. 办理程序

对列临《出入境检验检疫机构实施检验检疫的进出境商品目录》,又称《法检目录》以及其他法律法规规定需要检验检疫的货物进出口时,货物所有人或其合法代理人,在办理进出口通关手续前,必须向口岸检验检疫机构报检。海关凭口岸出入境检验检疫机构签发的“中华人民共和国检验检疫出(入)境货物通关单”(以下简称出(入)境货物通关单)验放。

2. 管制证件适用范围及报关规范

1)入境货物通关单

入境货物通关单是我国出入境检验检疫管理制度中,对列入《法检目录》中属进境管理的商品在办理进口报关手续前,依照有关规定口岸检验检疫机构接受报检后签发的单据,同时也是进口报送的专用单据,是海关验放该类货物的重要依据之一。

(1)适用范围

入境货物通关单适用于下列情况：

①列入《法检目录》属于入境管理的商品；

②进口捐赠的医疗器械；

③外商投资财产价值鉴定（受国家委托，为防止外商瞒骗对华投资额而对其以实物投资形式进口的投资设备的价值进行的鉴定）；

④进口可作原料的废物；

⑤旧机电产品进口备案；

⑥进口货物发生短少、残损或其他质量问题需对外索赔时所赔付的进境货物；

⑦其他未列入《法检目录》的，但国家有关法律、行政法规明确由出入境检验检疫机构负责检验检疫的货物。

（2）报关规范

①向海关申报进口上述范围的商品，报关单位应主动向海关提交有效的入境货物通关单及其他有关单据；

②入境货物通关单实行“一批一证”制度，证面内容不得更改。

2）出境货物通关单

出境货物通关单是我国出入境检验检疫管理制度中，对列入《法检目录》中属出境管理的商品在办理出口报关手续前，依照有关规定口岸检验检疫机构接受报检后签发的单据，同时也是出口报关的专用单据，是海关验放该类货物的重要依据之一。

（1）适用范围

出境货物通关单适用于下列情况：

①列入《法检目录》属于出境管理的货物；

②出口纺织品标识；

③对外经济技术援助物资及人道主义紧急救灾援助物资；

④其他未列入《法检目录》的，但国家有关法律、行政法规明确由出入境检验检疫机构负责检验检疫的货物。

（2）报关规范

①向海关申报出口上述范围的商品，报关单位应主动向海关提交有效的出境货物通关单及其他有关单据。

②出境货物通关单实行“一批一证”制度，证面内容不得更改。

训练 3-8：

1. 可办理外币进出境的口岸是（　　）。

   A. 广州　　B. 天津　　C. 大连　　D. 珠海

2. 下列进出口许可证中实行“非一批一证”管理的是（　　）。

   A. 进口废物批准证书　　B. 濒危野生动植物国际贸易公约允许进出口证明书

   C. 精神药品进口准许证　　D. 进口药品通关单

3. 下列进口的废物中，可以申请转关运输的是（　　）。

A. 木制品废料　B. 废纸　　　C. 废电机、电器产品　　D. 纺织品废物

4. 下列进出口许可证中实行"一批一证"管理的是(　　)。

A. 进口废物批准证书　　　　B. 濒危野生动植物国际贸易公约允许进出口证明书

C. 精神药品进口准许证　　　D. 进口药品通关单

十、其他货物进出口管理

1. 音像制品进出口管理

1)概述

为了加强对音像制品进口的管理,促进国际文化交流,丰富人民群众的文化生活,我国颁布了《音像制品管理条例》、《音像制品进口管理办法》及其他有关规定,对音像制品实行进口许可管制。文化部负责全国音像制品进口的监督管理工作,制定音像制品进口规划,审查进口音像制品内容,确定音像制品成品进口经营单位的总量、布局和结构;县级以上地方人民政府文化行政部门依照本办法负责本行政区域内的进口音像制品的监督管理工作;各级海关在职责范围内负责音像制品进口的监督管理工作。

音像制品成品进口业务由文化部指定的音像制品经营单位经营;未经文化部指定,任何单位或者个人不得从事音像制品成品进口业务。图书馆、音像资料馆、科研机构、学校等单位进口供研究、教学参考的音像制品成品,应当委托文化部指定的音像制品成品进口经营单位报文化部办理有关进口审批手续。

音像制品进口单位凭文化部进口音像制品批准文件到海关办理母带(母盘)或者音像制品成品的进口手续,海关凭有效的"中华人民共和国文化部进口音像制品批准单"办理验放手续;对随机器设备同时进口以及进口后随机器设备复出口的记录操作系统、设备说明、专用软件等内容的音像制品,海关凭进口单位提供的合同、发票等有效单证验放。

2)中华人民共和国文化部进口音像制品批准单

进口音像制品批准单是我国进出口许可管理制度中具有法律效力、用来证明对外贸易经营者经营音像制品合法进口的证明文件,是海关验放该类货物的重要依据。

2. 化学品首次进境及有毒化学品管理

1)概述

"化学品"是指人工制造的或者是从自然界取得的化学物质,包括化学物质本身、化学混合物或者化学配制物中的一部分,以及作为工业化学品和农药使用的物质。

"有毒化学品"是指进入环境后通过环境蓄积、生物累积、生物转化或化学反应等方式损害健康和环境,或者通过接触对人体具有严重危害和具有潜在危险的化学品。

"化学品首次进口"是指外商或其代理人向中国出口其未曾在中国登记过的化学品,即使同种化学品已有其他外商或其代理人在中国进行了登记,仍被视为化学品首次进口。

为了保护人体健康和生态环境,加强化学品首次进口和有毒化学品进出口的环境管理,国家环境保护总局会同海关总署和原外经贸部,根据《关于化学品国际贸易资料交流的伦敦准则》,联合制定了《化学品首次进口及有毒化学品进出口环境管理规定》,同时发布了《中国禁止或严格限制的有毒化学品名录》,对首次进口化学品和进出口有毒化学品进行监督管理。

国家环境保护总局在审批化学品首次进口环境管理登记申请时，对符合规定的、准予化学品环境管理登记并发给准许进口的化学品进口环境管理登记证；国家环境保护总局在审批有毒化学品进出口申请时，对符合规定的，发给准许进出口的有毒化学品进出口环境管理放行通知单。

2）有毒化学品进出口环境管理放行通知单

有毒化学品进出口环境管理放行通知单是我国进出口许可管理制度中具有法律效力、用来证明对外贸易经营者经营列入《中国禁止或严格限制的有毒化学品名录》的化学品合法出口的证明文件，是海关验放该类货物的重要依据。

3）化学品进口环境管理登记证

化学品进口环境管理登记证是用来证明对外贸易经营者经营属首次进口的化学品（不包括食品添加剂、医药、兽药、化妆品、放射性物质）已接受国家登记管理的证明文件，是海关验放该类货物的重要依据。

3．进出口农药登记证明管理

1）概述

进出口农药登记证明是国家农业主管部门依据《中华人民共和国农药管理条例》，对进出口用于预防、消灭或者控制危害农业、林业的病、虫、草和其他有害生物以及有目的地调节植物、昆虫生长的化学合成或者来源于生物、其他天然物质的一种物质或者几种物质的混合物及其制剂实施管理的进出口许可证件，其国家主管部门是农业部。

我国对进出口农药实行目录管理，由农业部会同国务院对外贸易主管部门依据《中华人民共和国农药管理条例》和《在国际贸易中对某些危险化学品和农药实行事先知情同意程序国际公约》（PIC），分别制定《中华人民共和国进出口农药登记证明管理名录》（以下简称《农药名录》）。进出口列入上述目录的农药，应事先向农业部农药检定所申领进出口农药登记证明，凭以向海关办理进出口报关手续。

对一些既可用作农药，也可用作工业原料的商品，如果企业以工业原料用途进出口，则企业不需办理进出口农药登记证明。对此类商品，进出口通关时海关不再验核进出口农药登记证明，改凭农业部向进出口企业出具的加盖“中华人民共和国农业部农药审批专用章”的“非农药登记管理证明”验放。

2）进出口农药登记证明

进出口农药登记证明是我国进出口许可管理制度中具有法律效力、用来证明对外贸易经营者经营《农药名录》所列农药合法进出口的证明文件，是海关验放该类货物的重要依据。

进出口农药登记证明实行“一批一证”制，证面内容不得更改，如需更改，须由农业部农药检定所换发新证。

4．兽药进口管理

1）概述

兽药进口管理是指国家农业部依据《进口兽药管理办法》，对进口兽药实施的监督管理。受管理的兽药是指用于预防、治疗、诊断畜禽等动物疾病，有目的的调节其生理机能并规定作用、用途、用法、用量的物质。

2）进口兽药有关规定

①申报进口兽药、人畜共用的兽药，报关单位凭农业部指定的口岸兽药监察所在进口货物报送单上加盖的“已接受报验”的印章办理有关验放手续。

②对进口的兽药，因企业申报不实或伪报用途所产生的后果，企业应承担相应的法律责任。

练习题

一、多项选择题

1. 目前我国货物限制出口按照其限制方式划分为(　　)。

A. 出口配额许可证管理　　B. 出口配额招标管理

C. 出口非配额限制　　D. 出口配额限制

2. 我国对外贸易管制是按管制对象分为(　　)。

A. 货物进出口贸易管制　　B. 技术进出口贸易管制和国际服务贸易管制

C. 关税措施　　D. 非关税措施

3. 下列有权签发进出口许可证的机构是(　　)。

A. 商务部配额许可证事务局

B. 商务部驻各地特派员办事处

C. 省、自治区、直辖市的商务主管部门

D. 计划单列市和经商务部授权的其他省会城市的商务主管部门

4. 对下列实行自动进口许可管理的大宗、散装货物，溢装数量在货物总量3%以内的，免予另行申领自动进口许可证的是(　　)。

A. 原油　　B. 成品油　　C. 化肥　　D. 钢材

5. 货物、技术进出口许可管理制度是我国进出口许可管理制度的主体，其管理范围包括(　　)。

A. 禁止进出口货物和技术　　B. 限制进出口货物和技术

C. 自由进出口的技术　　D. 自由进出口中部分实行自动许可管理的货物

6. 根据《中华人民共和国对外贸易法》的规定，国家基于(　　)原因，可以限制或者禁止有关货物、技术的进口。

A. 为维护国家安全、社会公共利益或者公共道德，需要限制或者禁止进口的

B. 为保护人的健康或者安全，保护动物、植物的生命或者健康，保护环境，需要限制或者禁止进口的

C. 为实施与黄金或者白银进出口有关的措施，需要限制或者禁止进口的

D. 为建立或者加快建立国内特定产业，需要限制进口的

二、判断题

1. 外商或其代理人向中国出口其未曾在中国登记过的化学品，若同种化学品已有其他外商或其代理人在中国进行了登记，则不视为化学品首次进口。　(　　)

2. 对列入《法检目录》以及其他法律法规规定需要检验检疫的货物进出口，货物所有人或其合法代理人，在办理进出口通关手续前，必须向口岸检验检疫机构报检。　(　　)

3. 对外贸易管制是政府一种强制性行政管理行为。我国对外贸易管制按管制对象可分为货物进出口贸易管制、技术进出口贸易管制和国际服务贸易管制。 ( )

4. 关税配额管理是指以国家各主管部门签发许可证件的方式来实现各类限制进口的措施。 ( )

5. 对外贸易经营者只能在国家允许的范围内为本企业从事对外贸易经营活动,不可以接受他人的委托,在经营范围内代为办理对外贸易业务。 ( )

第四章 报 关 程 序

● **知识目标**

一般进出口货物、保税货物、特定减免税货物、暂准进出境货物及其他进出境货物的范围，报关程序和报关要点。

● **技能目标**

能按规范程序进行一般进出口货物、保税货物等的报关操作。

引 例

王华是某货运公司的业务员，现在受客户委托，代理两种货物的出口报关：塑胶玩具和合金玩具，前者属于来料加工货物，后者是一般贸易货物，客户要求拼装一个20英尺集装箱，从深圳皇岗海关出境，发送给国外的收货人。为此，王华特向海关咨询：该批货物能否拼箱？又应当如何办理报关手续？

海关回复：同一货柜（集装箱）中可以同时拼装多种贸易方式的货物，但须按不同贸易方式同时向海关进行申报。具体情况要向深圳皇岗口岸海关咨询办理。

第一节 概 述

一、进出境货物

从海关监管业务的角度，根据不同的报关程序，将进出境货物分为一般进出口货物、保税货物、暂准进出口货物、特定减免税货物，以及过境、转运、通运货物和其他尚未办结海关手续的货物（接受海关监管的海关监管货物）。

海关对进出境货物都有监管期限，即货物从进出境起到最终办结海关手续止的期限。进出境货物的分类及监管期限见表4-1。

进出境货物的分类及监管期限 表4-1

类 别	含 义	监 管 期 限
一般进出口货物	从境外进口办结海关手续直接进入国内生产或者流通领域的进口货物；按国内商品申报，办结出口手续到境外消费的出口货物	进口：自货物进境时起到海关放行止； 出口：自海关接受申报起到出境止

续上表

类 别	含 义	监管期限
保税货物	经海关批准未办理纳税手续进境，在境内储存、加工、装配后复运出境的货物	自货物进入关境起到出境最终办结海关手续或转为实际进口最终办结海关手续止
特定减免税货物	经海关依法准予减免税进口的用于特定地区、特定企业、特定用途的货物	自货物进入关境起，到监管年限期满海关解除监管或办理纳税手续止
暂准进出境货物	经海关批准担保进境（出境）在境内（境外）使用后原状复运出境（进境）的货物	自进境（出境）起到复运出境（复运进境）或转为实际进口（出口）止
其他进出境货物	由境外起运，通过中国境内继续运往境外的货物，以及其他尚未办结海关手续的进出境货物	自进境（出境）起到复出境（复进境）或最终办结海关手续止

二、报关程序

1．含义

1）概念

报关程序是指进出口货物收发货人、运输工具负责人、物品所有人或其代理人按照海关的规定，办理货物、物品、运输工具进、出境及相关海关事务的手续和步骤。

本章仅限于对进出境货物的报关程序的阐述，不涉及进出境物品、进出境运输工具的报关程序。

2）构成

在我国，海关规定进出境货物经过审单、查验、征税、放行四个作业环节。即进出口货物收发货人或其代理人应当按程序办理相对应的进出口申报、配合查验、缴纳税费、提取或装运货物等手续，货物才能进出境。但这些程序还不能满足海关对所有进出境货物的实际监管要求。如加工贸易原材料进口，海关要求事先备案，因此不能在“申报”和“审单”这一阶段中完成上述工作，必须有一个前期办理手续的阶段。如果上述原材料进口加工成成品后出口，也不能在“放行”和“装运货物”离境时完成所有的工作，必须有一个后期办理核销等手续的工作阶段。因此，从海关对进出境货物进行监管的全过程来看，报关程序按时间先后可以分为三个阶段：前期阶段、进出境阶段、后续阶段。

2．报关阶段及货物类别（表4-2）

1）前期阶段

指根据海关对保税货物、特定减免税货物、暂准进出境货物、其他进出境货物的监管要求，进出口货物收发货人或其代理人在货物进出境以前，向海关办理上述货物备案手续的过程。主要包括：

（1）保税加工进出口货物（出口加工区、保税区保税货物除外）

（2）特定减免税货物

（3）暂准进出境货物中的展览品

（4）其他进出境货物中的出料加工货物

2）进出境阶段

根据海关对进出境货物的监管制度，进出口货物收发货人或其代理人在一般进出口货物、保税加工货物、保税物流货物、特定减免税货物、暂准进出境货物、其他进出境货物进出境时，向海关办理进出口申报、配合查验、缴纳税费、提取或装运货物手续的过程。

报关阶段及货物类别　　表 4-2

<table>
<tr><th>报关阶段
货物的类别</th><th>前期阶段</th><th>进出境阶段</th><th>后续阶段</th></tr>
<tr><td>一般进出口货物</td><td>——</td><td rowspan="7">进出口申报(海关决定是否受理申报)配合查验(海关决定是否查验、决定查验的形式和查验方法)缴纳税费(海关决定征、减、缓、免税费)提取或装运货物(海关签印放行)</td><td>——</td></tr>
<tr><td>保税加工货物(出口加工区、保税区除外)</td><td>进口之前:加工贸易备案、申请建立电子账册或者申领登记手册(银行保证金台账开设和海关核发登记手册)</td><td>保税货物核销申请(海关办理核销结案)</td></tr>
<tr><td>保税物流货物</td><td>-</td><td>在规定期限内办理销案手续</td></tr>
<tr><td>特定减免税货物</td><td>进口之前:特定减免税备案登记和申领减免税证明(海关核发特定征免税证书)</td><td>解除海关监管申请(海关办理解除监管手续)</td></tr>
<tr><td>(暂准进出境货物中的)展览品</td><td>展览品备案申请</td><td>暂准进出境货物销案申请(海关办理销案手续)</td></tr>
<tr><td>(其他进出境货物中的)出料加工货物</td><td>出料加工备案申请</td><td>在规定期限内办理销案手续</td></tr>
<tr><td>(其他进出境货物中的)修理货物、部分租赁货物</td><td>-</td><td>在规定期限内办理销案手续</td></tr>
</table>

3)后续阶段

指根据海关对保税货物、特定减免税货物、暂准进出境货物、部分其他进出境货物的监管要求,进出口货物收发货人或其代理人在货物进出境储存、加工、装配、使用、维修后,在规定的期限内,按照规定的要求,向海关办理上述进出口货物核销、销案、申请解除监管手续的过程。

训练 4-1:

1. 海关规定进出境货物的报关要经过四个作业环节是(　　)。

A. 审单、征税、放行、统计　　B. 审单、查验、征税、放行

C. 审单、查验、征税、提取　　D. 审单、查验、征税、装运

2. 在报关程序中,前期阶段适用的范围是(　　)。

A. 进出境展览品　　B. 一般进出口货物

C. 保税加工进出口货物　　D. 特定减免税货物

三、电子报关

1. 概念

电子报关是指进出口货物收发货人或其代理人通过计算机系统,按照《中华人民共和国海关进出口货物报关单填制规范》有关要求,向海关传送报关单电子数据,并备齐随附单证的申报方式。

我国《海关法》规定:“办理进出口货物的海关申报手续,应当采用纸质报关单和电子数据报关单的形式。”这确定了电子报关的法律地位,使纸质报关单和电子数据报关单具有同等的法律效力。这两种申报形式是法定申报的基本方式。

2. 电子报关的申报方式

1)终端申报方式

这是海关早期开发利用计算机处理海关业务时就使用的一种申报方式,一直沿用至今。计算机终端直接与海关主机连接,优点是传送速度快,不受海关参数设置的限制;缺点是终端通过电缆与海关主机连接,终端数据受海关主机容量的限制,只能安装在海关报关场所附近,不利于“远程”报关项目的推广。

2)EDI 申报方式

它由各直属海关自行开发,优点是数据录入不受海关主机的影响,不受场地限制,利于“远程”报关项目的推广;缺点是易受海关参数调整的影响,也易受网络稳定性的影响。

3)网上申报方式

这是海关总署统一开发的。该方式利用 Internet 的优势,形成全国统一的电子报关网络,充分利用现代通信和网络技术,使“远程”报关成为现实,也是我国电子报关项目发展的方向。

3. 海关电子通关系统

我国海关已经在进出境货物通关作业中全面使用计算机进行信息化管理,成功地开发运用了多个电子通关系统。下面简单介绍一下海关的 H883/EDI 通关系统和 H2000 通关系统。

1)海关 H883/EDI 通关系统

“H883”是指中国海关 1988 年 3 月开发此系统;“EDI”是英文 Electronic Data Interchange 的缩写,即“电子数据交换”。H883/EDI 通关系统是中国海关自动化系统的简称,是我国海关利用计算机对进出口货物进行全面信息化管理,实现监管、征税、统计三大海关业务一体化管理的综合性信息利用项目。

2)海关 H2000 通关系统

该系统是 H883/EDI 通关系统的全面更新换代项目,它通过利用计算机网络技术,建立全国集中式的海关通关业务数据库,在此基础上建立了全国统一的海关信息作业平台,提高了海关管理的整体效能,也简化了通关手续,进出口企业可以在其办公场所办理加工贸易登记备案、特定减免税证明申领、进出境报关等各种海关手续。

4. 中国电子口岸系统

该系统又称电子执法系统,简称电子口岸,是与进出口贸易管理有关的国家 12 个部委利用现代信息技术,将各部委分别管理的进出口业务信息电子底账数据集中存放在公共数据中心,为政府管理机关提供跨部门、跨行业联网数据核查,为企业提供网上办理各种进出口业务的国家信息系统,它是“中国电子政府”的雏形。

电子口岸系统与海关通关系统既是独立的计算机网络系统,又相互连接在一起。电子口岸系统尤其是和 H2000 通关系统连接起来,构成了覆盖全国的进出口贸易服务和进出口贸易管理的信息网络系统。进出口企业在其办公室使用一台计算机,用一张 IC 卡,通过电子口岸特别服务号 17999 上网,就可以向海关及国家各有关部委办理与进出口贸易有关的各种手续;与进出口贸易有关的海关及国家各有关部委也能在网上对进出口贸易进行有效管理。

训练 4-2:

1. 中国海关报关自动化系统的简称为( )。

A. 海关 H2000 通关系统　　B. 海关 H2001 通关系统
C. 中国电子口岸系统　　D. 海关 H883/EDI 通关系统

2. 办理进出口货物的海关申报手续，应当采用的形式有(　　)。
A. 纸质报关单　　B. 电子数据报关单
C. 纸质报关单和电子数据报关单　　D. 网上申报

第二节　一般进出口货物

引　例

1. 某公司为外商独资企业，因业务需要，该公司的一些自产产品所需的原料全部为国内采购，而贸工局意见，所有材料国内采购的不需申请加工贸易合同(即海关进料加工登记手册)。报关员李明很纳闷，向有关海关咨询能否用该公司名义以一般贸易报关出口(所用加工设备全部为国内购买)。根据海关总署有关规定，三资企业允许经营一般贸易货物的情况为：外商投资企业进口供加工内销产品的料件、用国产原材料加工产品出口或经批准自行收购国内产品出口。你认为该公司能以一般贸易报关出口吗?

2. 北京水晶电子进出口公司经北京市机电办批准(批文号码为京机批第 00XXX 号)与美国一家公司签订了购买一台 400kW 日本产直流发电机(合同号码为 06-YI-1002)，成交价格为 CIF3000 美元，标记唛码为 YI-1002/BJ，于 2006 年 6 月 10 日装“大东丸”船，由东京运抵天津新港，提单号为 CB-1647，一个木箱包装，包装重量 1500kg，电机自重 1400kg，经办理转关运输手续后，该公司于 6 月 15 日向北京海关办理一般贸易进口报关手续。

一、概念

一般进出口货物是指在进出境环节缴纳了进出口税费并办结了所有必要的海关手续，海关放行后不再进行监管的进出口货物。

一般进出口货物与一般贸易货物是有很大区别的。

一般进出口货物中的“一般进出口”是海关监管业务中的一种习惯用语，作为一种海关监管制度的标志，便于区别其他的海关监管制度，比如“保税进出口”中的“保税”也是海关的一种监管制度。

一般贸易货物中的“一般贸易”是指国际贸易中的一种交易方式，也是海关贸易方式统计指标之一。按“一般贸易”货物交易方式进出口的货物即为一般贸易货物，主要是指经批准有权经营进出口业务的企业单边对外订购进口，或者接受境外客户单边出口订货的正常贸易进出口货物，包括专业外贸公司、工贸公司自营进口在国内销售，代理进口交收货部门自用或销售，自营生产、采购出口或代理境内其他企事业单位出口的一切进出口货物。

一般贸易货物在进出口时可以按“一般进出口”监管制度办理海关手续，这时它就是一般进出口货物；也可以享受特定减免税优惠，按“特定减免税”监管制度办理海关手续，这时它就是特定减免税货物；也可以经海关批准保税。经批准准予保税的，就按“保税”监管制度办理海关手续，这时它就是保税货物。

二、特征

1. 进出境环节缴纳进出口税费

“进出境环节”是指进口货物已实际进境办结海关手续以前，出口货物已向海关申报尚未装运离境时，处于海关监管之下的状态。在这一环节，进口货物的收货人，出口货物的发货人应当按海关法和其他有关法律、法规的规定，向海关缴纳关税、海关代征税、规费及其他费用。

2. 进出口时提交相关的许可证件

如果货物进出口受国家法律、法规管制的，进出口货物收发货人或其代理人应当向海关提交相关的进出口许可证件。

3. 海关放行即办结海关手续

海关对货物进行征税、审证、查验之后，按规定签印放行。对一般进出口货物来说，海关放行即意味着海关手续已经全部办结，就不再是海关的监管货物。

三、范围

1. 一般进出口货物范围

一般进出口货物适用于除特定减免税货物以外的实际进出口货物。

保税货物、暂准进出境货物进出境后，如果改变“保税”或者“暂准”状态，转为实际进出口的，应当向海关再次办理实际进出口的申报、纳税手续。这时，保税货物、暂准进出境货物已经改变性质，成为了一般进出口货物。

2. 一般进出口货物适用的具体货物

(1)一般贸易方式进出口货物(不包括享受减免税和准予保税进口的货物)；

(2)易货贸易、补偿贸易、寄售代销贸易方式进出口货物(准予保税进口的寄售代销货物除外)；

(3)承包工程项目进出口货物；

(4)边境小额贸易进出口货物；

(5)外国驻华商业机构进出口陈列用的样品；

(6)外国旅游者小批量订货出口的商品；

(7)随展览品进出境的小卖品；

(8)租赁进出口货物；

(9)进出口货样广告品(不包括暂时进出口的货样广告品)

(10)免费提供的进口货物

①外商在经济贸易活动中赠送的进口货物；

②外商在经济贸易活动中免费提供的试车材料、消耗性物品；

③我国在境外的企业、机构向国内单位赠送的进口货物。

训练 4-3：

1. 下列属于一般进出口货物的是(　　)。

A. 一般贸易方式进出口货物　　B. 随展览品进出境的小卖品

C. 外商免费提供的试车材料、消耗性物品　　D. 除暂时进出口外的货样广告品

2. 一般进出口货物是海关放行后不再进行监管的进出口货物。　　(对/错)

3. 一般进出口货物是一般贸易方式进出口货物。　　(对/错)

4. 海关放行是指海关在接受进出口货物申报、查验货物、征收税费后作出的结束海关监管、允许货物自由处置的行为。　　(对/错)

四、报关程序

一般进出口货物报关程序由四个环节构成，即：进出口申报、配合查验、缴纳税费、提取或装运货物。

1. 一般进出口货物的申报

1）申报地点

按现行海关法规规定，进出口货物的报关地点，应遵循以下三点：

（1）进境地、出境地海关报关

进口货物应当由收货人或其代理人在货物的进境地海关申报；出口货物应当由发货人或其代理人在货物的出境地海关申报。

（2）指运地、起运地海关报关

经收发货人申请，海关同意，进口货物的收货人或其代理人可以在设有海关的货物指运地、出口货物的发货人或其代理人可以在设有海关的货物起运地申报。

（3）主管海关所在地报关

以保税、特定减免税和暂准申报进口或进境的货物，因故改变性质，或者改变使用目的转为一般进口时，进口货物的收货人或其代理人应当在货物所有人的主管海关所在地申报。

2）申报期限

（1）进口货物的申报期限

进口货物的申报期限为自装载货物的运输工具申报进境之日起 14 日内。申报期限的最后一天是法定节假日或休息日的，顺延至法定节假日或休息日后的第一个工作日。

经海关批准准予集中申报的进口货物，自装载货物的运输工具申报进境之日起 1 个月内办理申报手续。

经电缆、管道或其他特殊方式进境的货物，进口货物收货人或其代理人应当按照海关的规定定期申报。

进口货物的收货人未按规定定期向海关申报的，由海关按《海关法》的规定征收滞报金。

进口货物自装载货物的运输工具申报进境之日起超过 3 个月仍未向海关申报的，货物由海关依照《海关法》的规定提取变卖处理。对属于不宜长期保存的货物，海关可以根据实际情况提前处理。

(2)出口货物的申报期限

出口货物的申报期限为货物运抵海关监管区后、装货的24小时以前。

经电缆、管道或其他特殊方式出境的货物,出口货物发货人或其代理人应当按照海关的规定定期申报。

3)申报单证

准备申报单证是报关员报关的第一步。申报单证可以分为主要单证和随附单证两大类,其中随附单证包括基本单证、特殊单证和预备单证。

主要单证是报关单。

基本单证是指进出口货物的货运单据和商业单据,主要有进口提货单据、出口装货单据、商业发票、装箱单等。

特殊单证主要是指进出口许可证件、加工贸易登记手册(包括电子的和纸质的)、特定减免税证明、外汇收付汇核销单证、原产地证明书、担保文件等。

预备单证主要是指贸易合同、进出口企业的有关证明文件等。便于海关在审单、征税时调阅或者收取备案。

准备申报单证的基本原则是:基本单证、特殊单证、预备单证(需要提交时)必须齐全、有效、合法;报关单填制必须真实、准确、完整;报关单与随附单证数据必须一致。

4)申报前看货取样

进口货物的收货人,向海关申报前,因确定货物的品名、规格、型号、归类等,可以向海关提出查看货物或者提取货样的书面申请。海关审核同意的,派员到场监管。

查看货物或提取货样时,海关开具取样清单。提取货样的货物涉及动植物及其产品以及其他须依法提供检疫证明的,应当按照国家的有关法律规定,在取得主管部门签发的书面批准证明后提取。提取货样后,到场监管的海关官员与进口货物的收货人在取样记录和取样清单上签字确认。

5)申报方式

在一般情况下,进出口货物收发货人或其代理人先以电子数据报关单形式向海关申报,后提交纸质报关单。进出口货物收发货人或其代理人在向未使用海关信息化管理系统的海关申报时,可以单独以纸质报关单形式向海关申报;在实行无纸通关项目的海关,也可以单独以电子数据报关单向海关申报。

6)电子申报

报关单电子数据申报方式有终端申报方式,EDI申报方式和网上申报方式(表4-3)。

表4-3

<table>
<tr><th colspan="2">申报方式</th><th>报关人</th><th>申报地点</th><th>录入方式</th></tr>
<tr><td colspan="2">(1)终端申报方式</td><td rowspan="4">进出口货物收发货人或其代理人</td><td>在海关规定的报关地点</td><td>委托经海关登记注册的预录入企业使用连接海关信息化管理系统的计算机终端录入报关单电子数据</td></tr>
<tr><td rowspan="2">(2)EDI申报方式</td><td>①委托EDI方式</td><td>在海关规定的报关地点</td><td>委托经海关登记注册的预录入企业使用EDI方式录入报关单电子数据</td></tr>
<tr><td>②自行EDI方式</td><td>在本企业办公地点</td><td>使用EDI方式自行录入报关单电子数据</td></tr>
<tr><td colspan="2">(3)网上申报方式</td><td>在本企业办公地点</td><td>连接Internet,通过“中国电子口岸”自行录入报关单电子数据</td></tr>
</table>

进出口货物收发货人或其代理人在上述四种方式中选择一种适用的方式申报，在委托录入或自行录入报关单数据的计算机上接收到海关发送的“不接受申报”报文后，应当根据报文提示修改报关单内容后重新申报。一旦接收到海关发送的“接受申报”报文，即表示电子申报成功。

7）提交报关单及随附单证

海关审结电子数据报关单后，进出口货物收发货人或其代理人应当自接到海关“现场交单”或“放行交单”通知之日起 10 日内，持打印的纸质报关单，备齐规定的随附单证并签名盖章，到货物所在地海关提交书面单证并办理相关海关手续。

进出口货物收发货人或其代理人的申报自被海关接受时起，其申报的单证就产生法律效力。海关接受申报有两种情况：

（1）接受电子数据报关单的申报；

（2）接受纸质报关单的申报。

在采用电子和纸质报关单申报的一般情况下，海关接受申报的时间以海关接受电子数据报关单申报的时间为准。

8）修改申报内容或撤销申报

海关接受申报后，申报内容不得修改，报关单证不得撤销；确有正当理由的，收发货人或其代理人向海关提交书面申请，经海关审核批准后，可以进行修改或撤销。但海关已经决定布控、查验的进出口货物不得修改报关单内容或撤销报关单证。

2．查验

1）海关查验

海关查验是海关接受申报后，要对进出口货物进行海关查验，即海关根据海关法确定进出境货物的性质、价格、数量、原产地、货物状况等是否与报关单上已申报的内容相符，对货物进行实际检查的行政执法行为。核实申报者有无伪报、瞒报、申报不实等走私、违规行为；同时为海关征税、统计、后续管理提供可靠的资料。

海关查验时，进出口货物的收发货人或其代理人应当到场。

2）查验地点

查验一般在海关监管区内进行。对进出口大宗散货、危险品、鲜活商品、落驳运输的货物，经货物收发货人或其代理人申请，海关也可同意在装卸作业的现场进行查验。特殊情况下，经货物收发货人或其代理人申请，海关可派员到海关监管区以外的地方查验货物。

3）查验时间

当海关决定查验时，即将查验的决定以书面形式通知进出口货物收发货人或其代理人，约定查验时间。

4）复验和径行查验

海关认为必要时，可以依法对已经完成查验的货物进行查验，即第二次查验，而进出口货物收发货人或其代理人仍然应当到场。

径行查验是指海关在进出口货物收发货人或其代理人不在场的情况下，自行开拆货物进行查验。但海关应当通知货物存放场所的管理人员或其他见证人到场，并由其在海关的查验记录上签字。

5)配合查验

海关查验货物时,进出口货物收发货人或其代理人应当到场配合查验,具体工作如下:

(1)负责搬移货物,开拆和重封货物的包装;

(2)了解和熟悉所申报货物的情况,回答查验海关关员的询问,提供海关查验货物时所需要的单证或其他资料;

(3)协助海关提取需要作进一步查验、化验或鉴定的货样,收取海关出具的《取样清单》;

(4)查验结束后,认真阅读关员填写的《海关进出境货物查验记录单》,注意以下情况的记录是否符合实际:

①开箱的具体情况;

②货物残损情况及造成残损的原因;

③提取货样的情况;

④查验结论。

查验记录准确清楚的,应即签字确认。

6)货物损坏赔偿

在查验过程中,或者证实海关在径行开验过程中,因为海关关员的责任造成被查验货物损坏的,进口货物的收货人,出口货物的发货人或其代理人可以要求海关赔偿。海关赔偿的范围仅限于在实施查验过程中,由于海关关员的责任造成被查验货物损坏的直接经济损失。直接经济损失的金额根据被损坏货物及其部件的受损程度确定,或者根据修理费确定。

以下情况不属于海关赔偿范围:

(1)进出口货物收发货人或其代理人搬移、开拆、重封包装或保管不善造成的损失;

(2)易腐、易失效货物在海关正常工作程序所需时间内(含扣留或代管期间)所发生的变质或失效;

(3)海关正常查验时产生的不可避免的磨损;

(4)在海关查验之前已发生的损坏和海关查验之后发生的损坏;

(5)由于不可抗拒的原因造成的货物的损坏、损失。

如果进出口货物收发货人或其代理人在海关查验时对货物是否受损坏未提出异议,事后发现货物有损坏的,海关不负赔偿责任。

3. 征税

进出口货物收发货人或其代理人将报关单及随附单证提交给货物进出境地指定海关,海关对报关单进行审核,对需要查验的货物先由海关查验,然后核对计算机计算的税费,开具税款缴款书和收费票据。进出口货物收发货人或其代理人在规定时间内,持税款缴款书或收费票据向指定银行办理税费交付手续。在试行中国电子口岸网上缴税和付费的海关,进出口货物收发货人或其代理人可以通过电子口岸接收海关发出的税款缴款书和收费票据,在网上向签有协议的银行进行电子支付税费。一旦收到银行缴款成功的信息,即可报请海关办理货物放行手续。

4. 提取或装运货物

一般进出口货物办结所有的海关手续后,就得到海关放行,进口货物可以提取,而出口货物则可以装运。

1)海关放行和货物结关

海关放行是指海关接受进出口货物的申报、审核电子数据报关单和纸质报关单及随附单证、查验货物、征收税费或接受担保以后,对进出口货物作出结束海关进出境现场监管决定,允许进出口货物离开海关监管现场的工作环节。

货物结关是进出口货物办结海关手续的简称。进出口货物由其收发货人或其代理人向海关办理完所有的海关手续,履行了法律规定的与进出口有关的一切义务,就办结了海关手续,海关就不再进行监管了。

海关放行有两种情况:一种是放行即结关,对于一般进出口货物而言,放行时进出口货物收发货人或其代理人已经办理了所有海关手续;另一种是放行不等于结关,对于保税货物、特定减免税货物、暂准进出境货物等,放行时进出口货物收发货人或其代理人并未办完所有的海关手续,货物尚未结关,海关在一定期限内还需进行后续管理。

2)提取货物或装运货物

进口货物收发货人或其代理人签收加盖海关放行章戳记的进口提货凭证(提单、运单、提货单等),凭以到货物进境地的港区、机场、车站、邮局等地的海关监管仓库办理提取进口货物的手续。

出口货物收发货人或其代理人签收加盖海关放行章戳记的出口装货凭证(运单、装货单、场站收据等),凭以到货物进境地的港区、机场、车站、邮局等地的海关监管仓库,办理将货物装上运输工具离境的手续。

3)申请签发报关单证明联

进出口货物收发货人或其代理人办理完提取进口货物或装运出口货物的手续以后,可向海关申请签发有关的货物进口、出口证明联,常见的证明有:

①进口付汇证明

对需要在银行或国家外汇管理部门办理进口付汇核销的进口货物,报关员应当向海关申请签发进口货物报关单(付汇证明联)。

②出口收汇证明

对需要在银行或国家外汇管理部门办理出口收汇核销的出口货物,报关员应当向海关申请签发出口货物报关单(收汇证明联)。

③出口收汇核销单

对需要办理出口收汇核销的出口货物,报关员还应当在申报时向海关提交由国家外汇管理部门核发的出口收汇核销单。海关放行货物后,由海关关员在出口收汇核销单上签字、加盖海关单证章。出口货物发货人凭出口货物报关单(收汇证明联)和出口收汇核销单办理出口收汇核销手续。

④出口退税证明

对需要在国家税务机构办理出口退税的出口货物,报关员应当向海关申请签发出口货物报关单(出口退税证明联)。海关签发的同时,通过电子口岸执法系统向国家税务机构发送证明联电子数据。

⑤进口货物证明书

对进口汽车、摩托车等,报关员应当向海关申请签发进口货物证明书,进口货物收货人凭以向国家交通管理部门办理汽车、摩托车的牌照申领手续。海关签发的同时,将进口货物证明书上的内容通过计算机发送给海关总署,再传输给国家交通管理部门。

训练4-4:

1. 海关接受申报后,决定查验的进出口货物,已申报内容不得修改,报关单证不得撤销。(对/错)

2. 某企业向当地海关申报进口一批烤面包机,货物已运抵海关监管区内的仓库。海关根据情况,在没有通知该公司的情况下,由仓库人员陪同对这批货物进行查验,发现该批货物是高档音响器材。该企业以海关查验时保管员不在场为由,拒绝承认查验结果,因此,当地海关不得以此对其进行处罚。(对/错)

3. 某巴拿马籍船舶在上海停靠期间,因船上有自用的数十箱烟酒。海关根据规定存放烟酒的库房施加封志,并要求船舶负责人保护海关封志完整,离境时报海关核准后启封。(对/错)

4. 边境货物自入境起至出境止,属海关监管货物的未经海关许可不得开拆、提取、交付、发运、调换、改装、转移和移作他用,但可更换标记。(对/错)

5.《出口货物报关单》的"出口退税证明单"是海关对已办理出口申请的货物所签发的证明文件。(对/错)

五、报关要点

(1)熟悉国家有关进出口管理的法律、行政法规,掌握国家禁止和限制进、出口的货物、物品范围;

(2)涉及配额许可证管理等贸易管制的货物应向海关提交许可证件;

(3)属于出入境检验检疫范围的货物,应当先办理报检手续,后办理报关手续;

(4)对于国家已经宣布采取反倾销措施的货物,报关时应当向海关提交原产地证明和原厂商发票;

(5)对于国家已经宣布采取临时保障措施的货物,对海关总署公告宣布已经达到配额总量或国别限量的,该货物报关进口时,应当向海关缴纳特别关税;

(6)我国出口货物复运进口报关时,应当向海关提交国家外经贸主管部门的批准文件;

(7)外商投资企业应当按其经营范围进口企业自用的设备、材料和其他物品;出口自产产品;

(8)租赁贸易方式进口货物,应当填写两份报关单,一份按货物的实际价格填写,作为海关的统计专用;一份按货物的实际支付租金填写,作为海关征收关税专用。

第三节 保税加工货物

引 例

某公司是一家于2005年11月成立的外商独资企业(已在海关注册登记),原来打算在国

内购买料件进行生产，产品在国内销售。但是由于国内市场竞争激烈，企业光靠国内部分订单无法生存，所以该公司现在争取到几家国外的大客户订单，准备向海关申请进行加工贸易生产，请问：1、该公司进行加工贸易生产时，国内订单可否保留？2、该公司进行加工贸易生产区域与国内订单生产的区域是否要隔开，如果要，用围墙将两个区域隔开是否可行？3、该公司进行加工贸易的生产设备全部在国内购买，在加工贸易开展前是否要向海关申请批文备案？海关是否要下厂查验？

一、概述

1．保税加工货物的含义

保税加工货物，是指经海关批准未办理纳税手续进境，在境内加工、装配后复运出境的货物。

保税加工货物包括专为加工、装配出口产品而从国外进口且海关准予保税的原材料、零部件、元器件、包装物料、辅助材料（简称料件）以及用上述料件生产的成品、半成品。

保税加工货物就是通常所说的加工贸易保税货物。

加工贸易俗称“两头在外”的贸易，料件从境外进口在境内加工装配后，成品运往境外的贸易。

加工贸易通常有两种形式：

1）来料加工

来料加工是指由关境外企业提供料件，经营企业不需要付汇进口，按照境外企业的要求进行加工或装配，只收取加工费，制成品由境外企业销售的经营活动。

2）进料加工

进料加工是指经营企业用外汇购买料件进口，制成成品后外销出口的经营活动。

经营加工贸易的企业可以是对外贸易经营企业和外商投资企业。加工贸易经营企业可以根据需要申请设立保税工厂、保税集团。

保税工厂是指由海关批准的专门从事保税加工的工厂或企业。这是在来料加工、进料加工和外商投资企业履行产品出口合同的基础上，发展形成的一种保税加工的监管形式。

保税集团是指经海关批准，由一个具有进出口经营权的企业牵头，在同一关区内，同行业若干个加工企业联合对进口料件进行多层次、多工序连续加工，直至最终产品出口的企业联合体。

2．海关对保税加工货物的监管模式

海关对保税加工货物的监管模式有两大类：一类是非物理围网的监管模式，采用纸质手册管理或计算机联网监管；另一类是物理围网的监管模式，包括出口加工区和跨境工业园区，采用电子账册管理。

1）非物理围网

（1）纸质手册管理

这是一种传统的监管方式，主要是用加工贸易纸质登记手册进行加工贸易合同内容的备案，凭以进出口，并记录进口料件出口成品的实际情况，最终凭以办理核销结案手续。

这种监管方式在海关对保税加工货物监管中曾经起过相当大的作用，但随着对外贸易和现代科技的高速发展，将逐渐被其他监管模式所替代。目前尚在一定的范围内使用。

(2)计算机联网监管

这是一种高科技的监管方式，主要是应用计算机将海关和加工贸易企业联网，建立电子账册或电子手册，备案、进口、出口、核销全部通过计算机进行。海关管理科学严密，企业通关便捷高效，受到普遍欢迎，将成为海关对保税加工货物监管的主要模式。

这种监管方式又分为两种：一种是针对大型企业的，以建立电子账册为主要标志，以企业为单元进行管理，不再执行银行“保证金台账”制度，已经实施了多年，形成了完整的监管制度；另一种是针对中小企业的，以建立电子手册为主要标志，继续以合同为单元，执行银行“保证金台账”制度，现在已开始实施，今后将取代纸质手册管理。

2)物理围网监管

所谓物理围网监管，是指经国家批准，在境内或边境线上划出一块地方，实现物理围网，让企业在围网内专门从事保税加工业务，由海关进行封闭式的监管。

在境内的保税加工封闭式监管模式称为出口加工区，已经施行了多年，有一套完整的监管制度；在边境线上的保税加工封闭式监管模式称为跨境工业园区，尚在一处试行，没有形成完整的制度。

3. 海关对保税加工货物监管的基本特征

1)备案保税

国家规定，加工贸易料件经海关批准才能保税进口。海关批准保税是通过受理备案来实现的。凡是准予备案的加工贸易料件一律可以暂不办理纳税手续，即保税进口。

纸质手册管理和联网监管下的保税加工货物报关有备案程序，海关通过受理备案实现批准保税。出口加工区管理下的保税加工货物报关虽然没有备案程序，但是进境报关使用“中华人民共和国出口加工区进境备案清单”，把备案和进境申报融合在一起，简化了手续，也带有备案的性质。

海关受理加工贸易料件备案的原则是：

(1)合法经营

指申请保税的料件或申请保税的形式或保税申请人本身不属于国家禁止的范围，并且获得有关主管部门的许可，有合法进出口的凭证。

(2)复运出境

指申请保税的货物流向明确，进境加工、装配后的最终流向表明是复运出境，而且申请保税的单证能够证明进出基本是平衡的。

(3)可以监管

指申请保税的货物无论在进出口环节，还是在境内加工、装配环节，海关都可以监管，不会因为某种不合理因素造成监管失控。

2)纳税暂缓

国家规定专为加工出口产品而进口的料件，按实际加工复出口成品所耗用料件的数量准予免缴进口关税和进口环节增值税、消费税。这里所指的免税，是指用在出口成品上的料件可以免税。但是在料件进口的时候无法确知用于出口成品上的料件的实际数量，因此也无法免

税。海关只有先准予保税,在产品实际出口并最终确定使用在出口成品上的料件数量后,再确定征免税的范围,即用于出口的免税,不出口的征税,然后再由企业办理纳税手续。因此,保税加工的料件纳税时间被推迟到了加工成品出口后。也正是因为这个原因,保税加工货物(边角料和出口加工区货物除外),经批准内销要征收缓税利息。

3)监管延伸

保税加工货物的海关监管无论是地点,还是时间,都必须延伸。

从地点上说,保税加工的料件离开进境地口岸海关监管场所后进行加工、装配的地方,都是海关监管的场所。

从时间上说,保税加工的料件在进境地被提取,不是海关监管的结束,而是海关保税监管的开始,海关一直要监管到加工、装配后复运出境或者办结正式进口手续为止。

(1)准予保税的期限

准予保税的期限是指经海关批准保税后在境内加工、装配、复运出境的时间限制。

纸质手册管理的保税加工期限,原则上不超过1年,经批准可以申请延长,延长的最长期限原则上也是1年。具体执行中要根据合同期限、加工期限和其他情况有所变化。

联网监管模式中纳入电子账册管理的料件保税期限从企业的电子账册记录第一批料件进口之日起到该电子账册被撤销止。

出口加工区保税加工的期限原则上是从加工贸易料件进区到加工贸易成品出区办结海关手续止。

(2)申请核销的期限

申请核销的期限是指加工贸易经营人向海关申请核销的最后日期。

纸质手册管理的保税加工报核期限是在手册有效期到期之日起或最后一批成品出运后30天内。电子账册管理的保税加工报核期限,一般以6个月为1个报核周期,首次报核是从海关批准电子账册建立之日起算,满6个月后的30天内报核;以后则从上一次的报核日期起算,满6个月后的30天内报核。

出口加工区经营保税加工业务的企业每6个月向海关申报1次保税加工货物的进出境、进出区的实际情况。企业向海关报核是法定义务,报核的期限是一种法定期限,如果企业不按时报核,海关有权依法处理。

4)核销结关

保税加工货物(出口加工区的除外)经过海关核销后才能“结关”。保税加工货物的核销是非常复杂的工作。保税加工货物的报核必须如实申报实际单耗。

保税加工的料件进境后要进行加工、装配,改变原进口料件的形态,复出口的商品不再是原进口的商品。这样,向海关的报核,不仅要确认进出数量是否平衡,而且还要确认成品是否由进口料件生产。在报核的实践中,数量往往是不平衡的。正确处理报核中发生的数量不平衡问题,是企业报核必须解决的问题。

二、纸质手册管理下的保税加工货物及其报关程序

纸质手册管理模式到目前为止还是常规监管模式,这种监管模式的主要特征是以合同为单元进行监管。这种监管模式适用于来料加工、进料加工、外商投资企业履行产品出口合同、保税

工厂、保税集团等形式下进出口的保税加工货物，其基本程序是合同备案、货物报关、合同报核。

1. 合同备案

1）合同备案的含义

加工贸易合同备案，是指加工贸易企业持合法的加工贸易合同到主管海关备案，申请保税并领取"加工贸易登记手册"或其他准予备案凭证的行为。

海关受理合同备案，是指海关根据国家规定在接受加工贸易合同备案后，批准合同约定的进口料件保税，并把合同内容转化为登记手册内容或作必要的登记，然后核发登记手册或其他准予备案凭证的海关行政许可事项。

海关受理备案的加工贸易合同必须合法有效。加工贸易合同是否合法有效的标志主要是商务主管部门合同审批是否通过，以及合同所涉及的加工贸易进出口国家管制商品是否获得许可。经商务主管部门审批通过并获得加工贸易业务批准证和必需的许可证件的加工贸易合同，应当视为合法有效的合同。

对符合规定的加工贸易合同，海关应当在规定的期限内予以备案，并核发"加工贸易登记手册"或其他准予备案的凭证。对不予备案的合同，海关应当书面告知经营企业。

2）合同备案的企业

国家规定开展加工贸易业务，应当由经营企业到加工企业的所在地主管海关办理加工贸易合同备案手续。经营企业和加工企业有可能是同一个企业，也可能不是同一个企业。

（1）经营企业

经营企业，是指负责对外签订加工贸易进出口合同的各类进出口企业和外商投资企业，以及经批准获得来料加工经营许可的对外加工装配服务公司。

（2）加工企业

加工企业，是指接受经营企业委托，负责对进口料件进行加工或者装配，且具有法人资格的生产企业，以及由经营企业设立的虽不具有法人资格，但实行相对独立核算并已经办理工商营业证（执照）的工厂。

3）合同备案的步骤

企业办理加工贸易合同备案的步骤为：

①报商务主管部门审批合同，领取"加工贸易业务批准证"和"加工企业经营状况和生产能力证明"；

②需要领取其他许可证件的，向有关主管部门领取许可证件；

③将合同相关内容预录入与主管海关联网的计算机；

④由海关审核确定是否准予备案，准予备案的，还要由海关确定是否需要开设"加工贸易银行保证金台账"，需要开设台账的，在海关领取"台账开设联系单"；

⑤不需要开设台账的，直接向海关领取"加工贸易登记手册"或其他备案凭证；

⑥需要开设台账的，凭"台账开设联系单"到银行开设台账，领取"台账登记通知单"，凭"台账登记通知单"到海关领取"加工贸易登记手册"。

4）合同备案的内容

（1）备案单证

①商务主管部门按照权限签发的"加工贸易业务批准证"和"加工贸易企业经营状况和生

产能力证明”；

②加工贸易合同或合同副本；

③加工合同备案申请表及企业加工合同备案呈报表；

④属于加工贸易国家管制商品的，需交验主管部门的许可证件或许可证件复印件；

⑤为确定单耗和损耗率所需的有关资料；

⑥其他备案所需要的单证。

（2）备案商品

①加工贸易禁止类商品不准备案。加工贸易禁止类商品主要有：

列入国家明令禁止进出口的商品目录中的商品；列入“加工贸易禁止类的商品目录”中的商品；为种植、养殖等出口产品而进口的种子、种苗、种畜、化肥、饲料、添加剂、抗生素等；列名商品，如：冻的鸡翅尖、鸡爪、鸡肝及其他冻鸡杂碎，冻鱼翅、干鱼翅、湿鱼翅，燕窝，西洋参，鹿茸及其粉末；煤炭，烧制木炭的木材；加工贸易仿真枪支的原材料；列名的废机电产品和废料；列名的旧机电产品，等等。

②备案时需要提供进口许可证或两用物项进口许可证复印件的商品有：

消耗臭氧层物质；易制毒化学品；监控化学品。

③备案时需要提供其他许可证件或许可证件复印件的商品有：

进出口音像制品、印刷品，提供新闻出版总署印刷复制司的批准文件；

进出口地图产品及附有地图的产品，提供国家测绘局的批准文件，并附有关样品；

进口工业再生废料，提供国家环境保护总局的废物进口许可证。

（3）保税额度

加工贸易合同项下海关准予备案的料件，全额保税。

加工贸易合同项下海关不予备案的料件，以及试车材料、未列名消耗性物料等，不予保税，进口时按照一般进口办理。

（4）台账制度

所有的加工贸易合同，包括来料加工合同、进料加工合同、外商投资企业履行产品出口合同、保税工厂、保税集团的加工贸易合同，都要按加工贸易银行保证金台账制度的规定办理，或不设台账，即“不转”；或设台账不付保证金，即“空转”；或设台账并付保证金，即“实转”。

“加工贸易银行保证金台账”制度的核心内容是对企业和商品实行分类管理，对部分企业进口开展加工贸易的部分料件，银行要按照有关料件的进口税额征收保证金。

海关根据企业分类管理标准对加工贸易企业设定 A、B、C、D 四类管理措施。具体适用范围如下：

适用 A 类企业管理的，是指在海关注册登记两年以上，无不良记录，信誉良好，且符合下列 7 条标准的企业：

①在半年内无走私违规行为记录，连续两年无拖欠海关税收情事，连续两年加工贸易合同按期核销，签订进口海关必检商品免验协议后两年内无申报不实记录：

②向海关提供的单据、证件真实、齐全、有效；

③有正常的进出口业务（年进出口额在 100 万美元以上）；

④会计制度完善，财务账册健全，科目设置合理，业务记录真实可信；

⑤指定专人负责海关事务；

⑥连续两年报关单差错率在5%以下；

⑦设有海关监管仓库的企业，其仓库管理制度健全，仓库明细账目清楚，入库、出库单据（包括领料单）等实行专门管理，做到单货相符、账单相符。

适用B类企业管理的，是指依法开展加工贸易、无走私违规行为的企业。

适用C类企业管理的，是指依据商务部、海关总署有关批文，经海关认定一年内有两次以上违规行为，及有其他信誉不良记录的企业。企业有下列情形之一者，海关实施C类管理：

①1年内出现两次违规行为，或逃税人民币5万元以上50万元以下的；

②拖欠海关税款100万元人民币以下的；

③账册管理混乱，账簿、资料不能真实、有效地反映进出口业务情况的；

④遗失重要业务单证或拒绝提供有关账簿、资料，致使海关无法监管的；

⑤不按规定办理加工贸易合同核销手续的；

⑥1年内报关单差错率在10%以上的；

⑦出借企业名义，供他人办理进出口货物报关纳税等事宜的；

⑧在进出口经营活动中被商务主管部门给予通报批评或警告等行政处罚的。

适用D类企业管理的，是指有走私违法行为以及2年内逃税50万元人民币以上，或者拖欠海关税款100万元人民币以上的企业。企业有下列情形之一者，海关实施D类管理：

①2年内有走私逃税50万元人民币以上的（多次走私应累计）；

②伪造、涂改进出口许可证件的；

③走私国家禁止进出口物品的：

④拖欠海关税款100万元人民币以上的：

⑤利用假手册、假报关单、假许可证件骗取加工贸易税收优惠的：

⑥在承运监管货物的运输工具上私设夹层、暗格的；

⑦被商务主管部门暂停或撤销对外经营许可的；

⑧已构成走私罪并经司法机关依法追究刑事责任的。

商品分为禁止类、限制类、允许类三类。加工贸易禁止类商品参见本节合同备案内容中的“备案商品”。加工贸易限制类商品主要有：塑料原料中的初级形状的聚乙烯、聚酯切片，化纤原料中的涤纶长丝、化学短纤维，棉花，棉纱，棉坯布和钢材中的铁及非合金钢材、不锈钢，食糖，植物油（未经化学改性），天然橡胶，羊毛，冻鸡等。其他商品为允许类商品。

分类管理的具体内容如下：

①任何企业都不得开展禁止类商品的加工贸易。

②适用D类管理的企业不得开展加工贸易。

③适用A类管理，又是从事飞机、船舶等特殊行业加工贸易的企业，或者年进出口总额3000万美元（自营生产企业出口额1000万美元）及以上，或者年加工出口额1000万美元以上的企业（俗称AA类企业），经申请由海关批准，可以不设台账（俗称“不转”）。

④适用A类管理企业设台账，无论限制类还是允许类商品都不需付保证金（俗称“空转”）。

⑤适用B类管理企业设台账，限制类商品按进口料件应征税款的50%付保证金（俗称“半实转”），允许类商品不付保证金。

⑥适用C类管理企业设台账，无论限制类还是允许类商品都要按进口料件应征税款付保证金(俗称“实转”)。

为了简化手续，国家还规定对列名的拉链、纽扣、鞋扣、扣绊、摁扣、垫肩、胶袋、花边等78种服装辅料，即一般出口合同中订明的由境外厂商提供的辅料以及其他零星进口料件金额在1万美元及以下的，适用A、B类管理的加工贸易企业可以不设台账，因此也不必向银行交付保证金。适用A、B类管理加工贸易企业进口金额在5000美元及以下列名的78种服装辅料不仅可以不设台账，还可以免申领登记手册，但必须凭出口合同向主管海关备案。加工贸易银行保证金台账分类管理见表4-4。

加工贸易银行保证金台账分类管理　　表4-4

分类	禁止类	限制类	允许类	1万美元及以下零星料件	5000美元及以下78种服装辅料
AA类	不准	不转/领册	不转/领册	不转/领册	不转/免册
A类	不准	空转/领册	空转/领册	不转/领册	不转/免册
B类	不准	半实转/领册	空转/领册	不转/领册	不转/免册
C类	不准	实转/领册	实转/领册	实转/领册	实转/领册
D类	不准	不准	不准	不准	不准

凡是需要开设台账的合同，由受理备案的海关开出有台账金额和保证金金额内容的“银行保证金台账开设联系单”，企业凭以到银行开设台账，交付保证金，收取银行开出的“银行保证金台账登记通知单”，再到海关申领登记手册。

5)合同备案的凭证

海关受理并准予备案后，企业应当领取海关签章的“加工贸易登记手册”或其他准予备案的凭证。

(1)加工贸易登记手册

按规定可以不设台账的合同，在准予备案后，由企业直接向受理合同备案的主管海关领取海关签章的“加工贸易登记手册”。

按规定在银行开设了台账的合同，由企业凭银行签发的“银行保证金台账登记通知单”，到合同备案主管海关领取海关签章的“加工贸易登记手册”。

经海关批准，企业在领取“加工贸易登记手册”的基础上，可以根据不同的情况，申领“加工贸易登记手册”分册。

“加工贸易登记手册”分册，是指海关在企业多口岸报关周转困难或异地深加工结转需要的情况下，由企业申请并经主管海关核准，在“加工贸易登记手册”(总册)的基础上，将“总册”的部分内容重新登记备案，载有该部分内容、有独立编号的另一本登记手册。“加工贸易登记手册”分册进出口报关时可以与原手册分开使用，但必须同时报核。

(2)其他准予备案的凭证

为了简化手续，对为生产出口产品而进口的属于国家规定的78种列名服装辅料金额不超过5000美元的合同，除适用C类管理加工贸易企业外可以免申领登记手册，直接凭出口合同备案准予保税后，凭海关在备案出口合同上的签章和编号直接进入进出口报关阶段。

6）合同备案的变更

已经海关登记备案的加工贸易合同，其品名、规格、金额、数量、加工期限、单损耗、商品编码等发生变化的，须向主管海关办理合同备案变更手续，开设台账的合同还须变更台账。

合同变更应在合同有效期内报商务原审批部门批准。为简化合同变更手续，对贸易性质不变、商品品种不变，变更金额小于1万美元（含1万美元）和延长不超过3个月的合同，企业可直接到海关和银行办理变更手续，不需再经商务主管部门重新审批。

原1万美元及以下备案合同，变更后进口金额超1万美金的，A、B类管理企业，需重新开设台账，其中适用B类管理的企业合同金额变更后，进口料件如果涉及限制类商品的，由银行加收相应的保证金。

因企业管理类别调整，合同从“空转”转为“实转”的，应对原备案合同交付台账保证金。经海关批准，可只对原合同未履行出口部分收取台账保证金。

管理类别调整为D类的企业，已备案合同，经海关批准，允许交付全额台账保证金后继续执行，但合同不得再变更和延期。

对允许类商品转为限制类商品的，已备案的合同不要交付台账保证金。对原限制类或允许类商品转为禁止类的，已备案合同，按国家即时发布的规定办理。

7）与合同备案相关的事宜

（1）异地加工贸易合同备案申请

异地加工贸易，是指一个直属海关的关区内加工贸易经营企业，将进口料件委托另一个直属海关的关区内加工生产企业加工，成品回收后，再组织出口的加工贸易。

开展异地加工贸易应在加工企业所在地设立台账，由加工贸易经营企业向加工企业所在地主管海关办理合同备案手续。

海关对开展异地加工贸易的经营企业和加工企业实行分类管理，如果两者的管理类别不相同，按其中较低类别管理。

异地加工贸易合同备案的步骤如下：

①经营企业凭所在地商务主管部门核发的“加工贸易业务批准证”和加工企业所在地县级以上商务主管部门出具的“加工贸易加工企业经营状况和生产能力证明”，填制“异地加工贸易申请表”，向经营企业所在地主管海关提出异地加工贸易申请，经海关审核后，领取经营企业所在地主管海关的“关封”。

②经营企业持“关封”和合同备案的必要单证，到加工企业所在地主管海关办理合同备案手续。

（2）加工贸易单耗申报

加工贸易单耗申报，是指加工贸易企业在备案和报核中向海关如实申报加工贸易单耗的行为。加工贸易单耗，是指加工贸易企业在正常生产条件下加工生产单位成品所耗用进口料件的数量。

单耗包括“净耗”和工艺损耗。“净耗”是指物化在单位成品中的料件的数量；工艺损耗是指因加工生产工艺要求，在正常生产过程中必须耗用而并不物化在成品中的料件数量。

单耗申报的计算公式如下：

①单耗＝“净耗”/（1－工艺损耗率）

②工艺损耗率 =（工艺损耗数量/全部进口料件数量）×100%

③耗用料件数量 = 单耗 × 成品数量

（3）加工贸易外发加工申请

外发加工，是指加工贸易企业因受自身生产工序限制，经海关批准并办理有关手续，委托承揽企业对加工贸易出口产品生产环节中的个别工序进行加工，在规定期限内将加工后的产品运回本企业并最终复出口的行为。

经营企业申请开展外发加工业务，应当向海关提交下列单证：

①经营企业签章的“加工贸易货物外发加工申请表”；

②经营企业与承揽企业签订的加工合同或者协议；

③承揽企业营业执照复印件；

④经营企业签章的“承揽企业经营状况和生产能力证明”：

⑤海关需要收取的其他单证和材料。

经营企业申请开展外发加工业务，应当如实填写“加工贸易货物外发加工申请审批表”及“加工贸易外发加工货物外发清单”，经海关审核批准后，方可进行外发加工。外发加工完毕，加工贸易货物应当运回经营企业，并如实填写“加工贸易外发加工货物运回清单”。

（4）加工贸易“串料”申请

经营企业因加工出口产品急需，申请本企业内部进行“料件串换”的，需提交书面申请并符合下列条件：

①保税进口料件和保税进口料件之间以及保税进口料件和征税进口料件之间的串换，料件串换必须符合同品种、同规格、同数量的条件；

②保税进口料件和国产料件（不含深加工结转料件）之间的串换必须符合同品种、同规格、同数量、关税税率为零，且商品不涉及进出口许可证件管理的条件。

经海关批准的保税进口料件和征税进口料件之间以及保税进口料件和国产料件之间发生串换，串换下来的同等数量的保税进口料件，由企业自行处置。

训练 4-5：

广州大洋塑料制品有限公司与香港纬元贸易有限公司签订印花塑料餐具加工合同，由纬元公司向大洋公司免费提供 ABS 树脂一批，并支付加工费，成品由纬元公司在境外销售。大洋公司为些向海关申领子加工贸易手册。在加工过程中，由于没有印花设备，大洋公司报经主管海关同意后，将半成品交深圳威龙胶印有限公司印花后运回。在合同执行过程中产生的 1000 公斤边角料作内销处理，合同执行完毕，大洋公司向主管海关报核。

根据上述案例，解答下列问题：

1. 大洋公司与纬元公司之间、大洋公司与威龙公司之间的行为关系分别属（　　）。

A. 来料加工和外发加工　　B. 进料加工和进料深加工结转

C. 来料加工和异地加工　　D. 来料加工和来料深加工结转

2. 关于该加工贸易合同的备案，下列表述正确的是（　　）。

A. 大洋公司到威龙公司所在地海关备案　B. 大洋公司到本企业所在地海关备案

C. 威龙公司到大洋公司所在地海关备案　D. 威龙公司到本企业所在地海关备案

3. 大洋公司向海关申请将半成品交深圳威龙公司加工时，应当提供的单证包括(　　)。

A. 大洋公司签章的加工贸易保税货物深圳加工结转申请表

B. 大洋公司签章的加工贸易货物外发加工申请表

C. 大洋公司签章的异地加工贸易申请表

D. 大洋公司签章的承揽企业经营状况和生产能力证明

4. 大洋公司应在(　　)规定期限向海关报核

A. 加工贸易手册到期之日起 15 日内

B. 加工贸易手册到期之日起 30 日内

C. 加工贸易手册项下最后一批成品出口之日起 15 日内

D. 加工贸易手册项下最后一批成品出口之日起 30 日内

5. 加工贸易边角料内销征税表述正确的是(　　)。

A. 按申报数量计征进口税

B. 以内销申报时同时进口的相同货物的成交价格为基础确定完税价格

C. 以料件的原进口成交价格为基础确定完税价格

D. 适用海关接受申报办理纳税手续之日实施的税率

2. 货物报关

1)保税加工货物进出境报关

加工贸易企业在主管海关备案的情况在计算机系统中已生成电子底账，有关电子数据通过网络传输到相应的口岸海关，因此，企业在口岸海关报关时提供的有关单证内容必须与电子底账数据相一致。也就是说，报关数据必须与备案数据完全一致，一种商品报关的商品编码号、品名、规格、计量单位、数量、币制等必须与备案数据无论在字面上还是计算机格式上都完全一致。只要在某一方面不一致，报关就不能通过。要做到完全一致，首先必须做到报关数据的输入十分准确。

加工贸易保税货物进出境由加工贸易经营单位或其代理人申报。

加工贸易保税货物进出境申报必须持有“加工贸易登记手册”或其他准予合同备案的凭证。

加工贸易保税货物进出境报关的许可证件管理和税收征管要求如下：

(1)关于进出口许可证件管理

①进口料件，除“易制毒”化学品、监控化学品、消耗臭氧层物质、原油、成品油等个别规定商品外，均可以免予交验进口许可证件。(这里所称“免予交验进口许可证件”，并不包括涉及公共道德、公共卫生、公共安全所实施的进出口管制证件，如检验检疫证件等。本书中类似的表述同此，另有说明的除外。)

②出口成品，属于国家规定应交验出口许可证的，在出口报关时必须交验出口许可证。

(2)关于进出口税收征管

准予保税的加工贸易料件进口，暂缓纳税。加工贸易项下出口应税商品，如系全部使用进口料件加工生产的产(成)品，不征收出口关税。加工贸易项下出口应税商品，如系部分使用

进口料件部分使用国产料件加工的产(成)品,则按海关核定的比例征收出口关税。

具体计算公式是:

出口关税=出口货物完税价格×出口关税税率×
出口产(成)品中使用的国产料件和全部料件的价值比例

出口货物完税价格由海关根据《中华人民共和国海关审定进出口货物完税价格办法》的规定审核确定。

加工贸易出口的特殊商品,应征出口关税的,按照有关规定办理。如:

①加工贸易出口"未锻铝"按一般贸易出口货物从价计征出口关税;

②加工贸易出口属于列名征收出口关税的服装从量计征出口关税。

2)加工贸易保税货物深加工结转报关

加工贸易保税货物深加工结转,是指加工贸易企业将保税进口料件加工的产品转至另一海关关区内的加工贸易企业进一步加工后复出口的经营活动。其程序分为计划备案、收发货登记、结转报关三个环节。

(1)计划备案

加工贸易企业开展深加工结转,转入、转出企业应当向各自主管海关提交加工贸易保税货物深加工结转申请表,申报结转计划:

①转出企业在申请表(一式四联)中填写本企业的转出计划并签章,凭申请表向转出地海关备案;

②转出地海关备案后,留存申请表第一联,其余三联退转出企业交转入企业;

③转入企业自转出地海关备案之日起20日内,持申请表其余三联,填制本企业的相关内容后,向转入地海关办理报备手续并签章。转入企业在20日内未递交申请表,或者虽向海关递交但因申请表的内容不符合海关规定而未获准的,该份申请表作废。转出、转入企业应当重新填报和办理备案手续;

④转入地海关审核后,将申请表第二联留存,第三、第四联交转入、转出企业凭以办理结转收发货登记及报关手续。

(2)收发货登记

转出、转入企业办理结转计划申报手续后,应当按照经双方海关核准后的申请表进行实际收发货。

转入、转出企业的每批次收发货记录应当在保税货物实际结转情况登记表上进行如实登记,并加盖企业结转专用名章。

结转货物退货的,转入、转出企业应当将实际退货情况在登记表中进行登记,同时注明"退货"字样,并各自加盖企业结转专用名章。

(3)结转报关

转出、转入企业实际收发货后,应当按照以下规定办理结转报关手续:

①转出、转入企业分别在转出地、转入地海关办理结转报关手续。转出、转入企业可以凭一份申请表分批或者集中办理报关手续。转出(入)企业每批实际发(收)货后,在90日内办结该批货物的报关手续;

②转入企业凭申请表、登记表等单证向转入地海关办理结转进口报关手续,结转进口报关

后的第二个工作日内将报关情况通知转出企业；

③转出企业自接到转入企业通知之日起10日内，凭申请表向转出地海关办理结转出口报关手续；

④结转进口、出口报关的申报价格为结转货物的实际成交价格；

⑤一份结转进口报关单对应一份结转出口报关单，两份报关单之间对应的申报序号、商品编号、数量、价格和手册号应当一致；

⑥结转货物分批报关的，企业应当同时提供申请表和登记表的原件及复印件。

3）其他保税加工货物的报关

其他保税加工货物是指履行加工贸易合同过程中产生的剩余料件、边角料、残次品、副产品和受灾保税货物。

剩余料件，是指加工贸易企业在从事加工复出口业务过程中剩余的，可以继续用于加工制成品的加工贸易进口料件。

边角料，是指加工贸易企业从事加工复出口业务，在海关核定的单耗标准内，加工过程中产生的，无法再用于加工该合同项下出口制成品的数量合理的废、碎料及下脚料。

残次品，是指加工贸易企业从事加工复出口业务，在生产过程中产生的有严重缺陷或者达不到出口合同标准，无法复出口的制成品（包括完成品和未完成品）。

副产品，是指加工贸易企业从事加工复出口业务，在加工生产出口合同规定的制成品（主产品）过程中同时产生的，且出口合同未规定应当复出口的一个或一个以上的其他产品。

受灾保税货物，是指加工贸易企业从事加工出口业务中，因不可抗力原因或其他经海关审核认可的正当理由造成损毁、灭失、短少等，导致无法复出口的保税进口料件和加工制成品。

对于履行加工贸易合同中产生的上述剩余料件、边角料、残次品、副产品、受灾保税货物，企业必须在手册有效期内处理完毕。处理的方式有内销、结转、退运、放弃、销毁等。除销毁处理外，其他处理方式都必须填制报关单报关。有关报关单是企业报核的必要单证。

（1）内销报关

保税加工货物转内销应经商务主管部门审批，加工贸易企业凭“加工贸易保税进口料件内销批准证”办理内销料件正式进口报关手续，缴纳进口税和缓税利息。

经批准允许转内销的加工贸易保税货物属进口许可证件管理的，企业还应按规定向海关补交进口许可证件；申请内销的剩余料件，如果金额占该加工贸易合同项下实际进口料件总额3%及以下且总值在人民币1万元（含1万元）以下的，免审批，免交许可证件。

内销征税，应当遵循如下规定：

①关于征税的数量

剩余料件和边角料内销，直接按申报数量计征进口税；制成品和残次品根据单耗关系折算耗用掉的保税进口料件数量计征进口税；副产品内销，按报验状态的数量计征进口税。

②关于征税的完税价格

进料加工进口料件或者其制成品（包括残次品）内销时，根据料件的原进口成交价格为基础确定完税价格。料件的原进口成交价格不能确定的，以接受内销申报的同时或者大约同时进口的与料件相同或者类似的货物的进口成交价格为基础确定完税价格。

来料加工进口料件或者其制成品（包括残次品）内销时，以接受内销申报的同时或者大约

同时进口的与料件相同或者类似的货物的进口成交价格为基础确定完税价格。

加工企业内销加工过程中产生的副产品或者边角料,以内销价格作为完税价格。

③关于征税的税率

经批准正常的转内销征税,适用海关接受申报办理纳税手续之日实施的税率。如内销商品属关税配额管理而在办理纳税手续时又没有配额证的,应当按该商品配额外适用的税率缴纳进口税。

④关于征税的缓税利息

剩余料件、制成品、残次品、副产品内销均应交付缓税利息,边角料内销免交付缓税利息。缓税利息根据海关填发税款缴款书的上年度12月31日中国人民银行公布的活期存款储蓄利息按日征收,计息期限从“加工贸易登记手册”记录首次进口料件之日起至征税之日。

(2)结转报关

加工贸易企业可以向海关申请将剩余料件结转至另一个加工贸易合同生产出口,但必须在同一经营单位、同一加工厂、同样的进口料件和同一加工贸易方式的情况下结转。

加工贸易企业申请办理剩余料件结转时应当向海关提供以下单证:

①企业申请剩余料件结转的书面材料;

②企业拟结转的剩余料件清单;

③海关按规定需收取的其他单证和材料。

海关依法对企业结转申请予以审核,对不符合规定的应当作出不予结转决定,并告知企业按照规定将不予结转的料件退出境外、征税内销、放弃或者销毁;对符合规定的应当作出准予结转剩余料件的决定,并对准予结转企业将剩余料件结转到另一加工厂的,收取相当于拟结转料件应缴税款金额的保证金或银行保函(对海关收取担保后备案的手册或者已实行银行保证金台账实转的手册,担保金额或者台账实转金额不低于拟结转保税料件应缴税款金额的,可免收取保证金或银行保函),向企业签发加工贸易剩余料件结转联系单,由企业在转出手册的主管海关办理出口报关手续,在转入手册的主管海关办理进口报关手续。

加工贸易企业因合同变更、外商毁约等原因无法履行原出口合同,申请将尚未加工的剩余保税料件结转到另一个加工贸易合同项下加工复出口的,可以比照上述剩余料件结转的办法办理报关手续。

(3)退运报关

加工贸易企业因故申请将剩余料件、边角料、残次品、副产品等保税加工货物退运出境的,应持登记手册等有关单证向口岸海关报关,办理出口手续,留存有关报关单证,准备报核。

(4)放弃报关

企业放弃剩余料件、边角料、残次品、副产品等,交由海关处理,应当提交书面申请。经海关核定,有下列情形的将作出不予放弃的决定,并告知企业按规定将有关货物退运、征税内销、在海关或者有关主管部门监督下予以销毁或者进行其他妥善处理:

①申请放弃的货物属于国家禁止或限制进口的;

②申请放弃的货物属于对环境造成污染的;

③法律、行政法规、规章规定不予放弃的其他情形。

对符合规定的，海关应当作出准予放弃的决定，开具加工贸易企业放弃加工贸易货物交接单。企业凭以在规定的时间内将放弃的货物运至指定的仓库，并办理货物的报关手续，留存有关报关单证准备报核。

主管海关凭接受放弃货物的部门签章的加工贸易企业放弃加工贸易货物交接单，以及其他有关单证核销企业的放弃货物。

(5)销毁

被海关作出不予结转决定或不予放弃决定的加工贸易货物或涉及知识产权等原因企业要求销毁的加工贸易货物，企业可以向海关提出销毁申请，海关经核实同意销毁的，由企业按规定销毁，必要时海关可以派员监督。货物销毁后，企业应当收取有关部门出具的销毁证明材料，准备报核。

(6)受灾保税加工货物的报关

对于受灾保税加工货物，加工贸易企业应在灾后7日内向主管海关书面报告，并提供如下证明材料，海关可视情况派员核查取证：

①商务主管部门的签注意见；

②有关主管部门出具的证明文件；

③保险公司出具的保险赔款通知书或检验检疫部门出具的有关检验检疫证明文件。不可抗力受灾保税加工货物灭失，或者已完全失去使用价值无法再利用的，可由海关审定，并予以免税。

不可抗力受灾保税货物需销毁处理的，同其他加工贸易保税货物的销毁处理一样。

不可抗力受灾保税加工货物虽失去原使用价值但可再利用的，应按海关审定的受灾保税货物价格，按对应的进口料件适用的税率，缴纳进口税和缓税利息。其对应进口料件属于实行关税配额管理的，按照关税配额税率计征税款。

对非不可抗力因素造成的受灾保税加工货物，海关应当按照原进口货物成交价格审定完税价格照章征税，属于实行关税配额管理的，无关税配额证，应当按关税配额外适用的税率计征税款。

因不可抗力造成的受灾保税货物对应的原进口料件，如属进口许可证件管理的，免交许可证件，反之，应当交验进口许可证件。

3. 合同报核

1)报核和核销的含义

加工贸易合同报核，是指加工贸易企业在加工贸易合同履行完毕或终止合同并按规定对未出口部分货物进行处理后，按照规定的期限和规定的程序，向加工贸易主管海关申请核销要求结案的行为。

加工贸易合同核销，是指加工贸易经营企业加工复出口并对未出口部分货物办妥有关海关手续后，凭规定单证向海关申请解除监管，海关经审查、核查属实且符合有关法律、行政法规的规定，予以办理解除监管手续的海关行政许可事项。

2)报核的时间

经营企业应当在规定的期限内将进口料件加工复出口，并自加工贸易手册项下最后一批成品出口或者加工贸易手册到期之日起30日内向海关报核。

经营企业对外签订的合同因故提前终止的,应当自合同终止之日起30日内向海关报核。

3)报核的单证

①企业合同核销申请表;

②"加工贸易登记手册";

③进出口报关单;

④核销核算表;

⑤其他海关需要的资料。

4)报核的步骤

①合同履约后,及时将登记手册和进出口报关单进行收集、整理、核对;

②根据有关账册记录、仓库记录、生产工艺资料等查清此合同加工生产的"实际单耗",并据以填写核销核算表(产品的实际单耗如与合同备案单耗不一致的,应在最后一批成品出口前进行单耗的变更);

③填写核销预录入申请单,办理"报核预录入"手续;

④携带有关报核需要的单证,到主管海关报核,并填写报核签收"回联单"。

5)特殊情况的报核

(1)遗失登记手册的合同报核

企业遗失"加工贸易登记手册"应当及时向主管海关报告。主管海关及时移交缉私部门按规定进行处理。缉私部门处理后,企业应当持以下单证向主管海关报核:

①经营企业关于加工贸易手册遗失的书面报告;

②经营企业申请核销的书面材料;

③加工贸易货物进出口报关单;

④缉私部门出具的"行政处罚决定书";

⑤海关按规定需要收取的其他单证和材料。

(2)遗失进出口报关单的合同报核

按规定企业应当用报关单留存联报核,在遗失报关单的情况下,可凭报关单复印件向原报关地海关申请加盖海关印章后报核。

(3)无需申领登记手册的5000美元及以下的78种列名服装辅料合同的报核

企业持进出口报关单、合同、核销核算表直接报核。报核的出口报关单应当是注明备案编号的一般贸易出口报关单。

(4)撤销合同报核

加工贸易合同备案后因故提前终止执行,未发生进出口而申请撤销的,应报商务主管部门审批,企业凭审批件和手册报核。

(5)有违规走私行为的加工贸易合同核销

加工贸易企业因走私行为被海关缉私部门或者法院没收加工贸易保税货物的,海关凭相关证明材料,如"行政处罚决定书"、"行政复议决定书"、"判决书"、"裁决书"等办理核销手续。

加工贸易企业因违规等行为被海关缉私部门或法院处以警告、罚款等处罚但不没收加工贸易保税货物的,不予免除加工贸易企业办理相关海关手续的义务。

6）海关受理报核和核销

海关对企业的报核应当依法进行审核，不符合规定不予受理的应当书面告知理由，并要求企业重新报核；符合规定的，应当受理。

海关自受理企业报核之日起20个工作日内，应当核销完毕，情况特殊，可以由直属海关的关长批准或者由直属海关关长授权的隶属海关关长批准延长10个工作日。

经核销情况正常的，未开设台账的，海关应当立即签发“核销结案通知书”；经核销情况正常的，开设台账的，应当签发“银行保证金台账核销联系单”，企业凭以到银行销台账，其中“实转”的台账，企业应当在银行领回保证金和应得的利息或者撤销保函，并领取“银行保证金台账核销通知单”，凭以向海关领取核销结案通知书。

训练4-6：

大连某国际物流有限公司（2102980×××，A类管理企业）受大连新世纪进出口有限公司（2102250×××，A类管理企业）的委托，凭“C”字头备案号的登记手册向大连机场海关申报进口已鞣未缝制蓝狐皮1000张及辅料一批，以履行蓝狐皮大衣的出口合同。货物进口后，在交由大连伟达服饰有限公司（2102930×××，B类管理企业）加工合同执行期间，因加工企业生产规模有限，经与境外订货商协商后更改出口合同，将蓝狐皮耗用数量减为600张。经批准，剩余的400张蓝狐皮中的300张结转至另一加工贸易合同项下；100张售予沈阳华亿服装有限公司（2101940×××，C类管理企业）用以生产内销产品。

根据上述案例，选择回答下列问题：

1. 上述报关活动中涉及的各家企业，属于报关活动相关人的是（　　）。

A. 大连新世纪进出口有限公司　　B. 大连伟达服饰有限公司

C. 大连××国际物流以有限公司　　D. 沈阳华亿服装有限公司

2. 根据加工贸易银行保证金台账制度的规定，1000张进口蓝狐皮应（　　）。

A. 设台账，但无需缴付保证金

B. 设台账，按进口料件应征税款的50%缴付保证金

C. 设台账，按进口料件应征税款全额缴付保证金

D. 不设台账，亦无需缴付保证金

3. 300张蓝狐皮结转至另一加工贸易合同项下，须符合的规定是（　　）。

A. 必须由同一经营单位经营　　B. 必须是同一贸易方式

C. 必须由同一加工企业加工　　D. 必须生产同一产品

4. 100张蓝狐皮转为内销，须符合的规定为（　　）。

A. 经对外贸易主管部门批准

B. 由国内购买单位办理内销料件的正式进口手续

C. 除应缴纳进口税外，还须交付缓税利息

D. 如属进口许可证件管理的，应按规定向海关补交进口许可证件

5. 在加工过程中产生的边角料，企业可以按照（　　）方式处理。

A. 放弃交海关处理　　B. 内销，按申报内销时的实际状态纳税

C. 内销，按料件原进口状态纳税　　D. 自行销毁

三、电子账册管理下的保税加工货物及其报关程序

1. 电子账册概述

1）联网监管的含义

海关对加工贸易企业联网监管，是指海关通过计算机网络从实行全过程计算机管理的加工贸易企业提取监管所必需的财务、物流、生产经营等数据，与海关计算机管理系统相连接，从而实施对保税货物监管的一种模式。

海关利用计算机手段对企业加工贸易生产物流数据进行核查，并根据情况下厂实际核查保税加工货物，企业通过计算机网络向海关办理备案、变更、核销、进出口货物等有关手续。一切都通过计算机网络进行，所以这种监管方式也被称为电子围网的监管模式。

如前所述，用电子围网对保税加工货物实施监管目前有两种模式，一种是建立电子账册管理，一种是建立电子手册管理。电子账册管理是以企业整体加工贸易业务为单元实施对保税加工货物的监管，电子手册管理则仍然以企业的单个加工贸易合同为单元实施对保税加工货物的监管，但不再使用纸质手册。电子手册管理的模式刚开始试行，还没有形成完整的监管制度，电子账册管理的模式则施行多年，已经形成完整的监管制度。这里仅介绍电子账册管理的模式以及这种监管模式下保税加工货物的报关程序。

2）电子账册的建立

电子账册的建立要经过保税加工联网企业的申请和审批、加工贸易业务的申请和审批、建立电子账册和商品归并关系等三个步骤。

（1）保税加工联网企业的申请和审批

具备下列条件的加工贸易企业可以向所在地直属海关申请加工贸易联网监管：

①在中国关境内具有独立法人资格，并具备加工贸易经营资格，在海关注册。以出口为主的生产型企业；

②守法经营，资信可靠，内部管理规范，对采购、生产、库存、销售等实行全程计算机管理；

③能按照海关监管要求提供真实、准确、完整并具有被查核功能的数据；

④海关实行A类管理；

⑤有足够的资产或资金为本企业实行联网监管应承担的经济责任提供总担保。

申请联网监管的企业应当向海关提供下列单证：

①加工贸易企业联网监管申请表；

②企业进出口经营权批准文件；

③企业上一年度经审计的会计报表；

④工商营业执照复印件；

⑤经营范围清单，含进口料件和出口制成品的品名及4位数的HS编码；

⑥其他海关认为需要的单证。

经经营企业所在地直属海关审核，符合条件、单证具备的加工贸易企业在与海关签订“联网监管责任担保书”后即成为保税加工联网监管企业。

(2)加工贸易业务的申请和审批

联网企业的加工贸易业务由商务主管部门审批。

商务主管部门总体审定联网企业的加工贸易资格、业务范围和加工生产能力。

联网企业申请开展加工贸易业务,应提交下列单证:

①工商营业执照复印件;

②海关对企业实施联网监管的验收合格证书;

③企业进出口经营权批准文件;

④加工企业注册地县级以上商务主管部门出具的"加工企业状况和生产能力证明"正本;

⑤联网企业上年度加工贸易出口情况的证明材料;

⑥经营范围清单,含进口料件和出口制成品的品名及4位数的HS编码;

⑦其他审批机关认为需要出具的证明文件或材料。

商务主管部门收到联网企业申请后,对非国家禁止开展的加工贸易业务,予以批准,并签发"联网监管企业加工贸易业务批准证"。

(3)建立电子账册和商品归并关系

①建立电子账册

联网企业凭商务主管部门签发的"联网监管企业加工贸易业务批准证"向所在地主管海关申请建立电子账册。

海关以商务主管部门批准的加工贸易经营范围、年生产能力等为依据,建立电子账册,取代纸质加工贸易登记手册。

电子账册包括加工贸易"经营范围电子账册"和"便捷通关电子账册"。"经营范围电子账册"用于检查控制"便捷通关电子账册"进出口商品的范围,不能直接报关。"便捷通关电子账册"用于加工贸易货物的备案、通关和核销。电子账册编码为12位,"经营范围电子账册"第一、二位为标记代码"IT","便捷通关电子账册"第一位为标记代码"E",因此"便捷通关电子账册"也叫"E"账册。

②建立商品归并关系

商品归并关系,是指海关与联网企业根据监管的需要按照中文品名、HS编码、价格、贸易管制等条件,将联网企业内部管理的"料号级"商品与电子账册备案的"项号级"商品归并或拆分,建立一对多或多对一的对应关系。

联网企业应将开展加工贸易所需进口料件、出口成品清单及商品归类报送主管海关,由主管海关完成商品的归类审核工作,根据情况建立商品归并关系。

企业的归并关系"参数表"纸质文本应报经海关审核批准后在电子口岸数据中心建立电子文本。

2. 程序

1)备案

(1)"经营范围电子账册"备案

企业凭商务主管部门的批准证通过网络向海关办理"经营范围电子账册"备案手续,备案内容为:

①经营单位名称及代码;

②加工单位名称及代码；

③批准证件编号；

④加工生产能力；

⑤加工贸易进口料件和成品范围（商品编码前4位）。

企业在收到海关的备案信息后，应将商务主管部门的纸质批准证交海关存档。

企业的经营范围、加工能力等发生变更时，经商务主管部门批准后，企业可通过网络向海关申请变更。海关审核通过后，企业应将纸质批准证交海关存档。最大周转金额、核销期限等需要变更时，企业应向海关提交书面申请，海关批准后由海关直接变更。

（2）"便捷通关电子账册"备案

企业可通过网络向海关办理"便捷通关电子账册"备案手续。"便捷通关电子账册"的备案包括以下内容：

①企业基本情况表，包括经营单位及代码、加工企业及代码、批准证编号、红营范围账册号、加工生产能力等；

②料件、成品部分，包括归并后的料件、成品名称、规格、商品编码、备案计量单位、币制、征免方式等；

③单耗关系，包括成品版本号、对应料件的净耗、损耗率等。

其他部分可同时申请备案，也可分阶段申请备案，但料件必须在相关料件进口前备案，成品和单耗关系最迟在相关成品出口前备案。

"便捷通关电子账册"的基本情况表内容、料件、成品发生变化的，包括料件、成品品种、单损耗关系的增加等，只要未超出经营范围和加工能力，企业不必报商务主管部门审批，可通过网络直接向海关申请变更。

海关可根据企业的加工能力设定电子账册最大周转金额，并可对部分高风险或需要重点监管的料件设定最大周转数量。电子账册进口料件的金额、数量加上电子账册剩余料件的金额、数量不得超过最大周转金额和最大周转数量。

每一个企业一般只能申请建立一份"便捷通关电子账册"，但是如果企业设有无法人资格独立核算的分厂，料件、成品单独管理的，经海关批准，可另建立电子账册。

企业需在异地口岸办理进出口报关或异地深加工结转报关手续的，可以向海关申请办理"便捷通关电子账册"异地报关分册。海关审核后核发"纸质分册"，企业凭"纸质分册"向异地口岸报关。

一本"便捷通关电子账册"异地报关分册只能备案一个进出口口岸，分册的有效期不得超过"便捷通关电子账册"本期核销期限，分册的允许进出口数量不得超过"便捷通关电子账册"该项下料件的最大周转量。

电子账册备案不设立"银行保证金台账"。

准予备案的进口料件一律保税。

2）货物报关

（1）进出境报关

联网企业进出口保税加工货物，应使用企业内部的计算机，采用计算机原始数据形成报关清单，经中国电子口岸自动归并后生成报关单，向海关申报。

联网企业备案的进口料件和出口成品等内容，是货物进出口时与企业实际申报货物进行核对的电子底账。因此申报数据与备案数据应当一致。

企业按实际进出口的“货号”（料件号和成品号）填报报关单，并按照加工贸易货物的实际性质填报监管方式。

海关按照规定审核申报数据，进口报关单的总金额不得超过电子账册的最大周转金额的剩余值，如果电子账册对某项下料件的数量进行限制，报关单上该项商品的申报数量不得超过其最大周转量的剩余值。有关许可证件管理和税收征管的规定与纸质手册管理下的保税加工货物进出境报关一样。

联网企业可根据需要和海关规定分别选择有纸报关或无纸报关方式申报。

联网企业进行无纸报关的，海关凭同时盖有申报单位和其代理企业的提货专用章的放行通知书办理“实货放行”手续；凭同时盖有经营单位、报关单位及报关员印章的纸质单证由报关单位办理“事后交单”事宜。

联网企业进行有纸报关的，应由本企业的报关员办理现场申报手续。

进口报关单放行或出口报关单“办结”前修改，内容不涉及报关单“表体”内容的，企业经海关同意可直接修改报关单。涉及报关单“表体”内容的，企业必须删除报关单重新申报。

联网企业在异地报关的，应按照异地报关分册备案的料件、成品填制电子数据报关单，通过网络向口岸海关申报。报关单“备案号”栏填写分册号，其他内容按“报关单填制规范”填写。

（2）深加工结转报关

联网企业深加工结转报关与纸质手册管理下的保税加工货物深加工结转报关一样，见“纸质手册管理”的有关内容。

（3）其他保税加工货物报关

联网企业以内销、结转、退运、放弃、销毁等方式处理保税进口料件、成品、副产品、残次品、边角料和受灾货物的报关手续与纸质手册管理下的其他保税加工货物报关一样，见纸质手册管理部分的有关内容。后续缴纳税款时，同样要缴纳缓税利息。缓税利息计息日为电子账册上期核销之日的次日至海关开具税款缴纳证之日，未核销过的为便捷通关电子账册记录的首次进口料件之日。

3）报核

海关对联网企业实行定期或周期性的核销制度，一般规定为180天为一个报核周期。首次报核期限，从电子账册建立之日起180天后的30天内；以后报核期限，从上次报核之日起180天后的30天内。

联网企业“报核”步骤如下：

（1）预报核

预报核是加工贸易联网企业报核的组成部分。企业在向海关正式申请核销前，在电子账册本次核销周期到期之日起30天内，将本核销期内申报的所有的电子账册进出口报关数据按海关要求的内容，包括报关单号、进出口岸、扣减方式、进出标志等以电子报文形式向海关申请报核。

海关通过计算机将企业的预报核报关单内容与电子账册数据进行比对，对比对结果完全

相同、计算机反馈“同意报核”的，企业应向海关递交下列单证，并可以进入正式报核。

①企业核销期内的财务报表；

②纸质报关单；

③已征税的税款缴纳证复印件；

④企业电子账册报核总体情况表；

⑤企业保税进口料件盘点资料；

⑥归并参数表的纸质文本（本期核销内有变更的）；

⑦其他海关认为需要的单证。

（2）正式报核

正式报核是指企业预报核通过海关审核后，以预报核海关核准的报关数据为基础，准确、详细填报本期保税进口料件的应当留存数量、实际留存数量等内容，以电子报文形式向海关正式申请报核。

海关认为必要时可以要求企业进一步报送料件的实际进口数量、耗用数量、内销数量、结转数量、边角料数量、放弃数量、实际损耗率等内容，如比对不相符且属于企业填报有误的，可以退单，企业必须重新申报。

经海关认定企业实际库存多于应存数，有合理正当理由的，可以计入电子账册下期核销，其他原因造成的，依法处理。

联网企业不再使用电子账册的，应当向海关申请核销。海关对电子账册核销完毕，予以注销。

训练 4-7：

1. 加工贸易企业联网监管表述正确的是（　　）。
   A. 联网监管目前采用电子账册和电子手册两种方式进行管理
   B. 电子账册分为经营范围电子账册和便捷通关电子账册
   C. 电子手册管理以企业整体加工贸易业务为单元实施监管
   D. 联网企业的加工贸易业务无须由商务主管部门审批
2. 目前，下列哪类加工贸易企业可以向所在地直属海关申请加工贸易联网监管（　　）。
   A. 海关实行 A 类管理的以出口为主的生产型企业
   B. 海关实行 B 类管理的企业
   C. 海关实行 C 类管理的企业
   D. 海关实行 A 类管理的以进口为主的企业
3. 下列电子账册备案表述正确的是（　　）。
   A. 电子账册备案不设立“银行保证金台账”
   B. 如果企业设有无法人资格独立核算的分厂，料件、成品单独管理的，经海关批准，可另建立电子账册
   C. 准予电子账册备案的进口料件一律保税
   D. 一本“便捷通关电子账册”异地报关分册能备案两个进出口口岸

四、出口加工区及其货物的报关程序

1. 出口加工区概述

1）含义

出口加工区是指由省、自治区、直辖市人民政府报国务院批准在中华人民共和国境内设立的，由海关对保税加工进出口货物进行封闭式监管的特定区域。

出口加工区原则上应当设立在已经国务院批准的现有经济技术开发区内。

2）功能

出口加工区的主要功能是保税加工以及为区内保税加工服务的储运业务。

加工区内设置加工区管理委员会和出口加工企业、专为出口加工企业生产提供服务的仓储企业以及经海关核准专门从事加工区内货物进、出的运输企业。

区内不得经营商业零售、一般贸易、转口贸易及其他与加工区无关的业务，不得建立营业性的生活消费设施。

除安全人员和企业值班人员外，其他人员不得在加工区内居住。

3）海关监管

加工区是海关监管的特定区域。加工区与境内其他地区之间设置符合海关监管要求的隔离设施及闭路电视监控系统，在进出区通道设立卡口。

海关在加工区内设立机构，并依照有关法律、行政法规，对进出加工区的货物及区内相关场所实行 24 小时监管。

区内企业建立符合海关监管要求的电子计算机管理数据库，并与海关实行电子计算机联网，进行电子数据交换。

从境外运入出口加工区的加工贸易货物全额保税。

出口加工区内企业从境外进口的自用的生产、管理所需设备、物资，除交通车辆和生活用品外，予以免税，属于特定减免税货物的范围，见本章第五节的有关内容。

出口加工区运往区外的货物，海关按照对进口货物的有关规定办理报关手续，并按制成品征税。如属于许可证件管理商品，还应向海关出具有效的进口许可证件。

境内区外进入出口加工区的货物视同出口，办理出口报关手续，可以办理出口退税手续。

2. 报关程序

出口加工区内企业在进出口货物前，应向出口加工区主管海关申请建立电子账册。出口加工区企业电子账册包括“加工贸易电子账册”和“企业设备电子账册”。

出口加工区进出境货物和进出区货物通过电子账册办理报关手续。

1）出口加工区与境外之间进出货物的报关

出口加工区企业从境外运进货物或运出货物到境外，由收发货人或其代理人填写进、出境货物备案清单，向出口加工区海关报关。

对于跨越关区进出境的出口加工区货物，除邮递物品、个人随身携带物品、跨越关区进口车辆和出区在异地口岸“拼箱”出口货物以外，可以按“转关运输”中的直转转关方式办理转关。

对于同一直属海关的关区内进出境的出口加工区货物，可以按直通式报关。

按"转关运输"中直转转关方式转关的报关程序如下：

(1)境外货物运入出口加工区

货物到港后，收货人或其代理人向口岸海关录入转关申报数据，并持"进口转关货物申报单"、"汽车载货登记簿"向口岸海关物流监控部门办理转关手续；口岸海关审核同意企业转关申请后，向出口加工区海关发送转关申报电子数据，并对运输车辆进行加封。

货物运抵出口加工区后，收货人或其代理人向出口加工区海关办理转关核销手续，出口加工区海关物流监控部门核销"汽车载货登记簿"，并向口岸海关发送转关核销电子回执；同时收货人或其代理人录入"出口加工区进境货物备案清单"，向出口加工区海关提交运单、发票、装箱单、电子账册编号、相应的许可证件等单证办理进境报关手续；出口加工区海关审核有关报关单证，确定是否查验，对不需查验的货物予以放行；对须查验的货物，由海关实施查验后，再办理放行手续，签发有关备案清单证明联。

(2)出口加工区货物运往境外

发货人或其代理人录入"出口加工区出境货物备案清单"，向出口加工区海关提交运单、发票、装箱单、电子账册编号等单证办理出口报关手续，同时向出口加工区海关录入转关申报数据，并持"出口加工区出境货物备案清单"、"汽车载货登记簿"出口加工区海关物流监控部门办理出口转关手续；出口加工区海关审核同意企业转关申请后，向口岸海关发送转关申报电子数据，并对运输车辆进行加封。

货物运抵出境地海关后，发货人或其代理人向出境地海关办理转关核销手续，出境地海关核销"汽车载货登记簿"，并向出口加工区海关发送转关核销电子回执；货物实际离境后，出境地海关核销清洁载货清单并反馈出口加工区海关，出口加工区海关凭以签发有关备案清单证明联。

2)出口加工区与境内区外其他地区之间进出货物报关

(1)出口加工区货物运往境内区外

出口加工区运往境内区外的货物，由区外企业录入进口货物报关单，凭发票、装箱单、相应的许可证件等单证向出口加工区海关办理进口报关手续。进口报关结束后，区内企业填制出口加工区出境货物备案清单，凭发票、装箱单、电子账册编号等向出口加工区海关办理出区报关手续。

出口加工区海关放行货物后，向区外企业签发"进口货物报关单"付汇证明联，向区内企业签发"出口加工区出境货物备案清单"收汇证明联。

(2)境内区外货物运入出口加工区

境内区外运入出口加工区的货物，由区外企业录入"出口货物报关单"，凭购销(协议)、发票、装箱单等单证向出口加工区海关办理出口报关手续。出口报关结束后，区内企业填制"出口加工区进境货物备案清单"，凭购销发票、装箱单、电子账册编号等单证向出口加工区海关办理进区报关手续。

出口加工区海关查验、放行货物后，向区外企业签发"出口货物报关单"收汇证明联，向区内企业签发"出口加工区进境货物备案清单"付汇证明联。

(3)出口加工区出区深加工结转货物报关

出口加工区货物出区深加工结转是指加工区内企业按照《中华人民共和国海关对加工区监管的暂行办法》和《中华人民共和国海关出口加工区货物出区深加工结理办法》的有关规定，将本企业加工生产的产品直接或者通过保税仓库转入其他加工区，保税区等海关特殊监管区域内及区外加工贸易企业进一步加工后复出口营活动。

出口加工区企业开展深加工结转时，转出企业凭出口加工区管委会批复，向所在出口加工区海关办理海关备案手续后方可开展货物的实际结转；对转入其他出口区、保税区等海关特殊监管区域的，转入企业凭其所在区管委会的批复办理结转，对转入出口加工区、保税区等海关特殊监管区域外加工贸易企业的，转入企业凭商务主管部门的批复办理结转手续。

对结转至海关特殊监管区域外的加工贸易企业的货物，海关按照对加工贸易进口货物的有关规定办理手续，结转产品如果属于加工贸易项下进口许可证件管理商品的，企业应当向海关提供相应的有效进口许可证件。

转入特殊监管区域的，转出、转入企业分别在自己的主管海关办理结转手续，对转入特殊监管区域外加工贸易企业的，转出、转入企业在转出地主管海关办理结转手续。

对转入特殊监管区域的深加工结转除特殊情况外，比照转关运输方式办理结转手续（详见本章第八节有关内容）；不能比照转关运输方式办理结转手续的，在主管海关提供相应的担保后，由企业自行运输。

转入特殊监管区域外加工贸易企业的深加工结转报关程序如下：

转入企业在“中华人民共和国海关出口加工区出区深加工结转申请表”（一式四联）中填写本企业的转入计划，凭申请表向转入地海关备案。

转入地海关备案后，留存申请表第一联，其余三联退还转入企业，由转入企业送交转出企业。

转出企业自转入地海关备案之日起30天内，持申请表其余三联，填写本企业的相关内容后，向主管海关办理备案手续。

转出地海关审核后，留存申请表第二联，将第三、第四联分别交给转出企业、转入企业。

转出企业、转入企业办理结转备案手续后，凭双方海关核准的申请表进行实际收发货。转出企业的每批次发货记录应当在一式三联的“出口加工区货物实际结转情况登记表”上如实登记，转出地海关在“卡口”签注登记表后，货物出区。

转出企业、转入企业每批实际发货、收货后，可以凭申请表和转出地卡口海关签注的登记表分批或者集中办理报关手续。转出、转入企业每批实际发货、收货后，应当在实际发货、收货之日起30天内“办结”该批货物的报关手续。转入企业填报结转进口报关单，转出企业填报结转出口备案清单。一份结转进口报关单对应一份结转出口备案清单。

区内转出的货物因质量不符等原因发生退运、退换的，转入企业为特殊监管区以外的加工贸易企业的，按“退运”、“退换”货物办理相关手续。

3. 监管和报关要点

（1）加工区与境外之间进、出的货物，除国家另有规定的外，不实行进出口许可证件管理。

国家禁止进、出口的货物，不得进、出加工区。因国内技术无法达到产品要求，须将国家禁止出口商品运至加工区内进行某项工序加工的，应报经商务主管部门批准，海关比照出料加工管理办法进行监管，其运入加工区的货物，不予签发出口退税报关单。

（2）对加工区运往境内区外的货物，按进口货物报关，属许可证件管理的，出具有效的进口许可证件，缴纳进口关税、增值税、消费税，免交付缓税利息。

区内企业在保税加工过程中产生的边角料、残次品、废品等应当复运出境。因特殊情况需要运往区外时，由企业申请，经主管海关核准后，按内销时的状态确定归类并征税。如属于进

口许可证件管理商品，免交验进口许可证件。如属于“限制进口类可用作原料的废物目录”所列商品，应按规定向环保部门申领进口许可证件。对无商业价值的边角料和废品，需运往区外销毁的，应凭加工区管理委员会和环保部门的批件，向主管海关办理出区手续，海关予以免税、免交验进口许可证件。

出口加工区内加工企业内销的制成品（包括残次品），以接受内销申报的同时或者大约同时进口的相同货物或者类似货物的进口成交价格为基础确定完税价格。出口加工区内的加工企业内销加工过程中产生的边角料或者副产品，以内销价格作为完税价格。

（3）出口加工区区内企业开展加工贸易业务不实行“加工贸易银行保证金台账”制度，适用电子账册管理，实行备案电子账册的滚动累加、扣减，每6个月核销一次。

（4）出口加工区内企业在需要时，可将有关模具、半成品运往区外进行加工，经加工区主管海关的关长批准，由接受委托的区外企业，向加工区主管海关缴纳货物应征关税和进口环节增值税等值的保证金或银行保函后方可办理出区手续。加工完毕后，加工产品应按期（一般为6个月）运回加工区，区内企业向加工区主管海关提交运出加工区时填写的“委托区外加工申请书”及有关单证，办理验放核销手续。加工区主管海关办理验放核销手续后，应及时退还保证金或撤销保函。

（5）从境内区外运进加工区供区内企业使用的国产机器、设备、原材料、零部件、元器件、包装物料、基础设施、加工企业和行政管理部门生产、办公用房合理数量的基建物资等，按照对出口货物的管理规定办理出口报关手续，海关签发出口退税报关单。境内区外企业依据“报关单出口退税联”向税务部门申请办理出口退（免）税手续。

（6）出口加工区区内企业经主管海关批准，可在境内区外进行产品的测试、检验和展示活动。测试、检验和展示的产品，应比照海关对暂时进口货物的管理规定办理出区手续。

出口加工区区内使用的机器、设备、模具和办公用品等，须运往境内区外进行维修、测试或检验时，区内企业或管理机构应向主管海关提出申请，并经主管海关核准、登记、查验后，方可将机器、设备、模具和办公用品等运往境内区外维修、测试或检验。

区内企业将模具运往境内区外维修、测试或检验时，应留存模具所生产产品的样品，以备海关对运回加工区的模具进行核查。

运往境内区外维修、测试或检验的机器、设备、模具和办公用品等，不得用于境内区外加工生产和使用。

运往境内区外维修、测试或检验的机器、设备、模具和办公用品等，应自运出之日起2个月内运回加工区。因特殊情况不能如期运回的，区内企业应于期限届满前7天内，向主管海关说明情况，并申请延期。申请延期以1次为限，延长期限不得超过1个月。

运往境内区外维修的机器、设备、模具和办公用品等，运回加工区时，要以海关能辨认其为原物或同一规格的新零件、配件或附件为限，但更换新零件、配件或附件的，原零件、配件或附件应一并运回加工区。

训练4-8：

1. 出口加工区的主要功能是（　　）。

A. 仓储运输　　　　B. 商品展示

C. 加工贸易　　　　D. 转口贸易

2. 下列关于出口加工区正确的是(　　)。

A. 从境外运入出口加工区的加工贸易货物全额保税

B. 区内企业从境外进口自用的生产、管理所需设备、物资,包括交通车辆和生活用品,予以免税

C. 区内运往区外的货物,按进口货物的有关规定办理报关手续,并按制成品征税

D. 区外运往区内的货物视同出口,可以办理出口退税手续

3. 出口加工区区内企业将有关模具、半成品运往区外进行加工,应符合以下条件:(　　)。

A. 加工区主管海关关长批准

B. 接受委托的区外企业应缴纳与应征税等值的保证金或银行保函

C. 加工产品应在1年内运回加工区

D. 加工完毕运回,并办理了验放核销手续后,海关及时退还保证金或撤销保函

第四节　保税物流货物

引　例

杭州的A公司与日本B公司做来料加工贸易,将加工后的货品出口到苏州保税物流园区的日本B公司,然后深圳的C公司就从苏州保税物流园区的日本B公司再进口(货品:光缆)。

请问:1. 该C公司进口时是否必须在苏州保税物流园区报关并且提货? 2. 保税区、保税物流园区、保税物流中心等有什么区别? 哪种是被视为离境的?

根据中华人民共和国海关对保税物流园区管理办法规定:C公司要按照进口货物的有关规定向园区海关申报。保税区是海关监管的特定区域。保税物流园区是在保税区规划面积或毗邻保税区的特定港区内设立的专门发展现代国际物流业和海关特殊监管区域。保税物流中心:A型是经海关批准,由中国境内企业法人经营、专门从事保税仓储物流业务的海关监管场所;B型是经海关批准,由中国境内一家企业法人经营,多家企业进入并从事保税仓储业务的海关集中监管场所。

一、保税物流货物概述

1. 含义

保税物流货物,是指经海关批准未办理纳税手续进境,在境内储存后复运出境的货物,也称作保税仓储货物。

已办结海关出口手续尚未离境,经海关批准存放在海关专用监管场所或特殊监管区域的货物带有保税物流货物的性质。

保税物流货物在境内储存后的流向除出境外,还可以留在境内按照其他海关监管制度办理相应的海关手续,如保税加工、正式进口等。

2. 监管模式(表4-5)

监管模式　表4-5

监管模式	非物理围网的监管模式	物理围网的监管模式
场所、区域	保税仓库、出口监管仓库、保税物流中心A型	保税物流中心B型、保税物流园区、保税区、保税港区

注:保税港区还在试点运行,还没有形成完整的海关监管制度。

3. 监管特征

1)设立审批

保税物流货物必须存放在经过法定程序审批设立的专用场所或者特殊区域。

保税仓库、出口监管仓库、保税物流中心A型、保税物流中心B型,要经过海关审批,并核发批准证书,凭批准证书设立及存放保税物流货物;保税物流园区、保税区、保税港区要经过国务院审批,凭国务院同意设立的批复设立,并经海关等部门验收合格才能存放保税物流货物。

未经法定程序审批同意设立的任何场所或者区域都不得存放保税物流货物。

2)准入保税

保税物流货物没有备案程序,因此不能像对保税加工货物那样,通过备案实现法律规定的批准保税,而只能通过准予进入来实现批准保税。

除自用物资外,凡按照批准范围进入经过法定程序审批而设立的专用监管场所或者特殊监管区域的进境货物,或者已办结海关出口手续尚未离境的货物,就意味着已经保税。

3)监管延伸

(1)监管地点延伸

进境货物从进境地海关监管现场已办结海关出口手续尚未离境,从出口申报地海关现场延伸到专用监管场所或者特殊监管区域。

(2)监管时间延伸(表4-6)

监管时间延伸　表4-6

监管场所/区域	(保税物流货物)存放期	(最长)延长期
保税仓库	1年	1年
出口监管仓库	6个月	6个月
保税物流中心A型	1年	1年
保税物流中心B型	2年	1年
保税物流园区	没有限制	
保税区	没有限制	

4)"运离"结关

根据规定,保税物流货物报关同保税加工货物报关一样有报核程序,有关单位应当定期以电子数据和纸质单证向海关申报规定时段保税物流货物的进、出、存、销等情况。但是实际"结关"的时间,除外发加工和暂准"运离"(维修、测试、展览等)需要继续监管以外,每一批货物"运离"专用监管场所或者特殊监管区域,都必须根据货物的实际流向办结海关手续;办结海关手续后，该批货物就不再是“运离”的专用监管场所或者特殊监管区域范围的保税物流货物。在这里规定时间的报核已经不具备最终办结海关手续的必要程序。

小博士 4-1: **国内首个保税港——洋山港**

2005 年 12 月 10 日，在上海外港——洋山港开港之际，洋山保税港也封关运作，洋山海关也宣布成立。这个经国务院批准设立的国内首个保税港——洋山港保税港区，由规划中的小洋山港口区域、东海大桥和与之相连接的陆上特定区域组成，其中，小洋山港口区域面积达 2.14 平方公里，陆地区域位于上海市南汇芦潮港，面积 6 平方公里。

该保税港是借鉴世界上自由港、自由贸易区的先进经验，优化整合我国保税区、出口加工区和保税物流园区的政策优势而提出的一个世界一流的保税港构想。洋山保税港区将大力发展国际中转、配送、采购转口贸易和出口加工等业务，拓展相关功能，实现港口经济与产业经济的联动发展，全面提升上海港的国际竞争力，重点发展国际集装箱中转、保税仓储和出口加工，实行出口加工区、保税区和港区的“三区合一”，凸显其区位优势和政策优势。

二、保税仓库及其所存货物的报关程序

1. 保税仓库概述

1）含义

保税仓库是指经海关批准设立的专门存放保税货物及其他未办结海关手续货物的仓库。

我国的保税仓库主要是根据使用对象、范围来分类，即分为公用型和自用型两种。但根据所存货物的特定用途，公用型保税仓库和自用型保税仓库下面还衍生出一种专用型保税仓库。所以目前我国大体上有三种保税仓库：

（1）公用型保税仓库

“公用型”保税仓库由主营仓储业务的中国境内独立企业法人经营，专门向社会提供保税仓储服务。

（2）自用型保税仓库

“自用型”保税仓库由特定的中国境内独立企业法人经营，仅存储供本企业自用的保税货物。

专门用来存储具有特定用途或特殊种类的商品的保税仓库称为专用型保税仓库。

专用型保税仓库包括液体危险品保税仓库、备料保税仓库、寄售维修保税仓库和其他专用保税仓库。

液体危险品保税仓库是指符合国家关于危险化学品存储规定的，专门提供石油、成品油或者其他散装液体危险化学品保税仓储服务的保税仓库。

2）存放货物的范围

经海关批准可以存入保税仓库的货物有：

①加工贸易进口货物；

②转口货物；

③供应国际航行船舶和航空器的油料、物料和维修用零部件；

④供维修外国产品所进口寄售的零配件；

⑤外商进境暂存货物；

⑥未办结海关手续的一般贸易进口货物；

⑦经海关批准的其他未办结海关手续的进境货物。

保税仓库不得存放国家禁止进境货物，不得存放未经批准的影响公共安全、公共卫生或健康、公共道德或秩序的国家限制进境货物以及其他不得存入保税仓库的货物。

3）保税仓库的设立

保税仓库应当设立在设有海关机构、便于海关监管的区域。经营保税仓库的企业，应当具备下列条件：

①符合海关对保税仓库布局的要求；

②具备符合海关监管要求的安全隔离设施、监管设施和办理业务必需的其他设施；

③具备符合海关监管要求的保税仓库计算机管理系统并与海关联网；

④具备符合海关监管要求的保税仓库管理制度、符合会计法要求的会计制度；

⑤符合国家土地管理、规划、交通、消防、安全、质检、环保等方面法律、行政法规及有关规定；

⑥公用保税仓库面积最低为2000平方米，液体危险品保税仓库容积最低为5000立方米，寄售维修保税仓库面积最低为2000平方米。

企业申请设立保税仓库的，应向仓库所在地主管海关提交书面申请，提供能够证明上述条件已经具备的有关文件。

主管海关在审核申请文件后，对材料齐全有效的，予以受理；对材料不齐全或者不符合法定形式的，在5个工作日内一次告知申请人需要补正的全部内容。

主管海关自受理申请之日起20个工作日内提出初审意见并将有关材料报送直属海关审批。

直属海关自接到材料之日起20个工作日内审查完毕，对符合条件的，出具批准文件，批准文件的有效期为1年；对不符合条件的，书面告知申请人理由。

直属海关自批准设立保税仓库之日起30天内报海关总署备案。

受理保税仓库设立申请的审批属于海关行政许可的应当按照海关行政许可程序进行。

2. 保税仓库货物报关程序

保税仓库货物的报关程序可以分为进库报关和出库报关。

1）进库报关

货物在保税仓库所在地进境时，除国家另有规定的外，免领进口许可证件，由收货人或其代理人办理进口报关手续，海关进境现场放行后存入保税仓库。

货物在保税仓库所在地以外其他口岸入境时，经海关批准，收货人或其代理人可以按照转关运输的报关程序办理手续，也可以直接在口岸海关办理异地传输报关手续。

2）出库报关

保税仓库货物出库可能出现进口报关和出口报关两种情况。保税仓库货物出库根据情况可以逐一报关，也可以集中报关。

（1）进口报关

①保税仓库货物出库用于加工贸易的，由加工贸易企业或其代理人按加工贸易货物的报

关程序办理进口报关手续。

②保税仓库货物出库用于可以享受特定减免税的特定地区、特定企业和特定用途的，由享受特定减免税的企业或其代理人按特定减免税货物的报关程序办理进口报关手续。

③保税仓库货物出库进入国内市场或使用于境内其他方面，由收货人或其代理人按一般进口货物的报关程序办理进口报关手续。

(2)出口报关

保税仓库货物为转口或退运到境外而出库的，保税仓库经营企业或其代理人按一般出口货物的报关程序办理出口报关手续，但可免缴纳出口关税，免交验出口许可证件。

(3)集中报关

保税货物出库批量少、批次频繁的，经海关批准可以办理定期集中报关手续。

3. 监管和报关要点

①保税仓库所存货物的储存期限为1年。如因特殊情况需要延长储存期限，应向主管海关申请延期，经海关批准可以延长，延长的期限最长不超过1年。

②保税仓库所存货物是海关监管货物，未经海关批准并按规定办理有关手续，任何人不得出售、转让、抵押、质押、留置、移作他用或者进行其他处置。

③货物在仓库储存期间发生损毁或者灭失，除不可抗力原因外，保税仓库应当依法向海关缴纳损毁、灭失货物的税款，并承担相应的法律责任。

④保税仓库货物可以进行包装、分级分类、印刷运输标志、分拆、拼装等简单加工，不得进行实质性加工。

⑤保税仓库经营企业应于每月5日之前以电子数据和书面形式向主管海关申报上一个月仓库收、付、存情况，并随附有关的单证，由主管海关核销。

三、出口监管仓库及其所存货物的报关程序

1. 出口监管仓库概述

1)含义

出口监管仓库，是指经海关批准设立，对已办结海关出口手续的货物进行存储、保税货物配送、提供流通性增值服务的海关专用监管仓库。

出口监管仓库分为出口配送型仓库和国内结转型仓库。

出口配送型仓库是指存储以实际离境为目的的出口货物的仓库。

国内结转型仓库是指存储用于国内结转的出口货物的仓库。

2)存放货物的范围

经海关批准可以存入出口监管仓库的货物有：

①一般贸易出口货物；

②加工贸易出口货物；

③从其他海关特殊监管区域、场所转入的出口货物；

④其他已办结海关出口手续的货物。

出口配送型仓库还可以存放为拼装出口货物而进口的货物。

3)禁止存放的货物

①国家禁止进出境货物；

②未经批准的国家限制进出境货物；

③海关规定不得存放的货物。

4)出口监管仓库的设立

(1)申请设立的条件

出口监管仓库的设立应当符合区域物流发展和海关对出口监管仓库布局的要求，符合国家土地管理、规划、交通、消防、安全、环保等有关法律、行政法规的规定。申请设立出口监管仓库的经营企业，应当具备下列条件：

①经工商行政管理部门注册登记，具有企业法人资格；

②具有进出口经营权和仓储经营权；

③注册资本在300万元人民币以上；

④具备向海关缴纳税款的能力；

⑤具有专门存储货物的场所，其中“出口配送型”仓库的面积不得低于5000平方米，国内结转型仓库不得低于1000平方米。

(2)申请设立和审批

企业申请设立出口监管仓库，应当向仓库所在地主管海关提交书面申请，提供能够证明上述条件已经具备的有关文件。

海关受理、审查设立出口监管仓库的申请属于海关行政许可，应当按照行政许可的法定程序，对符合条件的，作出准予设立的决定，并出具批准文件；对不符合条件的，作出不予设立的决定，并书面告知申请企业。

(3)验收和运营

申请设立出口监管仓库的企业应当自海关出具批准文件之日起1年内向海关申请验收出口监管仓库。

申请验收应当符合以下条件：

①符合申请设立出口监管仓库的五项条件；

②具备符合海关监管要求的安全隔离设施、监管设施和办理业务必需的其他设施；

③具备符合海关监管要求的计算机管理系统，并与海关联网；

④建立了出口监管仓库的章程、机构设置、仓储设施及账册管理和会计制度等仓库管理制度；

⑤自有仓库的，具有出口监管仓库的产权证明，租赁仓库的，具有租赁期限5年以上的租赁合同；

⑥消防验收合格。

企业无正当理由逾期未申请验收或者验收不合格的，该出口监管仓库的批准文件自动失效。出口监管仓库验收合格后，经直属海关注册登记并核发“中华人民共和国出口监管仓库注册登记证书”，可以投入运营。

“中华人民共和国出口监管仓库注册登记证书”有效期为3年。

2. 出口监管仓库货物报关程序

出口监管仓库货物报关，大体可以分为进仓报关、出仓报关、结转报关和更换报关。

1)进仓报关

出口货物存入出口监管仓库时,发货人或其代理人应当向主管海关办理出口报关手续,填制出口货物报关单。按照国家规定应当提交出口许可证件和缴纳出口关税的,发货人或其代理人必须提交许可证件和缴纳出口关税。

发货人或其代理人按照海关规定提交报关必需单证和仓库经营企业填制的“出口监管仓库货物入仓清单”。

对经批准享受入仓即退税政策的出口监管仓库,海关在货物入仓办结出口报关手续后予以签发“出口货物报关单”退税证明联;对不享受入仓即退税政策的出口监管仓库,海关在货物实际离境后签发“出口货物报关单”退税证明联。

经主管海关批准,对批量少、批次频繁的入仓货物,可以办理集中报关手续。

2)出仓报关

出口监管仓库货物出仓可能出现出口报关和进口报关两种情况。

(1)出口报关

出口监管仓库货物出仓货物出口时,仓库经营企业或其代理人应当向主管海关申报。仓库经营企业或其代理人按照海关规定提交报关必需的单证,并提交仓库经营企业填制的“出口监管仓库货物出仓清单”。

出仓货物出境口岸不在仓库主管海关的,经海关批准,可以在口岸所在地海关办理相关手续,也可以在主管海关办理相关手续。

入仓没有签发“出口货物报关单”退税证明联的,出仓离境海关按规定签发“出口货物报关单”退税证明联。

(2)进口报关

出口监管仓库货物转进口的,应当经海关批准,按照进口货的有关规定办理相关手续。

①用于加工贸易的,由加工贸易企业或其代理人按加工贸易货物的报关程序办理进口报关手续;

②用于可以享受特定减免税的特定地区、特定企业和特定用途的,由享受特定减免税的企业或其代理人按特定减免税货物的报关程序办理进口报关手续;

③进入国内市场或使用于境内其他方面,由收货人或其代理人按一般进口货物的报关程序办理进口报关手续。

3)结转报关

经转入、转出方所在地主管海关批准,并按照转关运输的规定办理相关手续后,出口监管仓库之间、出口监管仓库与保税区、出口加工区、保税物流园区、保税物流中心、保税仓库等特殊监管区域、专用监管场所之间可以进行货物流转。

4)更换报关

对已存入出口监管仓库因质量等原因要求更换的货物,经仓库所在地主管海关批准,可以更换货物。被更换货物出仓前,更换货物应当先行入仓,并应当与原货物的商品编码、品名、规格型号、数量和价值相同。

3. 监管和报关要点

①出口监管仓库必须专库专用,不得转租、转借给他人经营,不得下设分库。

②出口监管仓库经营企业应当如实填写有关单证、仓库账册,真实记录并全面反映其业务活

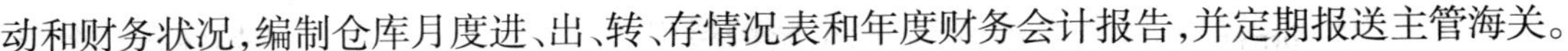

动和财务状况，编制仓库月度进、出、转、存情况表和年度财务会计报告，并定期报送主管海关。

③出口监管仓库所存货物的储存期限为6个月。如因特殊情况需要延长储存期限，应在到期之前向主管海关申请延期，经海关批准可以延长，延长的期限最长不超过6个月。

货物存储期满前，仓库经营企业应当通知发货人或其代理人办理货物的出境或者进口手续。

④出口监管仓库货物所存货物，是海关监管货物，未经海关批准并按规定办理有关手续，任何人不得出售、转让、抵押、质押、留置、移作他用或者进行其他处置。

⑤货物在仓库储存期间发生损毁或者灭失，除不可抗力原因外，保税仓库应当依法向海关缴纳损毁、灭失货物的税款，并承担相应的法律责任。

⑥经主管海关同意，可以在出口监管仓库内进行品质检验、分级分类、分拣分装、印刷运输标志、改换包装等流通性增值服务。

训练4-9：

1. 保税物流货物（　　）。

A. 又称保税仓储货物　　B. 没有备案程序，通过准予进入来实现批准保税

C. 又称保税加工货物　　D. 是不需海关后续监管的业务

2. 实施非物理围网的监管模式的有（　　）。

A. 保税物流中心A型　　B. 保税物流园区

C. 保税物流中心B型　　D. 出口监管仓库

3. 经海关批准可以存人保税仓库的货物有（　　）。

A. 供维修国内产品所进口寄售的零配件　　B. 加工贸易进口货物

C. 转口货物　　D. 未办结海关手续的一般贸易进口货物

4. 保税仓库货物为转口或退运到境外而出库的，可以（　　）。

A. 按一般出口货物的报关程序办理出口报关手续　　B. 免缴纳出口关税

C. 按保税货物的报关程序办理出口报关手续　　D. 免交验出口许可证件

5. 存放期和最长延长期都为1年的保税物流货物的海关监管场所或区域有（　　）。

A. 保税物流中心A型　　B. 保税物流中心B型

C. 保税仓库　　D. 保税区

6. 下列有关出口监管仓库表述正确的是（　　）。

A. 出口监管仓库分为出口配送型仓库和国内结转型仓库

B. 一般贸易出口货物可以存入出口监管仓库

C. 申请设立出口监管仓库的经营企业应当具备进出口经营权和仓储经营权

D. 出口监管仓库必须专库专用，可以下设分库

四、保税物流中心（A型）及其所存货物的报关程序

1. 保税物流中心（A型）概述

1）含义

保税物流中心(A型),是指经海关批准,由中国境内企业法人经营、专门从事保税仓储物流业务的海关监管场所。

按服务范围分,保税物流中心(A型)可以分为公用型和自用型两类。

公用型物流中心是指由专门从事仓储物流业务的中国境内企业法人经营,向社会提供保税仓储物流综合服务的海关监管场所。

自用型物流中心是指由中国境内企业法人经营,仅向本企业或者本企业集团内部成员提供保税仓储物流服务的海关监管场所。

2)存放货物的范围

①国内出口货物;

②转口货物和国际中转货物;

③外商暂存货物;

④加工贸易进出口货物;

⑤供应国际航行船舶和航空器的物料、维修用零部件;

⑥供维修外国产品所进口寄售的零配件;

⑦未办结海关手续的一般贸易进口货物;

⑧经海关批准的其他未办结海关手续的货物。

3)开展业务的范围

(1)保税物流中心A型经营企业可以开展的业务

①保税存储进出口货物及其他未办结海关手续货物;

②对所存货物开展流通性简单加工和增值服务;

③全球采购和国际分拨、配送;

④转口贸易和国际中转业务;

⑤经海关批准的其他国际物流业务。

(2)保税物流中心A型经营企业不得开展的业务

①商业零售;

②生产和加工制造;

③维修、翻新和拆解;

④存储国家禁止进出口货物,以及危害公共安全、公共卫生或者健康、公共道德或者秩序的国家限制进出口货物;

⑤存储法律、行政法规明确规定不能享受保税政策的货物;

⑥其他与物流中心无关的业务。

2. 保税物流中心(A型)的设立和管理

1)经营保税物流中心(A型)的必要条件

(1)选址

保税物流中心(A型)应当设在国际物流需求量较大,交通便利且便于海关监管的地方。

(2)经营企业的资格条件

①经工商行政管理部门注册登记,具有独立的企业法人资格;

②注册资本不低于3000万元人民币;

③具备向海关缴纳税款和履行其他法律义务的能力；

④具有专门存储货物的营业场所，拥有营业场所的土地使用权；租赁他人土地、场所经营的，租期不得少于3年；

⑤经营特殊许可商品存储的，应当持有规定的特殊经营许可批件；

⑥经营自用型物流中心的企业，年进出口金额（含深加工结转）东部地区不低于2亿美元，中西部地区不低于5000万美元；

⑦具有符合海关监管要求的管理制度和符合会计法规定的会计制度。

（3）申请设立的条件

①符合海关对物流中心的监管规划建设要求；

②公用型物流中心的仓储面积，东部地区不低于2万m^2，中西部地区不低于5000m^2；

③自用型物流中心的仓储面积（含堆场），东部地区不低于4000m^2，中西部地区不低于2000m^2；

④建立符合海关监管要求的计算机管理系统，提供海关查阅数据的终端设备，并按照海关规定的认证方式和数据标准，通过“电子口岸”平台与海关联网，以便海关在统一平台上与国税、外汇管理等部门实现数据交换及信息共享；

⑤设置符合海关监管要求的安全隔离设施、视频监控系统等监管、办公设施；

⑥符合国家土地管理、规划、消防、安全、质检、环保等方面的法律、行政法规、规章及有关规定。

2）保税物流中心（A型）的设立申请、受理审批、延期审查和变更

①申请设立保税物流中心（A型）的经营企业应当向所在地直属海关提交书面申请，提供能够证明上述条件已经具备的有关文件。

②保税物流中心（A型）的申请由直属海关受理，报海关总署审批，并由海关总署出具批准申请企业筹建物流中心的文件。

企业自海关总署出具批准筹建的文件之日起1年内向直属海关申请验收，由直属海关会同省级税务、外汇管理等部门按照规定进行审核验收。企业确有正当理由未按时申请验收的，经直属海关同意可以延期验收，但延期不得超过6个月。如果有特殊情况需要二次延期的，报海关总署批准。

物流中心验收合格后，由海关总署向企业核发“保税物流中心（A型）验收合格书”和“保税物流中心（A型）注册登记证书”，颁发“保税物流中心（A型）标牌”。

物流中心在验收合格后方可开展有关业务。

获准设立物流中心的企业无正当理由逾期未申请验收或者验收不合格的，视同其撤回设立申请。

获准开业的物流中心经营企业无正当理由连续6个月未开展业务的，视同撤回申请。由直属海关报海关总署办理注销手续，并收回“保税物流中心（A型）验收合格证书”和“保税物流中心（A型）注册登记证书”。

物流中心经营企业因故终止业务的，由物流中心提出书面申请，经海关总署审批，办理注销手续并交回“保税物流中心（A型）验收合格证书”和“保税物流中心（A型）注册登记证书”。

③“保税物流中心（A型）注册登记证书”有效期为2年。经营企业应当在有效期满30日

前向直属海关办理延期审查申请手续。

海关对审查合格的企业准予延期2年。

④保税物流中心需变更经营单位名称、地址、仓储面积等事项的，企业申请并由直属海关报海关总署审批。其他变更事项报直属海关备案。

3. 保税物流中心（A型）进出货物报关程序

1）保税物流中心（A型）与境外之间的进出货物报关

①物流中心与境外之间进出的货物，应当在物流中心主管海关办理相关手续。物流中心与口岸不在同一主管海关的，经主管海关批准，可以在口岸海关办理相关手续。

②物流中心与境外之间进出的货物，除实行出口被动配额管理和中华人民共和国参加或者缔结的国际条约及国家另有明确规定的以外，不实行进出口配额与许可证管理。

③从境外进入物流中心内的货物，凡属于规定存放范围内的货物予以保税；属物流中心企业进口自用的办公用品、交通运输工具、生活消费品等，以及物流中心开展综合物流服务所需进口的机器、装卸设备、管理设备等，按照进口货物的有关规定和税收政策办理相关手续。

2）保税物流中心（A型）与境内之间的进出货物报关

（1）物流中心内货物运往所在关区外，或者跨越关区提取物流中心内货物，可以在物流中心主管海关办理进出中心的报关手续，也可以按照境内监管货物转关运输的方式办理相关手续（参见本章中第八节有关内容）。

（2）企业根据需要经主管海关批准可以分批进出货物，月度集中报关，但集中报关不得跨年度办理。

（3）物流中心与境内之间的进出货物报关按下列规定办理：

①物流中心货物出中心进入关境内的其他地区视同进口，按照货物进入境内的实际流向和实际状态办理进口报关手续；属于许可证件管理的商品，企业还应当向海关出具有效的许可证件。

②货物从境内进入物流中心视同出口，办理出口报关手续。如需缴纳出口关税的，应当按照规定纳税；属于许可证件管理的商品，还应当向海关出具有效的出口许可证件。

4. 监管和报关要点

（1）物流中心内货物保税存储期限为1年。确有正当理由的，经主管海关同意可以予以延期，除特殊情况外，延期不得超过1年。

（2）从境内运入物流中心的原进口货物，境内发货人应当向海关办理出口报关手续，经主管海关验放；已经缴纳的关税和进口环节海关代征税，不予退还。

（3）从境内运入物流中心已办结报关手续或者从境内运入物流中心供中心内企业自用的国产机器设备、装卸设备、管理设备、检测检验设备等，以及转关出口货物（起运地海关在已收到物流中心主管海关确认转关货物进入物流中心的转关回执后），海关签发出口退税报关单证明联。

（4）从境内运入物流中心的下列货物，海关不签发出口退税报关单证明联：

①供中心企业自用的生活消费品、交通运输工具；

②供中心企业自用的进口的机器设备、装卸设备、管理设备、检测检验设备等；

③物流中心之间，物流中心与出口加工区、保税物流园区、物流中心（B型）和已实行国内

货物入仓环节出口退税政策的出口监管仓库等海关特殊监管区域或者海关保税监管场所往来的货物。

④从物流中心进入境内用于在保修期限内免费维修有关外国产品并符合无代价抵偿货物有关规定的零部件或者用于国际航行船舶和航空器的物料或者属于国家规定可以免税的货物,免征关税和进口环节海关代征税。

⑤实行集中申报的进出口货物,应当适用每次货物进出口时海关接受申报之日实施的税率、汇率。

⑥保税仓储货物在存储期间发生损毁或者灭失的,除不可抗力外,物流中心经营企业应当依法向海关缴纳损毁、灭失货物的税款,并承担相应的法律责任。

五、保税物流中心(B型)及其货物的报关程序

1. 保税物流中心(B型)概述

1)含义

保税物流中心(B)型是指经海关批准,由中国境内一家企业法人经营,多家企业进入并从事保税仓储物流业务的海关集中监管场所。

2)存放货物的范围

存放货物的范围与保税物流中心A型相同。

3)开展业务的范围

开展业务的范围与保税物流中心A型相同。

4)经营企业的责任与义务

①设立管理机构负责物流中心的日常工作;

②遵守海关法及有关管理规定;

③遵守国家土地管理、规划、消防、安全、质检、环保等方面法律、行政法规及有关规定;

④制定完善的物流中心管理制度,协助海关实施对进出物流中心的货物及中心内企业经营行为的监管。

2. 保税物流中心(B型)的设立和管理

1)经营保税物流中心(B型)的必要条件

(1)选址

保税物流中心(B型)应当设在靠近海港、空港、陆路枢纽及内陆国际物流需求量较大,交通便利,设有海关机构且便于海关集中监管的地方。

(2)经营企业的资格条件

①经工商行政管理部门注册登记,具有独立的企业法人资格;

②注册资本不低于5000万元人民币;

③具有对中心内企业进行日常管理的能力;

④具有协助海关对进出物流中心的货物和中心内企业的经营行为实施监管的能力。

(3)申请设立的条件

①符合海关对物流中心的监管规划建设要求;

②物流中心的仓储面积,东部地区不低于10万m^2,中西部地区不低于5万m^2;

③经省级人民政府确认，符合地方发展总体布局，满足加工贸易发展对保税物流的需求；

④建立符合海关监管要求的计算机管理系统，提供海关查阅数据的终端设备，并按照海关规定的认证方式和数据标准，通过电子口岸平台与海关联网，以便海关在统一平台上与国税、外汇管理等部门实现数据交换及信息共享；

⑤设置符合海关监管要求的安全隔离设施、视频监控系统等监管、办公设施。

2）保税物流中心（B型）的设立申请、受理审批、延期审查和变更

（1）申请设立保税物流中心（B型）的经营企业应当向所在地直属海关提交书面申请，提供能够证明上述条件已经具备的有关文件。

（2）保税物流中心（B型）的申请由直属海关受理，报海关总署审批，并由海关总署出具批准申请企业筹建物流中心的文件。

企业自海关总署出具批准筹建的文件之日起1年内向海关总署申请验收，由海关总署会同国家税务总局、国家外汇管理总局等部门或者委托被授权的机构按照规定进行审核验收。企业确有正当理由未按时申请验收的，经海关总署同意可以延期验收。

物流中心验收合格后，由海关总署向物流中心经营企业核发“保税物流中心（B型）验收合格证书”，颁发“保税物流中心（B型）标牌”。

物流中心在验收合格后方可开展有关业务。

获准设立物流中心的经营企业无正当理由逾期未申请验收或者验收不合格的，视同其撤回设立申请。

获准开业的物流中心经营企业无正当理由连续1年未开展业务的，视同撤回设立申请，由直属海关报海关总署办理注销手续，并收回标牌和“保税物流中心（B型）验收合格证书”。

物流中心经营企业因故终止业务的，由物流中心经营企业向直属海关提出书面申请，经海关总署审批后，办理注销手续并交回标牌和“保税物流中心（B型）验收合格证书”。

（3）“保税物流中心（B型）注册登记证书”有效期为3年。经营企业应当在每次有效期满30日前向直属海关办理延期审查申请手续，并提交下列加盖企业印章的材料：

①经会计师事务所审计的本年度资产负债表和损益表复印件；

②经工商行政管理部门加贴本年度通过年检标识的营业执照及企业法人营业执照副本复印件；

③海关要求的其他说明材料。

对审查合格的企业准予延期3年。

（4）物流中心需变更经营单位名称、地址、仓储面积及所有权等事项的，由直属海关受理报海关总署审批。其他变更事项报直属海关备案。

3．保税物流中心（B型）内企业的设立和管理

1）进入条件

①具有独立的法人资格或者特殊情况下的中心外企业的分支机构；

②具有独立法人资格的企业注册资本最低限额为500万元人民币；属企业分支机构的，该企业注册资本不低于1000万人民币；

③具备向海关缴纳税款和履行其他法律义务的能力；

④建立符合海关监管要求的计算机管理系统并与海关联网；

⑤在物流中心内有专门存储海关监管货物的场所。

2)进入申请

企业申请进入物流中心应当向所在地主管海关提交书面申请,提供能够证明上述条件已经具备的有关文件。

3)企业进入审批和管理

主管海关受理后报直属海关审批。直属海关对经批准的企业核发"中华人民共和国海关保税物流中心(B 型)企业注册登记证书"。

中心内企业无正当理由连续 6 个月未开展业务的,视同撤回进入中心的申请,由主管海关报直属海关办理注销并收回"保税物流中心(B 型)企业注册登记证书"。

中心内企业需变更有关事项的,由主管海关受理后报直属海关审批。

4. 保税物流中心(B 型)进出货物报关程序

1)保税物流中心(B 型)与境外之间的进出货物报关

①物流中心与境外之间进出的货物,应当在物流中心主管海关办理相关手续。物流中心与口岸不是同一主管海关的,经主管海关批准,可以在口岸海关办理相关手续。

②物流中心与境外之间进出的货物,除实行出口被动配额管理和中华人民共和国参加或者缔结的国际条约及国家另有明确规定的以外,不实行进出口配额、许可证件管理。

③从境外进入物流中心内的货物,凡属于规定存放范围内的货物予以保税:属于中心内企业进口自用的办公用品、交通运输工具、生活消费品等,以及物流中心开展综合物流服务所需进口的机器、装卸设备、管理设备等,按照进口货物的有关规定和税收政策办理相关手续。

2)保税物流中心(B 型)与境内间的进出货物报关

(1)物流中心内货物运往所在关区外,或者跨越关区提取物流中心内货物,可以在物流中心主管海关办理进出中心的报关手续,也可以按照境内监管货物转关运输的方式办理相关手续。(参见本章第八节有关内容。)

(2)中心内企业根据需要经主管海关批准,可以分批进出货物,月度集中报关,但集中报关不得跨年度办理。

(3)物流中心与境内之间的进出货物报关按下列规定办理:

①物流中心货物进入境内其他地区视同进口,按照货物进入境内的实际流向和实际状态办理进口报关手续;属于许可证件管理的商品,企业还应当向海关出具有效的许可证件。

②货物从境内进入物流中心视同出口,办理出口报关手续。如需缴纳出口关税的,应当按照规定纳税;属于许可证件管理的商品,还应当向海关出具有效的出口许可证件。

3)物流中心内企业之间的货物流转

物流中心内货物可以在中心内企业之间进行转让、转移并办理相关海关手续。未经海关批准,中心内企业不得擅自将所存货物抵押、质押、留置、移作他用或者进行其他处置。

5. 监管和报关要点

①物流中心经营企业不得在本中心内直接从事保税仓储物流的经营活动。

②物流中心内货物保税存储期限为 2 年。确有正当理由的,经主管海关同意可以予以延期,除特殊情况外,延期不得超过 1 年。

③其他监管和报关要点同保税物流中心(A)型的2~7。

六、保税物流园区及其货物的报关程序

1. 保税物流园区概述

1)含义

保税物流园区是指经国务院批准,在保税区规划面积或者毗邻保税区的特定港区内设立的、专门发展现代国际物流的海关特殊监管区域。

2)功能

保税物流园区的主要功能是保税物流。可以开展的保税物流业务包括:

①存储进出口货物及其他未办结海关手续的货物;

②对所存货物开展流通性简单加工和增值服务;

③进出口贸易,包括转口贸易;

④国际采购、分配和配送;

⑤国际中转;

⑥商品展示;

⑦经海关批准的其他国际物流业务。

保税物流园区行政机构及其经营主体、在保税物流园区内设立的企业等单位的办公场所应当设置在园区规划面积内、围网外的园区综合办公区内。除安全人员和相关部门、企业值班人员外,其他人员不得在园区内居住。

园区内设立仓库、堆场、查验场和必要的业务指挥调度操作场所,不得建立工业生产加工场所和商业性消费设施。

园区内不得开展商业零售、加工制造、翻新、拆解及其他与园区无关的业务。

法律、行政法规禁止进出口的货物、物品不得进出园区。

3)海关监管

保税物流园区是海关监管的特定区域。园区与境内其他地区之间应当设置符合海关监管要求的卡口、围网隔离设施、视频监控系统及其他海关监管所需的设施。

海关在园区派驻机构,依照有关法律、行政法规,对进出园区的货物、运输工具、个人携带物品,以及对园区内相关场所实行24小时监管。

海关对园区企业实行电子账册监管制度和计算机联网管理制度。

园区行政管理机构或者其经营主体应当在海关指导下通过电子口岸建立供海关、园区企业及其他相关部门进行电子数据交换和信息共享的计算机公共信息平台。

园区企业建立符合海关监管要求的电子计算机管理系统,提供海关查阅数据的终端设备,按照海关规定的认证方式和数据标准与海关进行联网。

园区企业须依照法律、行政法规的规定,规范财务管理,设置符合海关监管要求的账簿、报表,记录本企业的财务状况和有关进出园区货物、物品的库存、转让、转移、销售、简单加工、使用等情况,如实填写有关单证、账册,凭合法、有效的凭证记账核算。

园区企业须编制月度货物进、出、转、存情况表和年度财务会计报告,并定期报送园区主管海关。

园区企业需要开展危险化工品和易燃易爆品存储业务的,应当取得安全生产管理、消防、环保等相关部门的行政许可,并在园区主管海关备案。有关储罐、装置、设备等设施应当符合海关监管要求。

通过管道进出园区的货物,应当配备计量检测装置和其他便于海关监管的设施。

园区内货物可以自由流转。园区企业转让、转移货物时应当将货物的具体品名、数量、金额等有关事项向海关进行电子数据备案,并在转让、转移后向海关办理报核手续。

未经园区主管海关许可,园区企业不得将所存货物抵押、质押、留置、移作他用或者进行其他处置。

对园区和其他口岸、海关特殊监管区域或者保税监管场所之间进出的货物,应当由经海关备案或者核准的运输工具承运。承运人应当遵守海关有关运输工具及其所载货物的管理规定。

园区与区外非海关特殊监管区域或者保税监管场所之间货物的往来,企业可以使用其他非海关监管车辆承运。承运车辆进出园区通道时应当经海关登记,海关对货物和承运车辆进行查验、检查。

下列货物进出园区时,按照海关规定办理相关手续包括查验后,园区企业可以指派专人携带或者自行运输:

①价值 1 万美元及以下的小额货物;

②因品质不合格复运出区退换的货物;

③已办理进口纳税手续的货物;

④企业要求出口退税的货物;

⑤其他经海关核准的货物。

2. 报关程序

1)保税物流园区与境外之间进出货物报关

海关对园区与境外之间进出货物实行备案制管理(园区自用的免税进口货物、国际中转货物或者法律、行政法规另有规定的货物除外)。

园区与境外之间进出货物应当向园区主管海关申报。园区货物的进出境口岸不在园区主管海关管辖区域的,经主管海关批准,可以在口岸海关办理申报手续。

园区内开展整箱进出、二次“拼箱”等国际中转业务的,由开展此项业务的企业向海关发送电子舱单数据,园区企业向园区主管海关申请提箱、集运等,提交舱单等单证,办理进出境申报手续。

(1)境外运入园区

境外货物到港后,园区企业及其代理人可以先提交舱单将货物直接运到园区,再提交“进境货物备案清单”,向园区主管海关办理申报手续。除法律、行政法规另有规定的外,境外运入园区的货物不实行许可证件管理。

境外运入园区的下列货物保税:

①园区企业为开展业务所需的货物及其包装物料;

②加工贸易进口货物;

③转口贸易货物;

④外商暂存货物;

⑤供应国际航行船舶和航空器的物料、维修用零部件；

⑥进口寄售货物；

⑦进境检测、维修货物及其零配件；

⑧看样订货的展览品、样品；

⑨未办结海关手续的一般贸易货物；

⑩经海关批准的其他进境货物。

境外运入园区的下列货物免税：

①园区的基础设施建设项目所需的设备、物资等；

②园区企业为开展业务所需机器、装卸设备、仓储设施、管理设备及其维修用消耗品、零配件及工具；

③园区行政机构及其经营主体、园区企业自用合理数量的办公用品。

境外运入园区的园区行政机构及其经营主体、园区企业自用交通运输工具、生活消费品，按一般进口货物的有关规定和程序办理申报手续。

(2)园区运往境外

从园区运往境外的货物，除法律、行政法规另有规定外，免征出口关税，不实行许可证件管理。

进境货物未经流通性简单加工，需原状退运出境的，园区企业可以向园区主管海关申请办理退运手续。

2)保税物流园区与区外之间进出货物报关

园区与区外之间进出的货物，由区内企业或者区外的收发货人或其代理人在园区主管海关办理申报手续。

园区企业在区外从事进出口贸易且货物不实际进出园区的，可以在收发货人所在地的主管海关或者货物实际进出境口岸的海关办理申报手续。

除法律、行政法规规定不得集中申报的货物外，园区企业少批量、多批次进出货物的，经主管海关批准可以办理集中申报手续，并使用每次货物进出口时海关接受该货物申报之日实施的税率、汇率。集中申报的期限不得超过1个月，且不得跨年度办理。

(1)园区货物运往区外

园区货物运往区外，视同进口。园区企业或者区外收货人或其代理人按照进口货物的有关规定向园区主管海关申报，海关按照货物出园区时的实际监管方式的有关规定办理。

①进入国内市场的，按一般进口货物报关，提供相关的许可证件，照章缴纳进口关税、进口环节增值税、消费税。

②用于加工贸易的，按加工贸易保税货物报关，提供加工贸易登记手册(包括纸质的或电子的)，继续保税。

③用于可以享受特定减免税的特定企业、特定地区或有特定用途的，按特定减免税货物报关，提供“进出口货物征免税证明”和相应的许可证件，免缴进口关税、进口环节增值税。园区企业跨关区配送货物或者异地企业跨关区到园区提取货物的，可以在园区主管海关办理申报手续，也可以按照海关规定办理进口转关手续。

(2)区外货物运入园区

区外货物运入园区，视同出口，由区内企业或者区外的发货人或其代理人向园区主管海关办理出口申报手续。属于应当缴纳出口关税的商品，应当照章缴纳；属于许可证件管理的商品，应当同时向海关出具有效的许可证件。

用于办理出口退税的“出口货物报关单”证明联的签发手续，按照下列规定办理：

①从区外运入园区，供区内企业开展业务的国产货物及其包装材料，由区内企业或者区外发货人及其代理人填写“出口货物报关单”，海关按照对出口货物的有关规定办理，签发“出口货物报关单”证明联；货物从异地转关进入园区的，起运地海关在收到园区主管海关确认转关货物已进入园区的电子回执后，签发“出口货物报关单”证明联。

②从区外运入园区，供区内行政管理机构及其经营主体和区内企业使用的国产基建物资、机器、装卸设备、管理设备等，海关按照对出口货物的有关规定办理，并签发“出口货物报关单”证明联。

③从区外运入园区，供区内行政管理机构及其经营主体和区内企业使用的生活消费品、办公用品、交通运输工具等，海关不予签发“出口货物报关单”证明联。

④从区外进入园区的原进口货物、包装物料、设备、基建物资等，区外企业应当向海关提供上述货物或者物品的清单，按照出口货物的有关规定办理申报手续，海关不予签发“出口货物报关单”证明联，原已缴纳的关税、进口环节增值税和消费税不予退还。

(3)保税物流园区与其他特殊监管区域、保税监管场所之间往来货物

海关对于园区与海关其他特殊监管区域或者保税监管场所之间往来的货物，继续实行保税监管，不予签发“出口货物报关单”证明联。但从未实行国内货物入区、入仓环节出口退税制度的海关特殊监管区域或者保税监管场所货物转入园区的，按照货物实际离境的有关规定办理申报手续，由“转出地”海关签发“出口货物报关单”证明联。

园区与其他特殊监管区域、保税监管场所之间的货物交易、流转，不征收进出口环节和国内流通环节的有关税收。

3. 监管和报关要点

(1)园区货物不设存储期限。但园区企业自开展业务之日起，应当每年向园区主管海关办理报核手续。园区主管海关应当自受理报核申请之日起30天内予以“核库”。企业有关账册、原始数据应当自“核库”结束之日起至少保留3年。

(2)园区企业可以对所存货物开展流通性简单加工和增值服务，包括分级分类、分拆分拣、分装、计量、组合包装、“打膜”、印刷运输标志、改换包装、拼装等具有商业增值的辅助性作业。

(3)已办理出口退税的货物或者已经流通性简单加工的货物(包括进境货物)如果退运，按照进出口货物的有关规定办理海关手续。

(4)经主管海关批准，园区企业可以在园区综合办公区专用的展示场所举办商品展示活动。展示的货物应当在园区主管海关备案，并接受海关监管。

园区企业在区外其他地方举办商品展示活动的，应当比照海关对暂时进口货物的管理规定办理有关手续。

(5)供区内行政管理机构及其经营主体和区内企业使用的机器、设备和办公用品需要运往区外进行检测、维修的，应当向园区主管海关提出申请，经主管海关核准、登记后可以运往

区外。

运往区外检测、维修的机器、设备和办公用品等不得留在区外使用，并自运出之起60天内运进区内。因特殊情况不能如期运回的，园区行政管理机构及其经营主体和园区内企业应当于期满前10日内，以书面形式向园区主管海关申请延期，延长期不得超过30天。

检测、维修完毕运进园区的机器、设备等应当为原物。有更换新零配件或者附件的，原零配件或者附件应当一并运进园区。

对在区外更换的国产零配件或者附件，如需退税，由区内企业或者区外企业提出申请，园区主管海关按照出口货物的有关规定办理，并签发"出口货物报关单"证明联。

(6)除已经流通性简单加工的货物外，区外进入园区的货物因质量、规格型号与合同不符等原因，需原状返还出口企业进行更换的，园区企业应当在货物申报进入园区之日起1年内向园区主管海关申请办理退换手续。

更换的货物进入园区时，可以免领出口许可证件，免征出口关税，但海关不予签发"出口货物报关单"证明联。

(7)除法律、行政法规规定不得声明放弃的货物外，园区企业可以申请放弃货物。放弃的货物由主管海关依法提取变卖，变卖收入由海关按照有关规定处理。依法变卖后，企业凭放弃该批货物的申请和园区主管海关提取变卖该货物的有关单证办理核销手续；确因无使用价值无法变卖并经海关核准的，由企业自行处理，园区主管海关直接办理核销手续。放弃货物在海关提取变卖前所需的仓储等费用，由企业自行承担。

对按照规定应当销毁的放弃货物，由企业负责销毁，园区主管海关可以派员监督。园区主管海关凭有关主管部门的证明材料办理核销手续。

(8)因不可抗力造成园区货物损坏、损毁、灭失的，园区企业应当及时书面报告园区主管海关，说明理由并提供保险、灾害鉴定部门的有关证明。经主管海关核实确认后，按照下列规定处理：

①货物灭失，或者完全失去使用价值的，海关予以办理核销和免税手续。

②进境货物损坏、损毁，失去原使用价值但可再利用的，园区企业可以向园区主管海关办理退运手续。如不退运出境并要求运往区外的，由区内企业提出申请，并经主管海关核准，根据受灾货物的使用价值估价、征税后运出园区外。

③区外进入园区的货物损坏、损毁，失去原使用价值但可再利用，且需向出口企业进行退换的，可以退换为与损坏货物同一品名、规格、数量、价格的货物，并向园区主管海关办理退运手续。

退运到区外的，如属于尚未办理出口退税手续的，可以向园区主管海关办理退税手续；如属于已经办理出口退税手续的，按照进境货物运往区外的有关规定办理。

(9)因保管不善等非不可抗力因素造成货物损坏、损毁、灭失的，按下列规定办理：

①对于从境外进入园区的货物，园区企业应当按照一般进口货物的规定，以货物进入园区时海关接受申报之日适用的税率、汇率，依法向海关缴纳损毁、灭失货物原价值的关税、进口环节增值税和消费税。

②对于从区外进入园区的货物，园区企业应当重新缴纳因出口而退还的国内环节有关税

收,海关据此办理核销手续。

七、保税区及其货物的报关程序

1. 保税区概述

1)含义

保税区是指经国务院批准在中华人民共和国境内设立的由海关进行监管的特定区域。

2)功能

保税区具有出口加工、转口贸易、商品展示、仓储运输等多种功能,也就是说既有保税加工的功能,又有保税物流的功能。但是,主要的功能是保税物流。

保税区内仅设置保税区行政机构和企业。除安全保卫人员外,其他人员不得在保税区居住。

3)海关监管

保税区与境内其他地区之间,应当设置符合海关监管要求的隔离设施。

在保税区内设立的企业,应当向海关办理注册手续。区内企业应当依照国家有关法律、行政法规的规定设置账簿、编制报表,凭合法、有效凭证记账并进行核算,记录有关进出保税区货物和物品的库存、转让、转移、销售、加工、使用和损耗等情况。

区内企业应当与海关实行电子计算机联网,进行电子数据交换。

海关对进出保税区的货物、物品、运输工具、人员及区内有关场所,有权依照海关法的规定进行检查、查验。

区内企业在保税区内举办境外商品和非保税区商品的展示活动,展示的商品应当接受海关监管。

运输工具和人员进出保税区,应当经由海关指定的专用通道,并接受海关检查。

进出保税区的运输工具的负责人,应当持保税区主管机关批准的证件连同运输工具的名称、数量、牌照号码及驾驶员姓名等清单,向海关办理登记备案手续。

未经海关批准,从保税区到非保税区的运输工具和人员不得运输、携带保税区内的免税货物、保税货物。

国家禁止进出口的货物、物品,不得进出保税区。

为保税加工、保税仓储、转口贸易、展示而进口进入保税区的货物均可以保税。

为了支持保税区的发展,保税区享有以下免税优惠:

①区内生产性的基础设施建设项目所需的机器、设备和其他基建物资,予以免税。

②区内企业自用的生产、管理设备和自用合理数量的办公用品及其所需的维修零配件,生产用燃料,建设生产厂房、仓储设施所需的物资、设备,除交通车辆和生活用品外,予以免税。

③保税区行政管理机构自用合理数量的管理设备和办公用品及其所需的维修零配件,予以免税。

免税进入保税区的进口货物,海关按照特定减免税货物进行监管(参见本章第五节有关内容)。

2. 保税区进出货物报关程序

保税区货物报关分进出境报关和进出区报关。

1)进出境报关

进出境报关采用报关制和备案制相结合的运行机制，即保税区与境外之间进出境货物，属自用的，采取报关制，填写进出口报关单；属非自用的，包括加工出口、转口、仓储和展示，采取备案制，填写进出境备案清单。即保税区内企业的加工贸易料件、转口贸易货物、仓储货物进出境，由收货人或其代理人填写“进出境货物备案清单”向海关报关；对保税区内企业进口自用合理数量的机器设备、管理设备、办公用品及工作人员所需自用合理数量的应税物品以及货样，由收货人或其代理人填写“进口货物报关单”向海关报关。

2）进出区报关

进出区报关要根据不同的情况按不同的报关程序报关。

（1）保税加工货物进出区

进区，报出口，要有“加工贸易登记手册”或者“加工贸易电子账册”，填写出口报关单，提供有关的许可证件，海关不签发“出口货物报关单”退税证明联。

出区，报进口，按不同的流向填写不同的进口货物报关单：

①出区进入国内市场的，按一般进口货物报关，填写“进口货物报关单”，提供有关的许可证件。

关于保税加工货物内销征税的完税价格由海关按以下规定审查确定：

A. 保税区内的加工企业内销的进口料件或者其制成品（包括残次品），以接受内销申报的同时或者大约同时进口的相同或者类似货物的进口成交价格为基础确定完税价格。

B. 保税区内的加工企业内销的进料加工制成品中，如果含有从境内采购的料件，以制成品所含有的从境外购入的料件的原进口成交价格为基础确定完税价格。料件的原进口成交价格不能确定的，以接受内销申报的同时或者大约同时进口的与料件相同或者类似货物的进口成交价格为基础确定完税价格。

C. 保税区内的加工企业内销的来料加工制成品中，如果含有从境内采购的料件，以接受内销申报的同时或者大约同时进口的与料件相同或者类似货物的进口成交价格为基础确定完税价格。

D. 保税区内的加工企业内销加工过程中产生的边角料或者副产品，以内销价格作为完税价格。

②出区用于加工贸易的，按加工贸易货物报关，填写加工贸易“进口货物报关单”，提供“加工贸易登记手册”或者“加工贸易电子账册”。

③出区用于可以享受特定减免税企业的，按特定减免税货物报关，提供“进出口货物征免税证明”和应当提供的许可证件，免缴进口税。

（2）进出区外发加工

保税区企业货物外发到区外加工，或区外企业货物外发到保税区加工，需经主管海关核准。进区提交外发加工合同，向保税区海关备案，加工出区后核销，不填写进出口货物报关单，不缴纳税费。

出区外发加工的，须由区外加工企业在加工企业所在地海关办理加工贸易备案手续，需要建立“银行保证金台账”的应当设立台账，加工期限最长 6 个月，情况特定，经海关批准可以延长，延长的最长期限是 6 个月；备案后按加工贸易货物出区进行报关。

（3）设备进出区

不管是施工还是投资设备，进出区均需向保税区海关备案，设备进区不填写报关单，不缴纳出口税，海关不签发"出口货物报关单"退税证明联，设备系从国外进口已征进口税的，不退进口税；设备退出区外，也不必填写报关单申报，但要报保税区海关销案。

3. 监管和报关要点

①保税区与境外之间进出的货物，除易制毒化学品、监控化学品、消耗臭氧层物质等国家规定的特殊货物外，不实行进出口许可证件管理，免交验许可证件。

②国家明令禁止进出口的货物和列入加工贸易禁止类商品目录的商品在保税区内也不准开展加工贸易。

保税区企业开展加工贸易，进口易制毒化学品、监控化学品、消耗臭氧层物质要提供进口许可证；生产激光光盘要主管部门批准外，其他加工贸易料件进口免交验许可证件。

保税区内企业开展加工贸易，不实行"银行保证金台账"制度。

③从非保税区进入保税区的货物，按照出口货物办理手续。企业在办结海关手续后，可办理结汇、外汇核销、加工贸易核销等手续。出口退税必须在货物实际报关离境后才能办理。

④保税区内的转口货物可以在区内仓库或者区内其他场所进行分级、挑选、印刷运输标志、改换包装等简单加工。

⑤区内加工企业加工的制成品及其在加工过程中产生的边角余料运往境外时，应当按照国家有关规定向海关办理手续，除法律、行政法规另有规定外，免征出口关税。

⑥区内加工企业将区内加工贸易料件及制成品、在加工过程中产生的副产品、残次品、边角料，运往非保税区时，应当依照国家有关规定向海关办理进口报关手续，并依法纳税，免交付缓税利息。

⑦用含有境外保税进口料件加工的制成品销往非保税区时，海关对其制成品按照所含进口料件数量征税；对所含进口料件的品名、数量、价值申报不实的，海关按照进口制成品征税。

训练 4-10：

1. 保税物流中心 A 型经营企业可以开展的业务有(　　)。

A. 商业零售　　B. 对所存货物开展流通性简单加工和增值服务

C. 维修、翻新和拆解　　D. 全球采购和国际分拨、配送

2. 物流中心(A 型/B 型)与境外之间进出的货物，(　　)。

A. 物流中心与口岸不在同一主管海关的，不能在口岸海关办理相关手续

B. 物流中心与境外之间进出的货物，不实行进出口配额、许可证管理

C. 实行出口被动配额管理的，实行配额、许可证管理

D. 物流中心企业进口自用的办公用品、交通运输工具、生活消费品等，予以保税

3. 物流中心 A 型与 B 型的不同点是(　　)。

A. A 型内货物储存期限是 1 年，B 型为 2 年

B. 注册资本最低限制不同

C. 物流中心仓储面积不同

D. 前者的设立不需海关总署审批，而后者需要

4. 海关对保税物流园区与境外之间进出的货物(　　)。

A. 实行备案制　　B. 实行报关制

C. 在园内存放,不设储存期限　　D. 已经过流通性简单加工的货物,不能退运

5. 保税区的功能有(　　)。

A. 出口加工　　B. 转口贸易

C. 商品展示　　D. 仓储运输

6. 保税区货物的进出境报关,采用(　　)。

A. 备案制　　B. 备案制或者报关制

C. 报关制　　D. 备案制与报关制相结合

第五节　特定减免税货物

引　例

某公司是无锡新区的一家外资企业,属于鼓励类项目。现在进口一批设备,货物已经抵达港口,但是该公司的《进出口货物征免税证明》(减免税备案)还没有拿到。此批设备是否能放入公共保税仓库,等该企业的《进出口货物征免税证明》办理完成后,再从保税仓库报关进入该公司?

一、概述

1. 含义

特定减免税货物是指海关根据国家的政策规定准予减免税进口,使用于特定地区、特定企业、特定用途的货物。

特定地区是指我国关境内由行政法规规定的某一特别限定区域,享受减免税优惠的进口货物只能在这一特别限定的区域内使用。

特定企业是指由国务院制定的行政法规专门规定的企业,享受减免税优惠的进口货物只能由这些专门规定的企业使用。

特定用途是指国家规定可以享受减免税优惠的进口货物只能用于行政法规专门规定的用途。

2. 特征

特定减免税货物有以下特征:

1)特定条件下减免进口关税

特定减免税是我国关税优惠政策的重要组成部分,是国家无偿向特定条件下符合条件的进口货物使用企业提供的关税优惠,其目的是优先发展特定地区的经济,鼓励外商在我国的直接投资,促进国有大中型企业和科学、教育、文化、卫生事业的发展。

2)进口申报应当提交进口许可证件

特定减免税货物是实际进口货物。按照国家有关进出境管理的法律法规，凡属于进口需要交验许可证件的货物，收货人或其代理人都应当在进口申报时向海关提交进口许可证件（另有规定的除外）。

3）进口后在特定的海关监管期限内接受海关监管

特定减免税进口货物的海关监管期限按照货物的种类各有不同，以下是特定减免税货物的海关监管期限：

船舶、飞机 8 年；机动车辆 6 年；其他货物 5 年。

3. 监管和报关要点

①特定减免税货物一般不豁免进口许可证件，但是对外资企业和香港、澳门、台湾及华侨投资的企业进口本企业自用的机器设备可以免交验进口许可证件；外商投资企业在投资总额内进口涉及机电产品自动进口许可管理的，也可以免交验有关许可证件。

②特定减免税进口设备可以在两个享受特定减免税优惠的企业之间结转。结转手续应当分别向企业主管海关办理。

③出口加工区企业进口免税的机器设备等应当填制"出口加工区进境备案清单"，保税区企业进口免税的机器设备等应当填制"进口货物报关单"。

二、程序

减免税备案、减免税审批和减免税后续管理中的相关审批事项实行三级审批作业制度，即主管海关要实施初审、复审和三审对减免税进行受理和审批。

1. 减免税申请（表 4-7）

流程：申请单位项目备案预录—海关项目备案审核—申请单位减免税审批预录—海关减免税审批—海关出具《进出口货物征免税证明》，企业凭以报关进口。"进出口货物征免税证明"的有效期为 6 个月，持证人应当在海关签发征免税证明的 6 个月内进口经批准的特定减免税货物。

"进出口货物征免税证明"实行"一证一批"，即一份征免税证明上的货物只能在一个进口口岸一次性进口。如果一批特定减免税货物需要分两个口岸进口，或者分两次进口的，持证人应当事先分别申领征免税证明。

2. 进出口报关

特定减免税货物进口报关程序，可参见一般进出口货物的报关程序中的有关内容。但是特定减免税货物进口报关的有些具体手续与一般进出口货物的报关有所不同：

①特定减免税货物进口报关时，进口货物收货人或其代理人除了向海关提交报关单及随附单证以外，还应当向海关提交"进出口货物征免税证明"。海关在审单时从计算机查阅征免税证明的电子数据，核对纸质的"进出口货物征免税证明"。

在引例 1 中，进口单位已经向海关申请办理减免税备案、审批手续，但还未获得"证明"，根据海关总署公告 2005 年第 43 号《海关总署关于加强减免税审批管理的公告》，在主管海关按规定受理期间（包括经批准延长的期限）货物到达进口口岸的，进口单位可以向海关申请凭税款担保办理货物验放手续。

进口单位需要办理税款担保手续的，应当在货物申报进口前向主管海关提出申请，主管海关审核后出具《海关同意按减免税货物办理税款担保手续证明》（以下简称《担保证明》），进口地海关审核符合担保条件的，凭《担保证明》按规定办理货物的担保和验放手续。

减免税申请 表 4-7

类别	项目	备案登记			《进出口货物征免税证明》申领		
特定地区	保税区（企业）	提交单证：企业批准证书、营业执照、企业合同、章程等	海关计算机系统录入	签发企业征免税登记手册	提交单证：企业征免税登记手册、发票、装箱单等	海关计算机系统录入	海关签发“证明”
	出口加工区（企业）	提交单证：出口加工区管理委员会的批准文件、营业执照等	同上	批准建立企业设备电子账册	发票、装箱单等	海关在企业设备电子账册中进行登记	不核发“证明”
特定企业	外商投资企业	商务主管部门的批准文件、营业执照、企业合同、章程等	签发“外商投资企业征免税登记手册”	提交“外商投资企业征免税登记手册”、发票、装箱单等	海关计算机系统录入	海关签发“证明”	
特定用途	国内投资项目	持国务院有关部门或省、市人民政府签发的“国家鼓励发展的内外资项目确认书”、发票、装箱单等向项目主管直属海关提出减免税申请			海关审核，签发“证明”		
	利用外资项目	持“国家鼓励发展的内外资项目确认书”、发票、装箱单等向项目主管直属海关提出减免税申请			海关审核，签发“证明”		
	科教用品	持有关主管部门的批准文件，向单位所在地主管海关提出申请		海关审核签发“科教用品免税登记手册”	提交“科教用品免税登记手册”、合同等单证	海关计算机系统录入	签发“证明”
	残疾人专用品	向主管海关提交民政部门的批准文件（注）			签发“证明”		

注：民政部门或中国残疾人联合会所属单位批量进口残疾人专用品，应当向所在地直属海关申请，提交民政部（包括省、自治区、直辖市的民政部门）或中国残疾人联合会（包括省、自治区、直辖市的残疾人联合会）出具的证明函.海关凭以审核签发“进出口货物征免税证明”。

②特定减免税货物一般应提交进口许可证件，但对某些企业进口的某些特定减免税货物，可以免交验进口许可证件。

③特定减免税货物进口，填制报关单时，报关员应当特别注意报关单上“备案号”栏目的填写。“备案号”栏内填写“进出口货物征免税证明”上的12位编号，12位编号写错将不能通过海关计算机逻辑审核，或者在提交纸质报关单证时无法顺利通过海关审单。

小博士 4-2：保税区特定减免税企业一定要回区内办理海关报关手续吗？

我公司是一家在保税区特殊监管区域的企业，已办理减免税批文，请问一定要回区内办理海关报关手续吗？区外办理报关再缴纳风险担保金运至主管地海关可行吗？

保税区、保税物流园区内的企业，依照《中华人民共和国对外贸易法》和《外商投资商业领

域管理办法》的规定,依法取得对外贸易权的,可根据《中华人民共和国海关对报关单位注册登记管理规定》(海关总署第127号令)及其他相关规定,到海关办理注册登记手续,海关开通其应当享有的报关功能,不再分区内、区外。该公司已办理征免税证明,应向征免税证明上所批准的进口地海关办理申报手续。

3. 申请解除监管

特定减免税货物根据不同的品种,在海关监管期限届满后,原"进出口货物征免税证明"的申请人应当向原签发征免税证明的海关提出解除监管申请。特定减免税货物在海关监管期限以内,因特殊原因要求出售、转让、放弃,或者企业破产清算的,必须向海关提出有关解除监管的申请,办理结关手续。

1)监管期满申请解除监管

特定减免税货物监管期满,原减免税申请人应当向主管海关申请解除海关对减免税进口货物的监管。主管海关经审核批准,签发"减免税进口货物解除监管证明"。至此,特定减免税进口货物办结了全部海关手续。

2)监管期内申请解除监管

特定减免税货物在海关监管期内要求解除监管的,主要是为了在国内销售、转让、放弃,或者退运境外。

特定减免税货物,因特殊原因需要在海关监管期内销售、转让的,企业应当向海关办理缴纳进口税费的手续。海关按照使用时间审查确定完税价格征税后,签发解除监管证明书,企业即可将原减免税货物在国内销售、转让。

企业如将货物转让给同样享受进口减免税优惠的企业,接受货物的企业应当先向主管海关申领"进出口货物征免税证明",凭以办理货物的结转手续。

企业要求将特定减免税货物退运出境的,应当向出境地海关办理货物出口退运申报手续。出境地海关监管货物出境后,签发出口货物报关单,企业持该报关单及其他有关单证向主管海关申领解除监管证明。

企业要求放弃特定减免税货物的,应当向主管海关提交放弃货物的书面申请。经海关核准后,按照海关处理放弃货物的有关规定办理手续。海关将货物拍卖,所得款项上缴国库后签发收据,企业凭以向主管海关申领解除监管证明。

3)企业破产清算中特定减免税货物的处理

破产清算、变卖、拍卖处理尚在海关监管期限内的特定减免税货物,企业应当事先向主管海关申请,主管海关审批同意并按规定征收税款后,签发解除监管证明;如该货物已经改变其进口时状态,经海关实际查验并做查验记录后,也可照此办理解除监管手续。只有在解除监管后,有关货物才可以进入破产清算、变卖、拍卖程序。

对进入法律程序清算、变卖、拍卖的特定减免税货物,如属于许可证件管理的原进口时未申领许可证件的,海关凭人民法院的判决或国家法定仲裁机关的仲裁证明,免交验进口许可证件。

4)监管期未满申请提前解除监管

保税区内企业免税进口货物未满海关监管年限,申请提前解除监管的,应按规定照章征税。其中涉及国家实行许可证件管理的商品还需向海关提交有效的许可证件。

小博士 4-3: **润滑油,涂料等商品是否可以办理减免税?**

某外资企业,想进口润滑油,涂料这类产品,根据《外商投资项目不予免税的进口商品目录》及补充文件,上面没有提到润滑油,涂料等,那么是否可以办理减免税?

根据有关规定,外商投资项目除《外商投资项目不予免税的进口商品目录》所列商品外,该项目所需进口自用设备,以及按照合同随设备进口的技术及数量合理的配套件、备件可予免税。进口生产性原材料、消耗性物品和国家规定照章征税的20种商品等以及单独进口配套件及备件应照章征税。贵公司外商投资项目项下进口润滑油,涂料等商品,如经海关审核确认为生产性原材料或消耗性物品,应不予免税。

训练 4-11:

1. 享受特定减免税优惠进口的钢材,必须按照规定用途使用,未经海关批准不得擅自出售、转让、移作他用,按照现行规定,海关对其的监管年限为(　　)。

A. 8 年　　B. 6 年

C. 5 年　　D. 3 年

2. 某经济特区内的一家外商投资企业以企业自用的名义进口了一辆旅行车,进口后即无偿捐赠给当地的一个社会福利院,半年后被海关发现。根据现行规定,(　　)。

A. 外商投资企业享受减免税优惠进口的设备和其他物资,限于企业自用

B. 旅行车在监管年限内未经海关许可,不得擅自出售、转让或移做他用

C. 因该企业从事公益活动,海关不得对此进行处罚

D. 该企业超越特定的使用范围应该补税

第六节　暂准进出境货物

引　例

1. 某公司有一批设备于6月初从日本运往上海并在上海电视节上使用,使用 ATA 单证册在上海浦东机场海关进口。准备9月运往北京参加北京电视节后从首都机场运回日本。该公司的货运代理说,如果作为空运货物出口,除了要准备 ATA 单证册外,还要找一个进出口公司,提供发票、装箱单、报关委托书等等。该公司业务员李刚非常迷茫,不知如何处理。

2. 某工厂出口一个集装箱的展览品及参展用品(包括:样板、展台、展墙、宣传品等)到美国参展,物品未出售,如果运回国内的话,运费比该物品的价值更高,因此展会结束后,对该展览品及参展用品作现场放弃不再复运回国处理,那么,该工厂可以通过什么贸易监管方式出口该货物呢? 又如何核销呢?

3. 某外商独资企业的投资方向自己在中国境内的独资企业运送设备,采用自备海运集

装箱。设备到达中国境内后，集装箱就留在自己的企业使用不再返回。如何办理报关手续呢？

一、概述

1. 含义

暂准进出境货物是暂准进境货物和暂准出境货物的合称。

暂准进（出）境货物是指为了特定的目的，经海关批准暂时进（出）境，按规定的期限原状复运出（进）境的货物。

按照《关税条例》的表述，暂准进出境货物分为两大类：

一类是指经海关批准暂时进（出）境，在进（出）境时纳税义务人向海关缴纳相当于应纳税款的保证金或者提供其他担保可以暂不缴纳税款，并按规定的期限复运出（进）境的货物；另一类则应当按照该货物的完税价格和其在境内、境外滞留时间与折旧时间的比例计算按月征收进、出口税的暂准进出境货物。

前一类暂准进出境货物的范围是：

（1）在展览会、交易会、会议及类似活动中展示或者使用的货物；

（2）文化、体育交流活动中使用的表演、比赛用品；

（3）进行新闻报道或者摄制电影、电视节目使用的仪器、设备及用品；

（4）开展科研、教学、医疗活动使用的仪器、设备及用品；

（5）上述四项所列活动中使用的交通工具及特种车辆；

（6）暂时进出的货样；

（7）慈善活动使用的仪器、设备及用品；

（8）供安装、调试、检测设备时使用的仪器、工具；

（9）盛装货物的容器；

（10）旅游用自驾交通工具及其用品；

（11）工程施工中使用的设备、仪器及用品；

（12）海关批准的其他暂时进出境货物。

后一类暂准进出境货物是指上述九项货物以外的其他暂准进出境货物。

2. 特征

1）有条件暂时免予缴纳税费

暂准进出境货物（仅限列明的 12 项，下同）在向海关申报进出境时，不必缴纳进出口税费，但收发货人须向海关提供担保。

2）免于提交进出口许可证件

暂准进出境货物不是实际进出口货物，可以免交验进出口许可证件。但是，涉及公共道德、公共安全、公共卫生所实施的进出境管制制度的暂准进出境货物应当凭许可证件进出境。

3）规定期限内按原状复运进出境

暂准进出境货物应当自进境或者出境之日起 6 个月内复运出境或者复运进境；经收发货人申请，海关可以根据规定延长复运出境或者复运进境的期限。

4)按货物实际使用情况办结海关手续

暂准进出境货物都必须在规定期限内,由货物的收发货人根据货物不同的情况(如正式进出口、放弃、赠送等)向海关办理核销结关手续。

二、程序

以下分别按四种监管方式介绍暂准进出境货物的报关程序。

1. 使用ATA单证册的暂准进出境货物

1)ATA单证册在我国的适用范围

在我国,使用ATA单证册的范围仅限于展览会、交易会、会议及类似活动项下的货物。除此以外的货物,我国海关不接受持ATA单证册办理进出口申报手续。

2)ATA单证册制度

(1)ATA单证册的含义

“暂准进口单证册”,简称ATA单证册,是指世界海关组织通过的《货物暂准进口公约》及其附约A和《ATA公约》中规定使用的,用于替代各缔约方海关暂准进出口货物报关单和税费担保的国际性通关文件。

(2)ATA单证册的格式

一份ATA单证册一般由8页ATA单证组成:一页绿色封面单证、一页黄色出口单证、一页白色进口单证、一页白色复出口单证、两页蓝色过境单证、一页黄色复进口单证、一页绿色封底。

(3)ATA单证册的使用

ATA单证册的担保协会和出证协会一般是由国际商会国际局和各国海关批准的各国国际商会。中国国际商会是我国ATA单证册的担保协会和出证协会。

①ATA单证册的正常使用过程(图4-1)

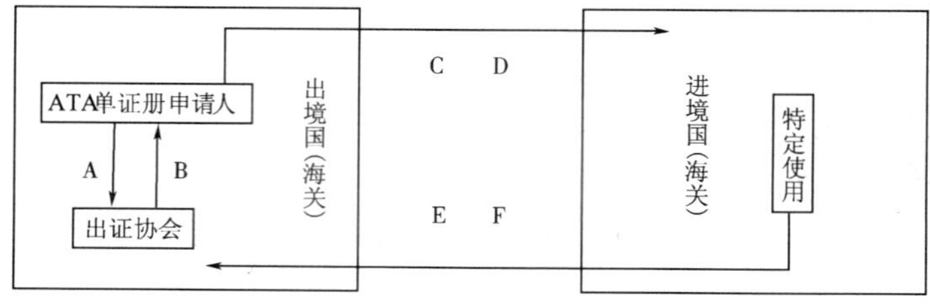

图4-1 ATA单证册的正常使用过程

A. ATA单证册申请人,向出证协会提出申请,缴纳手续费,并提供担保。

B. 出证协会审核后签发ATA单证册。

C. 持证人凭ATA单证册将货物在出境国(地区)暂时出境。

D. 持证人凭ATA单证册暂时进境到进境国(地区)。

E. 完成特定使用目的后,货物从进境国(地区)复运出境,又复运进境到原出境国(地区)。

F. 持证人将使用过的、经各海关签注的ATA单证册交还给原出证协会。

②ATA单证册未正常使用(图4-2)

未正常使用一般有两种情况：一是货物未按规定期限复运出境，产生了暂时进境国（地区）海关对货物征税的问题；二是 ATA 单证册持证人未遵守暂时进境国（地区）海关的有关规定，产生了暂时进境国（地区）海关对持证人罚款的问题。在这两种情况下，税款/或者罚款的追偿与垫付过程如下（A、C、E 追偿，B、D、F 垫付）：

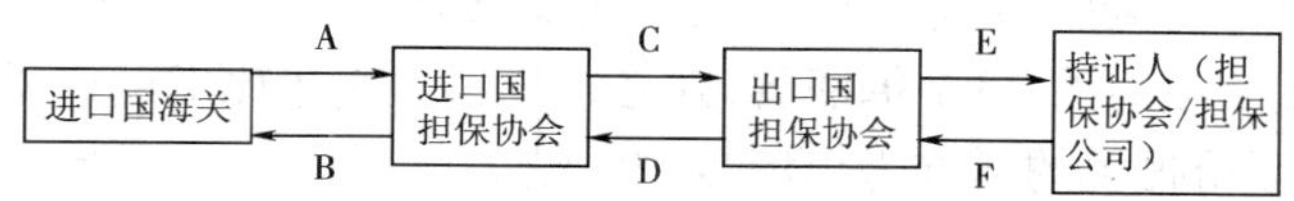

图 4-2 ATA 单证册的未正常使用情况下税款、罚款、追偿与垫付过程

如果持证人拒绝偿付款项，则担保协会或出证协会可要求持证人的担保银行或保险公司偿付款项。如果后者也拒付，则采取法律行动。

3）适用我国暂准进出境货物的 ATA 单证册的有效期

根据国际公约的规定，ATA 单证册的有效期最长是 1 年。但我国海关只接受展览品及相关货物使用 ATA 单证册申报进出口，因此，使用 ATA 单证册报关的货物暂时进出境期限为自货物进出境之日起 6 个月。超过 6 个月的，需经直属海关批准。如有特殊情况超过 24 个月的，需经海关总署批准。

4）适用 ATA 单证册的暂准进出境货物的申报

（1）进境申报

根据《中华人民共和国暂准进口单证册项下进出口货物监管办法》第 5 条规定："ATA 单证册项下的进出口货物，由持证人或其代理人向海关办理报关手续。"进境货物收货人或其代理人持 ATA 单证册向海关申报进境展览品时，先在海关核准的出证协会即中国国际商会以及其他商会，将 ATA 单证册上的内容预录入海关与商会联网的 ATA 单证册电子核销系统，然后向展览会主管海关提交纸质 ATA 单证册、提货单等单证。

海关在白色进口单证上签注，并留存白色进口单证（正联），退还其存根联和 ATA 单证册其他各联给货物收货人或其代理人。

（2）出境申报

出境货物发货人或其代理人持 ATA 单证册向海关申报出境展览品时，向出境地海关提交国家主管部门的批准文件、纸质 ATA 单证册、装货单等单证。

海关在绿色封面单证和黄色出口单证上签注，并留存黄色出口单证（正联），退还其存根联和 ATA 单证册其他各联给出境货物发货人或其代理人。

（3）过境申报

过境货物承运人或其代理人持 ATA 单证册向海关申报，将货物通过我国转运至第三国参加展览会的，不必填制过境货物报关单。海关在两份蓝色过境单证上分别签注后，留存蓝色过境单证（正联），退还其存根联和 ATA 单证册其他各联给运输工具承运人或其代理人。

（4）担保和许可证件

持 ATA 单证册向海关申报进出境展览品，不需向海关提交进出口许可证件，也不需另外再提供担保。但如果进出境展览品及相关货物受公共道德、公共安全、公共卫生、动植物检疫、

濒危野生动植物保护、知识产权保护等限制的，展览品收发货人或其代理人应当向海关提交进出口许可证件。

(5) ATA单证册印刷文字与申报文字

ATA单证册必须使用英语或法语，如果需要，也可以同时使用第三种语言印刷。我国海关接受中文或英文填写的ATA单证册的申报。用英文填写的ATA单证册，海关可要求提供中文译本。用其他文字填写的ATA单证册，则必须提供忠实于原文的中文或英文译本。

5) 使用ATA单证册报关的暂准进出境货物的结关

持证人在规定期限内将进境展览品、出境展览品复运出境、复运进境，海关在白色复出口单证和黄色复进口单证上分别签注，留存单证(正联)，退还其存根联和ATA单证册其他各联给持证人，正式核销"结关"。所以在引例1中，该公司选择代理报关，只应向海关提供ATA单证册和报关委托书，无需另找外贸公司协助出口。

持证人不能按规定期限将展览品复运进出境的，我国海关向担保协会即中国国际商会提出追索。

小博士4-4: **ATA单证册制度**

1961年，世界海关组织通过了《关于货物暂准进口的ATA单证册海关公约》，1990年通过了《货物暂准进口公约》，从而建立并完善了ATA单证册制度。截止到目前，已有62个国家和地区实施了ATA单证册制度，75个国家和地区接受ATA单证册，每年凭ATA单证册通关的货物总值超过了120亿美元。ATA单证册已经成为暂准进口货物使用的最重要的海关文件。

ATA由法文Admission Temporaire与英文Temporary Admission的首字母组成，表示暂准进口，从其字面可知，使用ATA单证册的货物有别于普通进出口货物，这类货物在国际间流转时，其所有权不发生转移。

接受ATA单证册的国家和地区

亚洲：韩国 黎巴嫩 马来西亚 日本 蒙古 斯里兰卡 泰国 中国香港 新加坡 以色列 印度 伊朗 中国

欧洲：爱尔兰 爱沙尼亚 安道尔 奥地利 白俄罗斯 保加利亚 比利时 冰岛 波兰 丹麦 德国 俄罗斯 法国 芬兰 荷兰 捷克 克罗地亚 拉脱维亚 立陶宛 卢森堡 罗马尼亚 马耳他 马其顿 挪威 葡萄牙 瑞典 瑞士 塞尔维亚 塞浦路斯 斯洛伐克 斯洛文尼亚 土耳其 西班牙 希腊 匈牙利 意大利 英国

美洲：加拿大 美国 智利

非洲：阿尔及利亚 科特迪瓦 毛里求斯 摩洛哥 南非 塞内加尔 突尼斯 直布罗陀

我国于1993年加入了《关于货物暂准进口的ATA单证册海关公约》、《货物暂准进口公约》和《展览会和交易会公约》。自1998年1月起，我国开始实施ATA单证册制度。

2. 不使用ATA单证册报关的展览品

进出境展览品的海关监管有使用ATA单证册的，也有不使用ATA单证册直接按展览品

监管的。以下介绍不使用ATA单证册报关的展览品。

1)进出境展览品的范围

(1)进境展览品

进境展览品包含在展览会中展示或示范用的货物、物品、为示范展出的机器或器具所需用的物品、展览者设置临时展台的建筑材料及装饰材料、供展览品做示范宣传用的电影片、幻灯片、录像带、录音带、说明书、广告等。

以下与展出活动有关的物品也可以按展览品申报进境：

①为展出的机器或器具进行操作示范,并在示范过程中被消耗或损坏的物料；

②展出者为修建、布置或装饰展台而进口的一次性廉价物品,如油漆、涂料、壁纸；

③参展商免费提供并在展出中免费散发的与展出活动有关的宣传印刷品、商业目录、说明书、价目表、广告招贴、广告日历、未装框照片等；

④供各种国际会议使用或与其有关的档案、记录、表格及其他文件。

以下货物虽然在展览活动中使用,但不是展览品：

①展览会期间出售的小卖品,属于一般进口货物范围；

②展览会期间使用的含酒精饮料、烟叶制品、燃料,虽然不是按一般进口货物管理,但海关对这些商品一律征收关税。其中属于参展商随身携带进境的含酒精饮料、烟叶制品,则按进境旅客携带物品的有关规定管理。

(2)出境展览品

出境展览品包含国内单位赴国外举办展览会或参加外国博览会、展览会而运出的展览品,以及与展览活动有关的宣传品、布置品、招待品及其他公用物品。

与展览活动有关的小卖品、“展卖品”,可以按“展览品”报关出境,不按规定期限复运进境的办理一般出口手续,交验出口许可证件,缴纳出口关税。

2)展览品的暂准进出境期限

进口展览品的暂准进境期限是6个月,即自展览品进境之日起6个月内复运出境。如果需要延长复运出境的期限,应当向主管海关提出申请。每次延长期限不超过6个月,最多不超过3次。参加展期在24个月以上展览会的展品,在18个月延长期届满后仍需要延期的,由主管海关报海关总署审批。

出口展览品的暂准出境期限为自展览品出境之日起6个月内复运进境。如果需要延长复运进境的期限,应当向主管海关提出申请。

3)展览品的进出境申报

(1)进境申报

展览品进境之前,展览会主办单位应当将举办展览会的批准文件连同展览品清单一起送展出地海关,办理登记备案手续。

展览品进境申报手续可以在展出地海关办理。从非展出地海关进口的,可以申请在进境地海关办理转关运输手续,将展览品在海关监管下从进境口岸转运至展览会举办地主管海关办理申报手续。

展览会主办单位或其代理人应当向海关提交报关单、展览品清单、提货单、发票、装箱单等。展览品中涉及检验检疫等管制的,还应当向海关提交有关许可证件。

展览会主办单位或其代理人应当向海关提供担保。

海关一般在展览会举办地对展览品开箱查验。展览品开箱前，展览会主办单位或其代理人应当通知海关。海关查验时，展览品所有人或其代理人应当到场，并负责搬移、开拆、封装货物。

展览会展出或使用的印刷品、音像制品及其他需要审查的物品，还要经过海关的审查，才能展出或使用。对我国政治、经济、文化、道德有害的以及侵犯知识产权的印刷品、音像制品，不得展出，并由海关没收、退运出境或责令更改后使用。

(2)出境申报

展览品出境申报手续应当在出境地海关办理。在境外举办展览会或参加国外展览会的企业应当向海关提交国家主管部门的批准文件、报关单、展览品清单一式两份等单证。

展览品属于应当缴纳出口关税的，向海关缴纳相当于税款的保证金；属于核用品、"核两用品"及相关技术的出口管制商品的，应当提交出口许可证。

海关对展览品开箱查验，核对展览品清单。查验完毕，海关留存一份清单，另一份封入"关封"交还给出口货物发货人或其代理人，凭以办理展览品复运进境申报手续。

4)进出境展览品的核销结关

(1)复运进出境

进境展览品按规定期限复运出境，出境展览品按规定期限复运进境后，海关分别签发报关单证明联，展览品所有人或其代理人凭以向主管海关办理核销"结关"手续。

展览品未能按规定期限复运进出境的，展览会主办单位或出国举办展览会的单位应当向主管海关申请延期，在延长期内办理复运进出境手续。

(2)转为正式进出口

进境展览品在展览期间被人购买的，由展览会主办单位或其代理人向海关办理进口申报、纳税手续，其中属于许可证件管理的，还应当提交进口许可证件。

出口展览品在境外参加展览会后被销售的，由海关核对展览品清单后要求企业补办有关正式出口手续。

(3)展览品放弃或赠送

展览会结束后，进口展览品的所有人决定将展览品放弃交由海关处理的。由海关变卖后将款项上缴国库。有单位接受放弃展览品的，应当向海关办理进口申报、纳税手续。

在引例2中，根据有关规定，展览品在规定期限届满后不再复运进境或出境的，企业应当在规定期限届满前向海关申报办理进出口手续。如涉及出口或进口需要纳税或许可证件的，须办理纳税及提交许可证件。该厂出口的展览品作现场放弃不再复运回国，应以一般贸易方式在原出口口岸办理正式出口手续，向海关提交原出口货物报关单核销。

展览品的所有人决定将展览品赠送的，受赠人应当向海关办理进口手续，海关根据进口礼品或经贸往来赠送品的规定办理。

(4)展览品毁坏、丢失、被窃

展览品因毁坏、丢失、被窃等原因，不能复运出境的，展览会主办单位或其代理人应当向海关报告。对于毁坏的展览品，海关根据毁坏程度估价征税；对于丢失或被窃的展览品，海关按照进口同类货物征收进口税。

展览品因不可抗力遭受损毁或灭失的,海关根据受损情况,减征或免征进口税。

3. 集装箱箱体

1)含义

集装箱箱体既是一种运输设备,又是一种货物。当货物用集装箱装载进出口时,集装箱箱体就作为一种运输设备;当一个企业购买进口或销售出口集装箱时,集装箱箱体又与普通的进出口货物一样了。

集装箱箱体作为货物进出口是一次性的,而在通常情况下,是作为运输设备暂时进出境的。这里介绍的是后一种情况。

2)暂准进出境集装箱箱体的报关

暂准进出境的集装箱箱体报关有两种情况:

(1)境内生产的集装箱及我国营运人购买进口的集装箱在投入国际运输前,营运人应当向其所在地海关办理登记手续。

海关准予登记并符合规定的集装箱箱体,无论是否装载货物,海关准予暂时进境和异地出境,营运人或其代理人无需对箱体单独向海关办理报关手续,进出境时也不受规定的期限限制。

(2)境外集装箱箱体暂准进境,无论是否装载货物,承运人或其代理人应当对箱体单独向海关申报,并应当于入境之日起6个月内复运出境。如因特殊情况不能按期复运出境的,营运人应当向"暂准进境地"海关提出延期申请,经海关核准后可以延期,但延长期最长不得超过3个月,逾期应按规定向海关办理进口报关纳税手续。

集装箱由进口设备的企业留用不再返回,那么它就不能称为暂准进境货物,而是作为一般货物进口。根据《国务院关于调整进口设备税收政策的通知》国发[1997]37号文规定:自1998年1月1日起,对国家鼓励发展的国内投资项目和外商投资项目进口设备,除不予免税商品外,免征关税和进口环节增值税。集装箱属不予免税商品,须征税进口。

4. 暂时进出口货物

1)暂时进出口货物的范围

《关税条例》规定可以暂不缴纳税款的12项暂准进出境货物除使用ATA单证册报关的货物、不使用ATA单证册报关的展览品、集装箱箱体按各自的监管方式由海关进行监管外,其余的均按《中华人民共和国海关对暂时进出口货物监管办法》进行监管,因此均属于暂时进出口货物的范围。

2)暂时进出口货物的期限

暂时进口货物应当自进境之日起6个月内复运出境,暂时出口货物应当自出境之日起6个月内复运进境。如果因特殊情况不能按规定期限复运出境或者复运进境的,应当向海关申请延期,经批准可以适当延期,延期最长不超过6个月,最多不超过3次。在18个月延长期届满后仍需要延期的,由主管地直属海关报海关总署审批。

3)进出境申报

暂时进出口货物进出境要经过海关的核准。暂时进出口货物进出境核准属于海关行政许可范围,应当按照海关行政许可的程序办理。

(1)暂时进口货物进境申报

暂时进口货物进境时，收货人或其代理人应当向海关提交主管部门允许货物为特定目的而暂时进境的批准文件、进口货物报关单、商业及货运单据等，向海关办理暂时进境申报手续。

暂时进口货物不必提交进口货物许可证件，但对国家规定需要实施检验检疫的，或者为公共安全、公共卫生等实施管制措施的，仍应当提交有关的许可证件。

暂时进口货物在进境时，进口货物的收货人或其代理人免予缴纳进口税，但必须向海关提供担保。

(2)暂时出口货物出境申报

暂时出口货物出境，发货人或其代理人应当向海关提交主管部门允许货物为特定目的而暂时出境的批准文件、出口货物报关单、货运和商业单据等，向海关办理暂时出境申报手续。

暂时出口货物除易制毒化学品、监控化学品、消耗臭氧层物质、有关核出口、“核两用品”及相关技术的出口管制条例管制的商品，以及其他国际公约管制的商品按正常出口提交有关许可证件外，不需交验许可证件。

4)核销结关

(1)复运进出境

暂时进口货物复运出境，暂时出口货物复运进境，进出口货物收、发货人或其代理人必须留存由海关签章的复运进出境的报关单，准备报核。

(2)转为正式进口

暂时进口货物因特殊情况，改变特定的暂时进口目的转为正式进口，进口货物收货人或其代理人应当向海关提出申请，提交有关许可证件，办理货物正式进口的报关纳税手续。

(3)放弃

暂时进口货物在境内完成暂时进口的特定目的后，如货物所有人不准备将货物复运出境的，可以向海关声明将货物放弃，海关按放弃货物的有关规定处理。

(4)核销结关

暂时进口货物复运出境，或者转为正式进口，或者放弃后，暂时出口货物复运进境，或者转为正式出口后，收发货人向海关提交经海关签注的进出口货物报关单，或者处理放弃货物的有关单据以及其他有关单证，申请报核。海关经审核，情况正常的，退还保证金或办理其他担保销案手续，予以结关。

训练 4-12:

1. 下列关于海关对进出境货物监管期限的表述正确的是(　　)。
   A.《ATA 单证册》项下的展览品自货物进境之日起 6 个月内应当复运出境，但经海关批准后可以延期，延长的期限最长不得超过 3 个月
   B. 境外集装箱箱体暂准进境，应当于进境之日起 6 个月内复运出境，但经海关批准后可以延期，延长的期限最长不得超过 3 个月
   C. 过境货物的过境期限为 6 个月，但经海关批准后可以延期，延长的期限最长不得超过 3 个月
   D. 出料加工货物自出境之日起 6 个月内应当复运进境，但经海关批准后可以延期，延

长的期限最长不得超过 3 个月

2. 下列暂准进出境货物应当按“暂时进出口货物”申报的是(　　)。

A. 马戏团演出用动物　　B. 安装设备时使用的工具

C. 集装箱箱体　　D. 国际车展展台用照明器具

3. 暂准进出境货物在海关申报进出境时，暂不缴纳进出口税费，但收发货人须向海关提供担保。(对/错)

4. 暂准进境或出境的集装箱箱体无论是否装载货物，承运人或其代理人应当就箱体单独向海关申报。(对/错)

第七节　其他进出境货物

引　例

1. 澳门某公司有成衣一批想由澳门出发经横琴海关入境，通过中国内地，再经深圳盐田港出口至美国。是否可行呢？如可行，该如何办理手续？

2. 某公司代理中原石油勘探局地球物理勘探公司，进口美国 GCT 公司的勘探用的发电机组和与其配套的 Wilco 公司的驱动轴和液压器，共计 4 箱货。由于在定购设备后，美国政府新规定，凡与石油有关的设备不允许直接运往苏丹，如要直接运往苏丹须办理许可证(时间 3 个月)。美国政府没有规定中国公司购买和中国公司在何地使用有此限制。当时，中原石油勘探局地球物理勘探公司正在苏丹勘探，急需该设备。为保证勘探工作的正常进行，该公司应如何办理手续呢？

3. 某公司 2007 年 1 月 31 日从美国通过 DHL 进口快件一批，重量 1kg，品名：发光二极管芯片，H. S CODE：85419000.00，进口申报发票金额：USD525.00，1000 只芯片。另外，还有客户赠送的 100 只芯片样品，无商业价值。请问：客户赠送的 100 只芯片是否需要申报，如何申报呢？

4. 某中外合资制造企业直接从国外的设备生产商进口自用设备，双方签订的是租赁合同，租期 3 年，按月交付租金，租赁期满后，如果我方完全履行了租金支付义务，该租赁设备归我方所有。这种情况，进口时和租期满后分别需要交纳哪些税，如何计算？

一、过境、转运、通运货物

1. 过境货物

1) 过境货物的含义

过境货物是指从境外起运，在我国境内不论是否换装运输工具，通过陆路运输继续运往境外的货物。

2) 过境货物的范围

(1) 下列货物准予过境：

①与我国签有过境货物协定国家的过境货物，或在同我国签有铁路联运协定的国家收、发

货的过境货物；

②未与我国签有过境货物协定但经国家商务、运输主管部门批准，并向入境地海关备案后准予过境的货物。

(2)下列货物禁止过境：

①来自或运往我国停止或禁止贸易的国家和地区的货物；

②各种武器、弹药、爆炸品及军需品(通过军事途径运输的除外)；

③各种烈性毒药、麻醉品和鸦片、吗啡、海洛因、可卡因等毒品：

④我国法律、法规禁止过境的其他货物物品。

3)海关对过境货物的监管要求

(1)海关对过境货物监管的目的

海关对过境货物监管的目的是为了防止过境货物在我国境内运输过程中滞留在国内，或将我国货物混入过境货物随运出境；防止禁止过境货物从我国过境。

(2)对过境货物经营人的要求

①过境货物经营人应当持主管部门的批准文件和工商行政管理部门颁发的营业执照，向海关主管部门申请办理注册登记手续；

②装载过境货物的运输工具，应当具有海关认可的加封条件或装置。海关认为必要时，可以对过境货物及其装载装置进行加封；

③运输部门和过境货物经营人应当负责保护海关封志的完整，任何人不得擅自开启或损毁。

(3)对过境货物监管的其他规定

①民用爆炸品、医用麻醉品等的过境运输，应经海关总署商有关部门批准后，方可过境；

②有伪报货名和国别，藉以运输我国禁止过境货物的，以及其他违反我国法律、行政法规情事的，海关可依法将货物扣留处理；

③海关可以对过境货物实施查验。海关在查验过境货物时，经营人或承运人应当到场，负责搬移货物，开拆、封装货物；

④过境货物在境内发生损毁或者灭失的(不可抗力的原因造成的除外)，经营人应当负责向出境地海关补办进口纳税手续。

4)过境货物报关程序

(1)过境货物的进出境报关(图4-3)

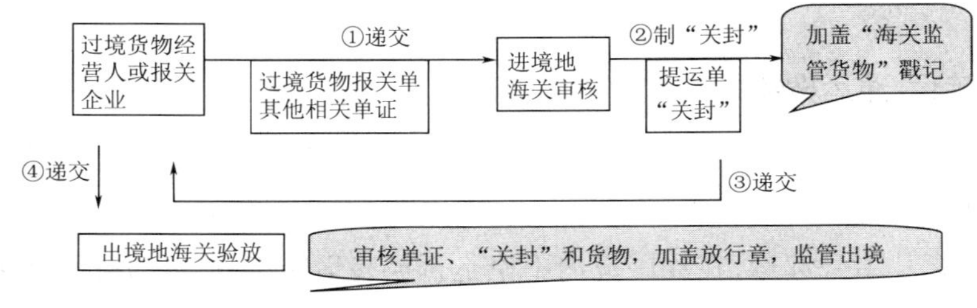

图4-3　过境货物的进出境报关程序

(2)过境货物的过境期限

过境货物的过境期限为6个月，因特殊原因，可以向海关申请延期，经海关同意后，可延期

3个月。

过境货物超过规定的期限3个月仍未过境的,海关按规定依法提取变卖,变卖后的货款按有关规定处理。

(3)过境货物在境内暂存和运输

①过境货物进境后因换装运输工具等原因需卸地储存时,应当经海关批准并在海关监管下存入海关指定或同意的仓库或场所。

②过境货物在进境以后、出境以前,应当按照运输主管部门规定的路线运输,运输部门没有规定的,由海关指定。

③海关可根据情况需要派员押运过境货物运输。

根据上述描述,引例1中的澳门货物可以经由横琴海关入境—过境中国内地—深圳盐田出境,但是需要由专门的过境货物经营人和承运人申报办理。

2. 转运货物

1)转运货物的含义

转运货物是指由境外起运,通过我国境内设立海关的地点换装运输工具,不通境内陆路运输,继续运往境外的货物。

2)货物转运的条件

进境运输工具载运的货物必须具备下列条件之一,方可办理转运手续:

①持有转运或联运提货单的;

②进口载货清单上注明是转运货物的;

③持有普通提货单,但在卸货前向海关声明转运的;

④误卸下的进口货物,经运输工具经理人提供确实证件的;

⑤因特殊原因申请转运,获海关批准的。

3)转运货物的报关程序

①载有转运货物的运输工具进境后,承运人应当在"进口载货清单"上列明转运货物的名称、数量、起运地和到达地,并向主管海关申报进境;

②申报经海关同意后,在海关指定的地点换装运输工具;

③在规定时间内运送出境。

4)海关对转运货物的监管要点

①海关对转运货物实施监管的主要目的在于防止货物在口岸换装过程中误进口或误出口;

②外国转运货物在中国口岸存放期间,不得开拆、改换包装或进行加工;

③转运货物必须在3个月之内办理海关有关手续并转运出境,超出规定期限3个月仍未转运出境或办理其他海关手续的,海关将提取依法变卖处理;

④海关对转运的外国货物有权进行查验。

3. 通运货物

1)通运货物的含义

通运货物是指从境外起运,不通过我国境内陆路运输,运进境后由原运输工具载运出境的货物。

2）通运货物的报关程序

①运输工具进境时，运输工具的负责人应凭注明通运货物名称和数量的“船舶进口报告书”或国际民航机使用的“进口载货舱单”向进境地海关申报；

②进境地海关在接受申报后，在运输工具抵、离境时对申报的货物予以核查，并监管货物实际离境。

运输工具因装卸货物需搬运或倒装货物时，应向海关申请并在海关的监管下进行。

4. 过境、转运、通运货物的区别（表 4-8）

表 4-8

<table>
<tr><th>类别 / 货物</th><th>运输形式</th><th>是否在我国境内换装运输工具</th><th>期限</th><th>起运地</th><th>目的地</th></tr>
<tr><td>过境货物</td><td>通过我国境内陆路运输</td><td>可换可不换</td><td>6 + 3</td><td rowspan="3">境外</td><td rowspan="3">境外</td></tr>
<tr><td>转运货物</td><td>不通过我国境内陆路运输</td><td>换装</td><td>3</td></tr>
<tr><td>通运货物</td><td>原装航空器、船舶载运进出境</td><td>不换装</td><td></td></tr>
</table>

二、进出境快件

1. 概述

1）含义

进出境快件是指进出境快件运营人，以向客户承诺的快速商业运作方式承揽、承运的进出境的货物、物品。

进出境快件运营人（以下简称运营人）是指在中华人民共和国境内依法注册，在海关登记备案的从事进出境快件运营业务的国际货物运输代理企业。

2）分类

进出境快件分为文件类、个人物品类和货物类三类。

①文件类：是指法律、行政法规规定予以免税且无商业价值的文件、单证、单据及资料。

②个人物品类：是指海关法规规定自用、合理数量范围内的进出境的旅客分离运输行李物品、亲友间相互馈赠物品和其他个人物品。

③货物类：是指文件类、个人物品类进出境快件以外的进出境快件。

2. 进出境快件的申报

（1）通关应当在海关正常办公时间内进行，如需在海关正常办公时间以外进行的，需事先征得所在地海关同意。

（2）运营人应当按照海关的要求采用纸质文件方式或电子数据交换方式向海关办理报关手续。

（3）进境快件应当自运输工具申报进境之日起 14 日内，出境快件在运输工具离境 3 小时之前，向海关申报。

（4）进出境快件的分类报关：

①文件类进出境快件报关时，运营人应当向海关提交“中华人民共和国海关进出境快件 KJ1 报关单”、总运单（副本）和海关需要的其他单证。

②个人物品类进出境快件报关时，运营人应当向海关提交“中华人民共和国海关进出境

快件个人物品报关单”、每一进出境快件的分运单、进境快件收件人或出境快件发件人身份证件影印件和海关需要的其他单证。

③进境的货物类快件报关时，运营人应当按下列情形分别向海关提交报关单证：

A. 对关税税额在人民币50元以下的货物和海关规定准予免税的货样、广告品，应提交“中华人民共和国海关进出境快件KJ2报关单”、每一进境快件的分运单、发票和海关需要的其他单证。

B. 对应予征税的货样、广告品（法律、行政法规规定实行许可证件管理的、需进口付汇的除外），应提交“中华人民共和国海关进出境快件KJ3报关单”、每一进境快件的分运单、发票和海关需要的其他单证。

C. 其他进境的货物类快件，一律按进口货物的报关程序报关。

④出境的货物类快件报关时，运营人应当按下列情形分别向海关提交报关单证：

A. 对货样、广告品（法律、行政法规规定实行许可证管理的、应征出口关税的、需出口收汇的、需出口退税的除外），应提交“中华人民共和国海关进出境快件KJ2报关单”、每一出境快件的分运单、发票和海关需要的其他单证。

B. 其他出境的货物类快件，一律按出口货物报关程序报关。

3. 进出境快件的查验

①海关查验时，运营人应派员到场，并负责搬移、开拆、封装货物。

②海关对进出境快件中的个人物品实施开拆查验时，运营人应通知进境快件的收件人或出境快件的发件人到场，不能到场的，运营人应向海关提交其委托书，代理收、发件人的义务，并承担相应的法律责任。

③海关认为必要时，可对进出境快件径行开验、复验或者提取货样。

三、租赁货物

1. 概述

1）含义

租赁是指所有权和使用权之间的一种借贷关系，即由资产所有者（出租人）按契约规定，将租赁物件租给使用人（承租人），使用人在规定期限内支付租金并享有对租赁物件使用权的一种经济行为。跨越国（地区）境的租赁就是国际租赁。而以国际租赁方式进出境的货物，即为租赁进出口货物。

以下介绍的主要是租赁进口货物。

2）范围

国际租赁大体上有两种，一种是金融租赁，带有融资性质，一种是经营租赁，带有服务性质。因此租赁进口货物包含金融租赁进口货物和经营租赁进口货物两类。

金融租赁进口货物一般是不复运出境的，租赁期满，以很低的名义价格转让给承租人，承租人按合同规定分期支付租金，租金的总额一般都大于货价；经营租赁进口的货物一般是暂时性质的，按合同规定的期限复运出境，承租人按合同规定支付租金，租金总额一般都小于货价。

2. 租赁货物的报关程序

根据《关税条例》的规定,租赁进口货物的纳税义务人对租赁进口货物应当按照海关审查确定的租金作为完税价格缴纳进口税款,租金分期支付的可以选择一次性缴纳税款或者分期缴纳税款;选择一次性缴纳税款的可以按照海关审查确定的货物的价格作为完税价格,也可以按照海关审查确定的租金总额作为完税价格。

租赁进口货物的报关程序显然要根据纳税义务人对缴纳税款的完税价格的选择来决定。

1)金融租赁进口货物的报关程序

金融租赁进口货物由于租金大于货价,纳税义务人会选择一次性按货价缴纳税款或者选择按租金分期缴纳税款,不可能选择按租金的总额缴纳税款。这样,金融租赁进口货物的报关可能出现两种情况。

(1)按货物的完税价格缴纳税款。收货人或其代理人在租赁货物进口时应当向海关提供租赁合同,按进口货物的实际价格向海关申报,提供应当提供的进口许可证件和其他单证,按海关审查确定的货物完税价格计算税款数额,缴纳进口关税和进口代征税。

海关现场放行后,不再对货物进行监管。

(2)按租金分期缴纳税款。收货人或其代理人在租赁货物进口时应当向海关提供租赁合同,按照第一期应当支付的租金和按照货物的实际价格分别填制报关单向海关申报,提供应当提供的进口许可证件和其他单证,按海关审查确定的第一期租金的完税价格计算税款数额,缴纳进口关税和进口代征税,海关按照货物的实际价格统计。

海关现场放行后,对货物继续进行监管。纳税义务人在每次支付租金后的 15 日内(含第 15 日)按支付租金额向海关申报,并缴纳相应的进口关税和进口代征税,直到最后一期租金支付。

需要后续监管的金融租赁进口货物租期届满之日起 30 日内,纳税义务人应当申请办结海关手续,将租赁进口货物退运出境,如不退运出境,以“残值”转让,则应当按照转让的价格审查确定完税价格计征进口关税和进口代征税。

2)经营租赁进口货物的报关程序

经营租赁进口货物由于租金小于货价,货物在租赁期满应当返还出境,纳税义务人只会选择按租金缴纳税款,不会选择按货物的实际价格缴纳税款。因此经营租赁进口货物的报关程序只有一种:

收货人或其代理人在租赁货物进口时应当向海关提供租赁合同,按照第一期应当支付的租金或者租金总额和按照货物的实际价格分别填制报关单向海关申报,提供应当提供的进口许可证件和其他报关单证,按海关审查确定的第一期租金或租金总额的完税价格计算税款数额,缴纳进口关税和进口代征税,海关按照货物的实际价格统计。

海关现场放行后,对货物继续进行监管。

分期缴纳税款的,纳税义务人在每次支付租金后的 15 日内(含第 15 日)按支付租金额向海关申报,提供报关单证,并缴纳相应的进口关税和进口代征税,直到最后一期租金支付。

经营租赁进口货物租期届满之日起 30 日内,纳税义务人应当申请办结海关手续,将租赁进口货物复运出境或者办理留购、续租的申报纳税手续。

四、无代价抵偿货物

1．含义

无代价抵偿货物是指进出口货物在海关放行后，因残损、短少、品质不良或者规格不符，由进出口货物的发货人、承运人或者保险公司免费补偿或者更换的与原货物相同或者与合同规定相符的货物。

收发货人申报进出口的无代价抵偿货物，与退运出境或者退运进境的原货物不完全相同或者与合同规定不完全相符的，经收发货人说明理由，海关审核认为理由正当且“税则号列”未发生改变的，仍属于无代价抵偿货物范围。

收发货人申报进出口的免费补偿或者更换的货物，其“税则号列”与原进出口货物的“税则号列”不一致的，不属于无代价抵偿货物范围，属于一般进出口货物范围。

2．特征

无代价抵偿货物海关监管的基本特征是：

①进出口无代价抵偿货物免交验进出口许可证件。

②进口无代价抵偿货物，不征收进口关税和进口代征税；出口无代价抵偿货物，不征收出口关税。但是进出口与原货物或合同规定不完全相符的无代价抵偿货物，应当按规定计算与原进出口货物的税款差额，高出原征收税款数额的应当征收超出部分的税款，低于原征收税款，原进出口货物的发货人、承运人或者保险公司同时补偿货款的，应当退还补偿货款部分的税款，未补偿货款的，不予退还。

③现场放行后，海关不再进行监管。

3．报关程序

无代价抵偿大体上可以分为两种，一种是短少抵偿，一种是残损、品质不良或规格不符抵偿。对两种抵偿引起的两类进出口无代价抵偿货物在报关程序上有所区别。

1）残损、品质不良或规格不符引起的无代价抵偿货物

进出口前应当先办理被更换的原进出口货物中残损、品质不良或规格不符货物的有关海关手续。

（1）退运进出境。原进口货物的收货人或其代理人应当办理被更换的原进口货物中残损、品质不良或规格不符货物的退运出境的报关手续。被更换的原进口货物退运出境时不征收出口关税。

原出口货物的发货人或其代理人应当办理被更换的原出口货物中残损、品质不良或规格不符货物的退运进境的报关手续。被更换的原出口货物退运进境时不征收进口关税和进口代征税。

（2）放弃交由海关处理。被更换的原进口货物中残损、品质不良或规格不符货物不退运出境，但原进口货物的收货人愿意放弃交由海关处理的，海关应当依法处理并向收货人提供依据，凭以申报进口无代价抵偿货物。

（3）不退运出境也不放弃或不退运进境

被更换的原进口货物中残损、品质不良或规格不符货物不退运出境且不放弃交由海关处理的，或者被更换的原出口货物中残损、品质不良或规格不符的货物不退运进境，原进出口货

物的收发货人应当按照海关接受无代价抵偿货物申报进出口之日适用的有关规定申报出口或进口，并缴纳出口关税或进口关税和进口代征税，属于许可证件管理的商品还应当交验相应的许可证件。

2）向海关申报办理无代价抵偿货物进出口手续的期限

向海关申报进出口无代价抵偿货物应当在原进出口合同规定的索赔期内，不超过原货物进出口之日起3年。

3）无代价抵偿货物报关应当提供的单证

收发货人向海关申报无代价抵偿货物进出口时除应当填制报关单和提供“基本单证”外，还应当提供以下“特殊单证”：

（1）进口

①原“进口货物报关单”；

②原进口货物退运出境的“出口货物报关单”或者原进口货物交由海关处理的货物放弃处理证明或者已经办理纳税手续的单证（短少抵偿的除外）；

③原进口货物税款缴纳书或者“进出口货物征免税证明”；

④买卖双方签订的索赔协议。

海关认为需要时，纳税义务人还应当提交具有资质的商品检验机构出具的原进口货物残损、短少、品质不良或者规格不符的检验证明书或者其他有关证明文件。

（2）出口

①原“出口货物报关单”；

②原出口货物退运进境的“进口货物报关单”或者已经办理纳税手续的单证（短少抵偿的除外）；

③原出口货物税款缴纳书；

④买卖双方签订的索赔协议。

海关认为需要时，纳税义务人还应当提交具有资质的商品检验机构出具的原出口货物残损、短少、品质不良或者规格不符的检验证明书或者其他有关证明文件。

五、进出境修理货物

1. 含义

进境修理货物是指运进境进行维护修理后复运出境的机械器具、运输工具或者进行维护修理后复运进境的机械器具、运输工具或者其他货物以及为维修这些货物需要出口的原材料、零部件。

进境修理包括原出口货物运进境修理和其他货物运进境修理。出境修理包括原进口货物运出境修理和其他货物运出境修理。

原进口货物出境修理包括原进口货物在保修期内运出境修理和原进口货物在保修期外运出境修理。

2. 特征

进出境修理货物的海关监管特征是：

（1）进境维修货物免缴纳进口关税和进口代征税，但要向海关提供担保，并接受海关后续

监管。对于一些进境维修的货物，也可以申请按照保税货物办理进境手续。

(2)出境修理货物进境时，在保修期内并由境外免费维修的，可以免征进口关税和进口代征税；在保修期外的或者在保修期内境外维修收取费用的，应当按照境外修理费和材料费审定完税价格计征进口关税和进口代征税。

(3)进出境修理货物免交验许可证件。

3. 报关程序

1)进境修理货物

货物进境后，收货人或其代理人持维修合同或者含有保修条款的原出口合同及申报进口需要的所有单证办理货物进口申报手续，并提供进口税款担保。

货物进口后在境内维修的期限为进口之日起 6 个月，可以申请延长，延长的期限最长不超过 6 个月。在境内维修期间受海关监管。

修理货物复出境申报时应当提供原修理货物进口申报时的报关单(留存联或复印件)。

修理货物复出境后应当申请销案，正常销案的，海关应当退还保证金或撤销担保。未复出境部分货物应当办理进口申报纳税手续。

2)出境修理货物

发货人在货物出境时，向海关提交维修合同或含有保修条款的原进口合同以及申报出口需要的所有单证，办理出境申报手续。

货物出境后，在境外维修的期限为出境之日起 6 个月，可以申请延长，延长的期限最长不超过 6 个月。

货物复运进境时应当向海关申报在境外实际支付的修理费和材料费，由海关审查确定完税价格，计征进口关税和进口代征税。

超过海关规定期限复运进境的，海关按一般进口货物计征进口关税和进口代征税。

六、出料加工货物

1. 含义

出料加工货物是指我国境内企业因国内现有的技术手段无法或难以达到产品质量要求而将货物运到境外进行技术加工后复运进境的货物。

出料加工原则上不能改变原出口货物的物理形态。对完全改变原出口货物物理形态的出境加工，属于一般出口。

2. 报关程序

1)备案

开展出料加工的经营企业应当到主管海关办理出料加工合同的备案申请手续，海关审核后受理备案的应当核发“出料加工登记手册”。

2)境外加工的期限

出料加工货物自运出境之日起 6 个月内应当复运进境；因正当理由不能在海关规定期限内复运进境的，应当在到期之前书面向海关申请延期。经海关批准的延长期限最长不得超过 3 个月。

3)进出境申报

(1)出境申报

出料加工货物出境,发货人或其代理人应当向海关提交登记手册、出口货物报关单、货运单据及其他海关需要的单证申报出口,属许可证件管理的商品,免交许可证件;属应征出口税的,应提供担保。

为有效监管,海关可以对出料加工出口货物附加标志、标记或留取货样。

(2)进境申报

出料加工货物复运进口,收货人或其代理人应当向海关提交登记手册、进口报关单、货运单据及其他海关需要的单证申报进口,海关对出料加工复进口货物以境外加工费、材料费、复运进境的运输及其相关费用和保险费审查确定完税价格征收进口税。

4)核销

出料加工货物全部复运进境后,经营人应当向海关报核,海关进行核销,提供担保的,应当退还保证金或者撤销担保。

出料加工货物未按海关允许期限复运进境的,海关按照一般进出口货物办理,将货物出境时收取的税款担保金转为税款,货物进境时按一般进口货物征收进口关税和进口代征税。

训练4-13:

1. 某纺织品进口公司在国内购一批坯布运出境印染,复运进境后委托服装厂加工成服装,然后回收出口。前后两次出口适用的报关程序分别是(　　)。

A. 暂准出境和一般出口　　B. 一般出口和进料加工

C. 出料加工和一般出口　　D. 出料加工和进料加工

2. 出料加工货物按规定期限复进口,海关审定完税价格时,其价格因素包括(　　)。

A. 原出口料件成本价　　B. 境外加工费

C. 境外加工的材料费　　D. 复运进境的运输及其相关费用、保险费

3. 海关对按照货物实际价格审定的完税价格一次性征收税款的租赁货物现场放行后,不再对其进行监管。　　(对/错)

4. 出料加工货物未按海关允许期限复运进境的,海关按照一般进出口货物办理。　　(对/错)

七、溢卸货物和误卸货物、放弃货物、超期未报关货物

1. 溢卸货物和误卸货物

1)含义

溢卸货物是指未列入进口载货清单、运单的货物,或者多于进口载货清单、提单或运单所列数量的货物。

误卸货物是指将运往境外港口、车站或境内其他港口、车站而在本港(站)卸下的货物。

2)报关程序

①溢卸货物由原收货人接受的,原收货人或其代理人应填写进口货物报关单向进境地海

关申报，并提供相关的溢卸货物证明，如属于国家限制进口商品的，应提供有关的许可证件，海关征税放行货物。

②运输工具负责人或其代理人要求将溢卸货物抵补短卸货物的，应与短卸货物原收货人协商同意，并限于同一运输工具、同一品种的货物。非同一运输工具或同一运输工具非同一航次之间抵补的，只限于同一运输公司、同一发货人、同一品种的进口货物。上述两种情况都应填报进口货物申报单向海关申报。

③误卸货物，如属于应运往国外的，运输工具负责人或其代理人要求退运境外时，经海关核实后可退运至境外；如属于运往国内其他口岸的，可由原收货人或其代理人就地向进境地海关办理进口申报手续，也可以经进境地海关同意办理转关运输手续。

④原收货人不接受溢卸货物、误卸货物，或不办理溢卸货物、误卸货物的退运手续的，运输工具负责人或其代理人可以要求在国内进行销售，由购货单位向海关办理相应的进口手续。

⑤经海关审定确实的溢卸货物和误卸货物，由载运该货物的原运输工具负责人，自该运输工具卸货之日起 3 个月内，向海关申请办理退运出境手续；或者由该货物的收发货人，自该运输工具卸货之日起 3 个月内，向海关申请办理退运或者申报进口手续。

经载运该货物的原运输工具负责人，或者该货物的收发货人申请，海关批准，可以延期 3 个月办理退运出境或者申报进口手续。

超出上述规定的期限，未向海关办理退运或者申报进口手续的，由海关提取依法变卖处理。

⑥溢卸货物、误卸货物属于危险品或者鲜活、易腐、易烂、易失效、易变质、易贬值等不宜长期保存的货物的，海关可以根据实际情况，提前提取依法变卖处理，变卖所得价款按有关规定处理。

2. 放弃货物

1）含义

放弃进口货物是指进口货物的收货人或其所有人声明放弃，由海关提取依法变卖处理的货物。

2）范围

①没有办结海关手续的一般进口货物；

②保税货物；

③在监管期内的特定减免税货物；

④暂准进境货物；

⑤其他没有办结海关手续的进境货物。

国家禁止或限制进口的废物、对环境造成污染的货物不得声明放弃。

3）放弃进口货物变卖价款的处理

由海关提取依法变卖处理的放弃进口货物的所得价款，优先拨付变卖处理实际支出的费用后，再扣除运输、装卸、储存等费用。所得价款不足以支付运输、装卸、储存等费用的，按比例支付。

变卖价款扣除相关费用后尚有余款的，上缴国库。

3．超期未报关货物

1)含义

超期未报关货物是指在规定的期限内未办结海关手续的海关监管货物。

2)范围

①自运输工具申报进境之日起,超过3个月未向海关申报的进口货物;

②在海关批准的延长期满仍未办结海关手续的溢卸货物、误卸货物;

③超过规定期限3个月未向海关办理复运出境或者其他海关手续的保税货物;

④超过规定期限3个月未向海关办理复运出境或者其他海关手续的暂准进境货物;

⑤超过规定期限3个月未运输出境的过境、转运和通运货物。

3)处理

超期未报关进口货物由海关提取依法变卖处理。

①被决定变卖处理的货物如属于《法检目录》范围的,由海关在变卖前提请出入境检验检疫机构进行检验检疫,检验检疫的费用与其他变卖处理实际支出的费用从变卖款中支付。

②变卖所得价款,在优先拨付变卖处理实际支出的费用后,按照以下税费支付:

A.运输、装卸、储存等费用;

B.进口关税;

C.进口环节海关代征税;

D.滞报金的顺序扣除相关费目和税款。所得价款不足以支付同一顺序的相关费用的,按照比例支付。

③按照规定扣除相关费用和税款后,尚有余款的,自货物依法变卖之日起1年内,经进口货物收货人申请,予以发还。其中属于国家限制进口的,应当提交许可证件而不能提供的,不予发还;不符合进口货物收货人资格、不能证明其对进口货物享有权利的,申请不予受理。逾期无进口货物收货人申请、申请不予受理或者不予发还的,余款上缴国库。

④经海关审核符合被变卖进口货物收货人资格的发还余款申请人,应当按照海关对进口货物的申报规定,补办进口申报手续。

八、退运货物和退关货物

1．退运货物

退运进出口货物是指货物因质量不良或交货时间延误等原因,被国内外买方拒收造成退运的货物,或因错发、错运、溢装、漏卸造成退运的货物。

1)一般退运货物

(1)一般退运货物的含义

一般退运货物是指已办理进出口申报手续且海关已放行的退运货物,但加工贸易退运货物除外。

(2)一般退运货物的报关程序

①退运进口:原出口货物退运进境时,若该批出口货物已收汇、已核销,原发货人或其代理人应填写进口货物报关单向进境地海关申报,并提供原货物出口时的出口报关单,现场海关应凭加盖有已核销专用章的“外汇核销单出口退税专用联”(正本),或税务局出具的“出口商品

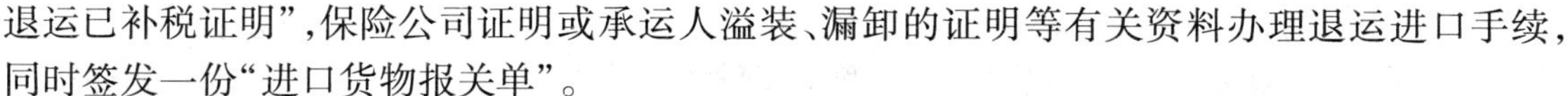

退运已补税证明”,保险公司证明或承运人溢装、漏卸的证明等有关资料办理退运进口手续,同时签发一份“进口货物报关单”。

原出口货物退运进口时,若出口未收汇,原发货人或其代理人在办理退运手续时,提交原出口报关单、外汇核销单、报关单退税联向进口地海关申报退运进口,应同时填制一份“进口货物报关单”;若出口货物部分退运进口,海关在原出口报关单上应批注退运的实际数量、金额后退回企业并留存复印件,海关核实无误后,验放有关货物进境。

因品质或者规格原因,出口货物自出口之日起1年内原状退货复运进境的,经海关核实后不予征收进口税,原出口时已经征收出口税的,只要重新缴纳因出口而退还的国内环节税的,自缴纳出口税款之日起1年内准予退还。

②退运出口:因故退运出口的进口货物,原收货人或其代理人应填写“出口货物报关单”申报出境,并提供原货物进口时的进口报关单、保险公司证明或承运人溢装、漏卸的证明等有关资料,经海关核实无误后,验放有关货物出境。

因品质或者规格原因,进口货物自进口之日起1年内原状退货复运出境的,经海关核实后可以免征出口税,已征收的进口税,自缴纳进口税款之日起1年内准予退还。

2)加工贸易退运货物

①若“加工贸易登记手册”未核销,则按加工贸易退运货物报关;

②若“加工贸易登记手册”已核销,则按进出境修理货物报关。

3)直接退运货物

(1)含义

直接退运货物是指进口货物进境后、办结海关放行手续前,进口货物收发货人、原运输工具负责人或者代理人申请直接退运境外,或者海关根据国家有关规定责令直接退运境外的全部或者部分货物。

(2)范围

①海关按国家规定责令直接退运的货物;

②货物进境后正式向海关申报进口前,由于下列原因之一,可以由收发货人向海关申请办理直接退运批准手续:

A. 合同执行期间国家贸易管制政策调整,收货人无法补办有关审批手续,并能提供有关证明的;

B. 收货人因故不能支付进口税、费,或收货人未按时支付货款致使货物所有权已发生转移,并能提供发货人同意退运的书面证明的;

C. 属错发、误卸货物,并能提供发货人或运输部门书面证明的;

D. 发生贸易纠纷,未能办理报关进口手续,并能提供法院判决书、贸易仲裁部门仲裁决定书或无争议的有效货权凭证的。

经海关审核上述情况真实,无走私违规嫌疑后,可予批准直接退运。

③已正式向海关申报进口但海关尚未放行的货物,收货人请求退运的,可比照上述规定撤销原申报,办理直接退运手续;

④需提交各类许可证件进口的货物,属无证到货的,除海关按国家规定责令直接退运的货物外,不得办理直接退运。

(3)报关程序

①申请直接退运一般应在载运该批货物的运输工具申报进境之日起或自运输工具卸货之日起3个月内,由货物所有人或其代理人向进境地海关提出正式书面申请,并填写"直接退运货物审批表";

②直接退运一般先申报出口,再申报进口;

③出口报关单,在相关栏目内填报进口报关单编号;进口报关单,在相关栏目内填报出口报关单编号,并应分别注明海关审批件编号。属承运人的责任造成的错发、"误卸",获批准退运的,可以不填写报关单。

收货人申请直接退运的海关核准属于海关行政许可,应当按照海关行政许可的程序办理。

2. 退关货物

1)含义

退关货物又称出口退关货物,它是指出口货物在向海关申报出口后被海关放行,因故未能装上运输工具,发货单位请求将货物退运出海关监管区域不再出口的行为。

2)报关程序

(1)出口货物的发货人及其代理人应当在得知出口货物未装上运输工具,并决定不再出口之日起3天内,向海关申请退关;

(2)经海关核准且撤销出口申报后方能将货物运出海关监管场所;

(3)已缴纳出口税的退关货物,可以在缴纳税款之日起1年内,提出书面申请,向海关申请退税;

(4)出口货物的发货人及其代理人办理出口货物退关手续后,海关应对所有单证予以注销,并删除有关报关电子数据。

训练4-14:

华宁集团有限公司以CIF上海USD9500/吨从法国进口HHM5502BN薄膜级低压高密度聚乙烯200吨(列入法检范围,属自动进口许可管理并实行"一批一证"制),进口合同还规定了数量装载的机动同谋为正负5%。该批货物于2005年7月20日由"汉津"轮载运进口。收货单位申报前看货取样时,发现实际到货的数量为210吨,且其中混有型号为HHMTR-144的同类商品20吨。该公司即与国外商人交涉,外商同意补偿HHM5502BN货物10吨。外商同时要求将型号为HHMTR-144的商品降价留在境内,但收货人未予接受。

根据以上案例,解答下列问题:

1. 该单位向海关办理货物进境申报时应当提交的单证有(　　)。

A. 进口货物报关单　B. 自动进口许可证　C. 入境货物通关单　D. 进口合同

2. 该单位向海关办理进口申报时,其申报数量应为(　　)。

A. 190吨　B. 200吨　C. 210吨　D. 220吨

3. 海关对补偿进口的货物,可按(　　)管理规定办理。

A. 无代价抵偿货物,免证免税　B. 一般进口货物,领证征税

C. 无代价抵偿货物,领证免税　D. 一般进口货物,免证征税

4. 错发的20吨货物如不退运境外(　　)。

A. 可放弃交海关依法处理　　B. 可由承运人委托代理人在境内销售

C. 超期未报的,海关可依法提取变卖处理　　D. 海关可依法予以扣留

5. 错发的20吨货物如退运境外应当按(　　)。

A. 一般退运货物处理　　B. 退关货物处理

C. 暂时进口货物处理　　D. 直接退运货物处理

第八节　货物的转关运输

引　例

1. 南京某加工区内的货代公司,代理企业出口一批货物(直接转关运输),其中有几份报关单共用一份提单。出口转关申报单申请了一份,进行转关单录入时,只录入了其中一票报关单。目前,货物从南京出口加工区转关到连云港,已经出口到了韩国仁川。但却不能在海关结关。该货代公司的报关员应该怎么办呢?

2. 湖南长沙某外贸公司从瑞士进口一批手表,该批手表于2003年3月18日(星期二)经海运抵达黄埔口岸,并于19日向黄埔海关申办了转关手续,运往长沙。4月21日,该批货物运达长沙,但因遭遇洪灾致使该公司于5月20日才向海关办理该货物的申报(海关已核实)。该批货物经海关审定完税价格为50万元人民币。你若是报关员应如何处理这票业务呢?

一、概述

1. 含义

转关运输是指进出口货物在海关监管下,从一个海关运至另一个海关办理某项海关手续的行为,包括进口转关、出口转关和境内转关。

进口转关是指货物由进境地入境,向海关申请转关、运往另一个设关地点进口报关。

出口转关是指货物在起运地出口报关运往出境地,由出境地海关监管出境。

境内转关是指海关监管货物从境内一个设关地点运往境内另一个设关地点报关。

2. 申请转关运输的条件

1)申请转关运输应符合的条件

(1)转关的指运地和起运地必须设有海关;

(2)转关的指运地和起运地应当设有经海关批准的监管场所;

(3)转关承运人应当在海关注册登记,承运车辆符合海关监管要求,并承诺按海关对转关路线范围和途中运输时间所作的限定将货物运往指定的场所。

2)不得申请转关运输的货物

(1)动物废料、冶炼渣、木制品废料、纺织品废物、贱金属及其制成品的废料、各种废旧五金、电机电器产品等、废运输设备、特殊需进口的废物、废塑料和碎料及下脚料;

(2)易制毒化学品、监控化学品、消耗臭氧层物质;

(3)汽车类,包括成套散件和二类底盘。

3. 转关运输的方式

转关运输有提前报关转关、直转转关和中转转关三种方式。

1)提前报关转关

提前报关方式是指进口货物在指运地先申报,再到进境地办理进口转关手续,出口货物在货物未运抵起运地监管场所前先申报,货物运抵监管场所后再办理出口转关手续的方式。

2)直转转关

进口直转转关是指在进境地海关办理转关手续,货物运抵指运地再在指运地海关办理报关手续的进境货物的进口转关。

出口直转转关是指在货物运抵起运地海关监管场所报关后,在起运地海关办理出口转关手续的出境货物的出口转关。

3)中转转关

中转转关方式是指在收、发货人或其代理人向指运地或起运地海关办理进出口报关手续后,由境内承运人或其代理人统一向进境地或起运地海关办理进口或出口转关手续。

具有全程提运单,必须换装境内运输工具的进出口中转货物适用中转转关方式。

4. 监管和报关要点

1)转关运输的期限

(1)直转方式转关的期限

直转方式转关的进口货物应当自运输工具申报进境之日起14天内向进境地海关办理转关手续,在海关限定期限内运抵指运地之日起14天内,向指运地海关办理报关手续。逾期按规定征收滞报金。在进境地办理转关手续逾期的,以自载运进口货物的运输工具申报进境之日起第15日为征收滞报金的起始日;在指运地申报逾期的,以自货物运抵指运地之日起第15日为征收滞报金的起始日。

(2)提前报关方式转关的期限

①进口转关货物应在电子数据申报之日起的5日内,向进境地海关办理转关手续,超过期限仍未到进境地海关办理转关手续的,指运地海关撤销提前报关的电子数据。

②出口转关货物应于电子数据申报之日起5日内,运抵起运地海关监管场所,办理转关和验放等手续,超过期限的,起运地海关撤销提前报关的电子数据。

2)转关运输申报单证的法律效力

转关货物申报的电子数据与书面单证具有同等的法律效力,对确实因为填报或传输错误的数据,有正当的理由并经海关同意,可作适当的修改或者撤销。对海关已决定查验的转关货物,则不再允许修改或撤销申报内容。

二、报关程序

1. 进口货物的转关

1)提前报关的转关

进口货物的收货人或其代理人在进境地海关办理进口货物转关手续前,向指运地海关录

入“进口货物报关单”电子数据。指运地海关提前受理电子申报，接受申报后，计算机自动生成“进口转关货物申报单”，向进境地海关传输有关数据。

提前报关的转关货物收货人或其代理人应向进境地海关提供“进口转关货物申报单”编号，并提交下列单证办理转关运输手续：

①“进口转关货物核放单”（广东省内公路运输的，提交“进境汽车载货清单”）；

②“汽车载货登记簿”或“船舶监管簿”；

③提货单。

提前报关的进口转关货物应在电子数据申报之日起5日内，向进境地海关办理转关手续。超过期限仍未到进境地海关办理转关手续的，将被指运地海关撤销提前报关的电子数据。

提前报关的进口转关货物，进境地海关因故无法调阅进口转关数据时，可以按直转方式办理转关手续。

2）直转方式的转关

货物的收货人或其代理人在进境地录入转关申报数据，持下列单证直接办理转关手续：

①“进口转关货物申报单”（广东省内公路运输的，提交“进境汽车载货清单”）；

②“汽车载货登记簿”或“船舶监管簿”。

直转的转关货物收货人或其代理人，应当在运输工具申报进境之日起14天内向进境地海关申报，办理转关运输手续。逾期办理的缴纳滞报金。

直转的转关货物应当在海关限定的时间内运抵指运地。货物运抵指运地之日起14天内，进口货物的收货人或其代理人向指运地海关申报。逾期申报的缴纳滞报金。

3）中转方式的转关

中转方式的进口转关一般采用提前报关转关。具有全程提运单、需要换装境内运输工具的中转转关货物的收货人或其代理人向指运地海关办理进口报关手续后，由境内承运人或其代理人向进境地海关提交“进口转关货物申报单”、“进口货物中转通知书”、按“指运地目的港”分列的“纸质舱单”（空运方式提交“联程运单”）等单证办理货物转关手续。

2. 出口货物的转关

1）提前报关的转关

由货物的发货人或其代理人在货物未运抵起运地海关监管场所前，先向起运地海关录入“出口货物报关单”电子数据，由起运地海关提前受理电子申报，生成“出口转关货物申报单”数据，传输至出境地海关。

（1）向起运地海关办理出口转关手续所需单证：

①“出口货物报关单”；

②“汽车载货登记簿”或“船舶监管簿”；

③广东省内公路运输的“出境汽车载货清单”。

超过期限的，将被起运地海关撤销提前报关的电子数据。

（2）货物到达出境地后，发货人或其代理人应持下列单证向出境地海关办理转关货物出境手续：

①起运地海关签发的“出口货物报关单”；

②“出口转关货物申报单”或“出境汽车载货清单”；

③“汽车载货登记簿”或“船舶监管簿”。

2）直转方式的转关

由发货人或其代理人在货物运抵起运地海关监管场所后，向起运地海关录入“出口货物报关单”电子数据，起运地海关受理电子申报，生成“出口转关货物申报单”数据，传输至出境地海关。

（1）发货人或其代理人应持下列单证在起运地海关办理出口转关手续：

①“出口货物报关单”；

②“汽车载货登记簿”或“船舶监管簿”；

③广东省内运输的“出境汽车载货清单”。

（2）直转的出口转关货物到达出境地后，发货人或其代理人应持下列单证向出境地海关办理转关货物的出境手续：

①起运地海关签发的“出口货物报关单”；

②“出口转关货物申报单”或“出境汽车载货清单”；

③“汽车载货登记簿”或“船舶监管簿”。

3）中转方式的转关

具有全程提运单、需要换装境内运输工具的出口中转转关货物，货物的发货人或其代理人向起运地海关办理出口报关手续后，由承运人或其代理人向起运地海关录入并提交“出口转关货物申报单”、凭出境运输工具分列的电子或“纸质舱单”、“汽车载货登记簿”或“船舶监管簿”等单证向起运地海关办理货物出口转关手续。

经起运地海关核准后，签发“出口货物中转通知书”，承运人或其代理人凭以办理中转货物的出境手续。

3．海关监管货物的转关

海关监管货物的转关运输，除加工贸易深加工结转按有关规定办理外，均应按进口转关方式办理，即：

①提前报关的，由转入地（相当于指运地）货物收货人及其代理人，在转出地（相当于进境地）海关办理监管货物转关手续前，向转入地海关录入进口货物报关单电子数据报关。

由转入地海关提前受理电子申报，并生成“进口转关货物申报单”，向转出地海关传输。

转入地货物收货人或其代理人应持“进口转关货物核放单”和“汽车载货登记簿”或“船舶监管簿”，并提供“进口转关货物申报单”编号，向转出地海关办理转关手续。

②直转的，由转入地货物收货人或其代理人在转出地录入转关申报数据，持“进口转关货物申报单”和“汽车载货登记簿”或“船舶监管簿”，直接向转出地海关办理转关手续。

货物运抵转入地后，海关监管货物的转入地收货人或其代理人向转入地海关办理货物的报关手续。

训练 4-15：

根据引例 2，解答下列问题：

1．请判断该转关属于何种方式（　　）。

A．提前报关方式　　B．直转方式　　C．中转方式　　D．以上都不正确

2. 货物在向黄埔海关申报转关时，应提交的单证有(　　)。

A. 进口货物报关单　　B. 进口转关货物核放单

C. 进口转关货物申报单　　D. 进口货物中转通知书

3. 货物向黄埔海关申报进口时，除报关单外还必须向海关提交的单证包括(　　)。

A. 发票　　B. 提单　　C. 装箱单　　D. 贸易合同

4. 该批转关货物使用的税率日期为(　　)。

A. 3 月 18 日　　B. 3 月 19 日　　C. 4 月 21 日　　D. 5 月 20 日

5. 该公司应向海关交纳滞报金的数额为(　　)。

A. 2750 元　　B. 3000 元　　C. 3250 元　　D. 0 元

练习题

一、判断题

1. 《ATA 单证册》下进境的展品自货物进境之日起 6 个月内应当复运出境，特殊情况要延长，延长期不超过 6 个月的可以向直属海关申请延期，延长期超过 6 个月的需经海关总署批准。(　　)

2. 电子数据报关单被海关退回的，进出口货物收发货人或其代理人应当按照要求修改后重新申报，申报日期为海关接受重新申报的日期。(　　)

3. 已向海关办理了报关注册登记的企业，在接受加工贸易经营单位的委托开展加工贸易生产时，其仍为报关单位。(　　)

4. 有知识产权有效期的，知识产权权利人可以在知识产权海关保护备案有效期届满前 3 个月内，向海关总署申请续展备案。每次续展备案的有效期为 10 年。(　　)

5. 外商投资企业享受特定减免税优惠进口的机器设备自进口之日起超过 6 年的，可以向海关申请解除监管。(　　)

6. 进口快件的报关时限是在运输工具申报进境之日起 14 日内，出口快件的报关时限是在装货前的 3 小时以内。(　　)

7. 在一般情况下，进出口货物收发货人或其代理人应当先以电子数据报关单形式向海关申报，海关接受并审结电子数据报关单后，进出口货物收发货人或其代理人应当自接到海关“现场交单”或者“放行交单”通知之日起 14 日内，持打印的纸质报关单，备齐规定的随附单证并签名盖章，到货物所在地海关提交单证并办理相关海关手续。(　　)

8. 公用保税仓库由主营仓储业务的中国境内独立企业法人经营，专门向社会提供保税仓储服务，其面积最低为 2000 平方米。(　　)

二、综合实务练习

1. 上海申华进出口公司(加工贸易 A 类管理企业)从境外购进价值 100000 美元的涤纶长丝一批，委托浙江嘉兴嘉顺针织制品公司(加工贸易 B 类管理企业)加工生产出口袜子。该加工合同履行期间，因境外发货有误，部分原料未能及时到货。为确保履行成品出口合同，申华公司报经主管海关核准，使用本企业其他进口非保税料件进行内部串换。合同执行完毕，尚有剩余料件，拟结转加工。

根据上述案例，解答下列问题：

(1)本案例涉及的委托加工在海关管理中称为什么？

(2)本案例涉及的加工贸易合同备案手续应由谁到哪里办理？

(3)该加工贸易合同备案时，其银行保证金台账应按什么规定办理？

(4)该加工贸易合同执行期间所发生的料件串换及处置，应符合什么规定？

(5)该项加工合同内剩余料件的结转，应符合什么规定？

2. 江苏某港口机械制造股份有限公司(中外合资经营企业)向香港飞翼船务有限公司出口40英尺集装箱半挂车5辆，总价HKD608 000。经海关批准，该批货物运抵起运地海关监管现场前，先向该海关录入出口货物报关单电子数据。货物运至海关监管现场后，转关至上海吴淞口岸装运出境。上述货物出口后，其中1辆因质量不良被香港飞翼船务有限公司拒收而退运进口，整批货物因此未能收汇。

根据上述案例，选择回答下列问题：

(1)该批货物应如何向海关办理出口申报？

(2)该批货物从起运地运至上海吴淞口岸，在上海吴淞海关监管下装运出境，其转关运输采用的是什么方式？

(3)该批货物申报时，除出口货物报关单以外还应向海关提交哪些随附单证？

(4)该批出口货物报关单“贸易方式”与“征免性质”两栏目分别填报为什么？

(5)关于退运进口的集装箱半挂车，下列表述符合海关规定的是(　　)。

A. 向进境地海关申报

B. 提供原货物出口报关单、外汇核销单证、报关单退税联等单证

C. 须向海关提供担保

D. 1年内原状退运进口，经海关核实不予征税

第五章　进出口商品归类

● **知识目标**

1. 商品名称及编码协调制度；

2. 协调制度的基本结构和分类原则，协调制度的归类总规则、商品归类的依据和归类申报要求，预归类的意义和程序。

● **技能目标**

按协调制度的归类总规则及分类原则查找编码，能根据名称进行正确的商品归类。

引　例

某企业以一般贸易进口一批透明玻璃纸，申报税则号为：48064000，英文名为“GLASSINE WHITE SILICONE”。经送样化验，证实该批商品为涂硅透明玻璃纸，应归入税则号：48114900。这两个税则号列进口税率相差5个百分点。由于报关员申报时的疏忽，导致了错报。海关将其退回，要求其调整税则号，并按规定补税。

第一节　商品名称及编码协调制度

一、产生与发展

随着国际贸易的迅速发展，各行各业的标准也层出不穷。可以这样说，当今的国际贸易离开了国际标准是不可想象的，国际贸易商品分类标准就是其中之一。这是对社会生活中众多商品进行国际统一的分类，并对其进行编码，即商品编码。

有关商品分类及编码，国际上有两种标准。其一是《联合国国际贸易分类标准》（Standard International Trade Classification，缩写为SITC），由联合国经济和社会理事会推荐给各成员国使用；另一个是由海关合作理事会于1950年制定的《海关合作理事会税则目录》（Customs Cooperation Council Nomenclature，缩写为CCCN）。因该税则目录是在布鲁塞尔制订的，故又称为《布鲁塞尔税则目录》（Brussels Tariff Nomenclature，缩写为BTN）。采用CCCN的国家和地区有100多个，但不包括美国和加拿大。

上述两种商品分类标准，由于在制定时的历史背景不同，制定的机构不同，用途也不同，及其他因素的差异,彼此的类目差别很大。致使统计不同国家的外贸商品统计和经济分析口径不统一,无法进行比较,或花费大量资源进行重新组合以利比较,因此势必要对这两种分类标准进行相互协调,以便类目之间相互对应。

此项协调工作始于20世纪50年代。到目前为止共进行了3次协调。前两次成效不大,第3次协调始于1973年。海关合作理事会基于下列原因,决定成立协调制度委员会,担负起《商品名称及编码协调制度》即《协调制度》(Harmonized Commodity Description and Coding System,简称Harmonized System,缩写为HS)的制订工作,以满足国际贸易活动和用户的需要。首先,由于科技进步和国际贸易的发展,各贸易国政府和国际贸易机构,在处理外贸事务时,深感CCCN所列的商品品种太少,有的名词术语、释义的定义过于狭窄,必须加以修改,即要对内容进行扩充。其次,需要制订的HS,增加有关商品运输方面的内容,以满足运输方面的需要。再次,HS要与SITC紧密结合,还要尽可能地与进出口贸易统计和生产统计紧密结合,达到商品描述和代码标准最大限度的协调一致。又次,HS旨在制订一个国际贸易各方面都适用的关税和商品统计相结合的目录,以减少把国际贸易资料,以一种分类标准,转换成另一种分类标准所造成的浪费。最后,HS应有利于国际贸易文件和数据传输的标准化。

参加这项工作的国际组织有20多个,国家共有60个。在编制HS工作中,我国海关多次派出代表参加会议,提出一些有益的意见。经过10年的努力工作,《HS公约》及其附件HS终于在1983年6月以国际公约的形式通过,于1988年1月1日在国际上正式开始实施。截至2002年5月,已有183个国家和地区使用HS作为本国和本地区的海关税则及商检和外贸统计商品目录。据统计,全球贸易总量98%以上的货物都是以HS分类的。由此可见,HS的影响早已不局限于缔约国,而是一个全球性标准。

我国海关在国际HS和联合国SITC的基础上,制订了一个既与国际接轨,又集我国进出口商品大全的多用途的商品分类目录——中华人民共和国的《商品名称及编码协调制度》,英文缩写也为HS,于1992年1月1日起执行,并于1996年1月1日按时实施了HS1996年版,它严密的逻辑性和科学性,已有效地保证了商品的进出口业务的开展,并且为进出口贸易的无纸化(EDI)铺平了道路。目前,以国家质量技术监督局和海关总署等11个部门组成的HS国家标准起草工作组正在着手制定我国进出口商品编码的国家标准,经国家有关部门批准后,将在我国实施。可见HS对我国的影响将进一步扩大和深化。

HS是一种新型的、系统的、多用途的国际贸易商品分类编码标准。它除了用于海关税则、贸易统计外,还应用于商品运输的计费与统计、计算机数据传递、国际贸易单证的简化及普惠制的利用等方面。我国海关税则、许可证及配额管理和商品检验都要使用HS。

二、《商品名称及编码协调制度》的基本结构

《协调制度》商品分类目录将国际贸易商品分为21个类、97个章(其中77章是空章)、1244个品目、5225个6位数级商品编码(2002年版)。缔约国可在6位数的基础上根据需要加列到8位或10位数,不过这加列的编码只供本国国内使用。而前6位数是国际统一的,依公约,缔约国无权加以改变。整个分类体系的法律效力文本由归类总规则、注释(类注,章注,子目注释)和商品名称及编码表三部分组成。

1．商品名称及编码表

1）商品名称及编码表

商品名称及编码表由协调制度编码（商品编码）和货品名称（亦称品目条文和子目条文）组成，是协调制度商品分类目录的主体，从属于21个类，分布在97个章中（第77章是空章）。商品编码栏居左，货品名称栏居右，依次构成一横行。

2）《协调制度》采用的分类原则

《协调制度》对绝大多数商品分类时遵循科学的分类原理和规则，采用常见的商品分类标志进行分类，使商品归类有章可循。协调制度基本上以商品所属的生产行业为类的划分依据，如第六类为化学工业及相关工业的产品，第十一类为纺织工业的产品等。通常以商品的自然属性（原料性商品）或所具有的原理、功能及用途（制成品）为设章原则，如第28章无机化学品（自然属性相同），第57章地毯及其他铺地用品（功能相似）。类次及同类内章次大多依照先动物产品，再植物产品，再矿物产品，最后化学及相关产品的顺序排列，如活动物以及动物产品在第一类，植物产品在第二类，矿物产品在第五类，化学及相关工业产品在第六类；又如第十一类中第50章、第51章为动物纤维产品，第52章、第53章为植物纤维产品，第54章、第55章为化学纤维产品。同章内商品编码基本上依商品加工程度，由低向高递增。依此原则，同章内原材料商品在前，半制成品居中，制成品居后。此外，对同类商品通常按具体列名、一般列名和未列名的顺序排列。例如第7章品目07.07黄瓜（具体列名）；品目07.08豆类蔬菜（一般列名）；品目07.09其他蔬菜（未列名）。对同一商品一般整机在前，专用零件或配件在后。协调制度分类时还注意照顾了商业习惯和实际操作的可行性。对难以按常用的分类标志进行分类的大宗进出口商品，则从照顾商业习惯和便于实际操作入手，专列类、章和品目，使商品归类简单易行。如第二十类第94章的活动房屋。

协调制度商品归类是协调制度商品分类的逆运用，是依照商品归类原则，将商品归入协调制度分类目录的某一商品编码的操作。

3）结构性商品编码

《协调制度》采用结构性商品编码。商品编码是具有特定含义的顺序号，它用四位数码表示品目。品目前两位表示货品所在章，后两位表示此货品在该章的序次。如品目47.05，表示该货品在第47章，是第5个品目。一些品目被细分为一级子目。一级子目用五位数码表示，第五位数码通常表示它在所属品目中的顺序号；一些一级子目再被进一步细分为二级子目，用六位数码表示。第六位数码通常表示该二级子目在所属一级子目中的顺序号。没有设一级或二级子目的品目，商品编码的第5位或第6位数码为0，如0501.00。需要指出的是，作为未列名货品的第五数位或第六位数码一般用数字9表示，不代表它在所属品目或子目中的实际序位，其间的空序号是为在保留原有编码的情况下，适应日后增添新商品等情况而预留的。数字9被零件占用时，数字8通常表示未列名整机。

另外需要指出的是，由于《协调制度》的定期修改，以及在一定时间内不能使用已删除的编码，所以从1996年版本开始《协调制度》目录编码的连续性已被破坏，如品目25.26后是品目25.28而不是品目25.27（被2002年版删除）；子目2924.21后是子目2924.23而不是子目2924.22（被2002年版删除）。

4）品目条文

四位数级商品编码所对应的货品名称栏目也称为品目条文，主要采用货品名称、规格、成分、外观形态、加工程度或方式、功能及用途等形式限定货品对象。品目条文是协调制度具有法律效力的归类依据，在品目归类时，居于优先使用的地位。

5）子目条文

五位和六位数级商品编码所对应的货品名称栏目称子目条文。5 位数级商品编码所对应的货品名称栏目为一级子目条文；6 位数级商品编码所对应的货品名称栏目为二级子目条文。子目条文是协调制度具有法律效力的归类依据，在本级子目归类时，处于优先使用的地位。

2．注释

《协调制度》中的注释是解释说明性的规定。

位于类标题下的注释为类注释简称类注；

位于章标题下的注释为章注释，简称章注；

位于类注、章注或章标题下的子目注释。

注释是为限定协调制度中各类、章、品目和子目所属货品的准确范围，简化品目和子目条文文字，杜绝商品分类的交叉，保证商品归类的正确而设立的。注释主要单独或综合运用下列方式。

注释也是具有法律效力的商品归类依据，除另有说明外，一般只限于使用在相应的类、章、品目及子目。需要注意，在有说明时注释可超出通常的使用范围，例如第十五类类注释二规定了通用零件的范围和应归入的品目，该注释所述通用零件即使只适合使用于其他类的机器，也应归入第十五类相应品目；第 39 章注释中对塑料的定义适用于本目录各品目。

运用注释解决品目商品归类时，注释和品目条文居于同等优先使用的地位。运用注释解决子目商品归类时，注释和子目条文居于同等优先使用的地位。需要注意的是子目归类时子目注释是优先使用的注释，其次是章注和类注。即三者发生矛盾时服从于子目注释。

3．归类总规则

协调制度归类总规则，位于协调制度文本的卷首，是指导整个协调制度商品归类的总原则。归类总规则共有 6 条，是商品具有法律效力的归类依据，适用于品目条文、子目条文以及注释无法解决商品归类的场合。对归类总规则的说明详见第二节。

4．《协调制度》的优点

《协调制度》是国际上多个商品分类目录协调的产物，是各国专家长期努力的结晶。它的最大特点就是通过协调，适合于与国际贸易有关的各个方面需要，成为国际贸易商品分类的一种“标准语言”。它是一部完整、系统、通用、准确的国际贸易商品分类体系。

所谓“完整”，是由于它将目前世界上国际贸易主要品种都分类列出，同时，为了适应各国征税、统计等商品分类的要求和将来技术发展的需要，它还在各类、各章列有起“兜底”作用的“其他”项目，使任何进出口商品，即使是目前无法预计的新产品，都能在这个体系中找到自己适当的位置。“系统”则是因为它的分类原则既遵循了一定的科学原理和规则，将商品按人们所了解的生产部类、自然属性和用途来分类排列；又照顾了商业习惯和实际操作的可行性，把一些进出口量较大而又难以分类的商品，如灯具、活动房屋等专门项目，因而容易理解、易于归类和方便查找，即使是门外汉也不难将其掌握。讲到“通用”，一方面指它在国际上有相当大的影响，已为上百个国家使用，这些国家的海关税则及外贸统计商品目录的项目可以相互对应

转换，具有可比性；另一方面，它既适于作海关税则目录，又适于作对外贸易统计目录，还可供国际运输、生产部门作为商品目录使用，其通用性超过以往任何一个商品分类目录。至于“准确”，则是指它的各个项目范围清楚明了，绝不交叉重复。由于它的项目除了靠目录条文本身说明外，还有归类总规则、章注、类注和一系列的辅助刊物加以说明限定，使得其项目范围准确无误。

除了《协调制度》本身的优点外，它作为一个国际上政府间公约的附件，国际上有专门的机构、人员进行维护和管理，技术上的问题还可利用世界上各国专家的力量帮助解决，各国也可通过制定或修订《协调制度》，争取本国的经济利益，施加本国的影响，这些都不是一个国家的力量所能办到的，也是国际上采用的其他商品分类目录所难以比拟的。

当然，由于《协调制度》制定时发达国家参与程度较发展中国家深入，反映的商品以欧美等国家的为多。又由于其是国际上互相协调的产物，有些商品的分类显得不那么科学、合理。但我们可以因势利导，通过增加本国子目等办法来使《协调制度》中国化，为我国经济利益服务。

第二节　协调制度归类总规则

协调制度归类总规则简称归类总规则，共有 6 条，是商品具有法律效力的归类依据，适用于品目条文、子目条文及注释无法解决商品归类的场合。

一、规则一

类、章及分章的标题，仅为查找方便而设；具有法律效力的归类，应按照品目条文和有关类注或章注确定，如品目、类注或章注无其他规定，按以下规则确定。

对规则一的条文内容解释：

①类、章及分章的标题不是归类的法律依据；

②归类的法律依据是品目条文和类注、章注释；

③如果按照品目条文、类注或章注还是无法确定归类，则按照其他规则确定归类。

实例应用 1：无计量装置的农用离心泵

查阅后应该归入 84 章机械类货品，可涉及两个税号：8413 液体泵 和 8436 农业用器具。再查阅 84 章注释二：既符合 8401 ~ 8424 又符合 8425 ~ 8480 的货品，应该往前归，所以归入 8413。

实例应用 2：牛尾毛

查阅类、章名称：第五章“其他动物产品”，税目 0511 中未提及牛尾毛。按其他未列名动物产品归类，查阅第五章章注四：“马毛”包括牛尾巴毛，归入 0511.9940。

二、规则二

(1)品目所列货品，应该视为包括该项货品的不完整品或未制成品，只要在进出口时该项不完整品或未制成品具有完整品或制成品的基本特征；还应该视为包括货品的完整品或未制成品在进口或出口时的未组装件或拆散件。

(2)品目所列材料或物质,应该视为包括该种材料或物质与其他材料物质混合或组合的物品。品目所列某种材料或物质构成的货品,应视为包括全部或部分由该种材料或物质构成的货品。由一种以上材料或物质构成的货品,应按规则三归类。

对规则二的条文内容解释:

规则二有条件地将不完整品、未制成品和散件包括在品目所列货品范围之内,也就是说品目所列货品的范围不仅限于品目条文本身,还应该扩大到:不完整品(缺少某些部分,不完整)、未制成品及未组装件或拆散件。该规则仅适用于第七至二十一类商品。

不完整品或未制成品,必须具有相应完整品或制成品的基本特征,才能适用规则二。这通常是指缺少非关键零部件或其价值或结构至少达到完整品价值构的60%的不完整品,如缺少一个轮胎的汽车,或具有制成品的形状特征,但还不能直接使用,需进一步加工才能使用的未制成品,如已裁剪成形但未缝制的手套。

散件必须是因运输、包装等原因而被拆散或未组装,仅需焊、铆、紧固等简单加工就可装配起来的物品。

需要注意的是具有相应完整品或制成品基本特征的不完整品、未制成品的未组装件或拆散件也在扩大之列,所以同一包装箱内的一套空调器未组装件(无室外机壳)也应按空调器归类。

此外还应注意对于品目货品范围的扩大也不是无限制的,超出整套散件的多余零件应按零件分别归类。

三、规则三

当货品按照规则二(2)或由于其他的原因看起来可以归入两个或两个以上的品目时,则按照以下规则归类:

(1)列名比较具体的品目,优先于列名一般的品目。但是如果两个或者两个以上品目都仅述及混合或组合货品所含的某部分材料或物质,或零售的成套货品中的某些货品,即使其中某个品目对该货品描述得更为全面、详细,这些货品在有关品目的列名应视为同样具体。

(2)混合物,不同材料构成或不同部件组成的组合物以及零售的成套货品,如果不能按照规则三(1)归类时,在本款可适用的条件下,应该按照构成货品基本特征的材料或部件归类。

(3)货品不能按照规则三(1)或(2)归类时,应该按照号列顺序归入其可以归入的最末一个品目。

此规则适用条件:看起来可归入两个或两个以上编码的商品。

三个归类原则的应用顺序:规则三(1)→规则三(2)→规则三(3)。

对规则三的条文内容解释:

①具体列名原则。规则三(1)是指当一种商品似乎在两个或更多的品目都涉及的情况下,比较这些品目,哪个品目的描述更为详细,更为接近要归类的商品,视为更具体,列名比较具体的品目优先于列名一般的品目。商品的具体名称比商品的类别名称更具体。如汽车用电动刮雨器既可按汽车零件归入品目8708(类别名称),又可按电气设备中的风挡刮水器归入品目8512(具体名称),比较这两个品目,品目8512比8708更为具体;钟表玻璃可按玻璃制品中的钟表用玻璃归入品目7015(具体名称)或钟表零件归入品目9114(类别名称),比较这两个

品目，前者更具体。

②基本特征原则。规则三(2)适用于不能按以上规则归类的混合物、组合物和零售成套货品的归类情况。对于这些货品如能确定构成其主要特征的材料或部件，应按这种材料或部件归类。但是，要确定商品的主要特征，不应只有一个标准，要根据其各种构成材料或部件的价值、重量、体积、商品的用途等来确定。如方便面内由一块速食面(单独报验归入品目 1902)和一小包调味料(单独报验归入品目 2103)组成，其主要特征是速食面，所以仍要按面食归入品目 1902。

有些品目(子目)条文或注释中已有规定的混合物，不要再应用规则三(2)。如由第九章不同品目的调味料组成的混合物根据本章注释一(二)归入品目 0910；由第十五章不同动、植物油的组成的混合物根据品目条文归入品目 1517。

零售成套货品是指为了某种需要将可归入不同品目的两种或以上货品包装在一起无需重新包装就可直接零售的成套货品，必须同时符合以下三个条件：

A. 至少由两种看起来可归入不同品目的货品组成；

B. 为了适应某一项活动的特别需要而将几件产品或物品包装在一起，在用途上互相补足配合使用的；

C. 其包装形式适用于直接销售给用户而无需重新包装的。如含有电动理发推子(单独报验归品目 8510)、剪子(单独报验归品目 8213)、梳子(单独报验归品目 9615)、刷子(单独报验归品目 9603)、毛巾(单独报验归品目 6302)的成套理发用具的主要特征是电动理发推子，所以将成套的理发用具按电动理发推子归入品目 8510。

但是不符合以上条件而包装在一起的混合货品不能应用规则三(2)的原则来归类，如一个塑料盒内装有一支圆珠笔(单独报验归子目 96081000)、一只电子表(单独报验归于目 91021200)、一条贱金属制的项链(单独报验归子目 71171900)组成的成套货品，只是以销售为目的而不能在功能上互补或是为某种目的，此时应将它们分别归类。

③从后归类原则。规则三(3)的含义是从后归类的原则。如果按规则三(1)或规则三(2)都不能解决归类问题，即在三(1)和三(2)不适用的情况下，则再按规则三(3)归类，具体过程是将某个商品似乎可归入的编码加以比较，然后归入排列在后面的品目。但相互比较的编码或品目只能同级比较。

如本色梭织布，含 50% 棉 50% 聚酰胺且重量相等。

本色梭织布，含 50% 棉 50% 聚酰胺且重量相等，查阅类、章标题名称，棉属于 52 章、人造纤维属于 55 章，查阅第 11 类和 52、55 章注释，并无提到该合成制品的归类，按规则三(1)，三(2)不适用，应按规则三(3)从后归类，按棉应归 5211，按聚酰胺应归 5514，所以该合成制品应归入 5514。

四、规则四

根据上述规则无法归类的货品，应该归入与其最相类似的税目。

对规则四的条文内容解释：

当今科技的发展非常迅速，新产品也是层出不穷，任何商品目录都会因为形势的发展出现不适应的情况。因此，在出现按照规则无法归类的商品时，只能用最相似的货品来替代。本规则在实际中一般很少使用,因为确定最相似没有一定的标准。尤其在协调制度中不少品目都设有"其他"子目,不少章单独列出"未列名货品"的品目(如具有独立功能而又未具体列名的机器及器具和电气设备及装置要分别归入品目 8479 和品目 8543)来收容未考虑到的商品。

如手推购物车:查阅类、章标题名称,可归入 87 章车辆,由于此章注释并无相关解释,所以查阅子目标题,可归入 8716 非机械驱动车辆,此目录中又没有具体列名,所以归入 8716.8000 其他车辆。

五、规则五

除上述规则外,本规则适用于下列货品的归类:

(1)制成特殊形状仅仅适用于盛装某个或某套货品并且适合长期使用的照相机套、乐器套、枪套、绘图仪器盒、项链盒及类似容器,如果与所装物品同时进口或出口,并通常与所装物品同时出售,应该与所装物品一起归类。但本款不适用于本身构成整个货品基本特征的容器。

(2)除规则五(1)规定的以外,与所装货品同时进口或出口的包装材料或包装容器,如果通常是用来包装这类货品的,应与所装货品一并归类。但明显可重复使用的包装材料和包装容器不受本款限制。

对规则五的条文内容解释:

此规则是关于包装物归类的专门条款。规则五(1)主要适用于供长期使用的包装容器,只要它们同时符合规则五(1)所提的条件(制成特殊形状、适合长期使用、与所装物品一同报验、与所装物品一同出售、不构成整个物品的基本特征)都可与所装物品一并归类。如与数字照相机同时进口的相机套涉及两个货品:数字照相机(8525);相机套(4202),根据规则五应该归入数字照相机(8525);装有茶叶的铁制茶叶罐与茶叶一并归入品目 0902;装有首饰的首饰盒与首饰一并归入品目 7113;装有望远镜的望远镜盒一并与望远镜归入品目 9005。

但有时若包装物已超出了所包装物品的基本特征,此时要分别归类。如装有茶叶的银制茶叶罐,因银制茶叶罐的价格已远远超出茶叶的价格,已构成整个容器的基本特征,不能与茶叶一并归类,要分别归类。

规则五(2)适用于明显不能重复使用的包装材料和容器的归类。在这种情况下,往往都是货物的一次性包装物,当货物开拆后,包装材料和容器一般不能够再作原用途使用,对于这种包装容器,应与货品一起归类,如包装大型机器的木箱,由于明显不能重复使用,就把它与货品一起归类。

但明显能重复使用的,就不把它与货品一并归类,而应分别归类。如装液化气体的钢瓶要与液化气体分别归类。

六、规则六

货品在某一品目项下各子目的法定归类,应按子目条文或有关的子目注释以及以上各条规则来确定,但子目的比较只能在同一数级上进行。除本商品目录条文另有规定的以外,有关的类注、章注也适用于本规则。

对规则六的条文内容解释:

此规则是专门为商品在协调制度中子目的归类而制定的,它包含有两层意思:第一层是子

目归类首先按子目条文和子目注释确定，在子目条文和子目注释没有规定的情况下，才按类注或章注的规定进行归类。如七十一章注释四(二)和子目注释二所包含的“铂”的范围不同，第七十一章注释四(二)所规定的“铂”的范围比该章子目注释二所规定的“铂”的范围要大，在解释子目711011和711019的“铂”的范围时，应采用子目注释二的规定而不应考虑该章注释四(二)的规定。第二层是在比较哪个子目描述得更为具体详细时，只能在同一级子目间相互比较，不能在不同级别的子目(如一级子目与二级子目)比较。

所以在确定子目时，一定要按所给条件先确定一级子目，若符合条件，再确定该一级子目下的二级子目，同理确定三级子目、四级子目。这样采用“同级比较、逐级确定”的原则。

如“中华绒毛蟹种苗”，在确定品目0306下的子目时，应按以下步骤进行：

(1)先确定一级子目，即将两个一级子目“冻的”与“未冻的”进行比较而归入“未冻的”；

(2)再确定二级子目，即将二级子目：“龙虾”、“大螯虾”、“小虾及对虾”、“蟹”、“其他”进行比较而归入“蟹”；

(3)然后确定三级子目，即将两个三级子目“种苗”与“其他”进行比较而归入“种苗”。所以最后归入子目03062410。

在此，不能将三级子目“种苗”与四级子目“中华绒毛蟹”比较而归入03062491“中华绒毛蟹”。因为二者不是同级子目，不能比较。

训练5-1：

1.《协调制度》按照生产部类、自然属性和不同功能用途将国际贸易商品分为(　　)个大类。

A. 21　　B. 22　　C. 97　　D. 98

2.《协调制度》是国际贸易商品分类的一种“标准语言”，它的主要优点通常用(　　)八个字表示。

A. 完整、系统、通用、准确　　B. 广泛、通用、系统、唯一

C. 先进、完整、准确、唯一　　D. 先进、广泛、通用、标准

第三节　我国海关进出口商品分类目录

海关进出口商品分类目录是进出口商品归类的基本依据。我国的海关进出口商品分类目录是指根据海关征税和海关统计工作的需要，分别编制的《中华人民共和国进出口税则》(以下简称《税则》)和《中华人民共和国海关统计商品目录》(以下简称《统计商品目录》)，是以《协调制度》为基础，结合我国实际进出口情况编制而成的。它们的问世，结束了我国海关税则和统计所用商品分类目录不同的历史，为我国参加国际间关税及贸易谈判，开展海关征税、监管、统计以及数据分析比较、信息交流等工作带来了极大的便利，是海关管理的一项重大改革。

一、产生与发展

商品分类目录自1992年1月1日起实施，其中1992至1995年版分类目录是以1992年版

《协调制度》为基础编制的，1996年至2001年版分类目录是以1996年版《协调制度》为基础编制的。为适应科学技术的发展和国际贸易方式的变化情况，有效地实施对进出口货物的监管，世界海关组织(WCO)根据《协调制度国际公约》有关条款的规定，对1996年版《协调制度》进行了全面修订，并在1999年召开的WCO协调制度委员会第24次会议上公布了2002年版《协调制度》。

根据《协调制度国际公约》对缔约国权利、义务的规定，我国于2007年1月1日起采用新的《协调制度》，并据此编制了2007年版《税则》和《统计商品目录》。

我国的海关进出口商品分类目录第一章至第九十七章(其中第七十七章为空章)的前6位数码及其商品名称与《协调制度》完全一致，第七、八两位数码则是根据我国关税、统计和贸易管理的需要细分增加的本国子目。

二、海关进出口税则

1. 海关税则

现行海关税则结构与协调制度商品分类目录结构基本相同，逐条采用了HS的归类总规则、类注释、章注释及子目注释，也以《协调制度注释》作为最具权威性的解释说明文件，商品归类原则和方法亦与协调制度相同。两者相比较，前者在商品名称及编码表是增设了税率栏，并将商品编码改称为税则号列，税则号列的前六位数码及其货品名称与协调制度相应栏目完全一致。为适用我国关税、统计和贸易管理的需要，税则号列增设了第七、八位数码，1～7位数码和1～8位数码分别代表第三、四级子目，即本国子目。与此相适应增设了必要的三、四级子目注释即中国子目注释。新子目的增设体现了我国关税政策和产业政策，有利于统计进出口量较大的产品及新技术产品。未设三、四级子目的税则号列，第七、八位数码为0，如0901.1200。

在商品名称及编码表中的货品名称前分别用"-"、"--"、"---"、"----"代表一级子目、二级子目、三级子目、四级子目。其中一级、二级、三级、四级子目又可简称为一杠、二杠、三杠、四杠子目。

如商品编码(税则号列)8 7 0 9 1 9 1 0 各层次含义解释如下：

8 7 表示第87章；

0 9 表示该章的第九个品目；

1 表示品目8709项下的第一个一级子目(协调制度子目)；

9 表示子目87091项下的未列名二级子目(协调制度子目)；

1 表示子目870919项下的第一个三级子目(中国子目)；

0 表示子目8709191项下未增设四级子目(中国子目)。

注:《协调制度国家标准》将第5和第6位数字作为HS子目代码，将第7和第8位数字作为本国一级子目代码。

2. 税则归类

税则归类是税则分类的逆运用，是依据商品归类原则，将进出口商品正确地归入海关进出口税则的某一税则号列，以便依照相应税率计征关税。

三、统计商品目录

海关统计是全面、准确地反映实际进出关境对外贸易货物的品种、数量或重量等的数据资料，是发展国民经济的重要参考依据。现行海关统计采用的海关统计商品目录与海关税则结构基本相同。为适应海关统计的需要，计量单位栏取代了税率栏；商品编码取代税则号列。为简化归类还增设了第22类，新增类标题为特殊交易品及未分类商品。该类下分列第98章和第99章两个章。第98章只限单项记录商品价值在人民币2000元及以下的非税、非证的未分类进口商品；计算机软件（出口）和军品（特殊交易品）。第99章只有一个品目，包括的货品只限以出顶进的新疆棉和内地棉。其余各类、章、目及子目的货品范围与税则完全一致，海关统计商品归类原则和方法也与税则归类完全相同。需要注意的是海关统计目录为适应统计的需要在子目条文的表述上描述更为详细，如果货品范围因此发生变化即与税则对应子自货品范围不一致时应以税则为准。

四、进出口商品分类编排简介和目录结构

进出口商品分类目录遵循科学的分类原理和规则对货品进行分类，采用常见的商品分类标志进行分类，使商品归类有章可循。

1. 类的排列规律

基本上按社会生产的分工（或称生产部类）分类，将属于同一生产部类的产品归在同一类里。如：

第二类（第6～14章）：植物产品

第六类（第28～38章）：化学工业及相关性工业的产品

第十一类（第50～63章）：纺织工业产品

第十五类（第72～83章）：冶金工业

有些章自立为一类：

第三类（第15章）：油脂工业产品

第十九类（第93章）：军工业品

第二十一类（第97章）：艺术品。

2. 章的范围确定原则

1）原料类商品

直接使用自然属性，相同原料制成的商品一般编排在同一章，例如塑料及其制品在第39章，橡胶及其制品在第40章，玻璃及其制品在第70章。

2）制成品

使用原理、功能、用途，如第64章是鞋，第65章是帽，基本上按商品的用途（功能）来划分。

第1至83章（第64章至66章除外）基本上是按商品的自然属性来分章。第84章后因商品受原材料的影响不大，简单的按原材料，复杂的按商品原理、功能、用途分章。

3. 章次顺序排列原则

1）按照加工深度，由浅到深的顺序排列

章与章之间的编排也按照加工深度的原则。加工程度越复杂的商品越往后排。例如活动

物排在第1章,鲜肉排在第2章,肉类的保藏则排在第16章。活树排在第6章,木材排在第44章,木制玩具排在第95章,木制工艺品排在第97章。

2)按照动物、植物、矿物和先天然后人造的顺序排列

如52、53、54章的排列。

4. 品目的排列规律

1)一般编排规律:

(1)按加工方式由浅到深顺序列名:原材料商品在前,半成品居中,制成品居后。

(2)按贸易量大小顺序列名:贸易量大的,具体列名;贸易量一般的一般列名;贸易量小的未列名归入其他。

(3)同一商品的列名:整机在前,专用零件或配件在后。

2)例外

对某些进出口量较多,又难于按生产行业分类的商品,专列类、章和商品项目,如第二十类第94章的活动房屋即属此种情况,第96章的杂项制品。

5. 进出口商品分类目录结构

进出口商品分类目录遵循上述规则,将所有的进出口商品分成二十一个大类,九十七章,具体包含内容如下:

第一类(共5章)　活动物;动物产品

　第1章　活动物

　第2章　肉及食用杂碎

　第3章　鱼、甲壳动物、软体动物及其他水生无脊椎动物

　第4章　乳品;蛋品;天然蜂蜜;其他食用动物产品

　第5章　其他动物产品

第二类(共9章)　植物产品

　第6章　活树及其他活植物;鳞茎、根及类似品;插花及装饰用簇叶

　第7章　食用蔬菜、根及块茎

　第8章　食用水果及坚果;甜瓜或柑橘属水果的果皮

　第9章　咖啡、茶、马黛茶及调味香料

　第10章　谷物

　第11章　制粉工业产品;麦芽;淀粉;菊粉;面筋

　第12章　含油子仁及果实;杂项子仁及果实;工业用或药用植物;稻草、秸秆及饲料

　第13章　虫胶;树胶、树脂及其他植物液、汁

　第14章　编结用植物材料;其他植物产品

第三类(共1章)　动、植物油、脂及其分解产品;精制的食用油脂;动、植物蜡

　第15章　动、植物油、脂及其分解产品;精制的食用油脂;动、植物蜡

第四类(共9章)　食品;饮料、酒及醋;烟草及烟草代用品的制品

　第16章　肉、鱼、甲壳动物、软体动物及其他水生无脊椎动物的制品

　第17章　糖及糖食

　第18章　可可及可可制品

第 19 章　谷物、粮食粉、淀粉等或乳的制品；糕饼点心
第 20 章　蔬菜、水果、坚果或植物其他部分的制品
第 21 章　杂项食品
第 22 章　饮料、酒及醋
第 23 章　食品工业的残渣及废料；配制的动物饲料
第 24 章　烟草、烟草及烟草代用品的制品

第五类(共 3 章)　矿产品
第 25 章　盐；硫磺；泥土及石料；石膏料、石灰及水泥
第 26 章　矿砂、矿渣及矿灰
第 27 章　矿物燃料、矿物油及其蒸馏产品；沥青物质；矿物蜡

第六类(共 11 章)　化学工业及其相关工业的产品
第 28 章　无机化学品；贵金属、稀土金属、放射性元素及其同位素的有机及无机化合物
第 29 章　有机化学品
第 30 章　药品
第 31 章　肥料
第 32 章　鞣料浸膏及染料浸膏；鞣酸及其衍生物；染料、颜料及其他着色料；油漆及清漆；油灰及其他类似胶粘剂；墨水、油墨
第 33 章　精油及香膏，芳香料制品及化妆盥洗品
第 34 章　肥皂、有机表面活性剂、洗涤剂、润滑剂、人造蜡、调制蜡、光洁剂、蜡烛及类似品、塑型用膏、“牙科用蜡”及牙科用熟石膏制剂
第 35 章　蛋白类物质；改性淀粉；胶；酶
第 36 章　炸药；烟火制品；火柴；引火合金；易燃材料制品
第 37 章　照相及电影用品
第 38 章　杂项化学产品

第七类(共 2 章)　塑料及其制品；橡胶及其制品
第 39 章　塑料及其制品
第 40 章　橡胶及其制品

第八类(共 3 章)　生皮、皮革、毛皮及其制品；鞍具及挽具；旅行用品、手提包及类似品；动物肠线(蚕胶丝除外)制品
第 41 章　生皮(毛皮除外)及皮革
第 42 章　皮革制品；鞍具及挽具；旅行用品、手提包及类似容器；动物肠线(蚕胶丝除外)制品
第 43 章　毛皮、人造毛皮及其制品

第九类(共 3 章)　木及木制品；木炭；软木及软木制品；稻草、秸秆、针茅或其他编结材料制品；篮筐及柳条编结品
第 44 章　木及木制品；木炭
第 45 章　软木及软木制品
第 46 章　稻草、秸秆、针茅或其他编结材料制品；篮筐及柳条编结品

第十类(共3章)　木浆及其他纤维状纤维素浆;回收(废碎)纸或纸板;纸、纸板及其制品

第47章　木浆及其他纤维状纤维素浆;回收(废碎)纸或纸板

第48章　纸及纸板;纸浆、纸或纸板制品

第49章　书籍、报纸、印刷图画及其他印刷品;手稿、打字稿及设计图纸

第十一类(共14章)　纺织原料及纺织制品

第50章　蚕丝

第51章　羊毛、动物细毛或粗毛;马毛纱线及其机织物

第52章　棉花

第53章　其他植物纺织纤维;纸纱线及其机织物

第54章　化学纤维长丝

第55章　化学纤维短纤

第56章　絮胎、毡呢及无纺织物;特种纱线;线、绳、索、缆及其制品

第57章　地毯及纺织材料的其他铺地制品

第58章　特种机织物;簇绒织物;花边;装饰毯;装饰带;刺绣品

第59章　浸渍、涂布、包覆或层压的纺织物;工业用纺织制品

第60章　针织物及钩编织物

第61章　针织或钩编的服装及衣着附件

第62章　非针织或非钩编的服装及衣着附件

第63章　其他纺织制成品;成套物品;旧衣着及旧纺织品;碎织物

第十二类(共4章)　鞋、帽、伞、杖、鞭及其零件;已加工的羽毛及其制品;人造花;人发制品

第64章　鞋靴、护腿和类似品及其零件

第65章　帽类及其零件

第66章　雨伞、阳伞、手杖、鞭子、马鞭及其零件

第67章　已加工羽毛、羽绒及其制品;人造花;人发制品

第十三类(共3章)　石料、石膏、水泥、石棉、云母及类似材料的制品;陶瓷产品;玻璃及其制品

第68章　石料、石膏、水泥、石棉、云母及类似材料的制品

第69章　陶瓷产品

第70章　玻璃及其制品

第十四类(共1章)　天然或养殖珍珠、宝石或半宝石、贵金属、包贵金属及其制品;仿首饰;硬币

第71章　天然或养殖珍珠、宝石或半宝石、贵金属、包贵金属及其制品;仿首饰;硬币

第十五类(共12章)　贱金属及其制品

第72章　钢铁

第73章　钢铁制品

第74章　铜及其制品

第75章　镍及其制品

第 76 章　铝及其制品
第 77 章　空
第 78 章　铅及其制品
第 79 章　锌及其制品
第 80 章　锡及其制品
第 81 章　其他贱金属、金属陶瓷及其制品
第 82 章　贱金属工具、器具、利口器、餐匙、餐叉及其零件
第 83 章　贱金属杂项制品

第十六类(共 2 章)　机器、机械器具、电气设备及其零件;录音机及放声机、电视图像、声音的录制和重放设备及其零件、附件

第 84 章　核反应堆、锅炉、机器、机械器具及其零件
第 85 章　电机、电气设备及其零件;录音机及放声机、电视图像、声音的录制和重放设备及其零件、附件

第十七类(共 4 章)　车辆、航空器、船舶及有关运输设备

第 86 章　铁道及电车道机车、车辆及其零件;铁道及电车道轨道固定装置及其零件、附件;各种机械(包括电动机械)交通信号设备
第 87 章　车辆及其零件、附件,但铁道及电车道车辆除外
第 88 章　航空器、航天器及其零件
第 89 章　船舶及浮动结构体

第十八类(共 3 章)　光学、照相、电影、计量、检验、医疗或外科用仪器及设备、精密仪器及设备;钟表;乐器;上述物品的零件、附件

第 90 章　光学、照相、电影、计量、检验、医疗或外科用仪器及设备、精密仪器及设备;上述物品的零件、附件
第 91 章　钟表及其零件
第 92 章　乐器及其零件、附件

第十九类(共 1 章)　武器、弹药及其零件、附件

第 93 章　武器、弹药及其零件、附件

第二十类(共 3 章)　杂项制品

第 94 章　家具;寝具、褥垫、弹簧床垫、软座垫及类似的填充制品;未列名灯具及照明装置;发光标志、发光铭牌及类似品;活动房屋
第 95 章　玩具、游戏品、运动用品及其零、附件
第 96 章　杂项制品

第二十一类(共 1 章)　艺术品、收藏品及古物

第 97 章　艺术品、收藏品及古物

第四节　进出口商品归类的海关行政管理

海关商品归类工作(简称“商品归类”)是指以协调制度为体系、以海关进出口税则为执法

依据的、为确定海关进出口商品编码（简称“商品编码”）而进行的业务工作，也是海关依法实施行政管理职能、进行进出口商品监控和管理的重要基础和主要依据。例如，海关执行国家规定的关税政策，对进出口商品进行关税征收、贸易管制时，都必须依照海关商品归类确定的结果为基准。正确进行海关商品归类在货物的通关中具有重要的作用。

一、海关商品归类的依据

不同的国家对进出口商品的归类，可以按不同的目录、不同的方法及不同的归类原则进行。我国的法律对进出口商品的归类已有相关的规定，《中华人民共和国海关法》第四十二条规定：“进出口货物的商品归类按照国家有关商品归类的规定确定。”这里，《海关法》规定了应按“国家有关商品归类的规定确定”，具体的规定即指《中华人民共和国进出口关税条例》第三十一条中“按照《税则》规定的目录条文和归类总规则、类注、章注、子目注释以及其他归类注释，对其申报的进出口货物进行商品归类”的内容。从这个规定可以看出，海关商品归类是一项法律适用的确定工作，力求避免人为及行政因素的干扰。海关商品归类是一项严肃、科学的基础工作，要遵循准确、规范、统一、高效的原则，并体现科学性、正确性、权威性和国际性。下面分别介绍各项法定的归类依据：

1.《海关法》

《海关法》第四十二条规定，进出口货物的商品归类按照国家有关商品归类的规定确定。

2.《中华人民共和国进出口税则》

《中华人民共和国进出口税则》是根据国家关税政策，通过一定的立法程序制定和颁布的按商品类别排列的关税税率表，是商品归类的基础工具书。由于《税则》的特定的法律地位，《税则》规定的目录条文和归类总规则、类注释、章注释及子目注释理所当然地成为商品归类的依据。

3.《海关进出口税则—统计目录商品及品目注释》

《税则注释》是《海关进出口税则—统计目录商品及品目注释》一书的简称，它是根据海关合作理事会协调制度委员会编制的《协调制度注释》翻译而成。由于《协调制度注释》是对协调制度目录条文、类注释、章注释、归类总规则及品目范围内的最权威的解释，所以，《税则注释》也自然成为以协调制度目录为基础编制的《中华人民共和国进出口税则》的法定解释。

4.《本国子目注释》

在本章第一节中所述，《税则》是在《协调制度》的六位编码的基础之上根据我国的具体需要，增列第七、八位子目而成，其第七、八位子目称为“本国子目”。为了保证本国子目的商品范围定义明晰，不会发生归类异议，我国有关部门特编写了《本国子目注释》一书，对本国子目的商品范围作了具体的规定。

5. 其他有关规定

海关总署公布下发的关于商品归类的有关规定，包括总署的文件、归类决定、归类行政裁定、归类技术委员会决议以及总署转发的世界海关组织归类决定等。

6. 国家相关管理部门发布的有关商品归类的文件

为了使海关、纳税人等能够严格、统一地按照《税则》的条文及规定的归类规则和方法对进出口货物准确归类，海关总署等国家管理部门制发了一系列商品归类的规范性文件，如：关

于进出口货物“报验状态”的海关总署2002年37号公告、关于确定进出口药品归类的海关总署2004年18号公告等。

其他部委、部门的文件、出版物中以《协调制度》编码表示的商品归类与海关规定不符的，应当以海关归类为准。

除上述法定的主要归类依据外，另外还有其他的归类依据，如在进出口商品归类过程中海关可以要求进出口货物收发货人提供商品归类所需的有关资料并将其作为商品归类的依据；必要时，海关可以组织化验、检验，并将海关认定的化验、检验结果作为商品归类的依据。

海关对进出口商品归类工作实行全国统一管理(图5-1)，海关总署行使全国海关商品归类的最高行政决定权，发布海关总署的归类决定。海关总署关税征管司主管全国海关商品归类的具体工作，负责对全国海关商品归类业务的指导、监督、检查和管理，拟定全国性的归类工作制度和其他有关的规章、规定，适时发布全国海关进行重点归类的商品目录，组织全国海关的商品归类培训。

海关总署依次下设北京归类办公室，大连、天津、上海、广州归类分中心，各直属海关关税处等职能部门，对商品归类工作实行分级职能管理。其中，北京归类办公室负责对全国海关及归类分中心的商品归类工作进行监控、指导；大连、天津、上海、广州归类分中心对片区直属海关实施归类管理，并解答各直属海关提出的归类疑难问题。各分中心按商品分工如下：

大连分中心负责《税则》第二十五、二十六、四十四至四十六、九十四至九十七章的商品；

天津分中心负责《税则》第四十七至四十九、七十二至八十三章的商品；

上海分中心负责《税则》第八十四至九十三章的商品；

广州分中心负责《税则》第一至二十四、二十七至四十三、五十至七十一章的商品。

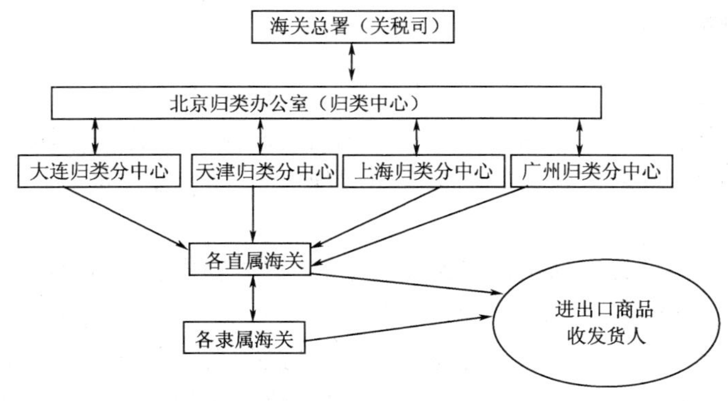

图5-1　全国海关归类管理系统示意图

二、进出口货物的归类申报要求

《关税条例》规定，纳税义务人应当依法如实向海关申报，并按照海关的规定提供进行商品归类所需要的资料，具体来说，报关人员在归类申报时应注意以下几点：

1. 如实申报

《征税管理办法》规定，纳税义务人应当按照法律、行政法规和海关规章关于商品归类的有关规定，如实申报进出口货物的商品名称、税则号列、规格型号等。《中华人民共和国进出口关税条例》第三十一条规定：纳税义务人应当按照《税则》规定的目录条文和归类总规则、类注、章注、子目注释以及其他归类注释，对其申报的进出口货物进行商品归类，并归入相应的税则号列。该规定首次明确了纳税人具有对所申报的进出口货物进行商品归类的义务，并需对商品申报的税则号列承担法律责任。因此，对进出口商品的归类决不仅仅是海关的工作，也是纳税人的责任和义务。纳税人或报关员如被发现有归类申报不实的情况，则应依法承担因此而引发的补税、行政处罚等各类相应的法律责任。

2. 提供归类所需资料

《征税管理办法》规定，纳税义务人应当依法向海关办理申报手续，按照规定提交有关单证。海关认为必要时，纳税义务人还应当提供确定商品归类所需的相关资料。商品归类是一项技术性很强的工作，因此，申报的货物品名、规格、型号等必须要能够满足归类的要求，报关人员应向海关详细提供归类所需要的货物的形态、性质、成分、加工程度、结构原理、功能、用途等技术指标和技术参数等，尤其要注意提供：

①农产品、未列名化工品等的成分和用途；

②材料性商品的成分和加工方法、加工工艺；

③机电仪产品的结构、原理和功能。

3. 补充申报

《征税管理办法》规定，为审核确定进出口货物的商品归类，海关可以要求纳税人按照有关规定进行补充申报。纳税人认为必要时，也可以主动要求进行补充申报。由于报关单本身可填写的申报内容有限，对一些较为复杂、需要较多资料说明才能满足归类需要的商品，也需要通过补充申报的方式来确保归类申报的完整性和准确性。

三、约束性预归类制度

按照传统的通关模式，进出口货物的报关、审单、查验、化验分析、归类、征税、证件监管等程序均在通关环节完成。由于受到时间、空间的限制，这种模式工作集中，通关速度慢，易造成积压，归类不易准确，而且由于直到通关时才知道货物的税费、需要的证件等，因而还存在很大的贸易风险。

考虑到商品归类是海关正确执行国家关税政策、贸易管制措施和准确编制海关进出口统计的基础和保障，又由于此项工作技术性强，并涉及化验等诸多环节，需要一定的时间才能得出结论，因此，完全依靠在通关环节进行商品归类的做法，已不能适应海关通关作业改革的需要。为有效地提高海关归类的准确性和时效性，增强政策法规的透明度，海关总署制定了《中华人民共和国海关进出口商品预归类暂行办法》，并以中华人民共和国海关总署令第 80 号发布实施。

1. 预归类的含义及其约束力

预归类是指一般贸易的货物在实际进出口前，申请人以海关规定的书面形式向海关提出申请，并提供商品归类所需的资料，必要时提供样品，海关依法作出具有法律效力的商品归类决定的行为。

预归类所作的商品归类决定对预归类的申请人和作出决定的海关均具有约束力，故又称为约束性预归类。持有海关所作预归类决定书的收发货人可在货物实际进出口时，按照决定

书确定的商品编码及其对应的进出口关税税率、监管条件等快速办结通关手续。

2. 预归类的优越性

预归类的优越性主要体现在以下几个方面：

①提高货物通关速度；

②提高商品归类的准确性；

③增强政策法规的透明度，便利进出口贸易，减小贸易风险。

3. 预归类的申请

1）预归类申请人的资格

预归类申请人应是在海关注册的进出口货物的经营单位或其代理人。

2）预归类申请的提出

①预归类申请应由申请人填写《海关进出口商品预归类申请书》（以下简称《申请书》），以书面形式一式两份提交进出口地海关。申请人和做决定的海关各执一份。《申请书》必须加盖申请单位印章，所提供资料与申请书必须加盖骑缝章。

②申请人不得就同一种商品向两个或两个以上海关提出预归类申请。

③一份预归类《申请书》只应包含一项商品；申请人对多项商品申请预归类的应分别提出。

3）《海关进出口商品预归类申请书》所载内容

①申请人名称、通信地址、在海关注册的企业代码、联系人姓名及电话等；

②申请预归类商品的中英文名称（其他名称）；

③申请预归类商品的详细描述，包括商品的规格、型号、结构原理、性能指标、功能、用途、成分、加工方法、分析方法等；

④预计进出口计划（进出口日期、口岸、数量等）；

⑤随附资料清单；

⑥此前如就相同商品向海关申请预归类，请写明海关预归类决定书编码；

⑦申请人、签收人等。

此外申请人应按海关要求提供足以说明申报情况的资料，如：进出口合同复印件、照片、说明书、分析报告、平面图等，必要时应提供商品样品。申请所附文件如为外文，申请人应同时提供外文原件及中文译文。

4. 预归类申请人的权责

①预归类申请人应对其所提供资料的真实性负责，不得向海关隐瞒或向海关提供影响预归类准确性的倾向性资料；

②如实际进出口货物与《决定书》所述及的商品不相符，申请人应承担法律责任；

③申请人可向海关申请对其进出口货物所涉及的商业秘密进行保密；

④在预归类决定书的有效期内，申请人对归类决定持有异议，可向作出决定的海关提出复核；

⑤申请人可在海关作出预归类决定前向海关提供新资料并对原提供资料进行说明。

5. 海关对预归类申请的受理及预归类决定的作出。

1）预归类申请的受理

(1)预归类申请由各直属海关受理并作出决定;

(2)海关总署负责审查由直属海关上报的疑难商品或有归类争议的商品的预归类申请并作出决定;

(3)海关根据海关相关规定对预归类申请进行审查,下列预归类申请,海关可不予受理。

①不能满足预归类条件的申请;

②所提申请与实际进出口无关。

2)预归类决定的作出

①直属海关或海关总署应在规定工作时限内作出预归类决定;

②以《海关进出口商品预归类决定书》的形式通知申请人;

③《预归类决定书》一式两份,一份交申请人持有,另一份由作出预归类决定的海关留存。

6.《预归类决定书》的效力及使用

1)《预归类决定书》的效力

①直属海关作出的预归类决定在本关区范围内有效;

②海关总署作出的预归类决定在全国范围内有效;

③《预归类决定书》自海关签发之日起一年内有效;

④预归类决定仅对该决定的申请人和作出决定的海关具有约束力。

2)《预归类决定书》的使用

①《预归类决定书》只限申请人使用;

②持有《预归类决定书》的申请人在该决定的有效期内,进出口《预归类决定书》中所述及的货物时,应向进出口地海关递交《预归类决定书》。

3)《预归类决定书》的失效

①海关在作出预归类决定后,不得随意更改;

②因海关原因需要改变预归类决定时,由直属海关发出《变更通知书》,原《预归类决定书》自《变更通知书》送达之日起失效。

4)下列原因造成归类决定改变时,原《预归类决定书》即行失效。

①申请人提供的商品资料不准确或不全面,造成原预归类决定需要改变;

②申请人补充资料或提交新资料,海关需按新提交的预归类申请重新审核,造成原《预归类决定书》失效;

③国家政策调整、法律、法规变化引起预归类决定改变的,申请人可持原决定书到原申请地海关申请换发《预归类决定书》。

四、商品归类争议

1. 商品归类争议产生的原因

虽然我们依照法律所规定的相同的归类依据对同一种进出口货物进行归类,但收发货人与海关得出的归类结果有时是不同的。这种情况中时常发生,其产生的原因主要有以下几个方面:

①作为海关商品归类基础的协调制度是一个非常复杂的体系,常常因对适用条文或规定的选择或对其解释不同而导致不同的归类结果。

②对商品的认定有时存在很强的主观因素，比如对商品基本特征的认定。例如：由一条腰带与一个钱夹成套包装在一起的礼品盒，其基本特征很难判定是钱夹或是腰带。对多功能商品的主要功能的认定也常常使人困惑，例如：带有时钟的台灯主要功能应如何确定。

③当可能归入的税号之间存在较大的关税差别或监管条件的差别时，也会促成归类争议的产生。

2. 商品归类争议的解决方法

海关与企业之间的归类争议会造成时间和资金方面的损失，因而是双方都不希望发生的。为了尽快化解争议，充分的沟通始终是十分必要的。在海关作出归类决定之前发现分歧时，通过海关与货主之间的沟通，可充分了解对方的观点，有助于全面地考虑问题，得出正确结论。在海关作出归类决定之后，为了避免正式的司法程序，磋商仍然是必要的，毕竟司法程序会造成双方时间和经济上的损失。

申报人应以书面形式向海关提出申请，通过磋商或行政复议的方式解决与海关的商品归类争议。

1）通过磋商途径解决归类争议的情况

以下几种情况是应该通过磋商途径解决的商品归类争议：

①已向海关申报，货物尚未放行的；

②应税货物未缴纳税款的；

③有关证件管理部门的归类与海关归类不一致的；

④对海关的预归类决定有异议的。

2）适于通过复议途径解决归类争议的情况

以下几种情况是应该通过复议途径解决的商品归类争议：

①应税货物已缴纳税款的；

②维磋商途径仍无法解决的；

③海关已作结关处理的。

3. 归类争议的处理程序

产生归类争议的，应按照以下处理程序办理：

①由申报人以书面形式向货物进出口地海关提出归类争议复核申请。申请中应明确提出争议内容及申请人的主张和理由；

②进出口地海关接到申报人提出的归类争议后，应复核原始资料并作出明确的归类处理意见；

③申报人不服该处理意见的，进出口地海关应将争议的材料报直属海关归类职能部门处理；

④直属海关归类职能部门对报送的争议材料核实后，能够明确归类的，可直接作出处理决定。

对不能明确确定的，须填写《归类问答书》，上报海关总署（归类分中心）审议确定，申报人对直属海关归类职能部门或海关总署（归类分中心）的处理结果仍不服的，可就根据该归类决定作出的涉税、涉证具体行政行为提起行政复议。

训练 5-2：

1. 下列货品进出口时，包装物与所装物品应分别归类的是（　　）。

A. 40 升专用钢瓶装液化氮气　　B. 25 公斤桶（塑料桶）装涂料

C. 纸箱包装的彩色电视机　　D. 同时报检进口的照相机和照相机套

2. 预归类决定仅对（　　）具有约束力，对该决定书所述货物的海关商品归类在其有效期内具有约束力。

A. 该决定的申请人

B. 该决定的申请人和作出决定的海关

C. 进出口该货物的在海关注册的进出口货物经营单位或其代理人

D. 进出口该货物的在海关注册的进出口货物经营单位或其代理人和作出决定的海关

3. 商品预归类申请以书面形式一式两份交给进出口地海关，由（　　）受理并作出决定。

A. 隶属海关　　B. 直属海关　　C. 海关总署　　D. 国务院税则委员会

4.《海关进出口商品预归类决定书》自海关签发之日起（　　）有效。

A. 半年内　　B. 一年内　　C. 两年内　　D. 正常情况下永远

5.《海关进出口商品预归类决定书》只限（　　）使用。

A. 申请人

B. 在海关注册的进出口货物的经营单位

C. 申请人所在关区在海关注册的进出口货物的经营单位或其代理人

D. 在海关注册的进出口货物的经营单位或其代理人

练习题

一、多选题

1. 下列选项中适于通过磋商途径解决归类争议的情况是（　　）。

A. 应税货物未缴纳税款的

B. 已向海关申报，货物尚未放行的

C. 对海关的预归类决定有异议的

D. 海关已作结关处理的

2. 下列货品属于 HS 归类总规则中所规定的“零售的成套货品”的是（　　）。

A. 一个礼盒，内有咖啡一瓶、咖啡伴侣一瓶、塑料杯子两只

B. 一个礼盒，内有一瓶白兰地酒、一只打火机

C. 一个礼盒，内有一包巧克力、一个塑料玩具

D. 一碗方便面，内有一块面饼、两包调味品、一把塑料小叉

3. 下列选项中有关“提出预归类申请”问题正确的表述为（　　）。

A. 预归类申请应由申请人填写的《海关进出口商品预归类申请书》，必须加盖申请单位印章，所提供资料与申请书必须加盖骑缝章。

B. 预归类申请应由申请人填写《海关进出口商品预归类申请书》，以书面形式一式两

份提交进出口地海关。申请人和作决定的海关各执一份。

C. 申请人不得就同一种商品向两个或两个以上海关提出预归类申请

D. 一份预归类《申请书》可以包含多项商品

4. 下列选项中属于预归类申请人权责的是(　　)。

A. 申请人不得就同一种商品向两个或两个以上海关提出预归类申请

B. 申请所附文件如为外文,有条件时应同时提供中文译文

C. 如实际进出口货物与《决定书》所述及的商品不相符,申请人应承担法律责任

D. 申请人可向海关申请对其进出口货物所涉及的商业秘密进行保密

5.《海关商品归类工作制度》规定对进出口商品进行归类的依据包括(　　)。

A. 协调制度归类总规则、类注、章注、子目注释、目录条文

B.《协调制度》类、章及分章的标题

C. 海关总署下发的关于商品归类的有关规定,包括总署的文件、归类问答书、预归类决定、归类技术委员会决议及总署转发的 WCO 归类决定等

D. 本国子目注释

二、判断题

1. 我国海关《进出口税则》商品目录是以世界海关组织制定的 CCCN 为基础制定的。(　　)

2. 我国现行的海关统计目录与协调制度商品分类目录结构基本相同,也分成 21 个大类。(　　)

3. 商品预归类决定书在申请人进出口第一批货物后自动失效。(　　)

4.《协调制度公约》规定,缔约各国可以自第七位起增列本国细目以维护本国的利益。(　　)

5. 直属海关签发的商品预归类决定书在本关区内各海关有效。(　　)

6. 归类总归则一规定:具有法律效力的归类,应按品目条文和有关类注或章注确定,如品目条文、类注、或章注无其他规定,按以下规则确定。这条规则也适用于各级子目。(　　)

7. 在进行商品归类时,当子目注释与类注或章注不一致时,按类注或章注确定。(　　)

8. 商品归类争议可以与申报地海关磋商解决,也可以按行政复议程序解决。(　　)

9. 报关人向海关申报进出口商品名称时可用方言,如将变压器申报为火牛,将拖拉机申报为铁牛等。(　　)

10. 第二十八章章注一(一)表明:本章各品目只适用于单独的化学元素及单独的已有化学定义的化合物,不论是否含有杂质,由此我们可以判断纯净的氧化镁应归入该章。(　　)

三、操作题:请查出以下货物的海关编码

1. “日立”牌彩色等离子电视机(显示屏幕 74 厘米)

2. 装有高压水泵,并配有水炮、云梯等装置的救火车

3. 全棉的漂白平纹机织物,250 克/平方米

4. “鳄鱼”牌牛皮公文包

5. 晒干的莲子,500 克袋装

6. “美丽”牌柠檬香型亮光液,600 毫升压力罐装,使用时喷于家具表面

7. 电子眼压记录仪，通过记录眼动脉压、眼静脉压的变化，对眼睛进行诊断

8. 早孕自测卡，纸质，涂有检测试剂，通过与尿液接触后的颜色变化来初步判断是否怀孕

9. 安放在公共场所的饮料自动售货机（装有制冷装置）

10. 一种戴在手腕处的装饰品，用樟木制成圆珠状，再用线串成

11. 冷藏的中华绒螯蟹

12. "女儿红"牌米酒（酒精浓度15%），用2升的陶罐盛装

13. 由漂白的棉线与黄色的人造棉线织成的平纹机织物，300克/平方米，棉和人造棉含量各为50%

14. 绿豆汤罐头，由绿豆煮熟并加糖制成，含固形物约35%

15. "龙井"绿茶，150克塑料袋装

16. 线性低密度聚乙烯粒子

17. "天天"牌盒装面巾纸，250张/盒，规格19厘米×20厘米

18. 用作局部麻醉的普鲁卡因针剂

19. 美味鸭舌，一种风味小吃，真空包装，15克/包

20. 海绵橡胶制粉拍，用于化妆时施敷香粉

第六章　进出口税费

● 知识目标

1. 我国的关税政策，海关征收进出口税费的基本要求，一般进出口货物完税价格的审定办法和税率的适用，进口货物原产地的确定方法；

2. 进出口关税、进口环节税、滞纳金、滞报金的计算方法及进出口货物税费的缴纳、退还、追补、减免等基本做法。

●技能目标

1. 能够依据原产地认定标准，确定进口货物的原产地；

2. 具有计算关税、进出口环节税费的能力。

引　例

1. 设在美国佛罗里达州的施密斯公司，向设在中国上海的皮尔玩具制造厂支付了一票货物的价款，共计9 850美元。实际上皮尔玩具制造厂应向施密斯公司收取10 000美元，但由于皮尔玩具制造厂欠施密斯公司150美元，因此，皮尔玩具制造厂只向施密斯公司收取9 850美元。经海关审定，该票货物的完税价格应为10 000美元。

2. 有一批在中国台湾纺织成的棉纱线，出口到日本，织成了棉织物，并进行一系列的冲洗、烫、漂白、染色、印花加工，随后这些棉织物被运往越南制作成睡衣，后又经中国香港地区更换包装，销往中国内地。该批货物进口时，其进口报关单是原产国（地区）一栏，应如何填写？中国台湾？日本？中国香港？越南？按照“实质性加工标准”，该货物的原产国为越南。

第一节　进出口税费概述

进出口税费是指在进出口环节中由海关依法征收的关税、消费税、增值税、船舶吨税等税费。依法征收税费是海关的重要任务之一。依法缴纳税费是有关纳税人的基本义务，也是报关员必备的报关技能。

进出口税费征纳的法律依据主要是《海关法》、《关税条例》以及其他有关法律、行政法规。

一、关税

关税是国家税收的重要组成部分,是由海关代表国家,按照国家制定的关税政策和公布实施的税法及进出口税则,对准许进出关境的货物和物品向纳税义务人征收的一种流转税。

关税是一种国家税收,关税的征税主体是国家,由海关代表国家向纳税义务人征收。其课税对象是进出关境的货物和物品。关税纳税义务人是指依法负有直接向国家缴纳关税义务的法人和自然人。

关税是国家保护国内经济、实施财政政策、调整产业结构、发展进出口贸易的重要手段,也是世界贸易组织允许各缔约方保护其境内经济的一种手段。

1. 进口关税

1)进口关税的含义

进口关税是指一国海关以进境货物和物品为课税对象所征收的关税。在国际贸易中,它一直被各国公认为是一种重要的经济保护手段。

2)进口关税的种类

我国进口关税按计征标准可分为从价税、从量税、复合税、滑准税。

(1)从价税

从价税是以货物、物品的价格作为计税标准,以应征税额占货物价格的百分比为税率,价格和税额成正比例关系。这是包括中国在内的大多数国家使用的主要计税标准。

从价税应征税额 = 进口货物的完税价格 × 进口从价税税率

(2)从量税

以货物和物品的计量单位如重量、数量、容量等作为计税标准,以每一计量单位的应征税额征收的关税。

从量税应征税额 = 进口货物数量 × 单位税额

我国目前对冻鸡、石油原油、啤酒、胶卷等类进口商品征收从量关税。

(3)复合税

在海关税则中,一个税目中的商品同时使用从价、从量两种标准计税,计税时按两者之和作为应征税额征收的关税。从价、从量两种计税标准各有优缺点,两者混合使用可以取长补短,有利于关税作用的发挥。目前我国对录像机、放像机、摄像机、非家用型摄录一体机、部分数字照相机等进口商品征收复合关税。

进口复合税应征税额 = 进口货物的完税价格 × 进口从价税税率 + 进口货物数量 × 单位税额

(4)滑准税

滑准税是指在海关税则中,预先按产品的价格高低分档制定若干不同的税率,然后根据进口商品价格的变动而增减进口税率的一种关税。当商品价格上涨时采用较低税率,当商品价格下跌时则采用较高税率,其目的是使该种商品的国内市场价格保持稳定。

2007 年我国对关税配额外进口一定数量的棉花(税号 52010000),实行 6% ~40% 的滑准税,当配额外进口棉花的完税价格高于或者等于 11.397 元/千克时,进口暂定关税税率为

6%；当配额外进口棉花的完税价格低于11.397元/千克时，进口暂定关税税率按下式计算：

$$R_i = \frac{INT[(\frac{P_t}{P_i \times E} + \alpha \times P_i \times E - 1) \times 1000 + 0.5]}{1000} \qquad (R_i \leqslant 40\%)$$

$$关税 = R_i \times P_i \times E$$

式中：R_i——暂定关税税率，当 R_i 按上式计算值高于40%时，取值40%；

E——美元汇率；

P_i——关税完税价格（美元）；

α——常数，为2.526%；

P_t——常数，为8.8元/千克；

INT——取整函数（即小数点后面的数一律舍去）。

进口关税有进口正税与进口附加税之分。

进口正税即按税则法定进口税率征收的关税。

进口附加税是由于一些特定需要对进口货物除征收关税正税之外另行征收的一种进口税，一般具有临时性，包括反倾销税、反补贴税、保障性关税、特别关税（报复性关税）等。世界贸易组织不准其成员方在一般情况下随意征收进口附加税，只有符合世界贸易组织反倾销、反补贴条例规定的，才可以征收反倾销税、反补贴税。

反倾销税是为抵制外国商品倾销进口，保护国内相关产业而征收的一种进口附加税，即在倾销商品进口时除征收进口关税外，再征收反倾销税。中国于1997年3月25日颁布实施了《反倾销和反补贴条例》，这是中国制定的第一个反倾销、反补贴法规，规定进口产品以低于其正常价值出口到我国且对我国相关企业造成实质性损害的为倾销。反倾销税由海关负责征收，其税额不超出倾销差额。我国目前征收的进口附加税主要是反倾销税。

$$反倾销税税额 = 完税价格 \times 适用的反倾销税税率$$

此外，为应对他国对我国出口产品实施的歧视性关税或待遇，我国还相应对其产品征收特别关税。特别关税是为抵制外国对本国出口产品的歧视而对原产于该国的进口货物特别征收的一种报复性关税。征收报复性关税的货物、适用国别、税率、期限和征收办法，由国务院关税税则委员会决定并公布。

2. 出口关税

出口关税是一国海关以出境货物和物品为课税对象所征收的关税。为鼓励出口，世界各国一般不征收出口税或仅对少数商品征收出口税。征收出口关税的主要目的是限制、调控某些商品的过度、无序出口，特别是防止本国一些重要自然资源和原材料的无序出口。

$$应征出口关税税额 = 出口货物完税价格 \times 出口关税税率$$

$$出口货物完税价格 = \frac{FOB}{1 + 出口关税税率}$$

即出口货物是以FOB价成交的，应以该价格扣除出口关税后作为完税价格；如果以其他价格成交的，应换算成FOB价后再按上述公式计算。

目前我国海关对鳗鱼苗、铅矿砂、锌矿砂等部分出口商品按法定出口税率征收出口税。根据《关税条例》的规定，适用出口税率的出口货物有暂定税率的，应当适用暂定税率。

二、进口环节税

进口货物和物品在办理海关手续放行后，进入国内流通领域，与国内货物同等对待，所以应缴纳应征的国内税。进口货物和物品的一些国内税（增值税、消费税）依法由海关在进口环节征收。按规定，船舶吨税也由海关征收。

1. 增值税

1）概念

增值税是以商品的生产、流通和劳务服务各个环节所创造的新增价值为课税对象的一种流转税。我国自1994年全面推行并采用国际通行的增值税制，这有利于促进专业分工与协作，体现税负的公平合理，稳定国家财政收入，同时也有利于出口退税的规范操作。

2）增值税的征纳

进口环节的增值税由海关依法向进口货物的单位或个人征收，其他环节的增值税由税务机关征收。进口环节增值税的免税、减税项目由国务院规定，任何地区、部门都无权擅自决定增值税的减免。进口环节增值税的起征额为人民币50元，低于50元的免征。

在中华人民共和国境内销售货物或者提供加工、修理、修配劳务以及进口货物的单位和个人，为增值税的纳税义务人，应当依照增值税条例缴纳增值税。进口货物由纳税义务人（进口人或者其代理人）向报关地海关申报纳税。进口环节增值税的缴纳期限与关税相同。

3）征收范围

在我国境内销售货物（销售不动产或免征的除外）、进口货物和提供加工、修理、修配劳务的单位或个人，都要依法缴纳增值税。在我国境内销售货物，是指所销售的货物的起运地或所在地都在我国境内。

我国增值税的征收原则是中性、简便、规范，采取了基本税率再加一档低税率的征收模式。适用基本税率（17%）的范围包括：纳税人销售或者进口低税率货物以外的货物，以及提供加工、修理、修配劳务的。适用低税率（13%）的范围是指纳税人销售或进口以下货物：

（1）粮食、食用植物油；

（2）自来水、暖气、冷气、热水、煤气、石油液化气、天然气、沼气、居民用煤炭制品；

（3）图书、报纸、杂志；

（4）饲料、化肥、农药、农机、农膜；

（5）国务院规定的其他货物。

4）计算公式

进口环节的增值税以组成价格作为计税价格，征税时不得抵扣任何税额。其组成价格由关税完税价格加上关税组成；对于应征消费税的品种，其组成价格还要加上消费税。现行增值税的组成价格和应纳税额计算公式为：

增值税组成价格 = 进口关税完税价格 + 进口关税税额 + 消费税税额

应纳增值税税额 = 增值税组成价格 × 增值税税率

2. 消费税

1）概念

消费税是以消费品或消费行为的流转额作为课税对象而征收的一种流转税。我国消费税的立法宗旨和原则是调节我国的消费结构,引导消费方向,确保国家财政收入。我国的消费税是在对货物普遍征收增值税的基础上,选择少数消费品再予征收的税。我国消费税采用价内税的计税方法,即计税价格的组成中包括了消费税税额。

2)消费税的征纳

消费税由税务机关征收,进口环节的消费税由海关征收。进口环节消费税除国务院另有规定者外,一律不得给予减税、免税。进口环节消费税的起征额为人民币50元,低于50元的免征。

在中华人民共和国境内生产、委托加工和进口《消费税暂行条例》规定的消费品(以下简称"应税消费品")的单位和个人,为消费税的纳税义务人。进口的应税消费品,由纳税义务人(进口人或者其代理人)向报关地海关申报纳税。

进口环节消费税的缴纳期限与关税相同。

3)征收范围

消费税的征税范围,主要是根据我国经济社会发展现状和现行消费政策、人民群众的消费结构以及财政需要,并借鉴国外的通行做法确定的。

消费税的征收范围,仅限于少数消费品。自2006年4月1日起,对进口环节消费税费税税目、税率及相关政策进行调整,调整后征收进口环节消费税的商品共14类。

应税消费品大体可分为以下4种类型:

(1)一些过度消费会对人的身体健康、社会秩序、生态环境等方面造成危害的特殊消费品,例如烟、酒、酒精、鞭炮、焰火等;

(2)奢侈品、非生活必需品,例如贵重首饰及珠宝玉石等;

(3)高能耗的高档消费品,例如小轿车、摩托车、汽车轮胎等;

(4)不可再生和替代的资源类消费品,例如汽油、柴油等。

4)消费税的计算公式

我国消费税采用从价、从量的方法计征。

(1)从价征收的消费税按照组成的计税价格计算,其计算公式为:

$$消费税组成计税价格 = (进口关税完税价格 + 进口关税税额) \div (1 - 消费税税率)$$

$$应纳消费税税额 = 组成计税价格 \times 消费税税率$$

(2)从量征收的消费税的计算公式为:

$$应纳消费税税额 = 应征消费税消费品数量 \times 消费税单位税额$$

(3)同时实行从量、从价征收的消费税是上述两种征税方法计算的税额之和。其计算公式为:

$$应纳消费税税额 = 应征消费税消费品数量 \times 消费税单位税额 + 消费税组成计税价格 \times 消费税税率$$

三、船舶吨税

1. 概念

船舶吨税是由海关在设关口岸对进出、停靠我国港口的国际航行船舶征收的一种使用税。

征收船舶吨税的目的是用于航道设施的建设。

2. 征收依据

根据《船舶吨税暂行办法》的规定，国际航行船舶在我国港口行驶，使用了我国的港口和助航设备，应缴纳一定的税费。凡征收了船舶吨税的船舶不再征收车船税；对已经征收车船使用税的船舶，不再征收船舶吨税。

船舶吨税分为优惠税率和普通税率两种。凡与中华人民共和国签订互惠协议的国家或地区适用船舶吨税优惠税率，未签订互惠协议的国家或地区适用船舶吨税普通税率。

香港、澳门籍船舶适用船舶吨税优惠税率。

3. 征收范围

根据现行办法规定，应征吨税的船舶有以下几种：

(1)在我国港口行驶的外国籍船舶；

(2)外商租用(程租除外)的中国籍船舶；

(3)中外合营海运企业自有或租用的中、外国籍船舶；

(4)我国租用的外国籍国际航行船舶。

根据规定，香港、澳门回归后，香港、澳门特别行政区为单独关税区。对于香港、澳门特别行政区海关已征收船舶吨税的外国籍船舶，进入内地港口时，仍应照章征收船舶吨税。

4. 计算公式

1)船舶吨位的计算

我国现行规定，按大吨位、净吨位计征吨税。

2)吨税征收和退补

船舶吨税起征日为“船舶直接抵口之日”，即进口船舶应自申报进口之日起征。如进境后驶达锚地的，以船舶抵达锚地之日起计算；进境后直接靠泊的，以靠泊之日起计算。

船舶吨税的征收方法分为 90 天期缴纳和 30 天期缴纳两种，并分别确定税额，缴纳期限由纳税人在申请完税时自行选择。

吨税的计算公式如下：

船舶吨税税额 = 注册净吨位 × 船舶吨税税率　　(元/净吨)

船舶负责人因不明规定而造成重复缴纳船舶吨税的，或其他原因造成错征、漏征的，海关验凭船舶负责人或其代理人提供的有效证明文件，在 1 年内办理船舶吨税的退补手续。

四、滞纳金

1. 征收范围

滞纳金是海关税收管理中的一种行政强制措施，指应纳关税的单位或个人因在规定期限内未向海关缴纳税款而依法应缴纳的款项。按照规定，关税、进口环节增值税、消费税、船舶吨税等的纳税人或其代理人，应当自海关填发税款缴款书之日起 15 日内向指定银行缴纳税款，逾期缴纳的，海关依法在原应纳税款的基础上，按日加收滞纳税款 0.5‰的滞纳金。

滞纳天数的计算是自滞纳税款之日起至进出口货物的纳税人缴纳税费之日止，其中的法定节假日不予扣除。缴纳期限届满日遇星期六、星期日等休息日或者法定节假日的，应当顺延至休息日或法定节假日之后的第一个工作日。国务院临时调整休息日与工作日的，则按照调

整后的情况计算缴款期限。

2. 征收标准

滞纳金的起征额为人民币 50 元，不足人民币 50 元的免予征收。

其计算公式为：

关税滞纳金金额 = 滞纳关税税额 ×0.5‰ × 滞纳天数

进口环节海关代征税滞纳金金额 = 滞纳代征税税额 ×0.5‰ × 滞纳天数

五、滞报金

进口货物收货人未按规定期限向海关申报产生滞报的，由海关按规定自戕滞报金。目的是为了加速口岸疏运，加强海关对进口货物的通关管理，促使进口货物收货人按规定时限申报。

进口货物滞报金按日征收。计征起始日为运输工具申报进境之日起第 15 日，截止日为海关接受申报之日。起始日和截止日均计入滞报期间。

滞报金的日征收金额为进口货物完税价格的 0.5‰，以人民币"元"为计征单位，不足人民币 1 元的部分免予计征。

征收滞报金的计算公式为：

应征滞报金金额 = 进口货物完税价格 ×0.5‰ × 滞报天数

滞报金的起征点为人民币 50 元。

第二节　进出口货物完税价格的审定

进出口货物完税价格是海关对进出口货物征收从价税时审查估定的应税价格，是凭以计征进出口货物关税及进口环节税税额的基础。审定进出口货物完税价格是贯彻关税政策的重要环节，也是海关依法行政的重要体现。海关应当遵循客观、公平、统一的估价原则，依据《海关法》、《关税条例》和《中华人民共和国海关审定进出口货物完税价格办法》（以下简称《审价办法》）审定进出口货物的完税价格。

一、一般进口货物完税价格的审定

海关确定进口货物完税价格有六种估价方法：成交价格方法、相同货物成交价格方法、类似货物成交价格方法、倒扣价格方法、计算价格方法和合理方法。这六种估价方法必须依次使用，即只有在不能使用前一种估价方法的情况下，才可以顺延使用其他估价方法。如果进口货物收货人提出要求并提供相关资料，经海关同意，可以选择倒扣价格方法和计算价格方法的适用次序。

1. 成交价格方法

成交价格方法是《关税条例》及《审价办法》规定的第一种估价方法，它建立在进口货物实际发票或合同价格的基础上，在海关估价实践中使用率最高。

1）成交价格的定义

成交价格是指卖方向中华人民共和国境内销售该货物时买方为进口该货物向卖方实付、

应付的，并按有关规定调整后的价款总额，包括直接支付的价款和间接支付的价款。这里的“成交价格”有特定的含义，它已经不完全等同于贸易中实际发生的发票或合同价格。

2）完税价格

《审价办法》规定，进口货物的完税价格是指由海关以该货物的成交价格为基础审查确定，并应包括货物运抵中华人民共和国境内输入地点起卸前的运输及其相关费用、保险费。“相关费用”主要是指与运输有关的费用，如装卸费、搬运费等属于广义的运费范畴内的费用。成交价格需满足一定条件才能被海关接受。

3）成交价格的本身必须满足的条件

①买方对进口货物的处置和使用不受限制，但国内法律、行政法规规定的限制、对货物转售地域的限制、对货物价格无实质影响的限制除外；

②货物的价格不应受到导致该货物成交价格无法确定的条件或因素的影响；

③卖方不得直接或间接从买方获得因转售、处置或使用进口货物而产生的任何收益，除非上述收益能够被合理确定；

④买卖双方没有特殊关系或双方之间的特殊关系不影响价格。

有以下情形之一的，应当认定买卖双方有特殊关系：买卖双方为同一家族成员；买卖双方互为商业上的高级职员或董事；一方直接或间接地受另一方控制；买卖双方都直接或间接地受第三方控制；买卖双方共同直接或间接地控制第三方；一方直接或间接地拥有、控制或持有对方5%或以上公开发行的有表决权的股票或股份；一方是另一方的雇员、高级职员或董事；买卖双方是同一合伙的成员。

4）成交价格的调整因素

调整因素包括计入项目和扣除项目。

（1）计入项目

下列项目若由买方支付，必须计入完税价格。主要包括：

①除购货佣金以外的佣金和经纪费。

②与进口货物视为一体的容器费用。此类容器主要指与货物成为一个整体，并归入同一个税则号列的容器，如酒瓶、香水瓶等。如其价格没包括在酒、香水的实付或应付价格中的，应该计入。

③包装材料和包装劳务费用。此类费用主要指进口货物在包装的过程中发生的一些成本和费用。

④协助的价值。在国际贸易中，买方以免费或以低于成本价的方式向卖方提供了一些货物或服务，这些货物或服务的价值被称为协助的价值。

⑤特许权使用费。特许权使用费是指进口货物的买方为获得使用专利、商标、专有技术、享有著作权的作品和其他权利的许可而支付的费用。

⑥卖方直接或间接从买方对货物进口后转售、处置或使用所得中获得的收益。

上述所有应计入到实付或应付价格中的调整因素的价值或费用，必须同时满足三个条件：由买方负担；未包括在进口货物的实付或应付的价格中；有客观量化的数据资料。如果纳税义务人不能提供客观量化的数据资料，海关可以不采用成交价格的方法而依次使用其他估价方法估价。

(2)扣减因素

价格调整因素的减项主要包括:

①厂房、机械、设备等货物进口后进行建设、安装、装配、维修和技术服务的费用。这些费用实际上是一种对劳务的支付,而不是对进口货物本身的支付;

②货物运抵境内输入地点起卸后的运输及其相关费用、保险费;

③进口关税和国内税。

上述三项费用扣除的前提条件:必须是其能与进口货物的实付或应付价格相区分,并在发票或合同中是单独列明的,否则不能扣除。

此外,进口货物涉及为在境内复制进口货物而支付的费用、技术培训及境外考察费用,如属于单独列明的,经海关审查确认后,不计入进口货物的完税价格。

2. 相同或类似货物成交价格方法

如果进口货物不存在买卖关系以及不符合成交价格条件的,就不能采用成交价格方法,而应按照顺序考虑采用相同或类似进口货物的成交价格方法。

相同或类似进口货物的成交价格方法,除了货物本身有区别以外,其他方面的适用条件均与成交价格方法一样。

1)相同货物和类似货物

相同货物是指与进口货物在同一国家或地区生产的,在物理性质、质量和信誉等所有方面都相同的货物,但表面的微小差异允许存在。

类似货物是指与进口货物在同一国家或地区生产的,虽然不是在所有方面都相同,但却具有类似的特征、类似的组成材料、同样的功能,并且在商业中可以互换的货物。

2)相同或类似货物的时间要素

时间要素是指相同或类似货物必须与进口货物同时或大约同时进口,其中的“同时或大约同时”,为在进口货物接受申报之日的前后各45天以内。

3)价格调整

采用相同或类似货物成交价格估价方法,必须使用与进口货物相同商业水平、大致相同数量的相同或类似货物。如果没有相同商业水平和大致相同数量,可以采用不同商业水平和不同数量销售的相同或类似进口货物,但必须对因商业水平和数量、运输距离和方式的不同所产生的价格方面的差异作出调整,调整必须建立在客观量化的数据资料的基础上。

3. 倒扣价格方法

倒扣价格方法是以被估的进口货物、相同或类似进口货物在境内第一环节的销售价格为基础,扣除境内发生的有关费用来估定完税价格。

1)货物应同时符合的条件

①在被估货物进口时或大约同时,将该货物、相同或类似进口货物在境内销售;

②按照该货物进口时的状态销售;

③在境内第一环节销售;

④合计的货物销售总量最大;

⑤向境内无特殊关系方的销售。

2)倒扣价格方法应扣除的费用

①该货物的同等级或同种类货物在境内销售时的利润和一般费用及通常支付的佣金；

②货物运抵境内输入地点之后的运费、保险费、装卸费及其他相关费用；

③进口关税、进口环节税和其他与进口或销售该货物有关的国内税；

④加工增值额。

4. 计算价格方法

计算价格方法既不是以成交价格，也不是以在境内的转售价格作为基础，它是以发生在生产国或地区的生产成本作为基础的价格。因此，使用这种方法必须依据境外的生产商提供的成本方面的资料。此方法也是使用率最低的一种方法。

采用计算价格方法的进口货物的完税价格由下列各项的总和构成：

①生产该货物所使用的原材料价值和进行装配或其他加工的费用；

②与向我国境内出口销售同级或同类货物相符的利润和一般费用；

③货物运抵中华人民共和国境内输入地点起卸前的运输及其相关费用、保险费。

5. 合理方法

合理的估价方法，实际上不是一种具体的估价方法，而是规定了使用方法的范围和原则，即运用合理方法，必须符合《关税条例》、《审价办法》的公平、统一、客观的估价原则，必须以境内可以获得的数据资料为基础。在使用合理方法估价时，禁止使用以下6种价格：

①境内生产的货物在境内销售的价格，也就是国内生产的商品在国内的价格；

②在备选价格中选择高的价格；

③依据货物在出口地市场的销售价格，也就是出口地境内的市场价格；

④依据《关税条例》、《审价办法》规定之外的生产成本价格；

⑤依据出口到第三国或地区的货物的销售价格；

⑥依据最低限价或武断、虚构的价格。

二、特殊进口货物完税价格的审定

相对于一般进口货物而言，特殊进口货物由于其特殊的贸易方式或特殊的交易方式，不存在成交价格或无法确定其成交价格，因此对完税价格的审定不同于一般进口货物。

1. 加工贸易进口料件和制成品的完税价格

对加工贸易进口货物估价的核心问题是按制成品征税还是按料件征税，以及征税的环节是在进口环节还是在内销环节。其主要规定有：

①进口时需征税的进料加工进口料件，以该料件申报进口时的成交价格估定。进口时需征税的进料加工进口料件，主要是指不予保税部分的进料加工进口料件。一般来讲，进料加工进口料件在进口环节都有成交价格，因此以该料件申报进口时的价格确定；

②内销的进料加工进口料件或其制成品（包括残次品），以料件原进口时的成交价格估定。制成品因故转为内销时，以制成品所含料件原进口时的价格确定；

③内销的来料加工进口料件或其制成品（包括残次品），以料件申报内销时的价格估定；

④出口加工区内的加工企业内销的制成品（包括残次品、副产品），以制成品申报内销时的价格确定；

⑤保税区内的加工企业内销的进口料件及其制成品(包括残次品、副产品),分别以料件或制成品申报内销时的价格估定。如果内销的制成品中含有从境内采购的料件,则以所含从境外购入的料件原进口时的价格确定;

⑥加工贸易加工过程中产生的边角料、副产品,以海关审定的内销价格确定。

2. 从保税区、出口加工区销往境内非特定区域(指保税区、出口加工区、保税物流园区以外的其他区域)和从保税仓库出库内销的非加工贸易货物的完税价格

从保税区、出口加工区销往境内非特定区域和从保税仓库出库内销的非加工贸易货物,以海关审定的从保税区或出口加工区销往区外、从保税仓库出仓内销的价格估定完税价格。对经审核销售价格不能确定的,海关按照《关税条例》、《审价办法》的相关规定确定完税价格。如果销售价格中未包括在保税区、出口加工区或保税仓库中发生的仓储、运输及其他相关费用的,海关按照客观量化的数据资料予以计入。

3. 出境修理货物的完税价格

运往境外修理的机械器具、运输工具或其他货物,出境时已向海关报明,并在海关规定期限内复运进境的,海关以境外修理费和料件费审查确定完税价格。

4. 出料加工进口货物的完税价格

运往境外加工的货物,出境时已向海关报明,并在海关规定期限内复运进境的,海关以境外加工费和料件费以及该货物复运进境的运输及其相关费用、保险费审查确定完税价格。

5. 暂准进境不复运出境的货物的完税价格

对于经海关批准的暂准进境不复运出境的货物,按照《关税条例》、《审价办法》的相关规定确定完税价格。

6. 租赁进口货物的完税价格

①以租金方式对外支付的租赁货物在租赁期间以海关审定的该货物的租金作为完税价格;

②留购的租赁货物以海关审定的留购价格作为完税价格;

③承租人申请一次性缴纳税款的,可以选择按照《关税条例》、《审价办法》的规定估定完税价格,或者按照海关审查确定的租金总额作为完税价格。

7. 留购的进口货样、展览品和广告品的完税价格

对于境内留购的进口货样、展览品和广告陈列品,以海关审定的留购价格作为完税价格。

8. 特定减免税货物的完税价格

减税或免税进口的货物需预征、补税时,海关以审定的该货物原进口时的价格,扣除折旧部分价值作为完税价格,其计算公式如下:

$$\text{完税价格} = \text{海关审定该货物原进口时的价格} \times [1 - \text{征、补税时实际已使用的月数}/(\text{监管年限} \times 12)]$$

9. 其他特殊进口货物的完税价格

以易货贸易、寄售、捐赠、赠送等其他方式进口的货物,由于不存在成交价格,海关与纳税人磋商后,按照《审价办法》的相关规定确定完税价格。

10. 软件介质的估价方法

进口供数据处理设备用载有软件的介质,如介质本身的价值或成本与所载软件的价值

分列，以及介质本身的价值或成本与所载软件的价值虽未分列，但进口人能够提供介质本身的价格或成本的证明文件，或能提供所载软件价值的证明文件，所载软件的价值不计入完税价格。

含有美术、摄影、声音、录像、影视、游戏、电子出版物的介质不适用上述规定。

三、出口货物完税价格的审定

1. 出口货物的成交价格

出口货物的成交价格，是指该货物出口时卖方为出口该货物向买方直接收取和间接收取的价款总额。

2. 出口货物的完税价格

出口货物的完税价格由海关以该货物的成交价格为基础审查审定，包括货物运至中华人民共和国境内输出地点装载前的运输及相关费用、保险费。

3. 不计入出口货物完税价格的税收、费用

①出口关税；

②在货物价款中单独列明的货物运至中华人民共和国境内输出地点装载后的运输及相关费用、保险费；

③在货物价款中单独列明的由卖方承担的佣金。

4. 出口货物其他估价方法

出口货物的成交价格不能确定时，完税价格由海关依次使用下列方法估定：

①与该货物同时或大约同时向同一国家或地区出口的相同货物的成交价格；

②与该货物同时或大约同时向同一国家或地区出口的类似货物的成交价格；

③按照境内生产相同或类似货物的料件成本、加工费用、通常的利润和一般费用、境内发生的运输及其相关费用、保险费各项总和计算所得的价格；

④以合理方法估定的价格。

出口货物完税价格的计算公式如下：

$$\text{出口货物完税价格} = \text{FOB} - \text{出口关税} = \frac{\text{FOB}}{1 + \text{出口关税税率}}$$

四、纳税义务人在海关审定完税价格时的权利和义务

1. 纳税人的权利

①要求具保放行货物的权利，即在海关审查确定进出口货物的完税价格期间，纳税义务人可以在依法向海关提供担保后，先行提取货物。

②估价方法的选择权，即如果纳税义务人向海关提供相关资料的，可以提出申请，颠倒倒扣价格方法和计算价格方法的适用次序。

③知情权，即纳税义务人可以提出书面申请，要求海关就如何确定其进出口货物的完税价格作出书面说明。

④申诉权，即依法向上一级海关申请行政复议的权力，对复议决定不服的，可以依法向法院提起行政诉讼的权利。

2. 纳税义务人的义务

①如实提供单证及其他相关资料的义务，即纳税义务人向海关申报时，应当按照《审价办法》的有关规定，向海关如实提供包括发票、合同、提单、装箱清单等单证。根据海关要求，纳税义务人还应当如实提供与货物买卖有关的支付凭证及证明申报价格真实、准确的其他商业单证、书面资料和电子数据。

②如实申报及举证的义务，即货物买卖中发生《审价办法》规定中所列的价格调整项目的，纳税义务人应当如实向海关申报。价格调整项目如果需要分摊计算的，纳税人应当根据客观量化的标准进行分摊，并同时向海关提供分摊的依据。

③举证证明特殊关系未对进口货物的成交价格产生影响的义务，即买卖双方虽然存在特殊关系，但纳税义务人认为特殊关系并未对进口货物的成交价格产生影响时，应提供相关资料，以证明其成交价格符合《审价办法》的规定。

五、海关估价中的价格质疑程序和价格磋商程序

1. 价格质疑程序

在确定完税价格过程中，海关对申报价格的真实性或准确性有怀疑，或认为买卖双方的特殊关系可能影响到成交价格时，提出价格质疑的理由并书面通知纳税义务人或其代理人。

纳税义务人应在收到价格质疑通知书之日起的15个工作日内，以书面形式提供相关资料或其他证据，证明其申报价格真实、准确或双方间的特殊关系未影响成交价格。确有正当理由无法在规定的期限内提供上述资料的，可以在规定期限届满前以书面形式向海关申请延期，除特殊情况外，延期不得超过10个工作日。

鉴于价格质疑程序的履行是为了核实成交价格的真实性、准确性和完整性，对于进口货物没有成交价格，或申报价格明显不符合成交价格条件的情况，海关无须履行价格质疑程序，可直接进入价格磋商程序。

2. 价格磋商程序

价格磋商是指海关在使用除成交价格以外的估价方法时，在保守商业秘密的基础上，与纳税义务人交换彼此掌握的用于确定完税价格的资料数据的行为。

海关按照《审价办法》规定通知纳税义务人进行价格磋商时，纳税义务人自收到“中华人民共和国海关价格磋商通知书”之日起5个工作日内需与海关进行价格磋商。纳税义务人未在规定的时限内与海关进行磋商的，视为其放弃价格磋商的权利，海关可以直接按照《审价办法》规定的方法审查确定进出口货物的完税价格。

价格磋商是海关估价中的必经程序。纳税义务人应重视价格磋商环节，积极配合海关履行价格磋商程序，如实填报进口货物有关情况并提供相关的信息资料。

对符合下列情形之一的，经纳税义务人书面申请，海关可以不进行价格质疑以及价格磋商，依法审查确定进出口货物的完税价格：

①同一合同项下分批进出口的货物，海关对其中一批货物已经实施估价的；

②进出口货物的完税价格在人民币10万元以下或者关税及进口环节税总额在人民币2万元以下的；

③进出口货物属于危险品、鲜活品、易腐品、易失效品、废品、旧品等的。

第三节 进口货物原产地的确定与税率适用

一、进口货物原产地的确定

1．原产地规则的含义

各国为了适应国际贸易的需要，并为执行本国关税及非关税方面的国别歧视性贸易措施，必须对进出口商品的原产地进行认定。但是，货物原产地的认定需要以一定的标准为依据。为此，各国以本国立法形式制定出其鉴别货物"国籍"的标准，这就是原产地规则。

WTO《原产地规则协议》将原产地规则定义为：一国（地区）为确定货物的原产地而实施的普遍适用的法律、法规和行政决定。

2．原产地规则的类别

从适用目的的角度划分，原产地规则分为优惠原产地规则和非优惠原产地规则。

1）优惠原产地规则

优惠原产地规则是指一国为了实施国别优惠政策而制定的原产地规则，优惠范围以原产地为受惠国的进口产品为限。它是出于某些优惠措施规定的需要，根据受惠国的情况和限定的优惠范围，制定的一些特殊原产地认定标准，而这些标准是给惠国和受惠国之间通过多边或双边协定形式制定的，所以又称为"协定原产地规则"。

2）非优惠原产地规则

非优惠原产地规则是指一国根据实施其海关税则和其他贸易措施的需要，由本国立法自主制定的原产地规则，故也称为"自主原产地规则"。也就是说，非优惠原产地规则是为实施最惠国待遇、反倾销和反补贴、保障措施、原产地标记管理、国别数量限制、关税配额等非优惠性贸易措施，以及进行政府采购、贸易统计等活动而认定进出口货物原产地的标准。其实施必须遵守最惠国待遇原则，即必须普遍地、无差别地适用于所有原产地为最惠国的进口货物。

3．原产地认定标准

在认定货物原产地时，会出现以下两种情况：一种是货物完全是在一个国家（地区）获得或生产制造；另一种是货物的生产或制造有两个及以上国家（地区）生产或制造。对此我国规定了原产地认定标准。

1）优惠原产地认定标准

优惠原产地认定标准主要有"完全在一个国家（地区）生产的标准（即完全获得标准）"、"增值标准"、"直接运输标准"。

（1）完全获得标准

①在该国（地区）领土或领海开采的矿产品；

②在该国（地区）领土或领海收获或采集的植物产品；

③在该国（地区）领土出生和饲养的活动物及从其所得产品；

④在该国（地区）领土或领海狩猎或捕捞所得的产品；

⑤由该国（地区）船只在公海捕捞的水产品和其他海洋产品；

⑥该国(地区)加工船加工的前述第⑤项所列物品所得的产品;

⑦在该国(地区)收集的仅适用于原材料回收的废旧物品;

⑧该国(地区)利用上述①~⑦项所列产品加工所得的产品。

(2)增值标准

对于非完全在某一受惠国获得或生产的货物,满足以下条件时,应以进行最后加工制造的受惠国视为有关货物的原产国(地区):

①货物的最后加工制造工序在受惠国完成;

②用于加工制造的非原产于受惠国及产地不明的原材料、零部件等成分的价值占进口货物 FOB 的比例,在上述不同的协定框架下,增值标准各有不同。

(3)直接运输标准

不同协定框架下的优惠原产地规则中的直接运输标准各有不同。

2)非优惠原产地认定标准

非优惠原产地认定标准主要有"完全在一个国家(地区)生产的标准(即完全获得标准)"和"实质性改变标准"。

(1)完全获得标准

完全在一个国家(地区)获得或生产制造的货物,以该国(地区)为原产地。以下产品视为在一国(地区)"完全获得":

①在该国(地区)出生并饲养的活的动物;

②在该国(地区)野外捕捉、捕捞、搜集的动物;

③从该国(地区)的活的动物获得的未经加工的物品;

④在该国(地区)收获的植物和植物产品;

⑤在该国(地区)采掘的矿物;

⑥在该国(地区)获得的除上述①~⑤项范围之外的其他天然生成的物品;

⑦在该国(地区)生产过程中产生的只能弃置或者回收用作材料的废碎料;

⑧在该国(地区)收集的不能修复或者修理的物品,或者从该物品中回收的零件或者材料;

⑨由合法悬挂该国旗帜的船舶从其领海以外海域获得的海洋捕捞物和其他物品;

⑩在合法悬挂该国旗帜的加工船上加工上述第⑨项所列物品获得的产品;

⑪从该国领海以外享有专有开采权的海床或者海床底土获得的物品;

⑫在该国(地区)完全从上述①~⑪项所列物品中生产的产品。

在确定货物是否在一个国家(地区)完全获得时,为运输、贮存期间保存货物而作的加工或者处理,为货物便于装卸而作的加工或者处理,为货物销售而作的包装等加工或者处理等,不予考虑。

(2)实质性改变的确定标准

两个及以上国家(地区)参与生产或制造的货物,以最后完成实质性改变的国家(地区)为原产地。以税则归类改变为基本标准,税则归类改变不能反映实质性改变的,以从价百分比、制造或者加工工序等为补充标准。

这里所称的税则归类改变,是指在某一国家(地区)对非该国(地区)原产材料进行制造、加工后，所得货物在《中华人民共和国进出口税则》中的四位数税号一级的税则归类发生改变。

这里所称的制造或者加工工序，是指在某一国家（地区）进行的赋予制造、加工后所得货物基本特征的主要工序。

这里所称的从价百分比，是指在某一国家（地区）对非该国（地区）原产材料进行制造、加工后的增值部分，超过所得货物价值的30%。用公式表示如下：

$$\frac{\text{工厂交货价}-\text{非该国(地区)原产材料价值}}{\text{工厂交货价}}\times 100\% \geqslant 30\%$$

这里应注意：上述"工厂交货价"是指支付给制造厂所生产的成品的价格；"非该国（地区）原产材料价值"是指直接用于制造或装配最终产品而进口原料、零部件的价值（含原产地不明的原料、零配件），以其进口"成本、保险费加运费"价格（CIF）计算。

以上述"制造、加工工序"和"从价百分比"作为标准来判定实质性改变的货物在有关的《适用制造或者加工工序及从价百分比标准的货物清单》中具体列明，并按列明的标准判定是否发生实质性改变。未列入上述清单货物的实质性改变的判定，应当适用税则归类改变标准。上述《适用制造或者加工工序及从价百分比标准的货物清单》由海关总署会同商务部、国家质量监督检验检疫总局根据实施情况修订并公告。

上述实质性改变标准适用于非优惠性贸易措施项下两个及以上国家（地区）所参与生产的货物原产地的确定。

二、税率适用

1．税率适用原则

进口税则分设最惠国税率、协定税率、特惠税率、普通税率、关税配额税率等税率。对进口货物在一定期限内可以实行暂定税率。根据我国加入世界贸易组织承诺的关税减让义务，2007年经调整后我国的进口关税总水平为9.8%。

出口税则按进口税则列目方式调整出口税则税目，对部分出口商品实行暂定出口税率。

1）进口税率适用原则

对于同时适用多种税率的进口货物，在选择适用的税率时，基本的原则是"从低计征"，特殊情况除外。

①原产于共同适用最惠国待遇条款的世界贸易组织成员的进口货物，原产于与中华人民共和国签订含有相互给予最惠国待遇条款的双边贸易协定的国家或者地区的进口货物，以及原产于中华人民共和国境内的进口货物，适用最惠国税率。原产于与中华人民共和国签订含有关税优惠条款的区域性贸易协定的国家或者地区的进口货物，适用协定税率。原产于与中华人民共和国签订含有特殊关税优惠条款的贸易协定的国家或者地区的进口货物，适用特惠税率。上述之外的国家或者地区的进口货物，以及原产地不明的进口货物，适用普通税率。

②适用最惠国税率的进口货物有暂定税率的，应当适用暂定税率；适用协定税率、特惠税率的进口货物有暂定税率的，应当从低适用税率；适用普通税率的进口货物，不适用暂定税率。对于无法确定原产国（地区）的进口货物，按普通税率征税。

③按照国家规定实行关税配额管理的进口货物，关税配额内的，适用关税配额税率；关税

配额外的，其税率的适用按其所适用的其他规定执行。

④按照有关法律、行政法规的规定对进口货物采取反倾销、反补贴、保障措施的，其税率的适用按照《中华人民共和国反倾销条例》、《中华人民共和国反补贴条例》和《中华人民共和国保障措施条例》的有关规定执行。

⑤任何国家或者地区违反与中华人民共和国签订或者共同参加的贸易协定及相关协定，对中华人民共和国在贸易方面采取禁止、限制、加征关税或者其他影响正常贸易的措施的，对原产于该国家或者地区的进口货物可以征收报复性关税，适用报复性关税税率。征收报复性关税的货物、适用国别、税率、期限和征收办法，由国务院关税税则委员会决定并公布。

⑥实施贸易救济措施（包括反倾销、反补贴和保障措施等）的进口商品，会涉及部分原产于优惠贸易协定国家或地区的进口商品，因此，凡进口原产于与我国达成优惠贸易协定的国家或地区并享受协定税率的商品，同时该商品又属于我国实施反倾销或反补贴措施范围内的，应按照优惠贸易协定税率计征进口关税；凡进口原产于与我国达成优惠贸易协定的国家或地区并享受协定税率的商品，同时该商品又属于我国采取保障措施范围内的，应在该商品全部或部分中止、撤销、修改关税减让义务后所确定的适用税率基础上计征进口关税。

⑦执行国家有关进出口关税减征政策时，首先应当在最惠国税率基础上计算有关税目的减征税率，然后根据进口货物的原产地及各种税率形式的适用范围，将这一税率与同一税目的特惠税率、协定税率、进口暂定最惠国税率进行比较，税率从低执行，但不得在暂定最惠国税率基础上再进行减免。

⑧从2002年起我国还对部分非全税目信息技术产品的进口按ITA税率征税。

2）出口税率适用原则

适用出口税率的出口货物有暂定税率的，应当适用暂定税率。

2. 税率适用时间

《关税条例》规定，进出口货物应当适用海关接受该货物申报进口或者出口之日实施的税率。在实际运用时应区分以下不同情况：

（1）进口货物到达前，经海关核准先行申报的，应当适用装载该货物的运输工具申报进境之日实施的税率。

（2）进口转关运输货物，应当适用指运地海关接受该货物申报进口之日实施的税率；货物运抵指运地前，经海关核准先行申报的，应当适用装载该货物的运输工具抵达指运地之日实施的税率。

（3）出口转关运输货物，应当适用起运地海关接受该货物申报出口之日实施的税率。

（4）经海关批准，实行集中申报的进出口货物，应当适用每次货物进出口时海关接受该货物申报之日实施的税率。

（5）因超过规定期限未申报而由海关依法变卖的进口货物，其税款计征应当适用装载该货物的运输工具申报进境之日实施的税率。

（6）因纳税人违反规定需要追征税款的进出口货物，应当适用违反规定的行为发生之日实施的税率；行为发生之日不能确定的，适用海关发现该行为之日实施的税率。

（7）已申报进境并放行的保税货物、减免税货物、租赁货物或者已申报进出境并放行的暂时进出境货物,有下列情形之一需缴纳税款的,应当适用海关接受纳税义务人再次填写报关单申报办理纳税及有关手续之日实施的税率:

①保税货物经批准不复运出境的;

②保税仓储货物转入国内市场销售的;

③减免税货物经批准转让或者移做他用的;

④可暂不缴纳税款的暂时进出境货物,经批准不复运出境或者进境的;

⑤租赁进口货物,分期缴纳税款的。

进出口货物关税的补征和退还,按照上述规定确定适用的税率。

训练 6-1:

1. 对于买卖双方之间存在的特殊关系是否影响进口货物的成交价格,承担举证责任的是(　　)。

A. 行业协会　　B. 卖方　　C. 纳税人　　D. 海关

2. 关于暂定税率适用的原则,下列表述错误的是(　　)。

A. 适用最惠国税率的进口货物同时有暂定税率的,应当适用暂定税率

B. 适用协定税率、特惠税率的进口货物有暂定税率的,应当从低适用税率

C. 适用普通税率的进口货物,不适用暂定税率

D. 适用出口税率的出口货物有暂定税率的,不适用暂定税率

3. 因纳税义务人违反规定造成少征或漏征税款的,海关可以在规定期限内追征税款并从缴纳税款或者货物放行之日起至海关发现违规行为之日止按日加收少征或漏征税款的滞纳金。其规定期限和滞纳金的征收标准分别为(　　)。

A. 1 年,0.5‰　　B. 3 年,0.5‰　　C. 1 年,1‰　　D. 3 年,1‰

4. 海关于 2006 年 4 月 17 日(星期一)填发海关专用缴款书。为避免产生滞纳金,纳税义务人最迟应缴纳税款的日期是(　　)。

A. 4 月 30 日　　B. 5 月 2 日　　C. 5 月 8 日　　D. 5 月 9 日

第四节　进出口税费的计算

海关征收的关税、进口环节增值税、进口环节消费税、船舶吨税、滞纳金等一律以人民币计征,完税价格、税额采用四舍五入法计算至分,分以下四舍五入。关税及进口环节增值税、进口环节消费税、船舶吨税、滞纳金等税款的起征点为人民币 50 元。

进出口货物的成交价格及有关费用以外币计价的,计算税款前海关按照该货物适用税率之日所适用的计征汇率折合为人民币计算完税价格。

海关每月使用的计征汇率为上一个月的第三个星期三(第三个星期三为法定节假日的,顺延采用第四个星期三)中国人民银行的外汇折算价(简称"中行折算价"),人民币元后采用四舍五入法保留 4 位小数。如上述汇率发生重大波动,海关总署认为必要时,可另行规定计征汇率并发布公告。

一、进出口关税税款的计算

1. 进口关税税款的计算

海关按照《关税条例》的规定，以从价、从量或者国家规定的其他方式对进出口货物征收关税。目前，我国对进口关税采用的计征标准主要有：从价关税、从量关税、复合关税等。

1）从价关税

（1）从价关税是以进口货物的完税价格作为计税依据，以应征税额占货物完税价格的百分比作为税率；货物进口时，以此税率和实际完税价格相乘计算应征税额。

（2）计算公式

应征进口关税税额＝完税价格×法定进口关税税率

减税征收的进口关税税额＝完税价格×减按进口关税税率

（3）计算程序

①按照归类原则确定税则归类，将应税货物归入适当的税目税号；

②根据原产地规则和税率使用原则，确定应税货物所适用的税率；

③根据完税价格审定办法和规定，确定应税货物的 CIF 价格；

④根据汇率使用原则，将以外币计价的 CIF 价格折算成人民币（完税价格）；

⑤按照计算公式正确计算应征税款。

（4）计算实例

例 1：

中国内地某公司自香港购进日本皇冠牌轿车 10 辆，成交价格合计为 FOB 香港120 000.00 美元，实际支付运费 5 000 美元，保险费 800 美元。已知汽车的规格为 4 座位，汽缸容量 2 000cc，外汇折算率 1 美元＝人民币 8.2 元，计算应征进口关税。

计算方法：

确定税则归类，汽缸容量 2 000cc 的小轿车归入税目税号 8703.2314；

原产国日本适用最惠国税率 28%；

审定完税价格为 125 800 美元（120 000.00 美元十 5 000 美元＋800 美元）；

将外币价格折算成人民币为 1 031 560.00 元

应征进口关税税额＝完税价格×法定进口关税税率

＝1 031 560.00×28%＝288 836.80（元）

例 2：

国内某远洋渔业企业向美国购进国内性能不能满足需要的柴油船用发动机 2 台，成交价格合计为 CIF 境内目的地口岸 680 000.00 美元。批准该发动机进口关税税率减按 1% 计征。已知外币折算率 1 美元＝人民币 8.2 元，计算应征进口关税。

计算方法：

确定税则归类，该发动机归入税目税号 8 408.100 0；

原产国美国适用最惠国税率 5%；

审定 CIF 价格为 680 000 美元；

将外币价格折算成人民币为 5 576 000.00 的元；

应征进口关税税额 = 完税价格 × 减按进口关税税率

$= 5\ 576\ 000.00 \times 1\% = 55\ 760.00$(元)

2)从量关税

(1)从量关税是以进口商品的数量、体积、重量等计量单位计征关税的方法。计税时以货物的计量单位乘以每单位应纳税金额即可得出该货物的关税税额。

(2)计算公式

应征进口关税税额 = 货物数量 × 单位税额

(3)计算程序

①按照归类原则确定税则归类,将应税货物归入恰当的税目税号;

②根据原产地规则和税率使用原则,确定应税货物所适用的税率;

③确定其实际进口量;

④根据完税价格审定办法、规定,确定应税货物的 CIF 价格(计征进口环节增值税时需要);

⑤根据汇率使用原则,将外币折算成人民币(完税价格);

⑥按照计算公式正确计算应征税款。

(4)计算实例

例 3:

中国内地某公司从香港购进柯达彩色胶卷 50 400 卷(宽度 =35 毫米,长度不超 2 米),成交价格合计为 CIF 境内某口岸 10.00 港币/卷,已知外币折算率 1 港币 = 人民币 1.1 元,计算应征进口关税。

计算方法:

确定税则归类,彩色胶卷归入税目税号 3702.5410;

原产地香港适用最惠国税率 30 元/m^2;

确定其实际进口量 50 400 卷 ×0.05775 m^2/卷(以规定单位换算表折算,规格“135/36”1 卷 =0.057 75/ m^2) =2 910.6 m^2;

审定完税价格为 504 000 港币;

将外币总价格折算成人民币为 554 400.00 元(计征进口环节增值税时需要);

应征进口关税税额 = 货物数量 × 单位税额

$= 2\ 910.6\ m^2 \times 30$ 元/m^2 $= 87\ 318.00$(元)

3)复合关税

(1)复合关税是对某种进口商品混合使用从价税和从量税计征关税。

(2)计算公式

应征进口关税税额 = 货物数量 × 单位税额 + 完税价格 × 关税税率

(3)计算程序

①按照归类原则确定税则归类,将应税货物归入恰当的税目税号;

②根据原产地规则和税率使用原则,确定应税货物所适用的税率;

③确定其实际进口量;

④根据完税价格审定办法、规定,确定应税货物的完税价格;

⑤根据汇率使用原则,将外币折算成人民币;

⑥按照计算公式正确计算应征税款。

(4)计算实例

例 4:

国内某公司从日本购进广播级电视摄像机 40 台,其中有 20 台成交价格为 CIF 境内某口岸 4 000 美元/台,其余 20 台成交价格为 CIF 境内某口岸 5 200 美元/台,已知外币折算率 1 美元 = 人民币 8.2 元,计算应征进口关税。

计算方法:

确定税则归类,该批摄像机归入税目税号 8525.8012

原产国是日本,该货物的进口关税税率适用最惠国税率,其中 CIF 境内某口岸 4 000 美元/台的关税税率为单一从价税 35%;CIF 境内某口岸 5 200 美元/台的关税税率为 12 960 元从量税再加 3% 的从价关税。

审定后成交价格合计为 80 000 美元(4 000 美元/台 ×20 台)和 104 000(5 200 美元/台 × 20 台);

将外币价格折算成人民币分别为 656 000 元和 852 800 元;

按照计算公式分别计算进口关税税款。

单一从价进口关税税额 = 完税价格 × 进口关税税率

= 656 000.00 × 35% = 229 600.00(元)

复合进口关税税额 = 货物数量 × 单位税额 + 完税价格 × 关税税率

= 20 × 12 960 元/台 + 852 800.00 × 3% = 259 000.00 + 25 584.00

= 284 784.00(元)

合计进口关税税额 = 从价进口关税税额 + 复合进口关税税额

= 229 600.00 + 284 784.00 = 514 384.00(元)

4)滑准关税

(1)计算公式

计算关税税率:

2007 年对配额外进口一定数量的棉花(税号 5201.0000),实行 6% ~40% 的滑准税。当配额外进口棉花完税价格高于或等于 11.397 元/千克时,暂定关税优惠税率为 5%,当配额外进口棉花完税价格低于 11.397 元/千克时,暂定关税优惠税率按第一节所述公式计算:

(2)计算程序

①按照归类原则确定税则归类,将应税货物归入恰当的税目税号;

②根据原产地规则和税率使用原则,确定应税货物所适用的税率;

③根据完税价格审定办法、规定,确定应税货物的完税价格;

④根据关税税率计算公式计算关税税率;

⑤根据汇率使用原则,将外币折算成人民币;

⑥按照计算公式正确计算应征税款。

(3)计算实例

例 5:

国内某公司购进配额外未梳棉花 1 吨,原产地为美国,成交价格为 CIF 某口岸 800.00 美元。已知其适用中国银行的外汇折算价为1美元=人民币8.2元,计算应征进口关税税款。

计算方法:

确定税则归类:未梳棉花归入税目税号5201.0000.08;

确定关税税率:原产国适用最惠国税率,经查当进口棉花完税价格高于或等于11.397元/千克时,暂定关税优惠税率为6%;当进口棉花完税价格低于11.397元/千克时,暂定关税优惠税率为≤40%(滑准关税税率),即:当计算的关税税率小于40%,按照计算的关税税率计征关税,若计算的关税税率大于40%,则按照40%的关税税率计征关税;

审定完税价格:800美元×8.2/1000=6.56元/千克,低于11.397元/千克,按照滑准关税税率计征关税;

根据进口暂定关税税率(滑准关税税率)公式计算其暂定关税税率:

$$\text{该批棉花暂定关税税率 } R_i = \frac{INT[(\frac{P_t}{P_i \times E} + \alpha \times P_i \times E - 1) \times 1000 + 0.5]}{1000}$$

$$= \frac{INT[(\frac{8.8}{0.8 \times 8.2} + 2.526\% \times 0.8 \times 8.2 - 1) \times 1000 + 0.5]}{1000}$$

$$= \frac{528}{1000} = 52.8\%$$

该滑准关税税率计算后为52.8%,大于40%,按照40%的关税税率计征关税。

应征进口关税税额=暂定关税税率×完税价格(美元)×汇率

=40%×800×8.2=2 624.00(元)

例6:

某加工生产企业内销一批配额外未梳棉花1吨,原产地为美国,成交价格为CIF某口岸1 000.00美元。已知其适用中国银行的外汇折算价为1美元=人民币8.2元,计算应征进口关税税款。

计算方法:

确定税则归类:未梳棉花归入税目税号5201.0000.08;

确定关税税率:原产国适用最惠国税率,经查当进口棉花完税价格高于或等于11.397元/千克时,暂定关税优惠税率为6%;当进口棉花完税价格低于11.397元/千克时,暂定关税优惠税率为≤40%(滑准关税税率)

审定完税价格:1 000.00美元×8.2/1000=8.2元/千克,低于11.397元/千克,按照滑准关税税率计征关税;

根据进口暂定关税税率(滑准关税税率)公式计算其暂定关税税率:

$$\text{该批棉花暂定关税税率 } R_i = \frac{INT[(\frac{P_t}{P_i \times E} + \alpha \times P_i \times \mathbf{E} - 1) \times 1000 + 0.5]}{1000}$$

$$= \frac{INT[(\frac{8.8}{1 \times 8.2} + 2.526\% \times 1 \times 8.2 - 1) \times 1000 + 0.5]}{1000}$$

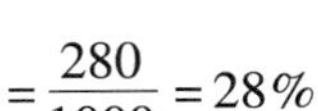

$$=\frac{280}{1000}=28\%$$

该滑准关税税率计算后为28%，小于40%，按照实际计算的关税税率计征关税。

应征进口关税税额＝暂定关税税率×完税价格（美元）×汇率

＝28%×1 000.00×8.2＝2296（元）

2. 出口关税税款的计算

目前我国仅对一小部分关系到国计民生的重要出口商品征收出口关税。

我国出口关税有从价和从量征收两种计征标准。

1）实行从价计征标准的出口关税的计算方法

（1）计算公式

应征出口关税税额＝完税价格×出口关税税率

完税价格＝成交价格（FOB）÷（1＋出口关税税率）

（2）计算程序

①按照归类原则确定税则归类，将应税货物归入恰当的税目税号；

②根据完税价格审定办法、规定，确定应税货物的FOB价格；

③根据汇率使用原则和税率使用原则，将外币折算成人民币；

④按照计算公式正确计算应征出口关税税款。

（3）计算实例

例7：

国内某企业从广州出境合金生铁一批，申报出口量86吨，每吨价格为FOB广州98美元。已知外汇折算率1美元＝人民币8.2元，要求计算出口关税。

计算方法：

确定税则归类，该批合金生铁归入税目税号7201.5000，税率为20%；

审定FOB为8 428美元；

将外币价格折算成人民币为69 109.60元；

出口关税税额＝FOB÷（1＋出口关税税率）×出口关税税率

＝69 109.60÷（1＋20%）×20%

＝57 591.33×20%

＝11 518.27（元）

2）实行从量计征标准的出口关税的计算方法

（1）计算公式

应征出口关税税额＝货品数量×单位税额

（2）计算程序

①按照归类原则确定税则归类，将应税货物归入恰当的税目税号；

②根据原产地规则和税率使用原则，确定应税货物所适用的税率；

③确定其实际出口量；

④按照计算公式正确计算应征出口关税税款。

（3）计算实例

例 8：

国内某服装制造企业从青岛出口棉制女式大衣 4 000 件、毛制男式长裤 4 500 件，成交总价（FOB）分别为 12 000.00 美元、15 750.00 美元。计算应征出口关税。

计算方法：

确定税则归类，棉制女式大衣归入税目税号 6202.1290，税率为 4.00 元/件；毛制男式长裤归入税目税号 6 203.410 0，税率为 3.00/件。

应征从量出口关税税额 = 货物数量 × 单位税额

= 4 000 × 4.00 元/件 + 4 500 × 3.00 元/件

= 16 000.00 + 13 500.00 = 29 500.00（元）

二、进口环节税的计算

1. 消费税税款的计算

1）计算公式

①从价征收的消费税按照组成的计税价格计算。其计算公式为：

应纳税额 = 组成计税价格 × 消费税税率

组成计税价格 =（关税完税价格 + 关税税额）÷（1 − 消费税税率）

②从量征收的消费税的计算公式为：

应纳税额 = 应征消费税消费品数量 × 单位税额

③同时实行从量、从价征收的消费税是上述两种征税方法计算的税额之和。其计算公式为：

应纳税额 = 应征消费税消费品数量 × 单位税额 + 组成计税价格 × 消费税税率

2）计算程序

①按照归类原则确定税则归类，将应税货物归入恰当的税目税号；

②根据有关规定，确定应税货物所适用的消费税税率；

③根据完税价格审定办法、规定，确定应税货物的 CIF 价格；

④根据汇率使用原则，将外币折算成人民币（完税价格）；

⑤按照计算公式正确计算消费税税款。

3）计算实例

例 9：

某进出口公司进口丹麦产啤酒 3 800 升，经海关审核其成交价格总值为 CIF 境内某口岸 1 672.00美元。兑换率为：1 美元 = 人民币 8.2 元，现计算应征的税款。

计算方法：

确定税则归类，啤酒归入税目税号 2203.0000；

原产国丹麦进口关税税率适用最惠国税率，啤酒的关税税率为 0 元/升，进口完税价格 ≥ 370 美元/吨时，消费税税率为 250 元/吨；进口完税价格 < 370 美元/吨时，消费税税率为 220 元/吨；

进口啤酒数量：3 800 升 ÷ 988 升/吨 = 3.846 吨，

计算完税价格单价：1 672 美元 ÷ 3.846 吨 = 434.74 美元/吨（进口完税价格 ≥ 370 美元/吨），

则消费税税率为250元/吨；

审定完税价格为1 672美元；

将外币价格折算成人民币为13 710元；

按照计算公式计算进口环节消费税。

进口环节消费税税额＝应征消费税消费品数量×单位税额

＝3.846吨×250元/吨

＝961.50元

2. 增值税税款的计算

例10：

某公司进口货物一批，经海关审核其成交价格为1 200.00美元，按兑换率1美元＝人民币8.2元，折合人民币为9 840.00元。已知该批货物的关税税率为12%，消费税税率为10%，增值税税率为17%。现计算应征增值税税额。

计算方法：

首先计算关税税额；然后计算消费税税额；最后再计算增值税税额。

计算关税税额：

应征关税税额＝完税价格×关税税率＝9 840.00×12%＝1 180.80（元）

计算消费税税额：

应征消费税税额＝（完税价格＋关税税额）÷（1－消费税税率）×消费税税率

＝（9 840.00＋1 180.80）÷（1－10%）×10%

＝12 245.33×10%＝1 224.53（元）

计算增值税税额：

应征增值税税额＝（关税完税价格＋关税税额＋消费税税额）×增值税税率

＝（9 840.00＋1 180.80＋1 224.53）×17%

＝12 245.33×17%＝2 081.71（元）

例11：

某进出口公司进口不用征收进口消费税的货物，经海关审核其成交价格总值为CIF境内某口岸800.00美元。已知该批货物的关税税率为35%，增值税税率为17%，兑换率为：1美元＝人民币8.2元。请计算应征增值税税额。

计算方法：

首先计算关税税额，然后再计算增值税税额。

计算关税税额：

应征关税税额＝完税价格×关税税率

＝800.00×8.2×35%＝6 560.00×35%＝2 296.00（元）

计算增值税税额：

应征增值税税额＝（完税价格＋关税税额）×增值税税率

＝（6 560.00＋2 296.00）×17%＝8 856.00×17%＝1 505.52（元）

三、其他税费的计算

1. 船舶吨税的计算

例 12：

有一美国籍净吨位为 8 800 吨的轮船，船名为“阿拉斯加”，停靠在我国境内某港口装卸货物。纳税人自行选择为 30 天期缴纳船舶吨税。现计算应征的船舶吨税。

计算方法：

首先确定税率，然后再计算税款。

净吨位 8 800 吨的轮船 30 天期的优惠税率为 3.00 元/净吨。

船舶吨税的计算公式为：

吨税 = 净吨位 × 吨税税率（元/净吨）

应征船舶吨税 = 8 800 × 3.00 = 25 400.00（元）

2. 滞纳金的计算

按照规定，海关征收的关税、进口环节税、船舶吨税，如纳税人或其代理人逾期缴纳税款的，应缴纳税款滞纳金。

例 13：

中国内地某公司向香港购进日本皇冠牌轿车 10 辆，成交价格共为 CIF 境内某口岸 125 800美元。已知该批货物应征关税税额为人民币352 793.52元，应征进口环节消费税为人民币 72 860.70 元，进口环节增值税税额为人民币 247 726.38 元。海关于 2006 年 8 月 17 日填发《海关专用缴款书》，该公司于 2006 年 9 月 12 日缴纳税款。现计算应征的滞纳金。

计算方法：

首先确定滞纳天数，然后再计算应缴纳的关税、进口环节消费税和增值税的滞纳金。

税款缴款期限为 2006 年 9 月 1 日（星期五），9 月 2 ~ 12 日为滞纳期，共滞纳 11 天。

按照计算公式分别计算进口关税、进口环节消费税和增值税的滞纳金。

关税滞纳金 = 滞纳关税税额 × 0.5‰ × 滞纳天数

= 352 793.52 × 0.5‰ × 11 = 1 940.36（元）

进口环节消费税滞纳金 = 进口环节消费税税额 × 0.5‰ × 滞纳天数

= 72 860.70 × 0.5‰ × 11 = 400.73（元）

进口环节增值税滞纳金 = 进口环节增值税税额 × 0.5‰ × 滞纳天数

= 247 726.38 × 0.5‰ × 11 = 1 362.50（元）

3. 滞报金的计算

进口货物收货人未按规定期限向海关申报产生滞报的，由海关按规定征收滞报金。

例 14：

某装载运输工具进出口企业购买进口的货物于 2006 年 9 月 15 日（星期五）申报进口，但该企业于 2006 年 10 月 13 日才向海关申报进口该批货物。该批货物的成交价格为 CIF 境内口岸 285 000 美元（兑换率为：1 美元 = 人民币 8.2 元）。计算应征滞报全。

计算方法：

首先确定滞报天数，然后再计算应征滞报金。

申报期限为2006年9月29日，9月30日～10月13日为滞报期，共滞报14天。

滞报金计算公式为：

进口货物滞报金金额＝进口货物成交价格×0.5‰×滞报天数

＝285 000×8.2×0.5‰×14＝16 359.00（元）

第五节　减免税费

减免税费是指海关按照《海关法》、《关税条例》和其他有关法律、行政法规的规定，对进出口货物的税费给予减征和免征。根据《海关法》的规定，关税的减免分为三大类，即法定减免、特定减免和临时减免。

一、法定减免税

法定减免税是指进出口货物按照《海关法》、《关税条例》和其他法律、行政法规的规定可以享受的减免关税优惠。海关对法定减免税货物一般不进行后续管理。

下列进出口货物、进出境物品，减征或者免征关税：

①关税税额在人民币50元以下的一票货物；

②无商业价值的广告品和货样；

③外国政府、国际组织无偿赠送的物资；

④在海关放行前遭受损坏或者损失的货物；

⑤进出境运输工具装载的途中必需的燃料、物料和饮食用品；

⑥中华人民共和国缔结或者参加的国际条约规定减征、免征关税的货物、物品；

⑦法律规定减征、免征关税的其他货物、物品。

二、特定减免税

特定减免税是指海关根据国家规定，对特定地区、特定用途和特定企业给予的减免关税和进口环节海关代征税的优惠，也称政策性减免税。特定减税或者免税的范围和办法由国务院规定，海关根据国务院的规定单独或会同其他中央主管部门订出具体实施办法并加以贯彻执行。

申请特定减免税的单位或企业，应在货物进口前向海关提出申请，由海关按照规定的程序进行审理。符合规定的由海关发给一定形式的减免税证明，受惠单位或企业凭证明申报进口特定减免税货物。由于特定减免税货物有地区、企业和用途的限制，海关需要对其进行后续管理。

目前实施特定减免税的主要有：

①外商投资企业进口物资；

②国内投资项目进口设备；

③贷款项目进口物资；

④特定区域物资；

⑤科教用品；

⑥科技开发用品；
⑦残疾人专用品；
⑧救灾捐赠物资；
⑨扶贫慈善捐赠物资。

三、临时减免税

临时减免税是指法定减免税和特定减免税以外的其他减免税，是由国务院根据某个单位、某类商品、某个时期或某批货物的特殊情况，按规定给予特别的临时性的减免税优惠。

临时性减免税一般是“一案一批”。

四、滞纳金、滞报金的减免

1. 滞纳金的减免

滞纳金的起征额为人民币50元，不足50元的免予征收。滞纳金严格按照规定征收，不能随意减免。

2. 滞报金的减免

有下列情形之一的，进口货物收货人可以向海关申请减免滞报金：

①政府主管部门有关贸易管理规定变更，要求收货人补充办理有关手续或者政府主管部门延迟签发许可证件，导致进口货物产生滞报的；

②产生滞报的进口货物属于政府间或国际组织无偿援助和捐赠用于救灾、社会公益福利等方面的进口物资或其他特殊货物的；

③因不可抗力导致收货人无法在规定期限内申报，从而产生滞报的；

④因海关及相关执法部门工作原因致使收货人无法在规定期限内申报，从而产生滞报的；

⑤其他特殊情况经海关批准的。

第六节 进出口税费的缴纳与退补

一、税款缴纳

1. 缴纳方式

税费的缴纳方式是指纳税人在何时何地以何种方式向海关缴纳税款。目前，纳税人向海关缴纳税款的方式主要以进出口地纳税为主，即纳税人在设有海关的货物进出口地纳税；也有部分企业经海关批准采取属地纳税方式，即由纳税人在所在地向所在地主管海关缴纳税款。

缴纳税款的方式主要有两种：一种是纳税人持缴款书向指定银行办理税费交付手续；另一种是纳税人向签有协议的银行办理电子交付税费的手续。

2. 缴纳凭证

1）进出口关税和进口环节税的缴纳凭证

海关征收进出口关税和进口环节税时，应向纳税人或其代理人填发“海关专用缴款书”（含关税、进口环节税）。纳税人或其代理人持凭“海关专用缴款书”向银行缴纳税款。

海关填发的“海关专用缴款书”共计六联，第一联“收据”，由国库收款签章后交缴款单位或缴纳人；第二联“付款凭证”，由缴库单位开户银行作付出凭证；第三联“收款凭证”，由收款国库作收人凭证；第四联“回执”，由国库盖章后退回海关财务部门；第五联“报查”，关税由国库收款后将退回海关，进口环节税送当地税务机关；第六联“存根”，是由填发单位存查。

纳税人或其代理人缴纳税款后，应将盖有“收讫”章的“海关专用缴款书”第一联送签发海关验核，海关凭予办理有关手续。

2）滞纳金的缴纳凭证

海关征收进口货物的关税、进口环节增值税、消费税、船舶吨税等的滞纳金时，应向纳税人或其代理人填发“海关专用缴款书”。纳税人或其代理人应持凭“海关专用缴款书”向银行缴纳滞纳金。

3）滞报金的缴纳凭证

对应征收滞报金的进口货物，海关在收货人未交纳滞报金之前不予放行。转关运输货物如在进境地产生滞报由进境地海关征收滞报金，如在指运地产生滞报则由指运地海关征收滞报金。

海关征收进口货物滞报金时，应向收货人填发“海关行政事业收费专用票据”。收货人持凭“海关行政事业收费专用票据”，向海关指定部门或指定银行办理缴款手续。

“海关行政事业收费专用票据”的第一联“存根”，是签发专用票据的部门与收款部门核对账目用；第二联“收据”，是缴费后交缴款单位；第三联“记账”，是收款部门记账用；第四联“经办部门存查”，是签发专用票据的部门存查。收货人持“海关行政事业收费专用票据”到海关指定的部门或指定的银行办理缴款手续。

进口货物收货人或其代理人缴纳滞报金后，应将盖有“收讫”章的“海关行政事业收费专用票据”交给货物申报进口的海关，海关凭予核销并办理有关手续。

二、税款退还

退税是指纳税人或其代理人缴纳税款后，由于计征人员的疏忽、误解或国家政策规定等特定原因，将已入国库的税款退库和退付。

1．退税的范围

以下情况经海关核准可予以办理退税手续：

①已缴纳税款的进口货物，因品质或者规格原因原状退货复运出境的；

②已缴纳出口关税的出口货物，因品质或者规格原因原状退货复运进境，并已重新缴纳因出口而退还的国内环节有关税收的；

③已缴纳出口关税的货物，因故未装运出口申报退关的；

④散装进出口货物发生短装、短卸并已征税放行的，如果该货物的发货人、承运人或者保险公司已对短装部分退还或者赔偿相应货款的，纳税人可以向海关申请退还进口或者出口短装部分的相应税款；

⑤进出口货物因残损、品质不良、规格不符的原因，由进出口货物的发货人、承运人或者保险公司赔偿相应货款的，纳税人可以向海关申请退还赔偿货款部分的相应税款；

⑥因海关误征，致使纳税人多缴税款的。

2. 退税的期限及要求

海关发现多征税款的，应当立即通知纳税人办理退还手续。

纳税人发现多缴税款的，自缴纳税款之日起1年内，可以以书面形式要求海关退还多缴的税款并加算银行同期活期存款利息。所退利息按照海关填发收入退还书之日中国人民银行规定的活期储蓄存款利息计算，计算所退利息的期限自纳税人缴纳税款之日起至海关填发收入退还书之日止。

进口环节增值税已予抵缴的不予退还，国家另有规定除外。已征收的滞纳金不予退还。

海关应当自受理退税申请之日起30日内查实并通知纳税人办理退还手续。纳税人应当自收到通知之日起3个月内办理有关退税手续。

退税必须在原征税海关办理。办理退税时，纳税人应填写“退税申请表”并持凭原进口或出口报关单、原盖有银行收款章的税款缴纳收据正本及其他必要单证（合同、发票、协议、商检机构证明等）送海关审核，海关同意后，应按原征税或者补税之日所实施的税率计算退税额。

3. 退税凭证

海关退还已征收的关税和进口环节税时，应填发“收入退还书”（海关专用），同时通知原纳税人或其代理人。海关将“收入退还书”（海关专用）送交指定银行划拨款。

“收入退还书”（海关专用）第一联“收账通知”，交收款单位；第二联“付款凭证”，由退款国库作付出凭证；第三联“收款凭证”，由收款单位开户银行作收入凭证；第四联“付款通知”，同国库随收入统计表送退库海关；第五联“报查凭证”，由国库将进口环节税联送当地税务机关，关税联送退库海关；第六联“存根”，由填发海关存查。

三、税款追征和补征

1. 追征和补征税款的范围、期限和要求

①进出口货物放行后，海关发现少征或者漏征税款的，应当自缴纳税款或者货物放行之日起1年内，向纳税人补征税款。

②因纳税人违反规定造成少征或者漏征税款的，海关可以自缴纳税款或者货物放行之日起3年内追征税款，并从缴纳税款或者货物放行之日起至海关发现违规行为之日止按日加收少征或者漏征税款0.5‰的滞纳金

③海关监管货物在海关监管期内因故改变用途按照规定需要补征税款的，应当自纳税人应缴纳税款之日起3年内追征，并从应缴纳税款之日起至海关发现违规行为之日止按日加收少征或者漏征税款0.5‰的滞纳金。

上述追征、补征税款中，因纳税人违反规定需在征收税款的同时加收滞纳金的，如果纳税人未在规定的15天缴款期限内缴纳税款，另行加收自缴款期限届满之日起至缴清税款之日止滞纳税款的0.5‰滞纳金。

2. 追征、补征税款凭证

海关追征或补征进出口货物关税和进口环节税时，所采用的凭证与正常进出口申报纳税时相同。

四、延期纳税

纳税人因不可抗力或者国家税收政策调整不能按期缴纳税款的，应当在货物进出口前向

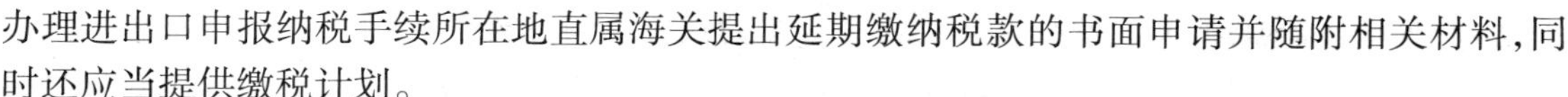

办理进出口申报纳税手续所在地直属海关提出延期缴纳税款的书面申请并随附相关材料，同时还应当提供缴税计划。

货物实际进出口时，纳税人要求海关先放行货物的，应当向海关提供税款担保。

延期缴纳税款的期限，自货物放行之日起最长不超过6个月。

纳税人在批准的延期缴纳税款期限内缴纳税款的，不征收滞纳金；逾期缴纳税款的，自延期缴纳税款期限届满之日起至缴清税款之日止按日加收滞纳税款0.5‰的滞纳金。

五、加工贸易缓税利息

企业开展加工贸易业务因故无法向海关缴纳税款保证金的，可凭中国银行出具的以海关为受益人的税款保付保函办理海关备案手续。全额征收税款保证金的进口料件，加工企业在规定的期限内加工产品出口并办理核销手续后，中国银行凭海关开具的台账核销联系单办理保证金退还手续，并按活期存款利率计付利息。加工贸易保税货物在规定的有效期限内未能出口或经批准内销，除依法补征税款外，还征收缓税利息。加工贸易保税料件或制成品等违规内销的，除依法补征税款和征缓税利息外，还加征收滞纳金。

缓税利息缴纳方式、缴纳凭证、缴纳规定等与税款缴纳相同。

六、强制执行

根据《海关法》规定，纳税人或其代理人应当在海关规定的缴款期限内缴纳税款（费），逾期缴纳的由海关依法征收滞纳金。纳税人、担保人超过3个月仍未缴纳税款的，海关可以依法采取强制措施扣缴。强制措施主要有强制扣缴和变价抵扣两种。

1. 强制扣缴

强制扣缴是指海关依法自行或向人民法院申请采取从纳税（费）人的开户银行或其他金融机构的存款中将相当于纳税人应纳税款的款项强制划拨入中央国库的措施，即书面通知纳税人开户银行或其他金融机构从纳税人存款中扣缴税款。

2. 变价抵扣

变价抵扣是指如果纳税人的银行账户中没有存款或存款不足以强制扣缴时，海关可以将其未放行的应税货物依法变卖，以销售货物所得价款抵缴应缴税款。如果该货物已经放行，海关可以将该纳税人的其他价值相当于应纳税款的货物或其他财产，以变卖所得价款抵缴应缴税款。

强制扣缴和变价抵扣的税款包含纳税人未缴纳的税款滞纳金。

训练6-2：

1. 某公司从德国进口一套机械设备，发票列明：设备价款CIF天津USD300000，设备进口后的安装及技术服务费用UDS10000，买方佣金USD1000，卖方佣金1500。该批货物经海关审定后的成交价格应为（　　）。

A. USD311000　　B. USD301500　　C. USD301000　　D. USD291500

2. 某家企业从法国进口一台模具加工机床，发票分别列明：设备价款CIF上海USD600000，机器进口后的安装调试费为USD20000，卖方佣金USD2000，与设备配套使用的操作系统使用费USD80000。该批货物经海关审定的成交价格应为(　　)。

A. USD702000　　B. USD682000　　C. USD680000　　D. USD662000

3. 某公司从香港购买一批日本产富士彩色胶卷8000卷(宽度35mm,长度2m之内,),成交价格为CIF上海HKD12/卷。设外汇折算价为1港元=1.2元人民币,以上规格胶卷0.05平方米/卷。该批商品的最惠国税率为30元人民币/平方米,计算应征进口关税税额为(　　)。

A. 115 200元　　B. 34 560元　　C. 16 800元　　D. 12 000元

练习题

一、多选题

1. 关于进出口货物税费的计算,下列表述正确的是(　　)。

A. 海关按照该货物适用税率之日所适用的计征汇率折合为人民币计算完税价格

B. 关税税额采用四舍五入法计算至人民币"分"

C. 完税价格采用四舍五入法计算至人民币"元"

D. 滞纳金的起征点为人民币50元

2. 关于税率适用原则,下列表述正确的是(　　)。

A. 进口货物应当适用纳税人申报该货物进口之日实施的税率

B. 进口货物到达前,经海关核准先行申报的,应当适用装载该货物的运输工具申报进境之日实施的税率

C. 进口转关运输货物,应当适用指运地海关接受该货物申报进口之日实施的税率

D. 保税货物经批准不复运出境的,应当适用海关接受纳税义务人再次填写报关单申报办理纳税及有关手续之日实施的税率

3. 海关可以拒绝接受申报价格而另行估价的情况是(　　)。

A. 买方对进口货物的处置受到了卖方的限制,具体表现在买方必须将进口货物转售给卖方指定的第三方

B. 买卖双方达成的销售价格是以买方同时向卖方购买一定数量的其他货物为前提

C. 进口方在国内销售进口货物所产生的收益中有一部分返还给出口方,然后这一部分收益的具体金额尚不能被确定

D. 进口方和出口方是母子公司,但上述关系并未对成交价格产生影响

4. 关于税率适用时间,表述正确的是(　　)。

A. 减免税货物经批准转让或者移作他用的,应当适用海关批准之日实施的税率征税

B. 因纳税义务人违反规定需要追征税款的,应当适用海关发现该行为之日实施的税率

C. 租赁进口货物分期缴纳税款的,应当适用海关接受申报办理纳税手续之日实施的税率

D. 进口货物到达前,经海关核准先行申报的,应当适用装载货物的运输工具申报进境之日实施的税率

5. 关于进出口税率的计算,表述正确的是(　　)。

A. 税款的起征点为人民币 50 元
B. 完税价格计算至元，元以下四舍五入
C. 税额计算至分，分以下四舍五入
D. 进出口货物的成交价格及有关费用以外币计价的，海关应当按照填发税款缴款书之日公布的汇率中间价折合成人民币

6.《中华人民共和国海关行政处罚实施条例》所称的“货物价值”，应包括(　　)。
A. 进出口货物的完税价格
B. 进出口货物的关税税额
C. 进口货物的进口环节增值税税额
D. 进口货物的进口环节消费税税额

二、判断题

1. 海关对按照货物实际价格审定的完税价格一次性征收税款的租赁货物现场放行后，不再对其进行监管。(　　)

2. 暂准进出境货物在海关申报进出境时，暂不缴纳进出口税费，但收发货人须向海关提供担保。(　　)

3. 海关审定的进口货物的成交价格，是指卖方向中华人民共和国境内销售该货物时买方变进口该货物向卖方实付、应付的价格总额，包括直接交付的价格和间接支付的价款。(　　)

4. 海关发现多征税款的应当立即通知纳税义务人办理退还手续，纳税义务人应当自海关发出通知之日起 3 月内办理有关退税手续。(　　)

5. 关税纳税义务人或其代理人应当自海关填发税款缴款书之日起 15 个工作日内向指定银行缴纳税款。(　　)

6. 直属海关在接到进口货物收货人或者经营单位的原产地预确定申请和全部必要文件资料后 150 天内作出原产地证预确定决定，并告知申请人。(　　)

7. 海关应当自受理退税申请之日起 30 日内查实并通知纳税人办理退还手续。纳税人应当自收到通知之日起 60 日内办理有关退税手续。(　　)

8. 某货物由东风轮载运进口，进境后停上海港，然后驶往武汉，在武汉卸货，海关计算完税价格时，其运费应计算到上海港为止。(　　)

9. 若海关调查认定买卖双方有特殊经济关系并影响成交价格，则海关有权不接受进口人的申报价格。(　　)

10. 进出境运输工具上装载的燃料、物料和饮食用品可以免税。(　　)

三、操作题

1. 某进出口公司出口某种货物 100 件，每件重 250 公斤，成交价为 CFR 香港 50000 人民币元，已申报运费为 350 人民币元/公吨，出口税率为 15%，海关应征出口税多少？

2. 某单位从香港进口皇冠汽车一辆，成交价为 CIF 天津 USD25000/ 辆，进口关税率为 100%，外汇折算价 USD100 = RMB ¥821，消费税率 8%，应征消费税多少（消费税额计算到元）？

3. 某公司进口圆钢一批，成交价为 CIF 上海 USD1000，进口关税率 10%，增值税率 17%，汇率USD100 =RMB￥820,海关于2006年5月8日(星期一)开出税款缴款书,该公司5月29日交清税款,请计算滞纳金的金额。

4. 某进出口有限公司公司从日本进口一批机器设备,运输工具为“大藏丸016”号轮,运输工具于2006年8月1日向上海海关申报进境,该公司接到通知后于2006年8月8日以电子数据向上海海关进行申报,当日即收到上海海关“已接受申报”的电子回执。但因公司申报资料不齐,故未在最迟8月18日前向海关现场交单,被海关撤销原申报数据。该公司备齐单据后于2006年8月21日重新通过电子口岸向上海海关申报,并于当日收到海关“已接受申报”回执,之后此公司于8月22日向海关递交书面单据进行正式申报。请问滞报几天?

第二篇

报检基础

Baojian Jichu

第七章　报检单位与报检员管理

● **知识目标**

1. 报检、出入境检验检疫、报检单位和报检员的基本内涵和相关管理规定；
2. 自理报检单位、代理报检单位和报检员的注册登记及相关权利、义务和责任。

● **技能目标**

1. 识别自理报检单位、代理报检单位和报检员的注册登记及相关权利、义务和责任；
2. 报检单位的注册程序和对代理报检单位的信用评定标准；
3. 对报检员的报检行为进行记分管理，并具有在实践中具体操作的能力。

引　例

某公司是一家从事出口产品的企业，想取得自理报关和报检的权利，以自己的名义出口货物，他们需要办理哪些手续呢？

第一节　报 检 单 位

一、概述

中国出入境检验检疫按其业务内容，包括进出口商品检验、进出境动植物检疫和国境卫生检疫。

1989 年 2 月 21 日七届全国人大常委会第六次会议通过了《中华人民共和国进出口商品检验法》。1992 年，经国务院批准，国家商检局发布《中华人民共和国进出口商品检验法实施条例》。1991 年 10 月 30 日七届全国人大常委会第二十二次会议通过了《中华人民共和国进出境动植物检疫法》。1986 年 12 月 2 日六届全国人大常委会第十八次会议通过并公布了《中华人民共和国国境卫生检疫法》。

1998 年 3 月，全国人大九届一次会议批准通过的国务院机构改革方案确定，国家进出口商品检验局、国家动植物检疫局和国家卫生检疫局合并组建国家出入境检验检疫局，于 1998

年4月成立。这就是统称的“三检合一”。各地35个直属局于1999年8月10日同时挂牌成立。国家出入境检验检疫局和各直属局的成立，开辟了中国出入境检验检疫事业发展的新纪元。目前，直属局共35个，分支机构282个，办事处277个。

迄今为止，中国还加入了联合国食品法典委员会（CODEX）和亚太地区植保委员会（APPPC）等，并与世界上20多个国家签订了双边检验检疫协定，为使中国的检验检疫与国际法规标准相一致创造了条件。

应进行出入境检验检疫的货物、运输工具等如果未经检验检疫并取得有效证书和放行单据就无法通关过境，人员的出入境则由边防机构的监管来把关。如果外贸合同规定凭检验检疫部门检验证书交货结算和对外索赔的，没有相关证书就无法装船结汇和对外索赔。

1. 报检

报检是指进出口商品的外贸关系人包括生产单位、经营单位、进出口商品的收发或任何接运单位，按《进出口商品检验法》、《进出境动植物检疫法》、《国境卫生检疫法》和《食品卫生法》的规定，对法定检验检疫的进出境货物，向检验检疫机构申请办理检验、检疫、认定和鉴定的手续。

报检法律依据为：

①《中华人民共和国进出口商品检验法》及实施条例；

②《中华人民共和国进出境动植物检疫法》及实施条例；

③《中华人民共和国国境卫生检疫法》及实施细则；

④《中华人民共和国食品卫生法》。

2. 出入境检验检疫基本概念

1）含义

出入境检验检疫是指国家质量监督检验检疫总局作为政府的一个执行部门，以保护国家整体利益和社会效益为衡量标准，以法律、行政法规、国际惯例或进口国的法规要求为准则，对出入境货物、交通运输工具、人员及事项等进行检验检疫、管理及认证，并提供官方检验检疫证明、居间公证和鉴定证明的全部活动。

出入境商品检验检疫从狭义上是指国家质检总局和下属机构对出入境货物进行检验检疫、管理认证、公证、鉴定证明的全部活动。

2）检验检疫机构

国务院设立中华人民共和国国家质量监督检验检疫总局（AQSIQ），主管全国出入境商品检验检疫、动植物检疫、国境卫生检疫工作。国家质检部门设在全国各地的直属检验检疫局、商检机构和办事处管理所辖地区进出口商品检验检疫工作。

3. 报检单位

报检工作是由报检单位的报检员来负责的，报检单位是发生报检行为的主体，按其登记的性质，可分为自理报检单位和代理报检单位两种类型。

①自理报检单位，是指根据我国法律法规规定办理出入境检验检疫申报，或委托代理报检单位办理出入境检验检疫申报手续的出入境货物或其他报检物的收发货人、进出口货物的生产、加工、储存和经营单位等，在首次报检时须办理备案登记手续，取得报检单位代码后，可办理相关检验检疫报检申报业务。

②代理报检单位，是指经检验检疫机构注册登记，依法接受有关关系人委托，为有关关系人办理报检业务，在工商行政管理部门注册登记的境内企业法人。

4．报检员

报检员是指获得国家质检总局规定的资格，经检验检疫机构注册，负责办理出入境检验检疫报检业务的人员，报检员必须服务于某一个报检单位而不能独立其外。报检人则是对报检单位和报检员的统称。

二、自理报检单位

1．自理报检单位的范围

①有进出口经营权的国内企业；

②进口货物的收货人或其代理人；

③出口货物的生产企业；

④出口货物运输包装及出口危险货物运输包装生产企业；

⑤中外合资、中外合作、外商独资企业；

⑥国外（境外）企业、商社常驻中国代表机构；

⑦进出境动物隔离饲养和植物繁殖生产单位；

⑧进出境动植物产品的生产、加工、存储、运输单位；

⑨对进出境动植物、动植物产品、装载容器、包装物、交通运输工具等进行药剂熏蒸和消毒服务的单位；

⑩从事集装箱的存储场地和中转场、清洗、卫生除害处理、报检的单位；

⑪有进出境交换业务的科研单位；

⑫其他报检单位。

2．自理报检单位的备案登记

检验检疫机构对自理报检单位实行备案管理制度。国家质检总局负责全国报检单位的统一管理工作，各地直属检验检疫局负责所辖地区自理报检单位备案登记等工作的组织实施，各地检验检疫机构负责辖区内自理报检单位的备案登记、信息更改、根据实际情况对自理报检单位的备案信息定期进行核实、日常监督管理等具体管理工作。凡纳入自理报检单位范围的，首次办理报检业务时，须持有关证件向其工商注册所在地检验检疫机构提出申请或在网上提交申请，办理备案登记手续，交验下列文件：

①《自理报检单位备案登记申请表》；

②加盖企业公章的《企业法人营业执照》复印件（同时交验原件）；

③加盖企业公章的组织机构代码证复印件（同时交验原件）；

④有进出口经营权的企业须提供有关证明材料；

⑤申请人需要向检验检疫机构提供的有关证明材料；

⑥检验检疫机构要求的其他相关资料。

申请单位提交的材料齐备真实的，检验检疫机构应当及时予以备案登记。申请材料不齐备或不符合要求的，应当当场一次性告知申请单位需要补正的全部内容。申请单位提交的材料存在文字上的问题等可以当场更正的错误，应当允许当场更正。

对予以备案登记的，应当告知申请单位备案登记号，并颁发《出入境检验检疫自理报检单位备案登记证明书》。自理报检单位备案登记编号为10位数字，前四位为自理报检单位备案地检验检疫局代码（以CIQ2000检验检疫综合业务计算机管理系统为准）；后六位为流水号，但第五位不得为“9”（注：“9”为代理报检单位标识）。

自理报检单位及其已注册的报检员，依照检验检疫法律法规规定需到异地报检的，检验检疫机构应予以办理，自理报检单位无需在异地办理备案登记和报检员注册手续。

自理报检单位需要终止备案登记的，检验检疫机构应当受理，经审核后予以注销。

3. 自理报检单位的信息更改

自理报检单位备案信息变动的，应在15日内以书面形式向原报检备案登记的检验检疫机构提出变更。对自理报检单位的名称、注册地址、企业性质、法定代表人、报检员、营业场所、注册资金、电话号码、传真号码、电子信箱、联系人、邮政编码等内容更改的，各地检验检疫机构应根据自理报检单位提出的更改申请及时办理信息变更手续。自理报检单位名称、地址、法定代表人更改的，应重新颁发《出入境检验检疫自理报检单位备案登记证明书》。

各地检验检疫机构可以根据实际情况对自理报检单位的备案信息定期进行核实。

4. 自理报检单位的权利和义务

1）自理报检单位的权利

①根据检验检疫法律、法规规定，有权依法办理出入境货物、人员、运输工具、动植物及其产品等及与其相关的报检/申报手续；

②在按有关规定办理报检，并提供抽样、检验检疫的各种条件后，有权要求检验检疫机构在国家质检部门统一规定的检验检疫期限内完成检验检疫工作并出具证明文件。如因检验检疫工作人员玩忽职守，造成入境货物超过索赔期而丧失索赔权的或出境货物耽误装船结汇的，有权追究当事人责任；

③对检验检疫机构的检验检疫结果有异议的，有权在规定的期限内向原检验检疫机构或其上级检验检疫机构以至国家质检总局申请复验；

④对所提供的带有保密性的商业、运输等单据，有权要求检验检疫机构及其工作人员予以保密；

⑤有权对检验检疫机构及其工作人员的违法、违纪行为进行控告、检举。

2）自理报检单位的义务

①遵守国家有关法律、法规和检验检疫规章，对所报检货物的质量负责；

②应当按检验检疫机构要求选用若干名报检员，由报检员凭检验检疫机构核发的《报检员证》办理报检手续，并对报检员的报检行为承担法律责任；

③提供正确、齐全、合法、有效的证单，完整、准确、清楚地填制报检单，并在规定的时间和地点向检验检疫机构办理报检手续；

④在办理报检手续后，及时与检验检疫机构联系验货，协助检验检疫工作人员进行现场检验检疫、抽（采）样及检验检疫处理等事宜，并提供必要的工作条件；

⑤对已经检验检疫合格放行的出口货物应加强批次管理。对入境的法检货物，未经检验检疫或未经检验检疫机构的许可，不得销售、使用或拆卸、运递；

⑥申请检验检疫、鉴定工作时，应按规定缴纳检验检疫费。

三、代理报检单位

代理报检，是指经国家质量监督检验检疫总局（以下简称国家质检总局）注册登记的境内企业法人（以下称代理报检单位）依法接受进出口货物收发货人的委托，为进出口货物收发货人办理报检手续的行为。

为加强对代理报检行为的监督管理，规范代理报检行为，根据报检的相关法律依据，国家质检总局于 2002 年 11 月 6 日发布了第 34 号令，颁布《出入境检验检疫代理报检管理规定》。国家质检总局统一管理全国代理报检工作，负责对代理报检单位的注册登记；各直属出入境检验检疫局（以下简称直属检验检疫局）负责所辖地区代理报检单位的初审和年度考核工作；各地出入境检验检疫机构（以下简称检验检疫机构）负责代理报检单位的日常监督管理工作。

国家质检总局对代理报检单位实行注册登记制度。从事出入境检验检疫代理报检工作的单位，须办理注册登记手续，取得《代理报检单位注册登记证书》后，方可在许可的报检区域内从事指定范围的代理报检业务。

代理报检单位注册登记申请一般每年受理 1 ~ 2 次，每次的时间为 1 个月，具体受理申请时间由国家质检总局于开始前 1 个月对外公布。

1. 代理报检单位的资格条件

①取得工商行政管理部门颁发的《企业法人营业执照》；

②注册资金人民币 150 万元以上；

③有固定营业场所及符合办理检验检疫报检业务所需的设施；

④有健全的管理制度；

⑤有不少于 10 名取得《报检员资格证》的人员；

⑥国家质检总局规定的其他条件。

2. 代理报检单位注册登记

1）申请

目前，代理报检单位注册登记实行网上申请、书面确认的方式，申请单位必须通过中国电子检验检疫业务网（www.eciq.cn）提交申请，并在规定的申请时间内向所在地直属检验检疫局提交申请及所需材料，直属局对申请进行审核，根据审查结果决定是否受理。申请单位提交的书面材料应包括：

①《代理出入境检验检疫报检注册登记申请书》；

②《企业法人营业执照》复印件（同时交验正本）；

③拟任报检员的《报检员资格证》复印件（同时交验正本）；

④代理报检企业的印章印模；

⑤国家质检总局规定需提交的其他文件。

2）许可程序

①受理。直属检验检疫局根据申请单位提交的材料，作出受理或不予受理的决定，并出具书面凭证。

②核查。受理申请后，直属检验检疫局按规定对申请材料内容进行具体审查，对申请单位

的营业场所和办公条件进行现场核查，对其有关代理报检的管理制度进行评审。

③报送。初步审查合格的，由直属检验检疫局将初审意见连同全部申请材料报送国家质检总局；初审不合格的，出具不予许可通知书。

④审批出证。国家质检总局根据规定，对申请材料和初审意见进行审查，并提出具体审批意见。直属检验检疫局根据国家质检总局的审批意见作出准予许可或不予许可的决定。准予许可的，于 10 个工作日内颁发《出入境检验检疫代理报检注册登记证书》；不予许可的，书面说明理由。

3）审查期限

自受理之日起 20 个工作日内作出准予许可或不予许可的决定。现场核查和评审的时间不包括在内，由受理机构另行通知。每年进行两次，每次的申请时间为 1 个月。

4）收费

根据有关规定，收取注册登记费每个代理报检单位 500 元。

3. 代理报检单位的信息变更

代理报检单位信息变动的，应在变更之日起 15 日内以书面形式向原报检备案登记的检验检疫机构提交《代理报检单位注册登记变更申请表》。对代理报检单位的名称、注册地址、企业性质、法定代表人、报检员、营业场所、注册资金、电话号码、传真号码、电子信箱、联系人、邮政编码等内容更改的，各地检验检疫机构应根据代理报检单位提出的更改申请及时办理信息变更手续。代理报检单位名称、地址、法定代表人更改的，应重新颁发《出入境检验检疫代理报检单位注册登记证书》。如变更信息后，条件不能满足代理报检单位资质要求的，由代理报检单位及时补充有关材料，补充材料后仍不能满足要求的，由直属检验检疫局报国家质检总局批准后，取消其代理报检资格。

4. 代理报检单位年审

代理报检单位应在每年 3 月 31 日前向所在地的检验检疫机构申请年度审核，办理注册不满一年的，本年度可不参加年审。申请材料如下：

①《代理报检单位年审报告书》；

②《出入境检验检疫代理报检单位注册证书》复印件（同时交验正本）；

③单位《组织机构代码证》复印件（同时交验正本）；

④单位《工商营业执照》复印件（同时交验正本）；

⑤单位注册登记信息中所有《报检员资格证》人员名单清单（同时交验《报检员资格证》正本）；

直属检验检疫局对企业年审材料的真实性及实质性内容进行包括现场核查、实地检查、座谈会、发放调查表等多种形式的审查。内容主要包括：资质变动情况、信息变更情况、上一年度代理报检业务及报检差错情况、遵守检验检疫代理报检规定的情况、遵守检验检疫法律法规的情况、公司所属报检员的违法违规情况等。

对于年审合格的，直属检验检疫局签发《代理报检单位年审合格通知书》，对于审核不合格的，报经国家质检总局批准同意后，取消其代理报检资格。对应参加年审但逾期未提交年审申请的，或未经检验检疫局同意，延期提交年审申请的，作暂停代理报检资格处理。

5. 代理报检单位的权利义务与法律责任

1）代理报检单位的权利

①有权在批准的区域内，向检验检疫机构办理代理报检业务；

②除另有规定外，代理报检单位有权代理委托人委托的出入境检验检疫报检业务；

③进口货物的收货人可以在报关地和收货地委托代理报检单位报检，出口货物发货人可以在产地和报关地委托代理报检单位报检；

其余④⑤⑥⑦点分别与自理报检单位权利中的②③④⑤相同，请见上文。

2）代理报检单位的义务

①遵守出入境检验检疫法律、法规，保证所报检的各项内容和提交的有关文件的真实性、合法性，并承担相应的法律责任；

②从事代理报检业务时，必须提交委托人的《报检委托书》；

③在检验检疫机构规定的期限、地点办理报检手续，填写并提供必要的单证；

④切实履行代理报检职责，负责与委托人联系，协助检验检疫机构落实检验检疫的时间、地点，配合实施检验检疫，并提供必要的工作条件。及时领取检验检疫证单和通关证明；

⑤代理报检单位应积极配合检验检疫机构对其所代理报检的有关事宜的调查和处理；

⑥按要求选用报检员，并对报检员的报检行为承担法律责任。对报检员中止报检工作、被解聘或离职的，该单位应及时申请办理注销手续。

3）其他应承担的责任

①对实施代理报检过程中的商业秘密负有保密责任；

②应按规定代委托人缴纳检验检疫费，不得借检验检疫机构名义向委托人收取额外费用；

③代理报检单位与被代理人之间的法律关系适用于《中华人民共和国民法通则》的有关规定，并共同遵守出入境检验检疫法律、法规；代理报检单位的代理报检行为，不免除被代理人根据合同或法律所应承担的产品质量责任和其他责任；

④有伪造、变造、买卖或者盗窃出入境检验检疫证单、印章、标识、封识和质量认证标志行为的，除取消其代理报检注册登记及代理报检资格外，还应按照检验检疫相关法律法规的规定予以行政处罚；情节严重，涉嫌构成犯罪的，移交司法部门对直接责任人依法追究刑事责任；

⑤因违反规定被检验检疫机构暂停或取消代理报检资格所发生的与委托人等关系人之间的财经纠纷，由代理报检单位自行解决或通过法律途径解决；

⑥代理报检单位及其报检员在从事保健业务中有违反代理报检规定的，由检验检疫机构根据规定给予通报批评、警告、暂停或取消其代理报检资格等处理；违反有关法律、法规的，按有关法律、法规的规定处理；涉嫌触犯刑律的，移交司法部门按照刑法有关规定追究其刑事责任。

小博士 7-1：

代理报检单位信用等级评定与分类

1. 评定标准

评定实行扣分制和加分制相结合。年度起始分值为 100 分，具体标准如下：

（1）代理报检单位违反检验检疫法律法规被行政处罚的，每次扣 30 分；

(2)代理报检单位违反检验检疫代理报检管理规定被作警告处理的,每次扣5分;被暂停3个月代理报检资格的,每次扣20分;被暂停代理报检资格6个月的,每次扣30分;

(3)代理报检单位通过质量管理体系认证的,加10分;

(4)获得各类省市级以上荣誉称号的,每项加10~20分。

2. 等级评定

(1)代理报检单位信用等级评定标准分为A、B、C、D四等级。90分以上的,信用等级为A级;70分以上,90分以下的为B级;50分以上,70分以下的为C级;50分以下的为D级。

(2)有以下情形之一的,不得评定为A级:

①评定期前两年内有检验检疫行政处罚记录的;

②评定期前两年内有被暂停代理报检资格记录的;

③评定年度内代理报检业务更改率在5%以上的;

④评定年度内有其他违法、违规等不良记录的;

⑤原则上,评定年度内报检批次和报检金额低于本地代理报检单位平均水平50%的。

(3)考评分在70分以上90分以下的,但年内有行政处罚记录或暂停代理报检资格记录的不得评定为B级。对办理注册登记不满1年的代理报检单位,视为B级。

(4)考评分超过70分,但年度内有1次行政处罚记录的,或因违规被暂停代理报检资格三个月的,一律评定为C级。

(5)有下列情形之一的,一律评定为D级:

①两年内有两次以上行政处罚记录的;

②或本年度因违规被暂停代理报检资格六个月的;

③评定年度内报检业务更改率在20%以上的;

④经查实有贿赂检验检疫工作人员行为的。

训练7-1:

1. 自理报检单位需在异地办理报检手续,应向(　　)检验检疫机构办理异地备案手续。

A. 报检地　　B. 报关地

C. 工商注册地　　D. A、B、C都可以

2. 甲公司因出口未报经检验的法定检验商品被深圳检验检疫局所属皇岗检验检疫局予以行政处罚,该公司不服,可向(　　)申请行政复议。

A. 皇岗检验检疫局　　B. 深圳检验检疫局

C. 广东省检验检疫局　　D. 国家检验检疫局

3. 对代理报检单位的申请由谁进行初审,初审合格的,报谁审核,经审核合格,颁发《代理出入境检验检疫报检登记证书》。选择(　　)。

A. 直属检验检疫局、国家质检总局　　B. 国家质检总局、国务院

C. 直属检验检疫局、中国商检局　　D. 中国商检局、国家质检总局

4. 自理报检单位的权利包括(　　)。

A. 依法办理相关的报检/申报手续

B. 有权出具报检证明文件

C. 对检验检疫结果有异议的，有权申请复验

D. 在保密情况下提供有关商业及运输单据时，有权要求检验检疫机构及其工作人员予以保密

5. 进口货物的收货人可以在(　　)委托代理报检单位报检。

A. 报关地　　B. 收货地　　C. 产地　　D. 注册地

第二节　报　检　员

为规范出入境检验检疫报检员注册管理工作，统一工作程序，根据相关法律法规和国家质量监督检验检疫总局2002年第33号令《出入境检验检疫报检员管理规定》的规定及试行办法等，国家质检总局统一管理全国报检员的注册管理工作；各直属局负责所辖地区报检员注册管理工作；各地检验检疫机构负责报检员注册和日常监督管理工作。

一、许可条件

报检员注册应当符合下列条件：

①应年满18周岁，具有完全民事行为能力；

②应具有良好的品行；

③应具有高中或者中等专业学校以上学历；

④通过报检员资格全国统一考试，获得《报检员资格证》；

⑤受雇于在检验检疫机构注册登记并取得报检单位代码的企业(包括代理报检单位和自理报检单位)；

⑥由报检单位向登记地检验检疫机构提出申请的。

二、许可程序

(1)由报检单位向所在地检验检疫机构提交申请及有关材料。

①《报检员注册申请书》；

②拟任报检员的《报检员资格证》复印件(同时交验正本)；

③拟任报检员所属企业在检验检疫机构的登记证书复印件(同时交验正本)；

④检验检疫机构要求的其他材料。

(2)各地检验检疫局根据申请单位提交的材料是否齐全、是否符合法定形式作出受理或不予受理的决定，并按规定出具书面凭证。

(3)受理申请后，各地检验检疫局按规定应当场或自受理之日起20个工作日内完成对申请材料的实质性审查，作出准予许可或不予许可的决定。准予许可的，于10个工作日内颁发《报检员证》。不予许可的，书面说明理由。

(4)有下列情况之一的，不予注册，并出具《质量监督检验检疫不予行政许可决定书》

①《报检员资格证》失效的；

②已在检验检疫机构注册且未办理注销手续的；

③被吊销《报检员证》未满3年的；

④准予或不准予注册决定的送达和《报检员证》的颁发，应当要求申请人或其指定代理人进行签收。

⑤申请人隐瞒有关情况或者提供虚假材料申请注册的，检验检疫机构不予受理或者不予注册，并给予警告。

(5)申请人以欺骗、贿赂等不正当手段取得注册的，应当予以撤销。检验检疫机构撤销注册应向申请人出具《质量监督检验检疫撤销行政许可决定书》。对已发证的，收缴其《报检员证》，无法收缴的，应予以公告。

三、注册信息变更

报检员申请变更个人注册信息的，检验检疫机构应审核《报检员注册信息变更申请表》和相关证明材料，对符合规定的予以变更。

对变更后造成《报检员证》所载内容发生变化的应换发《报检员证》，《报检员证》编号和初次发证日期不变。

四、注销和重新注册、补发

1. 注销

有下列情况之一的，报检员所属企业应提交《报检员证注销申请表》和《报检员证》申请办理注销手续。检验检疫机构应按规定及时予以办理，并出具《报检员证注销证明》。

①报检员不再从事报检业务的；

②企业因故停止报检业务的；

③企业解聘报检员的；

④报检员调往其他企业的。

报检员调往其他企业、原所属企业未能提出注销申请的，可由报检员直接提交《报检员证注销申请表》和与原所属企业解除劳动关系的有效证明文件(如劳动仲裁部门的仲裁决定书、法院的判决书)或调入企业声明承担相关法律责任的文件等办理注销手续。

2. 重新注册

报检员调往其他企业申请重新注册的，检验检疫机构对符合规定的予以重新注册，换发《报检员证》。

报检员调往本地企业的，《报检员证》编号和初次发证日期不变。

报检员调往异地企业的，《报检员证》重新编号，初次发证日期不变。

3. 补发

对报检员因《报检员证》的遗失、损毁提出补发申请的，发证检验检疫机构应审核《报检员证补发申请表》和登报声明作废材料或损毁的证件。对审核合格的，予以补发。所补发《报检员证》编号和初次发证日期不变，原记分记录继续有效。

补发《报检员证》前，报检员不得办理报检业务。

五、记分

检验检疫机构对报检员在办理报检业务过程中出现的差错或违规行为实行记分管理;对报检员记分的同时,应对其差错或违规行为进行纠正,并将有关记分周期、记分事项与分值以及处理规定等内容予以公示。检验检疫机构应提供条件供报检员查询其个人记分情况。

1. *记分方法*

①1 次记分的分值,依据差错或违规行为的严重程度,分为 12 分、4 分、2 分和 1 分四种。

②记分周期为 1 年度,满分 12 分,从《报检员证》初次发证之日起计算。1 个记分周期期满后,记分分值累计未达到 12 分的,该周期内的记分分值予以消除,不转入下 1 个记分周期。

③报检员在同一批次报检业务中出现两处或以上记分事项的,应分别计算、累加分值。

④报检员经注销后重新注册或变更个人注册信息换发《报检员证》的,原记分分值继续有效。

⑤检验检疫机构对报检员的差错或违规行为进行记分时,应填制《报检员差错/违规行为记录单》并要求报检员签字确认,存档备查。

⑥对记分有异议的,应允许报检员当场或在 3 日内提出申诉,检验检疫机构应充分听取其意见并进行复核:

⑦报检员拒绝在《报检员差错/违规行为记录单》上签名确认的,经办人员应注明情况,交部门负责人审核签字后进行记分。

2. *记分事项与分值(表 7-1)*

记分事项与分值　　表 7-1

代码	事　　项	分值	备　注
0101	因报检员的责任造成报检单中所列项目申报错误的	1	按报检批次计,累计不超过 2 分
0102	因报检员的责任造成提交的报检单与所发送的电子数据内容不一致的	1	
0103	报检所附单据之间或所附单据与报检单内容不相符的	1	
0104	未按规定签名或加盖公章的	1	
0105	报检随附单据模糊不清或为传真纸的	1	
0106	报检随附单据超过有效期的	1	
0107	未提供代理报检委托书或所提供的不符合要求的	1	
0108	对同一批货物重复报检的	1	
0109	经通知或督促仍不按时领取单证的	1	
0110	已领取的检验检疫单证、证书或证件遗失或损毁的	1	
0111	对已报检的出境货物在一个月内不联系检验检疫也不办理撤销报检手续的	1	按报检批次计
0112	未在要求时间内上交应由检验检疫机构收回的《报检员证》或《报检员资格证》的	1	
0113	错误宣传检验检疫法律、法规及有关政策或散布谣言的	1	
0199	其他应记 1 分的行为或差错	1	

续上表

代码	事 项	分值	备 注
0201	对已报检的入境货物,经检验检疫机构督促仍不及时联系检验检疫事宜,尚未造成严重后果的	2	
0202	对未受理报检的单据不按检验检疫机构的要求进行更改或补充而再次申报的	2	
0203	未按规定时间及时缴纳检验检疫费的	2	
0204	扰乱检验检疫工作秩序,情节严重的	2	
0299	其他应记2分的行为或差错	2	
0401	代理报检单位报检员假借检验检疫机构名义刁难委托人、被投诉且经查属实的	4	
0402	办理不属于所属企业报检业务的	4	
0403	经通知拒不上交应由检验检疫机构收回的《报检员证》或《报检员资格证》的	4	
0404	提供虚假材料申请办理《报检员证》的注册、变更、补发和注销手续的	4	
0405	未经同意不参加检验检疫机构举办的有关报检业务培训的	4	
0406	入境流向货物申报时未提供最终收货人的有关信息或所提供的信息有误,尚未造成严重后果的	4	
0407	被检验检疫机构发现漏报、瞒报法定检验检疫的货物或木质包装,尚未造成严重后果的	4	
0408	擅自取走报检单据或证单的	4	
0409	擅自涂改已受理报检的报检单上的内容或撤换有关随附单据的	4	
0499	其他应记4分的行为或差错	4	
1201	转借或涂改《报检员证》的	12	
1202	被暂停报检资格期间持他人《报检员证》办理报检及相关业务的	12	
1203	涂改、伪造检验检疫收费收据的	12	
1204	对入境货物不及时联系检验检疫或所提供的信息有误,致使检验检疫工作延误或无法实施检验检疫、造成严重后果的	12	
1205	不如实报检,未造成严重后果,尚未达到吊销《报检员证》条件的	12	
1299	其他应记12分的行为或差错	12	

六、监督管理

1．暂停报检资格

①对在一个记分周期内记分满12分的报检员,检验检疫机构应暂停其3个月报检资格。

②在同一记分周期内,被检验检疫机构暂停报检资格期间或期限届满后,被再次记满12分的,检验检疫机构应暂停其6个月报检资格。

③报检员被暂停报检资格期限届满后,原记分分值予以清除,重新记分至该记分周期终止。

④报检员在被暂停报检资格期间,不得办理报检业务。检验检疫机构应暂时收回有关《报检员证》,无法收回的应予以公告。

对暂停期限未满、调往当地或异地其他企业从事报检业务的，检验检疫机构不予办理变更手续、不予出具《报检员证注销证明》。

2．取消报检资格

报检员出现下列情况之一的，检验检疫机构应取消其报检资格，吊销《报检员证》：

①不如实报检，造成严重后果的；

②提供虚假合同、发票、提单等单据的；

③伪造、变造、买卖或者盗窃、涂改检验检疫通关证明、检验检疫证单、印章、标志、封和质量认证标志的；

④其他违反检验检疫法律法规规定、情节严重的。

被取消报检资格的，检验检疫机构应当将有关处理决定上报国家质检总局取消其《报检员资格证》，且3年内不允许参加报检员资格考试。

检验检疫机构应收缴有关《报检员证》和《报检员资格证》，无法收缴的应予以公告。

3．异地报检管理

自理报检单位的报检员在注册地以外的检验检疫机构办理报检业务时，有关检验检疫机构应按规定对其进行管理。

发现报检员有差错行为的，应予以记分。对达到暂停报检资格条件的由注册地检验检疫机构按照有关规定予以处理。

发现需吊销《报检员证》的，应按有关规定进行处理，并将处理决定及时通报注册地检验检疫机构。

七、延期审核

《报检员证》的有效期为2年。报检员应当在其《报检员证》有效期届满30日前，向发证检验检疫机构提出延期申请。

被暂停报检资格的报检员，也应在规定期限前提出延期申请。

延期审核合格的，《报检员证》有效期延长2年。

对延期审核不合格的，检验检疫机构应当组织报检业务培训和考试，经考试合格的，《报检员证》有效期延长2年；未按要求参加培训和考试或经补考仍不合格的，不予延长《报检员证》有效期，其《报检员证》和《报检员资格证》同时失效。

在《报检员证》有效期届满后仍未提出延期申请的，其《报检员证》和《报检员资格证》同时失效。

对办理注销手续后申请重新注册的，检验检疫机构应按原审核周期进行延期审核。

检验检疫机构应在《报检员证》有效期届满前完成所有延期审核工作（包括相关培训和考试）。

检验检疫机构应收回失效的《报检员证》和《报检员资格证》，无法收回的应予以公告。

八、报检员的权利、义务和责任

1．权利

①对于进境货物，报检员在出入境检验检疫机构规定的时间和地点内办理报检，并提供抽

样、检验的各种条件后，有权要求检验检疫机构在对外贸易合同约定的索赔期限内检验完毕，并出具证明。如果由于检验检疫工作人员玩忽职守造成货物超过索赔期而丧失索赔权的，报检员有权追究有关当事人的责任；

②对于出境货物，报检员在出入境检验检疫机构规定的地点和时间，向检验检疫机构办理报检，并提供必要工作条件，交纳检验检疫费后，有权要求在不延误装运的期限内检验完毕，并出具证明。如因检验检疫工作人员玩忽职守而耽误装船结汇，报检员有权追究当事人的责任；

③报检员对出入境检验检疫机构的检验检疫结果有异议时，有权根据有关法律规定向原机构或其上级机构申请复验；

④报检员如有正当理由需撤销报检时，有权按有关规定办理撤检手续；

⑤报检员在保密情况下提供有关商业单据和运输单据时，有权要求检验检疫机构及其工作人员给予保密；

⑥对出入境检验检疫机构的检验检疫工作人员滥用职权、徇私舞弊、伪造检验检疫结果的，报检员有权依法提出追究当事人的法律责任。

2. 义务和责任

①负责本企业的进出口货物报检申请事宜，办理业务时出示《报检员证》，不得涂改、转借；

②有义务向本企业的领导传达并解释出入境检验检疫有关法律、法规、通告及管理办法；

③须依法按规定向出入境检验检疫机构履行登记或报检所必需的程序和手续，做到报检的期限和地点符合出入境检验检疫机构的有关规定，申请证单填写正确、详细，随附证单齐全；

④有义务向出入境检验检疫机构提供进行抽样和检验、检疫、鉴定等必要的工作条件，例如必要的工作场所、辅助劳动力以及交通工具等。配合检验检疫机构为实施检验检疫机构而进行的现场验(查)货、抽(采)样及检验检疫处理等事宜；并负责传达和落实检验检疫机构提出的检验检疫监管措施和其他有关要求；

⑤有义务对经检验检疫机构检验检疫合格放行的出口货物加强批次管理，不得因错发、漏发而致使货证不符。对入境的法检货物，未经检验检疫或未经检验检疫机构的许可，不得销售、使用或拆卸、运递；

⑥报检员申请检验、检疫、鉴定工作时，应按规定缴纳检验检疫费；

⑦报检员必须严格遵守有关法律、法规和有关行政法规的规定，不得擅自涂改、伪造或变造检验检疫证(单)；

⑧对进境检疫物报检必须做到：按需办理检疫审批，配合检疫进程，提供隔离场所，了解检疫结果，适时做好除害处理，对不合格货物按检疫要求配合检验检疫机构做好退运、销毁等处理；

⑨对出境检疫物报检必须做到：配合检验检疫机构，掌握输入国家(地区)必要的检疫规定等有关情况，进行必要的自检，提供有关产地检验资料，帮助检验检疫机构掌握产地疫情，了解检疫结果，领取证书；

⑩对于入境不合格货物，应及时向出入境检验检疫机构通报情况，以便整理材料、证据对外索赔。对于出境货物要搜集对方对货物的反映(尤其是有异议的货物)，以便总结经验或及

时采取对策，解决纠纷。

训练 7-2：

1.《报检员证》的有效期为（　　）年，期满之日前（　　）个月，报检员应当向发证检验检疫机构提交审核申请书。选择（　　）。

A. 2、1　　B. 2、3　　C. 4、1　　D. 4、3

2. 报检员遗失《报检员证》的，应当在________日内向发检验检疫机构递交情况说明，并________声明作废。选择（　　）。

A. 6、口头　　B. 7、书面　　C. 7、登报　　D. 6、公告

3. 报检员有以下（　　）行为，检验检疫机构暂停其 3 或 6 个月的报检资格。

A. 1 年内 3 次以上报检差错行为，情节严重的　　B. 转借或涂改报检员证的

C. 不如实报检，造成严重后果的　　D. 提供虚假合同、发票、提单等单据的；

练习题

一、多项选择题：下列各题有两个或两个以上正确答案

1. 报检员应履行的义务有（　　）。

A. 遵守有关法律法规和检验检疫的规定

B. 在办理报检业务时严格按照规定提供真实的数据和完整、有效的单证，准确、清晰地填制报检单，并在规定的时间内缴纳有关费用

C. 参加检验检疫机构举办的有关报检业务的培训

D. 协助所属企业完整保存各种报检单证、票据、函电等资料

2. 报检员有（　　），检验检疫机构暂停其 3 个或 6 个月的报检资格。

A. 1 年内 3 次以上报检差错行为，情节严重的

B. 转借或涂改报检员证的

C. 伪造变造，买卖或者盗窃、涂改检验检疫通关证明、检验检疫证单、印章、标志封识和质量认证标志的

D. 不如实报检，造成严重后果的

3. 报检员有（　　）行为的，检验检疫机构取消其报检资格。

A. 不如实报检，造成严重后果的

B. 伪造变造，买卖或者盗窃、涂改检验检疫通关证明、检验检疫证单、印章、标志封识和质量认证标志的

C. 提供虚假合同、发票、提单等单据的

D. 转借或者涂改报检员证的

4. 申请代理报检注册登记的单位应当具备的条件是（　　）。

A. 取得工商《企业法人营业执照》

B. 注册资金人民币 150 万以上

C. 不少于10名取得《报检员资格证》的人员

D. 有固定场所及符合办理检验检疫报检业务所需的设施

5. 自理报检单位要变更的，应向谁提出变更申请；代理报检单位要变更的，应向谁提出变更申请。选择（　　）。

A. 原报检备案登记的出入境检验检疫机构；

B. 出入境检验检疫机构；

C. 直属检验检疫局；

D. 出入境检验检疫总局；

6. 代理报检企业有（　　）情况的，国家质检总局可以取消其代理报检资格。

A. 未参加年审或年审不合格的

B. 不如实报检，骗取检验检疫单证的

C. 伪造、变造、买卖或者盗窃检验检疫单证、印章、标志、封识和质量认证标志的

D. 出让其名义供他人代理报检业务的

7. 对于代理报检单位的报检员，有（　　）行为坚决取消其代理报检资格，并注销其企业登记。

A. 违反国家质检总局有关代理报检规定的

B. 不向企业如实反映检验检疫收费标准，借代理报检名义向企业收取高额费用的

C. 不能按照有关规定认真履行代理报检职责，被企业投诉经查实的

D. 其他欺诈行为

8. 代理报检单位有（　　）情况的，直属检验检疫局可以暂停其3个或6个月的代理报检资格。

A. 泄露实施代理报检中所知悉的商业秘密的

B. 借检验检疫机构名义向委托人收取额外费用的

C. 出让其名义供他人代理报检业务的

D. 利用电子报检企业端软件开展远程电子预录入的

二、判断题

1. 检验检疫机构对报检员日常的报检行为实施差错登记管理制度。　（　　）

2. 根据检验工作的需要，通过考核，国家质检总局可以认可符合条件的国内外检验机构承担委托的进出口商品检验工作。　（　　）

3. 《进出境动植物检疫法实施条例》由全国人大常委会制定并公布。　（　　）

4. 获得《报检员资格证》的人员，必须由在检验检疫机构注册登记的报检单位向检验检疫机构提出申请，进行报检员注册后，才能取得《报检员证》。　（　　）

5. 报检员可代替工厂检验员填写厂检单。　（　　）

6. 报检员在保密情况下提供有关商业交易所和运输单据时，有权要求检验检疫机构及其工作人员给予保密。　（　　）

7. 报检员可以承担两个企业的报检业务。　（　　）

8. 非贸易性质的报检行为，报检人凭有效证件可直接办理报检手续。　（　　）

9. 出入境检验检疫机构对出入境检验检疫报检实行报检员凭证报检制度。　（　　）

10. 报检员如有正当理由需撤销报检时，有权按有关规定办理撤检手续。　（　　）

第八章　出入境货物检验检疫的报检

● **知识目标**

1. 出入境货物报检的一般规定；
2. 特定货物的出境报检、入境报检的程序及要点。

● **技能目标**

根据进出境报检的程序进行报检的实际操作。

引　例

进口日本产汽车五十铃(ISUZU)CXH50S 和 CXH50T 底盘存在安全隐患，国家质检总局和各地检验检疫机构会采取什么措施呢？

第一节　报检的一般规定

一、报检范围

根据《出入境检验检疫报检规定》等相关法律法规和我国对外贸易的实际情况，出入境检验检疫报检的范围一般有以下几个方面：

①国家法律法规规定必须由出入境检验检疫机构(以下简称检验检疫机构)检验检疫的；

②输入国家或地区规定必须凭检验检疫机构出具的证书方准入境的；

③有关国际条约规定须经检验检疫的；

④申请签发原产地证明书及普惠制原产地证明书的；

⑤对外贸易合同约定须凭检验检疫机构签发的证书进行交接、结算的。

二、入境货物报检

入境货物的检验检疫工作程序是先放行通关后进行检验检疫，即：法定检验检疫入境货物的货主或代理人首先向卸货口岸或到达站的出入境检验检疫机构报检，检验检疫机构受理报检，转施检部门签署意见，计收费，货物通关后，入境货物的货主或代理人需在检验机构规定的时间和地点联系对货物的检验检疫。

1. 入境货物报检分类

1)进境一般报检

进境一般报检是指法定检验检疫入境货物的货主或其代理人,持有关单证向卸货口岸检验检疫机构申请取得“入境货物通关单”,并对货物进行报检,对进境一般报检业务而言,签发“入境货物通关单”和对货物的检验检疫都是由口岸检疫机构完成。货主或其代理人在办理完通关手续后,应主动与货物目的地检验检疫机构联系落实检验检疫工作。

2)进境流向报检

进境流向报检亦称口岸清关转异地进行检验检疫的报检,指法定入境检验检疫货物的收货人或代理人持有关单证在卸货口岸检验机构报检,获取“入境货物通关单”并通关后由进境口岸检验检疫机构进行必要的检疫处理,货物调往目的地后再由目的地检验机构进行检验检疫监管,申请进境流向报检货物的通关地与目的地属于不同辖区。

3)异地施检报检

异地施检报检是指已在口岸完成进境流向报检,货物到达目的地后,该批货物的货主或代理人在规定时间内向目的地检验检疫机构申请进行检验检疫的报检,异地施检报检时应提供口岸签发的“入境货物调离通知单”。

2. 报检的时限和地点

1)时限

①输入微生物、人体组织、生物制品、血液及其制品或种畜、禽及其精液、胚胎、受精卵,应在入境前30天报检;

②输入其他的动物,应在入境前15天报检;

③输入植物、种子、种苗、及其他繁殖材料的,应在入境前7天报检;

④入境货物需对外索赔出证的,应在索赔有效期前不少于20天内向到货口岸或到达地检验机构报检;

2)地点

①审批、许可证等单证中规定检验检疫地点的按规定地点报检;

②大宗散装货物、容易腐烂变质的、废旧的货物、在卸货时发现破损或残缺的货物必须在口岸检疫机构检验;

③开箱后难以恢复包装的商品,或需要结合安装调试进行检验的成套设备、机电仪产品在收货人所在地检验;

④其他货物应在入境前或入境时向报关地检验机构办理报检手续;

3. 报检应提供的单证

(1)入境货物报检单、外贸合同、发票、提(运)单、装箱单等。

(2)特殊单证:按照检验检疫的要求而提供的(详见本章第二节)。

(3)下列情况报检时应按要求提供相关文件:

①凡报检安全质量许可、卫生注册或其他需要审批审核的货物,应提供相关证明;

②凡报检品质检验的应提供国外品质证书或品质保证书、产品说明书、有关技术资料、有关标准资料;凭样品成交的,须附加成交样品;

③报检入境废物时，还要提供国家环保部门签发的进口废物批准证书和经认可的检验检疫机构签发的装运前检验合格证书等；

④申请重量、数量鉴定的还应提供重量明细单、理货清单等；

⑤申请残损鉴定的还应提供货物残损单、铁路商务记录单、空运事故记录单、海运海事报告单等证明情况的法定单证；

⑥报检入境运输工具、集装箱时，应提交检疫证明，并申报有关人员情况；

⑦入境特殊物品的，应提供有关的批件或规定的文件；

⑧因科研等特殊需要，输入禁止入境物，必须提供国家检验检疫局签发的特许审批证明；

⑨入境的动植物及其产品，在提供贸易合同、发票、产地证书的同时，还须提供输出国家或地区官方的检疫证书，需办理入境检疫审批手续的，还应提供入境动植物检疫许可证；

⑩过境动植物及其产品报检时，应持货运单和输出国家或地区官方的检疫证书，运输动物过境时，还应提交国家检验检疫局签发的动植物过境许可证。

4.《入境货物报检单》的填制（详见第十三章）

三、出境货物报检

出境货物是先检验，后放行通关。检疫合格的出具“出境货物通关单”，不合格的出具“出境货物不合格通知单”

1. 出境货物报检分类

1）出境一般报检

出境一般报检是指法定检验检疫出境货物的货主或其代理人，持有关证单向产地检验检疫机构申请检验检疫取得出境放行证明及其他证单的报检。对出境一般报检的货物，检验检疫合格后，在当地海关报关的，由报关地检验检疫机构签发《出境货物通关单》，由货主或其代理人持此单向当地海关报关；在异地海关报关的，由产地检验检疫机构签发《出境货物通关单》或“换证凭条”，由货主或其代理人持《出境货物通关单》或凭“换证凭条”向报关地的检验检疫机构申请换发《出境货物通关单》。

2）出境换证报检

出境换证报检是指由产地检验检疫机构检验检疫合格的法定检验检疫出境货物的货主或其代理人，持产地检验检疫机构签发的《出境货物换证凭单》或“换证凭条”，向报关地的检验检疫机构申请换发《出境货物通关单》的报检。对于出境换证报检的货物，报关地的检验检疫机构按照国家质检总局规定的抽查比例进行查验。

3）出境货物预检报检

出境货物预检报检是指出境货物的货主或其代理人持有关证单向产地检验检疫机构申请对暂时不能出口的货物预先实施检验检疫的报检。预检报检的货物经检验检疫合格的，检验检疫机构签发《出境货物换证凭单》；正式出口时，货主或其代理人可在检验检疫有效期内持此单向检验检疫机构申请办理放行手续。申请预检报检的货物必须是经常出口的、非易腐烂变质、非易燃易爆的商品。

2. 出境报检的时限和地点

1）时限

①出境货物最迟应在出口报关或装运前7天报检;对于个别检验检疫周期较长的货物,应留有相应的检验检疫时间;

②需隔离检疫的出境动物在出境前60天预报,隔离前7天报检;

2)地点

法定检验检疫货物,除活动物在口岸检验检疫外,原则上实施产地检验检疫。

3. 出境报检应提供的单证

①一般情况下,应提供《出境货物报检单》,外贸合同、销售确认书或订单;信用证或有关函电;生产单位的厂检结果单原件;检验检疫机构签发的《出境货物运输包装性能检验结果单》正本。

②凭样品成交的,须提供样品。

③产地与报关地不一致的出境货物,在向报关地检验检疫机构申请《出境货物通关单》时,应递交产地检验检疫机构签发的《出境货物换证凭单》(正本)或“换证凭条”。

④经预检的货物,在向检验检疫机构办理换证放行手续时,应提供该检验检疫机构签发的《出境货物换证凭单》(正本)。

⑤出运危险货物时,必须提供《出境货物运输包装性能检验结果单》正本联和《出境危险货物运输包装使用鉴定结果单》正本联。

⑥预检报检的,还应提供货物生产企业与出口企业签订的贸易合同。尚无合同的,需在报检单上注明检验检疫的项目和要求。

⑦其他特殊证单(详见本章第三节)。

4.《出境货物报检单》的填制(详见第十三章)。

四、更改、撤销与重新报检、重新签发

1. 更改

报检人报检后,在检验检疫流程内申请更改报检信息的,应填写更改申请单,交附有关函电等证明单据,经审核同意后方可办理更改手续。

尚未施检,品名更改后与原报检不是同一商品的,不能更改;已施检但尚未出证的,品名、数(重)量、检验检疫结果、包装、发货人、收货人等重要项目更改后与合同、信用证不符的,或者更改后与输出、输入国家或地区法律法规规定不符的,均不能更改。

2. 撤销

报检人申请撤销报检时,应书面说明原因,经批准后方可办理撤销手续。

报检后30天内未联系检验检疫事宜的,作自动撤销报检处理。

3. 重新报检

有下列情况之一的应重新报检:

①超过检验检疫有效期限的;

②变更输入国家或地区,并又有不同检验检疫要求的;

③改换包装或重新拼装的;

④已撤销报检的。

重新签发:报检人遗失检验检疫证单的,必须由报检人书面说明理由,经法定代表人签字,加盖公章,并在指定的报纸或刊物上声明作废,经检验检疫局审批同意后,再重新签发。

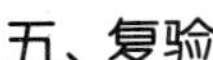

五、复验

根据 2005 年 10 月 1 日起施行的，由国家质量监督检验检疫总局发布的第 77 号令《进出口商品复验办法》的相关规定：报检人对检验检疫机构作出的检验结果有异议的，可以向作出检验结果的检验检疫机构或者其上级检验检疫机构申请复验，也可以向国家质检总局申请复验。受理复验的检验检疫机构或者国家质检总局负责组织实施复验。

检验检疫机构或者国家质检总局对同一检验结果只进行一次复验。

复验申请人对复验结论不服的，可以依法申请行政复议或者依法向人民法院提起行政诉讼。

1. 复验工作程序和时限

1）程序

报检人复验申请→检验检疫机构审核、受理→复验→复验结论。

2）时限

受理复验的检验检疫机构或者国家质检总局应当自受理复验申请之日起 60 日内作出复验结论。技术复杂，不能在规定期限内作出复验结论的，经本机构负责人批准，可以适当延长，但是延长期限最多不超过 30 日。

2. 申请复验的时限和条件

1）申请时限

报检人申请复验，应当自收到检验检疫机构的检验结果之日起 15 日内提出。因不可抗力或者其他正当理由不能申请复验的，申请期限中止。从中止的原因消除之日起，申请期限继续计算。

2）申请条件

报检人申请复验，应当保证（保持）原报检商品的质量、重量、数量符合原检验时的状态，并保留其包装、封识、标志。

3. 申请复验应提供的单据

①复验申请表

②原报检所提供的证单、资料

③原检验检疫机构出具的检验证书。

4. 复验申请的受理

检验检疫机构或者国家质检总局自收到复验申请之日起 15 日内，对复验申请进行审查并作出如下处理：

①复验申请符合本办法规定的，予以受理，并向申请人出具《复验申请受理通知书》；

②复验申请内容不全或者随附证单资料不全的，向申请人出具《复验申请材料补正告知书》，限期补正。逾期不补正的，视为撤销申请；

③复验申请不符合本办法规定的，不予受理，并出具《复验申请不予受理通知书》，书面通知申请人并告之理由。

5. 复验申请的费用

复验申请人应当按照规定交纳复验费用。如果复验结论认定属原检验的检验检疫机构责任的,复验费用由原检验检疫机构负担。

六、出入境检验检疫收费

出入境检验检疫费属于行政执法收入,依法收费是检验检疫机构的重要职责之一,而依法缴费是出入境关系人的基本义务。

1. 收费的法律依据

①我国《进出口商品检验法》及其实施条例、《进出境动植物检疫法》及其实施条例、《国境卫生检疫法》及其实施细则、《食品卫生法》等法律法规都对此收费作出了明确规定。

②世界贸易组织(WTO)的有关协议和协定也对"进出口规费"(包括出入境检验检疫费)作出了明确规定。

2. 收费标准

出入境检验检疫的收费按照统一制定、简化减少、公开透明、公正合理的原则来征收。现行收费标准按照国家法改委和财政部于 2003 年 12 月 31 日下发,于 2004 年 4 月 1 日正式实施的《出入境检验检疫收费办法》的相关规定进行。

第二节　入境货物的报检

本节从报检范围、报检程序、报检审批、报检要求、报检所需单证等方面对具体的入境货物进行阐述。

一、入境动物及动物产品的报检(表 8-1)

入境动物及动物产品报检　　表 8-1

报检范围	入境的动物、动物产品及其他检疫物。
报检程序	货主或代理人在货物入境前报检,经现场检疫合格的允许卸离运输工具,对运输工具、外包装、污染场地进行消毒处理并签发《入境货物通关单》,将货物运往指定存放地点,该批货物未经检验检疫,不得加工、使用、销售
报检前审批	输入动物、动物产品、植物种子、种苗及其他繁殖材料的,必须事先提出申请,办理检验检疫审批手续。 在签订进口合同前应到检验检疫机构办理检疫审批手续,取得准许入境的《中华人民共和国进境动植物检疫许可证》后再签订进口合同。 应当在合同或者协议中订明中国法定的检疫要求,并订明必须附有输出国家或地区政府动植物检疫机构出具的检疫证书。 输入国家规定的禁止或限制入境的动植物、动植物产品及其他检疫物等,还需持特许审批单检验。 输入动物产品进行加工的货主或者代理人需申请办理注册登记,经出入境检验检疫机构检查考核其用于生产、加工、存放的场地,符合规定防疫条件的发给注册登记证,并应向检疫机构提出申请办理检疫审批手续。 输入活动物(如猪、马、鸵鸟等种畜、禽)的,要求确定是否要进行境外产地检疫。 国家质检局经过风险评估,取消了一部分风险较小的动物产品的进境检疫审批规定。如:蓝湿(干)皮、已鞣制皮毛、洗净羽绒、洗净毛、碳化毛、毛条、贝壳类、水产类、蜂产品、蛋制品(不含鲜蛋)、奶制品(鲜奶除外)、熟制肉类产品(如香肠、火腿、肉类罐头、食用高温炼制动物油脂)
报检要求	货主或其代理人应在货物入境前或入境时向口岸检验检疫机构报检,约定检疫时间。 1. 输入种畜、禽及其精液、胚胎的,应在入境 30 日前报检; 2. 输入其他动物的,应在入境 15 日前报检; 3. 输入上述以外的动物产品在入境时报检

续上表

<table>
<tr><td>报检单证</td><td>1. 入境货物报检单、外贸合同、发票、装箱单、海运提单或空运/铁路运单、产地证等；
2. 输出国家或地区官方出具的检疫证书正本；
3. 输入动物、动物产品的需提供《中华人民共和国进境动植物检疫许可证》；分批进口的，还需提供许可证复印件进行核销；
4. 输入活动物的应提供隔离场审批证明；
5. 输入动物产品的应提供加工厂注册登记证明书；
6. 以一般贸易方式进境的肉鸡产品报检时还需提供由外经贸部门签发的《自动登记进口证明》；外商投资企业进境的肉鸡产品，还需提供外经贸主管部门或省级外资管理部门签发的《外商投资企业特定商品进口登记证明》复印件；
7. 以加工贸易方式进境的肉鸡产品，还应提供由外经贸部门签发的《加工业务批准证》</td></tr>
<tr><td>报检的地点
（时间）</td><td>货主或其代理人应在检疫审批单规定地点向检验检疫机构报检，一般原则为：
1. 输入动物、动物产品和其他检疫物，向入境口岸检验检疫机构报检，由口岸检验检疫机构实施检疫；
2. 入境后需办理转关手续的检疫物，除活动物和来自动植物疫情流行国家和地区的检疫物由入境口岸检疫外，其他均在指运地检验检疫机构报检并实施检疫；
3. 涉及品质检验且在目的港或到达站卸货时没有发现残损的，可在合同约定的目的地向检验检疫机构报检并实施检验</td></tr>
</table>

二、入境植物及植物产品的报检（表 8-2）

入境植物及植物产品报检　　表 8-2

<table>
<tr><td rowspan="3">种子、苗木</td><td>报检审批</td><td>事先向农业部、国家林业局、各省植物保护站、林业局等有关部门申请办理《引进种子、苗木检疫审批单》。
入境后需要进行隔离检疫的，还要向检验检疫机构申请隔离场或临时隔离场。
带介质土的还需办理特许审批。
转基因产品需到农业部申领许可证</td></tr>
<tr><td>报检要求</td><td>在植物种子、种苗入境前，预约检疫时间。检疫合格的，签发《入境货物通关单》</td></tr>
<tr><td>报检应提供单证</td><td>1.《入境货物报检单》并随附合同、发票、提单等；
2.《引进种子、苗木检疫审批单》及输出国官方植物检疫证书、产地证等有关文件。
3. 如果是来自美国、日本、韩国以及欧盟的货物，应按规定提供有关包装情况的证书或声明</td></tr>
<tr><td rowspan="4">粮食和饲料</td><td>报检范围</td><td>“粮食”指禾谷类、豆类、薯类等粮食作物的籽实及其加工产品；“饲料”指粮食、油料经加工后的副产品</td></tr>
<tr><td>检疫审批</td><td>1. 疫病风险较低的产品，无需进行入境检疫审批：粮食加工品（大米、面粉、米粉、淀粉等）、薯类加工品（马铃薯细粉等）、植物源性饲料添加剂、乳酸菌、酵母菌。
2. 国家质检总局对其他入境粮食和饲料实行检疫审批制度。货主或其代理人应在签订进口合同前办理检疫审批手续，并在合同中列明《进境动植物检疫许可证》规定的入境粮食和饲料的检疫要求。
3. 转基因产品须到农业部申领许可证</td></tr>
<tr><td>报检要求</td><td>入境前向入境口岸检验检疫机构报检</td></tr>
<tr><td>报检单证</td><td>《入境货物报检单》、《中华人民共和国进境动植物检疫许可证》、合同、信用证、发票、提单、产地证、输出国官方植物检疫证书，约定的检验方法标准或成交样品。</td></tr>
<tr><td rowspan="3">水果、烟叶和茄科蔬菜</td><td>报检审批</td><td>须事先提出检疫申请，办理检疫审批手续，取得《进境动植物检疫许可证》。转基因产品需到农业部申领许可证</td></tr>
<tr><td>报检要求</td><td>货物入境前货主或其代理人应持有关资料向口岸检验检疫机构报检，预约检疫时间，经口岸检验检疫机构检疫合格的，签发《入境货物通关单》。</td></tr>
<tr><td>报检单证</td><td>1.《入境货物报检单》并随附合同、发票、提单等；
2.《进境动植物检疫许可证》及输出国官方植物检疫证书、产地证等有关文件；
3. 来自美国、日本、韩国以及欧盟的货物，应按规定提供有关包装情况的证书或声明</td></tr>
</table>

续上表

其他植物产品	报检要求	1. 进口原木须附有输出国家或地区官方检疫部门出具的植物检疫证书，证明不带有中国规定的检疫性有害生物或双边植物检疫协定中规定的有害生物和土壤。进口原木带有树皮的应在植物检疫证书中注明除害处理方法、使用药剂、剂量、处理时间和温度；进口原木不带树皮的，应在《植物检疫证书》中作出声明； 2. 进口干果、干菜、原糖、天然树脂、土产类等，货主或者代理人应当根据这些货物的不同种类，对需要办理检疫审批的（如干辣椒等）在货物入境前事先提出申请，办理检疫审批手续，取得许可证； 3. 进口植物性油类及植物性饲料，货主或其代理人在进口前持合同、发票、输出国官方植物检疫证书等有关资料向出入境检验检疫机构报检，约定检验检疫时间。经检验检疫机构实施现场和实验室检疫合格的，签发《入境货物通关单》，准予入境
转基因产品	含义	"转基因产品"是指国家《农业转基因生物安全管理条例》规定的农业转基因生物及其他法律法规规定的转基因生物与产品，包括通过各种方式（包括贸易、来料加工、邮寄、携带、生产、代繁、科研、交换、展览、援助、赠送以及其他方式）进出境的转基因产品
	进境转基因产品的报检	1. 国家质检总局对进境转基因动植物及其产品、微生物及其产品和食品实行申报制度； 货主或代理人在办理进境报检手续时，应当在《入境货物报检单》的货物名称栏中注明是否为转基因产品。除提供有关单证外，还应提交《农业转基因生物安全证书》和《农业转基因生物标识审查认可批准文件》 2. 对于实施标识管理的进境转基因产品，检验检疫机构应当核查标识，符合农业转基因生物标识审查认可批准文件的，准予进境；不按规定标识的，重新标识后方可进境；未标识的，不得进境； 3. 检验检疫机构按照国家认可的检测方法和标准进行转基因项目检测。经转基因检测合格的，准予进境。如有下列情况之一的，检验检疫机构通知货主或者其代理人作退货或者销毁处理： ①申报为转基因产品，但经检测其转基因成分与批准文件不符的； ②申报为非转基因产品，但经检测其含有转基因成分的。 4. 进境供展览用的转基因产品，须获得法律法规规定的主管部门签发的有关批准文件后方可入境，展览期间应当接受检验检疫机构的监管。展览结束后，所有转基因产品必须作退回或者销毁处理。如因特殊原因，需改变用途的，须按有关规定补办进境检验检疫手续
	过境转基因产品的报检	1. 货主或者其代理人应当事先向国家质检总局提出过境许可申请，并提交以下资料： ①《转基因产品过境转移许可证申请表》； ②输出国家或者地区有关部门出具的国（境）外已进行相应的研究证明文件或者已允许作为相应用途并投放市场的证明文件； ③转基因产品的用途说明和拟采取的安全防范措施； ④其他相关资料。 2. 国家质检总局自收到申请之日起20日内作出答复，对符合要求的，签发《转基因产品过境转移许可证》并通知进境口岸检验检疫机构；对不符合要求的，签发不予过境转移许可证，并说明理由； 3. 过境转基因产品进境时，货主或者其代理人须持规定的单证和过境转移许可证向进境口岸检验检疫机构申报，经检验检疫机构审查合格的，准予过境，并由出境口岸检验检疫机构监督其出境。对改换原包装及变更过境线路的过境转基因产品，应当按照规定重新办理过境手续

三、入境货物木质包装的报检（表8-3）

入境货物木质包装报检　　表8-3

报检范围	包括输往中国的货物的木质包装及木质铺垫材料。这里的货物木质包装是指用于承载、包装、铺垫、支撑、加固货物的木质，如木条箱、木板箱、木托盘、木框、木桶、木楔、垫木、衬木等。木质包装材料不包括胶合板、纤维板等人造板材
报检程序	来自美国、日本、韩国和欧盟的货物和入境货物的木质包装，在入境口岸清关的，货主或代理人凭入境口岸检验检疫机构签发的《入境货物通关单》向口岸海关办理通关手续。申请转关运输或直通方式转关运输的货物，货主或代理人应按照规定向指运地检验检疫机构报检，凭指运地检验检疫机构签发的《入境货物通关单》向指运地海关办理通关手续

续上表

报检单证	1. 美国、日本输往中国的货物入境 ①使用针叶树木质包装的，提供由美国、日本官方检疫部门出具的符合要求的植物检疫证书； ②使用非针叶树木质包装的，提供由出口商出具的《使用非针叶树木质包装声明》； ③未使用木质包装的，提供由出口商出具的《无木质包装声明》。 2. 韩国的货物入境，应避免使用针叶树木质包装 ①使用针叶树木质包装的，需在出口前进行热处理，或经中方认可的有效方法，并由韩国官方检疫机构出具植物检疫证书； ②使用非针叶木包装的，提供出口商出具的《使用非针叶树木质包装声明》； ③未使用木质包装的，提供出口商出具的《无木质包装声明》。 3. 来自欧盟的货物（仅为欧盟东扩前的 15 国适用） （1）使用木质包装的货物，出具官方的符合要求的植物检疫证书； （2）无木质包装的，提供出口商出具的《无木质包装声明》。 4. 来自其他国家的货物使用木质包装的，报检时提供我国要求的证单，如《植物检疫证书》或《热处理证书》等

四、入境特殊物品的报检（表 8-4）

入境特殊物品报检　　表 8-4

报检范围	微生物、人体组织、生物制品、血液及其制品等（注）
报检审批	于入境前 10 天到当地检验检疫机构办理卫生检疫审批手续
报检单证	《入/出境特殊物品卫生检疫审批单》及合同（或函电）、发票、提单（运单）等相关资料到口岸检疫机构办理《入境货物通关单》，由口岸检验检疫机构实施检验

注：微生物是指病毒、细菌、真菌、放线菌、立克次氏体、螺旋体、衣原体、支原体等医学微生物；人体组织是指人体胚胎、器官、组织、细胞、人体分泌物、排泄物；生物制品是指：细菌类疫苗、病毒类疫苗、抗毒素、各种诊断用试剂、干扰素、激素、酶及其制剂以及其他活性制剂（毒素、抗原、变态反应原、单克隆抗体、重组 DNA 产品、抗原-抗体复合物、免疫调节剂、微生态制剂、核酸制剂等），以及其他生物材料制备的有关制品；血液及其制品是指全血、血浆、血清、血细胞以及由血液分离、提纯或者应用生物技术制成的血浆蛋白组分或者血细胞组分制品。

五、入境机电产品的报检（表 8-5）

入境机电产品报检　　表 8-5

<table>
<tr><td rowspan="2">强制性产品认证</td><td>报检审批</td><td>凡列入《中华人民共和国实施强制性产品认证的产品目录》内的商品，必须经过指定的认证机构认证合格、取得指定认证机构颁发的认证证书、并施加认证标志后，方可进口</td></tr>
<tr><td>报检单证</td><td>《入境货物报检单》并随附有关外贸证单，认证证书复印件，产品上加施认证标志。</td></tr>
<tr><td>进口许可证民用商品入境验证</td><td colspan="2">1. 民用商品入境验证是指国家对实行进口质量许可制度和强制性产品认证的民用商品，在通关入境时由出入境检验检疫机构核查其是否取得必需的证明文件；
2. 对列入《出入境检验检疫机构实施入境验证的进口商品目录》内的进口商品类别，标有“L”标记的进口商品的收货人或其代理人，在办理进口报检时，应提供相关的进口许可证明文件。口岸检验检疫机构对其认证文件进行验证，必要时对货证的相符性及认证标记进行查验。</td></tr>
<tr><td rowspan="2">旧机电产品</td><td>报检范围</td><td>指已使用过的机电产品，如旧压力容器、旧工程机械类、旧电器类、旧车船类、旧印刷机械类、旧食品机械类、旧农业机械类等</td></tr>
<tr><td>报检单证</td><td>1. 属于旧机电产品限制进口目录，但不属于旧机电产品禁止进口目录的，提供外经贸主管部门签发的注明为旧机电的相关机电进口证明；
2. 属于外经贸签发的“自动进口许可机电产品目录”或“自动进口许可的旧机电产品目录”，但不属于旧机电产品禁止进口目录的，提供外经贸主管部门签发的注明为旧机电的相关机电进口证明；
3. 属于“地方、部门机电办或签发的自动进口许可机电产品目录”，但不属于“旧机电产品禁止进口目录”，也不属于“自动进口许可的旧机电产品目录”的，提供地方、部门机电办签发的注明为旧机电的相关机电进口证明；
4. 列入“进口商品安全质量许可制度目录”的旧机电产品，还需提供“进口商品安全质量许可证”；
5. 国家规定必须进行装船前预检验的旧机电产品，报检应提供装运前检验证书；
6.《进口旧机电产品备案书》或《免予装船前检验证书》</td></tr>
</table>

续上表

进口电池产品	进出口电池实行备案和汞含量年度专项检测制度。汞含量专项检测由国家质检总局核准实施进出口电池汞含量检测的实验室实施，并出具"电池产品汞含量检测合格确认书"，确认书有效期一年，受理备案申请的检疫机构凭该确认书换发"进出口电池产品备案书"，在报检时应提供此备案书

六、入境汽车的报检（表 8-6）

入 境 汽 车 报 检　　表 8-6

报检范围	1．列入《出入境检验检疫机构实施检验检疫的进出境商品目录》的汽车； 2．虽未列入目录，但国家有关法律法规明确由检验检疫机构负责检验的汽车 运输工具的动植物检疫和卫生检疫不属于入境汽车的检验范围
报检要求	1．进口汽车入境口岸检验检疫机构负责进口汽车入境检验工作，用户所在地检验检疫机构负责进口汽车质保期内的检验管理，对转关到内地的进口汽车视通关所在地为口岸，对大批量进口汽车，合同中应约定装运前检验和监装，经检验合格的由口岸检疫机构签发《入境货物检验检疫证明》，并一车一单签发《进口机动车辆随车检验单》； 2．用户在国内购买进口汽车时必须取得检验检疫机构签发的《进口机动车辆随车检验单》和购车发票，在办理正式牌证前到所在地检疫机构登检、换发《进口机动车辆检验证明》，作为到车辆管理机关办理正式牌证的依据； 3．各有关单位在办理进口机动车辆的有关事宜时，按《进口机动车辆制造厂名称和车辆品牌中英文对照表》规定的进口汽车、摩托车制造厂名称和车辆品牌中文译名进行签注和计算机管理。对未列入该表的，在申请汽车产品强制性认证时，进口关系人应向国家指定的汽车产品认证机构提供机动车制造厂商和（或）车辆品牌的中文译名，经审核后，保国家质检总局备案并通报各有关单位
报检单证	1．直接从国外进口汽车，报检应提供①《入境货物报检单》；②外贸合同；③发票；④提（运）单；⑤装箱单；⑥进口安全质量许可证复印件；⑦非 CFC-12 位制冷工质的汽车空调器压缩机的证明；⑧海关出具的《进口货物证明》正本及复印件；⑨有关技术资料等。 2．通过国内渠道购买进口汽车的用户在报检时应提供①入境货物报检单；②《进口机动车辆随车检验单》正本；③海关出具的《货物进口证明书》正本及复印件；④商业发票；⑤单位用车需提供企业代码或营业执照复印件；⑥个人用车需提供使用人的身份证、户口簿复印件。 3．罚没的进口汽车①《入境货物报检单》或《进口机动车辆报检单》；②罚没证正本；③商业发票；④单位用车需提供企业代码或营业执照复印件；⑤个人用车需提供使用人的身份证、户口簿复印件

七、入境食品的报检（表 8-7）

入境食品报检　　表 8-7

报检范围	包括进口的食品、食品添加剂、食品容器、食品包装材料和食品用工具设备等。也包括既是食品又是药品的物品，但是不包括以治疗为目的的物品
报检要求	1．进口预包装食品，在进口前应向指定的检疫机构提出食品标签审核申请，提供检测样品，检验合格的由国家质检总局颁发"进口食品标签审核证书"； 2．凡以保健食品名义报检的必须报卫生部审批，凡取得保健食品批号的，在进口时须做功能性符合实验项目，否则不予签发"卫生证书"
报检单证	1．入境货物报检单、合同、装箱单、提（运）单； 2．进口食品原产地证书； 3．预包装食品应提供《进口食品标签审核证书》或《标签审核受理证明》； 4．输出国使用的农药、化肥、除草剂、熏蒸剂、及食品原料、添加剂、加工方法等资料
进口食品换证	进口食品在口岸检验合格取得卫生证书后再转运内地销售时，进口食品经营企业应持口岸检疫机构签发的进口食品卫生证书正本或副本到当地检疫机构换取卫生证书。申请换证时也应填写《入境货物报检单》，并在报检单上特殊条款一栏中注明需换证的份数

八、入境化妆品的报检（表 8-8）

化妆品是和人体直接接触的物质，对安全和卫生要求很高。国际上许多国家对它进行立法管理，1990 年起我国对进出口化妆品实施法定检验。

入境化妆品报检　　　　表 8-8

报检范围	化妆品是指涂、擦散布于人体表面任何部位（皮肤、毛发、指甲、口唇等）或口腔黏膜，以达到清洁、护肤、美容和修饰目的的产品
报检要求	1. 进口化妆品必须经过标签审核。取得《进出口化妆品标签审核证书》或“标签审核受理证明”方可报检； 2. 国家质检总局对进出口化妆品实施分级监督检验管理制度，按照品牌、品种将进出口化妆品的监督检验分为放宽级和正常级，动态公布《进出口化妆品分级管理类目表》； 3. 检验检疫机构对进口化妆品及其企业实施卫生质量许可制度，必须在检疫机构监督下加贴检验检疫卫生标志
报检单证	入境货物报检单、合同、发票、装箱单、提（运）单； 《进出口化妆品标签审核证书》或《标签审核受理证明》；此外，所需单证还有： 1. 从法国进口的化妆品 ①进口不含任何牛羊动物原料成分的（A 类产品），提供法国香水美容化妆品工业联合会化妆品证书格式一； ②进口含牛羊原料成分的化妆品（B 类产品），提供法国香水美容化妆品工业联合会化妆品证书格式二及使用牛羊原料的风险报告和加工工艺。 2. 进口以色列化妆品 ①进口不含牛羊原料的 A 类化妆品，提供以色列卫生部药品管理局化妆品证书格式一； ②进口含非禁用的牛羊原料的 B 类化妆品，提供以色列卫生部药品管理局化妆品证书格式二及风险分析报告。 3. 进口日本化妆品 ①进口非禁用的牛羊原料的化妆品原料时，提供日本官方出具的检疫证书格式一，及风险分析报告（相同原料的风险报告在同一口岸可只提供一次）； ②进口含非牛羊原料化妆品原料时，提供官方出具的检疫证书格式二； ③进口非动物原料化妆品时，出口国不出具证书，但要求生产厂商提供“非动物源性产品声明” （上述所有来自同一国家的产品在同一口岸报检时，相同原料的风险报告可只提供一次）

九、入境石材、涂料的报检（表 8-9）

入境石材、涂料报检　　　　表 8-9

石材	报检范围	进口石材《商品名称及编码协调制度》中编码为 2515、2516、6801、6802 项下的商品，需要报检
	报检要求	报检人应在货物入境前到入境口岸检验检疫机构报检
	报检单证	石材的报检除需要合同、发票、箱单、提单外，还应提供 GB 6566—2001 分类要求的石材说明书，注明石材的原产地、用途、放射性水平类别和使用范围等，报检未注明的，均依据 GB 6566—2001 规定的最严格限量要求进行验收
涂料	报检范围	进口涂料编码 3208、3209 项下的商品，需要报检
	报检要求	国家质检总局对进口涂料的检验采取登记备案、专项检测制度。备案申请应在涂料进口前至少 2 个月向备案机构提交。 货主或其代理人应在进口涂料入境前，到入境口岸检验检疫机构办理报检手续。 经检验合格的进口涂料，检验检疫机构签发《入境货物检验检疫证明》
	报检单证	报检时提供合同、发票、装箱单、提（运）单等单证外，还应提交《进口涂料备案书》或复印件

十、入境可用作原料的废物的报检（表 8-10）

入境可用作原料的废物是指以任何贸易方式和无偿提供、捐赠等方式进入境内的一切可用作原料的废物（含废料）。可分为：①固体可用作原料的废物；②工业固体可用作原料的废物；③城市生活垃圾；④危险废物。

入境可作原料废物报检　　　　表 8-10

报检范围	国家指定的《限制进口类可用作原料的废物目录》和《自动进口许可管理类用作原料的废物目录》内的废物进口，需由国家环保总局统一审批，并由检验检疫机构实行强制检验检疫

续上表

进口废物必须符合的条件	1. 申请废物的企业有利用进口废物的能力和相应的污染防治设备； 2. 申请进口的废物已被列入《限制进口类可用作原料的废物目录》和《自动进口许可管理类用作原料的废物目录》； 3. 进口废物前，废物进口单位应事先取得国家环境保护局签发的《进口废物批准证书》，外贸合同中必须定明废物的品质和装运前的检验条款，约定进口废物必须由中国检验机构指定或认可的检验机构实施装运前的检验； 4. 废物的境外供货企业需获得国家质检总局的批准才能向境内进口商供货。未获得国家质检总局临时注册的供货企业的可用作原料的废物不得进入中国境内
报检要求	1. 入境可用作原料的废物到达口岸后货主或其代理人应立即向口岸或到达站检验检疫机构报检，并由检验检疫机构根据货物不同性质特点实施卫生检验、检疫处理、实施环保项目的检验。经检验合格后签发《入境货物通关单》供货主办理通关手续； 2. 通关后可向收、用货地检验检疫机构申请废物品质检验，机构检验合格的签发《入境货物检验检疫证明》，准予销售、使用。如检验不符合有关规定或合同约定的，有检验检疫机构签发品质证书对外进行索赔
报检单证	1.《入境货物报检单》、合同、提(运)单、发票、装箱单； 2. 国家环保总局签发的《进口废物批准证书》(正本)，并复印留存； 3. 企业废物利用风险报告书； 4. 国家质检总局认可的检疫机构签发的装运前检验证书(正本)； 5. 自陆运口岸进口的废物，报检时还必须提供出口国官方机构出具的检验合格证书(主要内容为不含爆炸物和放射性符合我国标准)

十一、入境展览品的报检(表8-11)

入境展览品报检 表8-11

报检范围	参加国际展览的入境展览物品及其包装材料、运输工具均应实施检疫。
报检要求	展览品入境前或入境时进行报检，检验检疫机构出具《入境货物通关单》，不必进行品质检验。展览品到达存放地后，检验检疫人员实行现场检验检疫，并进行展览期间的监管。展览期间留购的展览品，应重新办理入境货物报检手续。退运的展览品需出具官方检疫证书的应在出境前报检
报检单证	1. 提供《入境货物报检单》、合同、提(运)单、发票、装箱单等单证； 2. 来自美国、日本、欧盟、韩国的展览品入境时，按有关木质包装规定提交相应证书和声明； 3. 需进行检疫审批的动植物及其产品，应提供相应的检疫审批手续； 4. 入境展览品为旧机电产品的应按旧机电产品备案手续办理相关证明

十二、来自疫区的货物的报检(表8-12)

目前而言，疫区是指世界卫生组织(WHO)或世界动物卫生组织(OIE)或国际植物保护公约(IPPC)公布并经我国国家质检总局认可的符合传染病流行特征或动植物疫病流行特征的发生传染病或其他疫情的国家或地区。疫区分为动物传染病疫区、植物疫区、人类传染病疫区。

来自疫区货物报检 表8-12

报检范围	一般而言，来自动植物疫区的动植物及其产品不能入境。来自疫区的其他货物在报检要求上与非疫区相同
报检要求	国家规定的《进境植物禁止进境名录》、《国家禁止进口的血液及其制品的品种》以及发生新疫情时国家质检总局公告中禁止进境的物品，禁止入境。但因科学研究等特殊原因需要引进禁止进境物品时，必须事先提出申请，经国家质检总局批准，凭批准证明文件报检
检疫处理	检验检疫机构对经检疫或检疫处理合格的货物签发《入境货物通关单》；经检疫不合格的货物签发《检疫处理通知单》，进行如下的检疫处理： 1. 动物检疫处理：是指检验检疫机构对经检疫不合格的动物、动物产品及其他检疫物所采取的强制性的处理措施。如除害、扑杀、销毁、退回或封存、不准出境、不准过境等； 2. 植物检疫处理：与动物检疫处理要求基本一致，但在入境物品中如发现疫情可作熏蒸、热处理、消毒处理；不能作除害处理的，不准入境或过境，已入境的作退回或销毁处理； 3. 卫生处理：指隔离、留验和就地诊验等医学措施，以及消毒、除鼠、除虫等卫生措施

十三、鉴定业务的报检(表 8-13)

鉴定业务报检　　表 8-13

外商投资财产价值鉴定	报检范围	外商投资企业及各种对外补偿贸易方式中,境外投资者以实物作价投资的,或外商投资企业委托国外投资者用投资资金从境外购买的财产(外商独资企业的外商投资财产除外)。外商投资财产价值鉴定的内容包括外商投资财产的品种、质量、数量、价值和损失鉴定
	报检要求	报检人应向口岸或到达站检验检疫机构提出申请,检验检疫机构受理报检申请,签发《入境货物通关单》,供货主或其代理人向海关办理通关放行手续,通关后办理具体的检验鉴定手续。货物通关后转异地的,及时在最终到达地办理检验鉴定手续。检验检疫机构签发《价值鉴定证书》,供企业到所在地会计师事务所办理验资手续
	报检单证	1. 提供《入境货物报检单》、合同、提(运)单、发票、装箱单等单证; 2. 首次办理的企业提供营业执照副本复印件、外商投资企业批准证书复印件、公司章程、进口财产明细表; 3. 若投资物涉及废、旧物品及许可证管理的物品则应取得相应证明文件
残损鉴定	鉴定范围	进口商品有货损货差、错发货等情况时,检验检疫机构凭进口商品的发货人、收货人、保险人、承运人的申请和国内外仲裁、司法、检验机构的委托,办理舱口检视、载损鉴定、监视卸载、海损鉴定、验残等进口商品残损鉴定工作,以确定货损原因、货损程度、货损金额及商品的贬值程度或加工整理的费用等
	申请鉴定的时间和地点	1. 卸货时发现包装或外表残损的进口商品,应在船方发出残损通知后或最迟在提货前在卸货口岸申请当地检验检疫机构鉴定; 2. 需要登轮了解受损情况,确定受损范围和判定致损原因的,应在卸货前申请鉴定; 3. 对易腐、易变、易扩大损失的残损商品,发现残损立即申请鉴定; 4. 需申请到货地检验检疫机构鉴定的残损商品,应在索赔期满 20 天前申请鉴定; 5. 包装完整或有隐蔽性缺陷的残损商品,可向到货地检验检疫机构申请鉴定
申请鉴定应提供的单证		1. 申请舱口检视、载损鉴定和监视卸载的,应提供舱单、积载图、航海日志及海事声明等; 2. 申请海损鉴定的,应提供舱单、积载图、提单、海事报告、事故报告等; 3. 申请验残的,应提供合同、提单、发票、装箱单、理货残损单、说明书、重要明细单、品质证书等; 另外,报检人还应提供货损情况说明,已与外商签署退换货赔偿协议的应附赔偿协议复印件

第三节　出境货物的报检

一、出境动物及动物产品的报检(表 8-14)

出境动物及动物产品报检　　表 8-14

出境动物	报检范围	根据《中华人民共和国进出境动植物检疫法》的规定,"动物"是指饲养、野生的活动物,如畜、禽、兽、蛇、龟、鱼、虾、蟹、贝、蚕、蜂等
	报检时间和地点	1. 需隔离检疫的出境动物,应在出境前 60 天预报,隔离前 7 天报检; 2. 出境观赏动物,应在动物出境前 30 天到出境口岸检验检疫机构报检
	报检单证	除提供《出境货物报检单》、合同或信用证、发票、装箱单等单证外,下列情况还应提供: 1. 出境观赏动物,应提供贸易合同或展出合约、产地检疫证书、国家濒危物种进出口管理办公室出具的许可证; 2. 输出国家规定保护动物的,应有国家濒危物种进出口管理办公室出具的许可证; 3. 输出非供屠宰用的畜禽,应有农牧部门品种审批单; 4. 输出实验动物,应有中国生物工程开发中心的审批单; 5. 输出观赏鱼类,须有养殖场供货证明、养殖场或中转包装场注册登记证和委托书; 6. 实行检疫监督的输出动物,生产企业须出示输出动物检疫许可证

续上表

出境动物产品及其他检疫物	报检范围	根据《中华人民共和国进出境动植物检疫法》的规定，“动物产品”是指来源于动物未经加工或者虽经加工但仍有可能传播疫病的动物产品，如生皮张、毛类、脏器、油脂、动物水产品、奶制品、蛋类、血液、精液、胚胎、骨、蹄、角等。“其他检疫物”是指动物疫苗、血清、诊断液、动植物废弃物等
	报检要求	生产出境动物产品的企业（包括加工厂、屠宰厂、冷库、仓库）实施卫生注册登记制度。货主或其代理人向检验检疫机构报检的出境动物产品，必须产自经注册登记的生产企业并存放于注册登记的冷库或仓库。
	报检时间	报检人在办理海关手续前应向检验检疫机构报检。出境动物产品，应在出境前 7 天报检；需作熏蒸消毒处理的，应在 15 天前报检
	报检单证	1.《出境货物报检单》、合同或销售确认书或信用证、发票、装箱单等； 2. 出境动物产品生产企业（包括加工厂、屠宰厂、冷库、仓库）的卫生注册登记号码； 3. 特殊证单：如果出境动物产品来源于国内某种属于国家级保护或濒危物种的动物、濒危野生动植物种国际贸易公约中的中国物种的动物，报检时必须递交国家濒危物种进出口管理办公室出具的允许出口证明书

二、出境植物及植物产品的报检（表 8-15）

出境植物及植物产品报检　　表 8-15

报检范围	1. 贸易性出境植物、植物产品及其他检疫物（商品）； 2. 作为展出、援助、交换、赠送等非贸易性出境植物、植物产品及其他检疫物（非商品）； 3. 进口国家（或地区）有植物检疫要求的出境植物产品。 4. 以上出境植物、植物产品及其他检疫物的装载容器、包装物及铺垫材料。
报检单证	1.《出境货物报检单》、合同/销售确认书或信用证、发票、装箱单等； 2. 特殊证单：濒危和野生动植物资源须出具国家濒危物种进出口管理办公室或其授权的办事机构签发的允许出境证明文件。输往欧盟、美、加等国家或地区的出境盆景，应提供《出境盆景场/苗木种植场检疫注册证》

小博士 8-1：全面实施出境竹木草制品生产企业注册登记

国家质检总局发布《进一步加强出境竹木草制品检验检疫监管工作的通知》，规定将全面实施出境竹木草制品生产企业注册登记制度，对出境竹木草制品生产企业全面实施注册登记考核，考核合格的颁发注册登记证书，并报总局备案。自 2008 年 4 月 1 日起，出境竹木草制品应来自注册登记企业，并坚持产地检验检疫、口岸查验的原则，不接受异地报检。对部分出口企业数量较大的地区，如在 4 月 1 日之前完成注册登记工作确有困难的，经总局动植司同意，过去有出口业务但尚未完成注册登记的企业允许继续出口，但 7 月 1 日以后所有出境竹木草制品必须来自注册登记企业。

三、出境机电产品的报检（表 8-16）

出境机电产品报检　　表 8-16

出口小家电产品	报检范围	小家电产品指需要外接电源的家庭日常生活使用或类似用途、具有独立功能并与人身有直接或间接的接触，将电能转化为动能或热能，涉及人身的安全、卫生、健康的小型电器产品。
	报检要求	1. 出口小家电产品生产企业实行登记制度 登记时应提交《出口小家电生产企业登记表》，并提供相应的出口产品质量技术文件，如产品企业标准、国内外认证证书、出口质量许可证书、型式试验报告及其他有关产品获证文件。检验检疫机构对出口小家电产品的企业的质量保证体系进行书面审核和现场验证，重点审查其是否具备必需的安全项目（如抗电强度、接地电池、绝缘电阻、泄漏电流及特定产品特殊项目）的检测仪和相应资格的检测人员。 2. 小家电产品取得型式试验报告 首次登记的企业，由当地检验检疫机构派员从生产批中随机抽取并封存样品，由企业送至国家质检总局指定的实验室进行型式试验。凡型式试验不合格的产品，一律不准出口
	报检单证	1.《出境货物报检单》、合同或销售确认书、发票、装箱单等； 2. 国家质检总局指定的实验室出具的产品合格的有效的型式试验报告（正本）； 3. 列入强制产品认证的还应提供强制认证证书和认证标志

续上表

出口电池	报检范围	电池产品的范围是：编码 8506.8507 品目下的所有子目商品（含专用电器具配置的电池）
	报检要求	1. 国家对出口电池产品实行备案制度。出口电池产品必须经过审核，取得《进出口电池产品备案书》后方可报检，有效期为一年。 2. 国家对出口电池产品实行汞含量专项检测制度。
	报检单证	1.《出境货物报检单》、合同或销售确认书、发票、装箱单等； 2.《出境货物运输包装性能检验结果单》（正本）； 3.《进出口电池产品备案书》（正本）或其复印件

四、出境食品报检（表 8-17）

出 境 食 品 报 检　　表 8-17

报检范围	所有出口食品（包括各种供人食用、饮用的成品和原料以及按照传统习惯加入药物的食品，以治疗为目的的物品除外），用于出口食品的食品添加剂等
报检要求	1. 出口食品的生产、加工、储存企业实施卫生注册和登记制度。货主或其代理人向检验检疫机构报检的出口食品，须产自或储存于经卫生注册或登记的企业或仓库，未经卫生注册或登记的企业和仓库所生产或储存的出口食品，不予受理报检； 2. 出口预包装食品的经营者或其代理人在出口食品前应当向指定的检验检疫机构提出食品标签审核申请
报检单证	1.《出境货物报检单》并提供相关外贸单据：合同、发票、装箱单等； 2. 生产企业（包括加工厂、冷库、仓库）的卫生注册或登记号码； 3. 预包装食品应提供《进出口食品标签审核证书》或《标签审核受理证明》

五、出境化妆品报检（表 8-18）

出境化妆品报检　　表 8-18

报检范围	同入境化妆品的范围
报检要求	1. 出口化妆品必须经过标签审核，取得《进出口化妆品标签审核证书》或《标签审核受理证明》方可报检； 2. 检验检疫机构对出口化妆品实施检验的项目包括化妆品的标签、数量、重量、规格、包装、标记以及品质卫生等
报检单证	1.《出境货物报检单》、合同或销售确认书、发票、装箱单等； 2.《进出口化妆品标签审核证书》（原件或复印件）或《标签审核受理证明》； 3. 首次出口的化妆品必须提供生产、卫生许可证、安全性评价资料和产品成分表（包括特殊化妆品）以供检验检疫机构备案

六、出境玩具报检（表 8-19）

出 境 玩 具 报 检　　表 8-19

报检范围	玩具的种类很多，按加工工艺不同分为：布绒玩具、塑料玩具、电子玩具、电动玩具和机械玩具。
报检要求	我国对出口玩具及其生产企业实行质量许可制度，生产出口玩具的企业必须按《出口玩具质量许可证管理办法》建立质量保证体系，并取得《出口玩具质量许可证》，检验检疫机构必须凭《出口玩具质量许可证》接受报检。 1. 申请《出口玩具质量许可证》必须符合下列要求：出口玩具样品必须按照《出口玩具型式试验规则》试验合格；出口玩具的生产企业按照 IS09000 标准系列和《出口玩具生产企业质量体系评审表》建立质量体系。在资料审查、型式试验和生产企业现场评审合格后，由国家质检总局统一颁发出口质量许可证，证书有效期 5 年； 2. 出口玩具的发货人应在货物装运前 7 天向检验检疫机构报检，出口玩具必须逐批实施检验，检验不合格的不准出口
报检单证	1.《出境货物报检单》、合同或销售确认书、发票、装箱单等； 2.《出口玩具质量许可证》

七、出境危险货物报检（表 8-20）

出境危险品报检　　表 8-20

出境烟花爆竹	报检范围	HS 编码为 36041000 的烟花爆竹
	报检要求	检验检疫机构对出口烟花爆竹的企业实施登记管理制度 1. 出口烟花爆竹的企业应向所在地的检验检疫机构正式提交书面登记申请，生产企业应提供有关生产、质量安全等方面的资料，由检验检疫机构对申请登记企业进行考核，考核合格的企业，由检验检疫机构授予专用代码，方可从事烟花爆竹的出口； 2. 出口烟花爆竹的检验应当严格执行国家法律、法规规定的标准，对进口国以及贸易合同高于我国法律、法规规定标准的，按其标准检验。对首次出口或者原材料、配方发生变化的烟花爆竹应当实施烟火药剂安全稳定性能检测。对长期出口的烟花爆竹产品每年应当进行不少于一次的烟火药剂安全稳定性能的检验； 3. 盛装出口烟花爆竹的运输包装，应当标有联合国规定的危险货物包装标记和出口烟花爆竹生产企业的登记代码标记。凡经检验合格的出口烟花爆竹，由检验检疫机构在其运输包装明显部位加贴验讫标志； 4. 对在产地直接报关出口的烟花爆竹，产地检验检疫机构签发《出境货物通关单》；对异地出口的烟花爆竹，采用产地检验与口岸查验相结合的办法，以集装箱运往口岸出口的，凭产地检验检疫机构签发的《出境货物换证凭单》，到口岸检验检疫机构换领《出境货物通关单》
	报检单证	1.《出境货物报检单》、合同或销售确认书、发票、装箱单等； 2. 生产烟花爆竹的企业提交《出口烟花爆竹生产企业声明》； 3. 出口组合类烟花爆竹（即不同花色品种的烟花爆竹混装于一个销售包装内），在组合前，每种产品必须申领《出境货物换证凭单》。组合出口时，凭《出境货物换证凭单》（正本）向口岸检验检疫机构申请查验出境
出境打火机、点火枪类货物	报检范围	打火机、点火枪类商品是涉及运输及消费者人身安全的危险品，美国、加拿大及欧盟等国家已陆续对该类产品强制性地执行国际安全质量标准。我国自 2001 年 6 月 1 日起，对出口打火机、点火枪类商品实施法定检验。出口打火机、点火枪类商品包括 HS 编码为 96131000 一次性袖珍气体打火机；96132000 可充气袖珍气体打火机；96133000 台式打火机；96138000 其他类型打火机（包括点火枪）
	报检要求	1. 各直属检验检疫机构对出口打火机、点火枪类商品的企业实施登记管理制度。经审查合格的企业，由各直属局颁发《出口打火机、点火枪类商品生产企业登记证》并取得规定的代码和批次号； 2. 企业应当按照《联合国危险货物建议书规章范本》和有关法律法规的规定进行出口打火机、点火枪类商品的生产、包装、储存； 3. 出口打火机、点火枪类商品检验应当严格执行国家法律法规规定的标准进行检验，对进口国高于我国法律法规规定标准的，按进口国标准进行检验。对于我国与进口国政府间有危险品检验备忘录或协议的，应符合备忘录或协议的要求； 4. 出口打火机、点火枪类商品上应铸有检验检疫机构颁发的登记代码，其外包装上须印有登记代码和批次，在外包装的明显部位上要贴有检验检疫机构的验讫标志，否则不予放行
	报检单证	1.《出境货物报检单》、合同或销售确认书、发票、装箱单等； 2.《出口打火机、点火枪类商品生产企业自我声明》； 3.《出口打火机、点火枪类商品生产企业登记证》； 4. 出口打火机、点火枪类商品的型式试验报告

八、出境小型气体容器报检（表 8-21）

检验检疫机构根据《商检法》和《国际海运危险货物规则》的有关规定，对海运出口危险货物小型气体容器包装实施检验和管理，有关生产企业应向检验检疫机构申请海运出口危险货物小型气体容器包装检验。

出境小型气体容器报检　表 8-21

报检范围	充灌有易燃气体的气体充灌容器，容量不超过 1000cm^3，工作压力大于 0.1MPa(100kPa)的气体喷雾器及其他充灌有气体的容器。
报检要求	1. 生产出口危险货物小型气体容器的生产企业应事先向当地检验检疫机构办理注册登记，经检验检疫机构按国家局《出口商品质量许可证管理办法》考核合格并获得出口商品质量许可证，取得出口商品质量体系(1S09000)合格证书的企业方准予从事出口危险货物小型气体容器的生产； 2. 已获准生产出口危险货物小型气体容器的生产企业在对本企业产品检验合格后，向检验检疫机构申请海运出口危险货物小型气体容器的包装检验。报检时填写《出境货物申请单》，并提供小型气体容器的生产标准、性能实验报告、厂检结果单； 3. 检验检疫机构依照《海运出口危险货物小型气体容器包装检验规程》及《国际海运危险货物规则》，对海运出口危险货物小型气体容器包装进行性能检验，经检验鉴定合格的签发《出境货物运输包装性能检验结果单》
单证使用	《出境货物运输包装性能检验结果单》的使用： 1. 申请人可凭该检验结果单申请检验检疫机构签发《出境危险货物运输包装使用鉴定结果单》以及相应的检验证书； 2. 各地港务部门必须凭检验检疫机构出具的《出境危险货物运输包装使用鉴定结果单》或相应的检验证书对包装进行查验，经查验合格的货物给予装卸或承运

九、出境危险货物运输包装容器报检(表 8-22)

国际上对运输危险货物有一套比较完整的规则如《国际海运危规》、《国际铁路危规》、等，我国检验检疫机构对出口危险货物运输包装容器实施检验，是按上述有关国际危规进行的。出境危险货物运输包装容器的检验分为性能检验和使用鉴定。

出境危险货物运输包装容器报检　表 8-22

出口危险货物运输包装容器性能检验	报检范围	按我国《进出口商品检验法》的规定，为出口危险货物生产运输包装容器的企业，必须申请检验检疫机构进行包装容器的性能检验
	报检要求	1. 国家对出口危险货物运输包装容器生产企业实行质量许可证制度； 2. 空运、海运出口危险货物的运输包装容器由检验检疫机构按照有关规定，实行强制性检验
	报检单证	1.《出境货物运输包装检验申请单》； 2. 运输包装容器生产厂的《出口危险货物运输包装容器质量许可证》； 3. 该批运输包装容器的生产标准； 4. 该批运输包装容器的设计工艺、材料检验标准等技术资料
	单证使用	《出境货物运输包装性能检验结果单》的用途 1. 出口危险货物的经营单位向检验检疫机构申请出口危险货物品质检验时，必须向当地检验检疫机构提供《性能检验结果单》； 2. 出口危险货物的经营单位向检验检疫机构申请出口危险货物运输包装容器的使用鉴定时，必须提供《性能检验结果单》(正本)，检验检疫机构凭该单实施出口危险货物运输包装容器的使用鉴定，并出具《出境危险货物运输包装使用鉴定结果单》； 3. 同一批号，不同使用单位的出口危险货物包装容器，在《性能检验结果单》的有效期内，可以凭该单向检验检疫机构申请办理分证； 4. 经检验检疫机构检验合格的本地区运输包装容器销往异地装货使用时，必须附有当地检验检疫机构签发的《性能检验结果单》随该批运输包装容器流通，使用地检验检疫机构在接受出口危险货物报检时，凭《性能检验结果单》(正本)或分单(正本)受理品质检验和使用鉴定的报检
出口危险货物运输包装容器使用鉴定	报检范围	生产出口危险货物的企业，必须申请检验检疫机构进行包装容器的使用鉴定。
	报检单证	1.《出境货物运输包装检验申请单》； 2.《出境货物运输包装性能检验结果单》； 3. 危险货物说明； 4. 其他有关资料
	单证使用	《出境危险货物运输包装使用鉴定结果单》的用途： 1. 外贸经营部门凭《使用鉴定结果单》验收危险货物； 2. 港务部门凭《使用鉴定结果单》安排出口危险货物的装运，并严格检查包装是否与检验结果单相符； 3. 对同一批号，分批出口的危险货物运输包装容器在《使用鉴定结果单》有效期内，可凭该结果单在出口所在地检验检疫机构办理分证手续

注：危险货物指具有燃烧、爆炸、腐蚀、毒害以及放射性、辐射性等危害生命、财产、环境的物质和物品。

十、出境货物运输包装报检(表8-23)

出境货物运输包装报检　表8-23

报检范围	指列入《出入境检验检疫机构实施检验检疫的进出境商品目录》及其他法律、行政法规规定须经检验检疫机构检验检疫,并且检验检疫监管条件为"N"或"S"的出口货物的运输包装容器
报检要求	1. 出口货物运输包装容器分为性能检验和使用鉴定; 2. 申报法定检验出口货物检验前,需先申报包装容器的性能检验; 3. 使用鉴定一般在出口货物实施品质检验时同时进行,因此,使用鉴定与所包装的出口货物同时报检
报检单证	1.《出境货物运输包装检验申请单》; 2. 生产单位的本批包装容器检验结果单; 3. 包装容器规格清单; 4. 客户订单及对包装容器的有关要求; 5. 该批包装容器的设计工艺、材料检验标准等技术资料
单证使用	《出境货物运输包装性能检验结果单》的使用 1. 出口货物生产企业或经营单位向生产单位购买包装容器时,生产包装容器的单位应提供检验检疫机构签发的《出口货物运输包装性能结果单》(正本); 2. 出口货物生产企业或经营单位申请出口货物检验检疫时,应提供《性能检验结果单》正本; 3. 对于同一批号不同单位使用的或同一批号多次装运出口货物的运输包装容器,在《性能结果单》有效期内可以凭此单向检验检疫机构报检,申请分单

注:目前检验检疫机构实施性能和使用坚定的出境货物运输包装包装容器包括:钢桶、铝桶、镀锌桶、钢塑复合桶、纸板桶、塑料桶(罐)、纸箱、集装袋、塑料编织袋、麻袋、纸塑复合袋、钙塑瓦楞箱、木箱、胶合板箱(桶)、纤维板箱(桶)等。

十一、出口纺织品标识报检(表8-24)

出口纺织品标识报检　表8-24

报检范围	列入原外经贸部公布的须经检验检疫机构进行查验的出口纺织品目录的纺织品
报检要求	1. 检验检验机构对出口纺织品的包装唛头内容和标签、吊牌进行核查; 2. 符合规定的,如产地与报关地一致的,检验检疫机构出具《出境货物通关单》并在通关单上注明纺织品标识查验合格。如产地与报关地不一致的出具《出境货物换证凭单》并注明纺织品标识查验合格; 3. 报检时间与报检纺织品的品质检验的时间相同
报检单证	1.《出境货物报检单》并提供相关外贸单据; 2. 提供纺织品的全套标签、吊牌等实物和包装唛头内容

十二、对外承包工程及援外物资报检(表8-25)

对外承包工程及援外物资报检　表8-25

报检范围	凡由我国政府提供的无息贷款、低息贷款和无偿援助项下购置并用于援外项目建设或交付给受援国政府的一切生产和生活物资
报检要求	1. 检验检疫机构对援外物资实行产地检验、口岸查验的基本原则。产地检验检疫机构签发换证凭单,口岸检验检疫机构换发检验证书; 2. 对于法律、行政法规规定由其他检验机构实施检验的援外物资,由其他检验检疫机构实施检验,如西药、飞机、船舶等; 3. 严格审定援外物资供货厂商资质; 4. 对于小批量、品种繁杂的援外物资,符合下列规定之一的,允许总承包企业在市场采购: ①由外经贸部委托总承包企业向已经建成成套项目提供的零配件; ②某一品种采购总价不超过10万元人民币的物资,招(议)标文件规定的特殊情况除外的。 5. 援外物资项目的总承包企业凭各口岸检验检疫机构出具的检验证书向外经贸主管部门办理结算

续上表

报检单证	1. 援外承包总合同或项目总承包企业与生产企业签订的内部购销合同，内部购销合同中必须有“援×××国×××项目的内部购销合同”字样； 2. 厂检合格单总承包企业验收合格证明； 3. 商务部和国家质检总局的有关批文； 4.《出境货物运输包装容器性能检验结果单》； 5. 货物清单

练习题

一、单项选择

1. 出境动物产品，应在出境前(　　)报检。

A. 5 天　　B. 7 天　　C. 10 天　　D. 15 天

2. 为出口危险货物生产包装容器的企业，必须向检验检疫机构申请进行包装容器的(　　)。

A. 使用鉴定　　B. 性能检验　　C. 质量认证　　D. 许可认证

3. 对长期出口的烟花爆竹产品，每年应当进行不少于(　　)的烟花药剂安全稳定性能检验。

A. 2 次　　B. 3 次　　C. 1 次　　D. 4 次

4. 出境货物报检一般应提供的单证为(　　)和包装性能单。

A. 外贸发票、装箱单

B. 厂检单、外贸发票、信用证

C. 外贸合同、发票、装箱单、厂检单

D. A、B、C 都不对

5. 经性能检验和使用鉴定合格的危险货物包装容器，应在证书有效期内装运货物出口，超过有效期的，检验检疫机构(　　)。

A. 不予受理报检换证手续

B. 受理报检换证手续

C. 凭情况说明受理

D. 可作特殊处理

6. 使用中性包装的出口服装(　　)。

A. 不需检验检疫机构检验

B. 检验检疫机构检查服装质量后，便可出口

C. 须经检验检疫机构检查产品质量和有关标识标志和标识内容

D. A、B、C 都可以

7. 铁路运输的对俄出口货物必须出具(　　)。

A. 品质检验证书　　B. 卫生证书

C. 出境货物运输包装性能检验结果单　　D. 数量证书

8. 出境货物在报检后(　　)天内未联系检验检疫事宜的，作自动撤销报检处理。

A. 10　　B. 20　　C. 30　　D. 60

9. 经产地检验检疫机构检疫合格,需向出境口岸报关出口的活动物,运达出境口岸时,应当向出境口岸检验检疫机构申报。经出境口岸检验检疫机构(　　)后换发《出境货物通关单》。

A. 重新报检　　B. 核查货证　　C. 验证　　D. 检查

10. 对于法定检验检疫的一般出境货物,外包装(如:纸箱、木箱、麻袋等)报检时应提供(　　)。

A. 危险品包装容器性能检验结果单

B. 出境货物运输包装容器性能检验结果单

C. 运输容器检验合格证

D. A、B、C 都不是

11. 需隔离检疫的出境动物应在出境前(　　) 预报,隔离前 7 天 报检。

A. 50 天　　B. 60 天　　C. 55 天　　D. 30 天

12. 出境观赏动物,应在动物出境前(　　)贸易合同或展出合约、产地检疫证书、国家濒危物种进出口管理办公室出具的许可证、信用证到出境口岸检验检疫机构报检。

A. 40 天　　B. 45 天　　C. 30 天　　D. 20 天

13. 输往美、加等国木质包装货物,应在盛装货物前报检木质包装,检验检疫机构出具(　　)。

A. 熏蒸/消毒证书

B. 品质证书

C. 包装性能合格证书

D. 出境货物换证凭单

14. 输往香港地区的冻鸡产品在报检时,应申请(　　)。

A. 品质检验证书

B. 健康检验证书

C. 兽医卫生证书

D. A、B、C 都不是

15. 凡输往(　　)的日用陶瓷产品必须符合有关的铅、镉溶出量的要求,申请领取有关检验证书。

A. 美国　　B. 日本　　C. 法国　　D. 欧盟

16. 法定检验检疫的入境货物,海关凭检验检疫机构签发的(　　)验放。

A. 入境货物检验检疫证明　　B. 入境货物调离通知单

C. 入境货物通关单　　D. 品质证书

17. 在国内购买进口汽车的用户办理正式牌证前,应到所在地检验检疫机构登检,由所在地检验检疫机构签发(　　),作为到车辆管理机关办理正式牌证的依据。

A.《进口机动车辆检验证明》　　B.《进口机动车辆随车检验单》

C.《入境货物通关单》　　D.《入境货物检验检疫证明》

18. 来自美国、日本的货物使用非针叶树木质包装的,报检时应提供由(　　)出具的《使

用非针叶树木质包装声明》。

A. 输出国官方机构　　B. 输出国的民间机构

C. 发货人　　D. 收货人

19. 报检入境动物时,除提供合同、发票、装箱单等贸易单证外,还应按要求提供(　　)。

A. 入境动植物检疫许可证

B. 输出国(或地区)官方出具的检疫证书

C. 产地证书

D. A、B、C

20. 进口商品需对外索赔出证的,货主或其代理人应在索赔有效期前不少于(　　)天向到货口岸或货物到达地的检验检疫机构申请检验。

A. 7　　B. 10

C. 15　　D. 20

21. 输入植物、种子、种苗、及其他繁殖材料的,应在入境前(　　)天报检。

A. 7　　B. 14

C. 20　　D. 21

22. 输入种畜及其精液、胚胎的,应当在进境前(　　)日报检;输入其他动物的,应当在入境前(　　)日报检,输入植物种子、种苗及其他繁殖材料的,应当在进境前(　　)日报检。

A. 30,15,7　　B. 15,15,7

C. 21,7,7　　D. 30,20,15

23. 土壤为禁止进境物。带介质土的苗木和盆景等入境,对换下的介质土要进行严格的(　　)。

A. 处理　　B. 消毒

C. 检疫　　D. 监测

24. 法定检验检疫的入境货物,海关凭(　　)检验检疫机构签发的《入境货物通关单》验放。

A. 到货口岸　　B. 报关地

C. 目的地　　D. 收货人所在地

25. 报检后(　　)天内未联系检验检疫事宜的作自动撤销报检处理。

A. 7　　B. 14

C. 20　　D. 30

26. 进口涂料的备案申请应在涂料进口之前至少(　　)向备案机构申请。

A. 1 个月　　B. 2 个月

C. 半年　　D. 一年

27. 因科研等特殊需要,输入禁止入境物的,报检时必须提供质检总局签发的(　　)。

A. 特许审批证明　　B. 进境动植物检疫许可证

C. 安全质量许可证　　D. 检疫证书

28. 进口食品的经营企业(指进口食品的批发、零售商)持口岸检验检疫机构签发的进口食品卫生证书或副本,到当地检验检疫机构换取卫生证书,应填写(　　),并注明(　　)。

A. 换证申请,食品原产地

B. 入境货物报检单,需换领证书的份数

C. 入境货物报检单,食品原产地

D. 换证申请,进口食品卫生证书编号

29. 口岸通关转异地的入境法检货物到达目的地后,(　　)。

A. 可销售、使用

B. 需与目的地检验检疫机构联系检验检疫

C. 需到目的地检验检疫机构领取通关单

D. B 和 C

30. 进口旧机电产品的收货人或者其代理人应当按照规定在合同签署之前向(　　)申请办理备案手续。

A. 到货口岸检验检疫机构

B. 国家质检总局

C. 国家质检总局或收货人所在地直属检验检疫局

D. 收货人所在地直属检验检疫局

31. 国内市场上出售的进口食品必须加贴有(　　)。

A. CCIB 标志　　B. CIQ 标志

C. 绿色食品标志　　D. CCC 标志

32. 入境特殊物品的申报人在特殊物品入境前(　　)天到(　　)办理特殊物品审批手续。

A. 10,当地检验检疫机构　　B. 7, 当地检验检疫机构

C. 10, 国家质检总局　　D. 7, 国家质检总局

33. 进出口化妆品报检时除按报检规定提供必要的单证和要求外,还必须提供(　　)、详细货物清单,并注明货物流向。

A. 产品配方　　B. CIQ 标志

C. 进出口化妆品标签审核证书　　D. 产品说明

34. 进口大宗散装商品、易腐烂变质商品以及卸货时发现残损或者数量、重量短缺的商品,必须在(　　)进行检验。

A. 卸货口岸或者到达站的地点　　B. 合同约定的地点

C. 最终到货地　　D. 检验机构指定的地点

35. 国家对进口电池产品实行(　　)和(　　)专项检测制度。

A. 审批,铅含量　　B. 备案,汞含量

C. 备案,铅含量　　D. 审批,汞含量

二、判断题

1. 出境报检时,如果信用证与合同不一致,报检人应对信用证或合同进行修改,不能修改的,检验检疫机构以合同为准。　　(　　)

2. 产地与报关地不一致的出境货物,在向报关地检验检疫机构申请《出境货物通关单》时,应提交产地检验检疫机构签发的《出境货物换证凭单》。　　(　　)

3. 检验检疫机构尚未实施检验检疫，品名更改后与原报检不是同一种商品的，不能更改。（　）

4. 申请重新报检的，要交还原发的证书或证单，不能交还的按有关规定办理。（　）

5. 保税区内的企业办理报检手续后，应办理备案或注册登记手续。（　）

6. 保税区内企业从境外进入保税区的仓储物流货物以及自用的办公用品，出口加工所需原材料、零部件，要实施强制性产品认证。（　）

7. 从保税区输往境外的法定检验检疫对象，检验检疫机构依法实施检验检疫。（　）

8. 对以保健食品名义报检的进口食品，检验检疫机构根据卫生部保健食品批号即可签发《卫生证书》。（　）

9. 检验检疫机构对外商独资企业进口的成套设备不进行强制性检验。（　）

10. 需要结合安装调试进行检验的成套设备、机电仪产品，以及在口岸开件检验后难以恢复包装的商品，可以在最终使用地进行检验。（　）

11. 参加国际展览的入境展览物品及其包装材料、运输工具一律免予检疫。（　）

12. 对未依法办理检疫审批手续的入境物，口岸出入境检验检疫机构可以根据具体情况，作退回或者销毁处理。（　）

13. 入境货物报检时必须注明货物的用途。（　）

14. 检验检疫机关施检的进口食品包括经深加工的食品、食品原料、食品添加剂，但不包括食品包装和食品生产设备、食品消毒剂及洗涤剂等。（　）

15. 运输动植物、动植物产品和其他检疫物过境的，在出境向口岸检验检疫机构报检，入境口岸不报检。（　）

16. 入境法检货物，报检后取得《入境货物通关单》，即以销售或使用。（　）

17. 过境的动植物及其产品报检时，也应当提供输出国家或地区官方出具的检疫证书。（　）

18. 来料加工项下的入境货物，即使列入《出入境检验检疫机构实施检验检疫的进出境商品目录》，也可免于检验检疫。（　）

19. 对进口可再利用的废物原料，各地检验检疫机构签发《入境货物通关单》时，在备注栏注明“未发现不符合环境保护要求的物质”。（　）

20. 进口货物发生短少、残损或其他质量问题需对外索赔时，其赔付货物的进境，海关凭检验检疫机构签发的《入境货物通关单》验放。（　）

21. 入境货物在卸货过程中发现货物的包装或货物本身残损时，应停止卸货，保护好现场，并及时向检验检疫机构申请残损鉴定。（　）

22. 列入《实施强制性产品认证的产品目录》的入境货物，必须经过指定的认证机构认证合格、取得指定认证机构颁发的认证证书、并加施认证标志后，方可进口。（　）

23. 进口的玩具经检验合格的由检验检疫机构签发《入境货物检验检疫证明》，并在玩具上加贴 CIQ 安全标志，准许在市场上销售。（　）

24. 进口化妆品报检时必须提供《进出口化妆品标签审核证书》或《标签审核受理证明》。（　）

25. 入境动物产品报检时应提供隔离场审批证明。（　）

26. 对不需要实施装运前预检验的进口旧机电产品，备案出具《进口旧机电产品免装运前预检验证明书》。（　　）

27. 进口预包装食品，在进口前应向指定的检疫机构提出食品标签审核申请，提供检测样品，检验合格的由国家质检总局颁发"进口食品标签审核证书"。（　　）

28. 对易腐、易变、易扩大损失的残损商品，发现残损应立即申请残损鉴定。（　　）

29. 从以色列进口 B 类化妆品时，须提供以色列卫生部药品管理局化妆品证书格式一。（　　）

30. 通关后的废物品质检验可申请收用货地检验检疫机构实施。（　　）

31. 以加工贸易方式进境的肉鸡产品，还应提供由外经贸部门签发的《加工贸易业务批准证》。（　　）

32. 进境流向报检只在口岸对装运货物的运输工具和外包装进行必要的检疫处理，并不对整批货物检验检疫。（　　）

33. 进口散装食品报检时不必提供《进口食品标签审核证书》和原产地证书。（　　）

34. 入境货物包装用的胶合板箱不作为木质包装。（　　）

35. 国家对入境粮食实行检疫审批制度，但动物饲料不实行该项制度。（　　）

36. 入境后需办理转关手续的活动物，仍应由入境口岸检验检疫机构实施检疫。（　　）

37. 凭样成交的入境货物，如报检品质检验，须加附成交样品。（　　）

第九章　进出境集装箱、运输工具、人员及其他物品的报检

● **知识目标**

1. 进出境集装箱、运输工具、人员及其他物品的相关概念；
2. 我国对进出境集装箱、运输工具、人员及其他物品的报检规范和要求。

● **技能目标**

具有根据进出境集装箱、运输工具、人员及其他物品报检的要求准备单证的能力。

引　例

某船公司准备开通上海到美西的集装箱班轮航线，由于对目前我国就进出境集装箱检验检疫的规定不了解，对船舶的报检、船员及其携带物品的报检也需要进一步地了解，特向有关部门咨询。你能帮助该公司解决这些问题吗?

第一节　进出境集装箱检验检疫的报检

进出境集装箱是指国际标准化组织所规定的集装箱，包括进境、出境和过境的实箱及空箱。根据《进出境集装箱检验检疫管理办法》(2000 年 1 月 11 日，原国家出入境检验检疫局发布的第 17 号令)的规定，检验检疫机构依法对进出境集装箱实施检验检疫。

一、进境集装箱检验检疫的报检

1. 进境集装箱应实施检验检疫的范围

①卫生检疫：所有进境集装箱。

②动植物检疫：来自动植物疫区的，装有动植物、动植物产品和其他检验检疫物的，以及箱内带有植物性包装物或铺垫材料的集装箱。

③按照有关规定、约定实施检验检疫：法律、行政法规、国际条约规定或者贸易合同约定的其他应当实施检验检疫的集装箱。

2. 申请进境集装箱检验检疫的时限、地点及应提供的单据

①集装箱入境前、入境时或过境时，承运人、货主或其代理人，必须向入境口岸检验检疫机

构报检,未经检验检疫机构许可,集装箱不得提运或拆箱。

②入境集装箱报检时,报检人应根据不同的情况填写《入境货物报检单》或《出/入境集装箱报检单》;提供提货单、到货通知单等有关单据,提供集装箱数量、规格、号码、到达或离开口岸的时间、装箱地点和目的地、货物的种类、数量和包装材料等情况。

3. 装载法定检验检疫商品的入境集装箱的检验检疫

①报检人应填写《入境货物报检单》,在入境口岸结关的集装箱和货物一次性向入境口岸检验检疫机构报检。

②检验检疫机构受理报检后,集装箱结合货物一并实施检验检疫,检验检疫合格的准予放行,并统一出具《入境货物通关单》。经检验检疫不合格的,按规定处理。

③需要实施卫生除害处理的,签发《检验检疫处理通知书》,完成处理后应报检人要求出具《熏蒸/消毒证书》。

④装运经国家批准进口的废物原料的集装箱,应当由入境口岸检验检疫机构实施检验检疫。经检验检疫符合国家环保标准的,签发检验检疫情况通知单;不符合环保标准的,出具环保安全证书,并移交当地海关、环保部门处理。

4. 装载非法定检验检疫商品的入境集装箱和入境空箱的检验检疫

①在入境口岸结关的集装箱,报检人应填写《出/入境集装箱报检单》,向入境口岸检验检疫机构报检。

②检验检疫机构受理报检后,根据集装箱箱体可能携带的有害生物和病媒生物种类以及其他有毒有害物质情况实施检验检疫。

③实施检验检疫后,对不需要实施卫生除害处理的,应报检人的要求出具《集装箱检验检疫结果单》;对需要实施卫生除害处理的,签发《检验检疫处理通知书》,完成处理后应报检人要求出具《熏蒸/消毒证书》。

5. 入境转关分流的集装箱

指运地结关的集装箱,入境口岸检验检疫机构受理报检后,检查集装箱外表,必要时进行卫生除害处理,办理调离和签封手续,并通知指运地检验检疫机构,到指运地进行检验检疫。

二、出境集装箱

1. 出境集装箱实施检验检疫的范围

①卫生检疫:所有出境集装箱;

②动植物检疫:装载动植物、动植物产品和其他检验检疫物的集装箱;

③清洁、卫生、冷藏、密固等适载检验:装运出口易腐烂变质食品、冷冻品的集装箱;

④按要求实施检验检疫:输入国要求实施检验检疫的集装箱;

⑤按有关规定和约定实施检验检疫:法律、行政法规、国际条约规定或贸易合同约定的其他应当检验检疫的集装箱。

2. 出境集装箱报检的时限、地点及应提供的单据

①集装箱出境前或出境时,承运人、货主或其代理人,必须向所在地检验检疫机构报检;在出境口岸装载拼装货物的集装箱,必须向出境口岸检验检疫机构报检。未经检验检疫机构许可,集装箱不准装运。

②出境集装箱报检时，如集装箱与货物不能一起报检的，报检人应填写《出/入境集装箱报检单》向检验检疫机构报检，并提供相关的资料和单据。

3. 出境集装箱的检验检疫

①检验检疫机构受理报检并实施检验检疫后，对不需要实施卫生除害处理的，应报检人的要求出具《集装箱检验检疫结果单》；对需要实施卫生除害处理的，签发《检验检疫处理通知书》，完成处理后应报检人要求出具《熏蒸/消毒证书》。

②出境口岸检验检疫机构凭起运口岸检验检疫机构出具的《集装箱检验检疫结果单》或《熏蒸/消毒证书》验证放行。

③集装箱检验检疫有效期限为21天，超过有效期限的出境集装箱需要重新检验检疫。

4. 出境新造集装箱的检验检疫

新造集装箱是指由专门的集装箱生产企业生产的未使用过的集装箱。

(1)对不使用木地板的新造集装箱，仅作为商品空箱出口时不实施检验检疫。

(2)对使用木地板的新造集装箱，仅作为商品空箱出口时，按如下规定办理：

①所使用的木地板为进口本地板，且木地板进口时附有用澳大利亚检验检疫机构认可的标准作永久性免疫处理的证书，并经我国检验检疫机构检验合格，新造集装箱出口时可凭检验检疫合格证书放行，不实施出境检疫；

②所使用的木地板为国产木地板，且附有已用澳大利亚检验检疫机构认可的标准作永久性免疫处理证明的，新造集装箱出口时可凭该处理证明放行，不实施出境检疫；

③所使用的进口木地板没有进口检验检疫合格证书或使用的国产木地板没有用澳大利亚检验检疫机构认可的标准作永久性免疫处理，新造集装箱出口时应实施出境动植物检疫。

三、出入境集装箱的卫生除害处理

出入境集装箱有下列情况之一的，应当作卫生除害处理：

①来自检疫传染病或监测传染病疫区的；

②被传染病污染的或可能传播检疫传染病的；

③携带有与人类健康有关的病媒昆虫或啮齿动物的；

④检疫发现有国家公布的一、二类动物传染病、寄生虫病名录及植物危险性病、虫、杂草名录中所列病虫害和对农、林、牧、渔业有严重危险的其他病虫害的，发现超过规定标准的一般性病虫害的；

⑤装载废旧物品或腐败变质有碍公共卫生物品的；

⑥装载尸体、棺柩、骨灰等特殊物品的；

⑦输入国家或地区要求作卫生除害处理的：

⑧国家法律、行政法规和国际条约规定必须作卫生除害处理的。

训练 9-1：

1. 到达口岸时，需要如实申报的集装箱是(　　)。

A. 实箱　　　　B. 空箱

C. 全部实箱和部分空箍 D. 全部实箱和全部空箱

2. 集装箱需进行卫生处理的是( )。

A. 携带有病媒昆虫和医学动物的集装箱

B. 载有腐败变质货物、食品的集装箱

C. 载有废旧物品、有碍公共卫生物品的集装箱

D. A、B、C 都是

第二节 出入境交通运输工具报检的申报及其动植物检疫

检验检疫机构对出入境交通运输工具的检疫监管分为两部分:一部分是对交通运输工具卫生状况以及人员的健康状况进行的卫生检疫监管;另一部分是对装载动植物、动植物产品和其他检疫物以及来自动植物疫区的运输工具的检疫监管。根据《中华人民共和国国境卫生检疫法》第四条规定:入境、出境的人员交通工具、运输设备以及可能传播检疫传染病的行李、货物、邮包等物品,都应当接受检疫,经国境卫生检疫机关许可,方准入境或出境。

一、出入境船舶卫生检疫申报

1. 船舶入境卫生检疫申报

1)申报

①船方或其代理人应当在船舶预计抵达口岸24小时前(航程不足24小时的,在驶离上一口岸时),向入境口岸检验检疫机构申报,填报入境检疫申请表。如船舶动态或申报内容有变化,船方或其代理人应当及时向检验检疫机构更正。

②受入境检疫的船舶,在航行中发现检疫传染病、疑似检疫传染病,或者有人非因意外伤害而死亡且死因不明的,船方必须立即向入境口岸检验检疫机构报告。

③根据《中华人民共和国国境卫生检疫法》的规定,受入境检疫的船舶,必须按照规定悬挂检疫信号(表9-1),在卫生检疫机关发给入境检疫证前,不得降下检疫信号。

表9-1

	信 号	含 义	请 求
白天	"Q"字旗	本船没有染疫	请发给入境检疫证
	"QQ"字旗	本船有染疫或有染疫嫌疑	请即刻实施检疫
夜间	红灯三盏	没有染疫	请发给入境检疫证
	红红白红灯四盏	船有染疫或染疫嫌疑	请即刻实施检疫

2)申报资料

船舶在入境检疫时船方应向口岸检验检疫机构提供的资料:

①《航海健康申报书》;

②《除鼠证书/免于除鼠证书》;

③食品、饮用水、压舱水清单;

④《国际预防接种证书》;

⑤《国际旅行健康检查证明书》。

3)检疫地点

船舶的入境检疫，必须在最先到达的国境口岸的检疫锚地或者经检验检疫机构同意的指定地点实施。

4)检疫方式

检验检疫机构对申报内容进行审核，确定入境船舶的检疫方式。目前采取的方式可分为锚地检疫、随船检疫、靠泊检疫和电讯检疫。

(1)锚地检疫:国际航行船舶的锚地检疫一般是针对来自传染病疫区的船舶;有检疫传染病病人、疑似传染病病人或者有人非因意外伤害而死亡且死因不明的;发现有啮齿动物异常死亡的;未持有有效《除鼠证书/免予除鼠证书》的;没有申请随船检疫、靠泊检疫或电讯检疫的;装载活动物的。

(2)随船检疫:对旅游船、军事船、要人访问所乘船舶等特殊船舶以及遇有特殊情况的船舶，如船上有病人需要救治、特殊物资急需装卸、船舶急需抢修等，经船方或者代理人申请，可以实施随船检疫。

(3)泊位检疫:对未持有我国检验检疫机构签发的有效《交通工具卫生证书》，并且没有应实施锚地检疫所列情况或者因天气、潮水等原因无法实施锚地检疫的船舶，经船方或者代理人申请，可以实施靠泊检疫。

(4)电讯检疫。对持有我国检验检疫机构签发的有效《交通工具卫生证书》，并且没有应实施锚地检疫所列情况的船舶，经船方或者代理人申请，可以实施电讯检疫。

电讯检疫的特殊要求:电讯检疫必须持有效卫生证书的国际航行船舶在抵港前24小时，通过船舶公司或船舶代理向港口或锚地所在地检验检疫机构以电报形式报告。

电报内容包括:

①船名、国籍、呼号;

②预定到达港口或检疫锚地的日期和时间;

③发航港、最后寄港、驶离日期;

④船员人数、旅客人数、健康状况;

⑤船舶卫生证书编号、签发日期、签发港;

⑥除鼠证书或者免于除鼠证书的签发日期、签发港;

⑦食品、饮用水、压载水装载日期、签发港和数量;

⑧食物、集装箱种类、数量及装载港和日期;

⑨其他必须说明的问题。

5)国际航行船舶入境检疫的实施

检验检疫机构对经检疫判定没有染疫的入境船舶，出具《船舶入境卫生检疫证》;对经检疫判定染疫、染疫嫌疑或者来自传染病疫区应当实施卫生处理的或者有其他限制事项的入境船舶，在实施相应的卫生处理或者注明应当接受的卫生处理事项后，签发《船舶入境检疫证》。

2. 船舶出境卫生检疫申报

出境的船舶必须在最后离开的出境港口接受检疫。船舶代理或船方代表应在离境前4小时内到出境口岸检验检疫机构办理出境检疫手续，同时提供下列资料:

①船名、国籍、预定开航的时间；

②目的港、最初寄港；

③装载货物种类；

④船舶出境健康申报表；

⑤船员、旅客名单或船员、旅客变更名单；

⑥《除鼠证书/免于除鼠证书》；

⑦船舶航行目的地为南美、非洲的，应提供所有人员黄热病预防接种证书；

⑧船员健康证书。

检验检疫机构审核船方提交的出境有关资料或者经登轮检疫，符合有关规定的，签发《交通工具出境卫生检疫证书》。

二、出入境航空器的申报

1．飞机入境卫生检疫申报

检验检疫机构对入境飞机按来自疫区与非疫区区别受理申报：

(1)来自非疫区并且在飞行中未发现检疫传染病、疑似检疫传染病，或者有人非因意外伤害而死亡并死因不明的飞机，可通过地面航空站向检验检疫机构采用电讯方式进行检疫申报，其申报内容为：

①飞机的国籍、机型、号码、识别标志、预定到达时间、出发站、经停站、机组及旅客人数。

②飞机上是否载有病人或在飞行途中是否发现病人或死亡人员；若有应提供病名或者主要症状、患病人数、死亡人数。

③飞机到达后，向检验检疫机构提交总申报单、旅客名单及货物舱单。

(2)来自疫区的飞机，在飞行中发现检疫传染病、疑似检疫传染病，或者有人非因意外伤害而死亡并死因不明时，机长应当立即通知到达机场的航空站向检验检疫机构申报，并在最先到达的国境口岸的指定地点接受检疫。向检验检疫机构申报的内容包括：

①飞机的国籍、航班号、机号、机型、预定到达时间、出发站、经停站、机组及旅客人数；

②飞机上是否载有病人或在飞行途中是否发现病人或死亡人员；若有应提供病名或者主要症状、患病人数、死亡人数；

③飞机到达后检疫人员首先登机，机长或其授权代理人必须如实回答检疫人员有关旅客健康状况及机上卫生状况的询问；

④来自黄热病疫区的飞机，机长或其授权代理人须主动出示有效的灭蚊证书。

检疫人员根据来自不同地区的飞机及机上旅客的健康情况采取不同的处理措施。

2．飞机出境卫生检疫申报

实施卫生检疫机场的航空站，应当在出境检疫的飞机起飞前向检验检疫机构提交飞机总申报单、货物仓单和其他有关检疫证件，并向检验检疫机构通知飞机的国籍、机型、号码、识别标志、预定起飞时间、经停站、目的站及旅客和机组人数。由检验检疫机构确认机上卫生状况符合《中华人民共和国国境卫生检疫法》的要求，确认机上无确诊疑似检疫传染病病人，确认机上的中国籍员工均持有检验检疫机构签发的有效健康证书并区别前往国的要求进行必要的卫生处理。检验检疫机构对符合上述要求的飞机签发《交通工具出境卫生检疫证书》并予以

放行。

三、出入境列车、其他车辆的检疫申报

1. 出入境列车的卫生检疫申报

出入境列车在到达或者出站前，车站有关人员应向检验检疫机构提前预报列车预定到达时间或预定发车时间、始发站或终点站、车次、列车编组情况、行车路线、停靠站台、旅客人数、司乘人员人数、车上有无疾病发生等事项。

客运列车到达车站后，检疫人员首先登车，列车长或者其他车辆负责人应当口头申报车上人员的健康情况及列车上鼠、蚊、蝇等卫生情况。由检疫人员分别对软包、硬包、软座、硬座、餐车、行李车及邮车进行检查。检查结束前任何人不准上下列车，不准装卸行李、货物、邮包等物品。货运列车重点检查货运车厢及其货物卫生状况、可能传播传染病的病媒昆虫和啮齿动物的携带情况。

入境、出境检疫的列车，在查验中发现检疫传染病或疑似检疫传染病，或者因卫生问题需要卫生处理时，应将延缓开车时间、须调离便于卫生处理的行车路线、停车地点等有关情况通知车站负责人。

2. 出入境汽车及其他车辆卫生检疫申报及其查验程序

边境口岸出入境车辆是指汽车、摩托车、手推车、自行车、牲畜车等。

固定时间客运汽车在出入境前由有关部门提前通报预计到达时间、旅客人数等；装载的货物应按口岸规定提前向检验检疫机构申报货物种类、数量及重量、到达地等。

检验检疫机构对大型客车应派出检疫人员登车检查，旅客及其携带的行李物品应在候车室或检查厅接受检查。

对入境货运汽车，根据申报实施卫生检查、采样检验或必要的卫生处理，检疫完毕后签发《运输工具检疫证书》。

四、出入境交通运输工具的动植物检疫

《中华人民共和国进出境动植物检疫法》第二条规定：进出境的动植物、动植物产品和其他检疫物，装载动植物、动植物产品和其他检疫物的装载容器、包装物，以及来自动植物疫区的运输工具，依照本法规定实施检疫。运输工具的动植检疫范围包括来自动植物疫区的船舶、飞机、火车、入境的车辆、入境供拆船用的废旧船舶，装载出境的动植物、动植物产品和其他检疫物的运输工具，装载入境动物的运输工具，装载过境的动植物、动植物产品和其他检疫物的运输工具等。

1. 入境交通运输工具

1）来自动植物疫区运输工具的动植物检疫

①动植物疫区的确定。动植物疫区是指动植物疫情发生或流行的区域。目前国家检验检疫部门公布的进境运输工具动植物检疫疫区，分为动物疫区和植物疫区，其中有的国家既是动物疫区又是植物疫区。动植物疫区，是依据农业部公布的《中华人民共和国进境动物一、二类传染病、寄生虫病名录》中近期内发生一类传染病和蓝耳病的疫区，以及依据农业部公布的《中华人民共和国进境植物检疫危险性病、虫、杂草名录》中最容易通过运输工具传播的部分

危险性病虫害,并结合我国与世界各国和地区通商通航的实际情况而划定的。由于世界各地疫情不断发生变化,疫区也必将是变化的。

②来自动植物疫区的船舶、飞机、火车等,无论是否装载动植物、动植物产品和其他检疫物,在入境口岸均应实施动植物检疫。重点对船舶的生活区、厨房、冷藏室及动植物性废弃物存放场所和容器、飞机的食品配餐间、旅客遗弃的动植物及其产品、动植物性废弃物等区域进行检疫。

③来自动植物疫区的运输工具,是指本航次或本车次的始发或途经地是上述动植物疫区的运输工具。这些运输工具,未经检疫不得卸货,经检疫合格的准予卸货,检疫不合格的经除害处理合格后方准卸货。

④检疫时发现运输工具中装有我国规定禁止或限制进境的物品,施加标识予以封存。该运输工具在中国期间,未经口岸检验检疫机构许可,不得启封动用。发现有危险性病虫害的,作不准带离运输工具除害、封存或销毁处理。对卸离运输工具的非动植物性物品或货物作外包装消毒处理,对可能被动植物病虫害污染的部位和场地作消毒除害处理。

⑤来自疫区的运输工具经检疫合格或经除害处理合格的,由口岸检验检疫机构根据不同情况,分别签发《运输工具检疫证书》、《运输工具检疫处理证书》方能准予入境。

2)装载入境动物的运输工具的检疫

装载入境动物的运输工具无论是否来自动物疫区,均需实施动物检疫。装载动物的运输工具抵达口岸时,未经口岸检验检疫机构防疫消毒和许可,任何人不得上下运输工具。动物和其他货物同一运输工具运抵口岸时,未经口岸检验检疫机构防疫消毒和许可,任何人不得接触和移动动物。口岸检验检疫机构采取现场预防措施,对上下运输工具的人员、接近动物的人员、装载动物的运输工具以及被污染的场地,由口岸检验检疫机构作防疫消毒处理。对饲喂入境动物的饲料、饲养用的铺垫材料以及排泄物等作消毒、除害处理。

3)入境车辆的检疫处理

入境的车辆,包括机动车和非机动车,来自动植物疫区的,由入境口岸检验检疫机构作防疫消毒处理。

4)入境供拆船用的废旧船舶的检疫

入境供拆船用的废旧船舶的检疫,包括进口供拆船用的废旧钢船、入境修理的船舶以及我国淘汰的远洋废旧钢船。不论是否来自动植物疫区,一律由口岸检验检疫机构实施检疫。这是因为废旧船舶长期运载各种货物,往返于各国港口,船舱缝隙匿藏多种害虫,船上遗留的动植物、动植物产品常常带有病虫害。对检疫发现的我国禁止入境物,来自动植物疫区或来历不明的动植物及其产品,以及动植物性废弃物作销毁处理。对发现危险性病虫害的舱室进行消毒、熏蒸处理。

2. 装载过境动植物和动植物产品的运输工具

装载过境动物的运输工具到达口岸时,口岸检验检疫机构对运输工具和装载容器外表进行消毒。对动物进行检疫,检疫合格的准予过境,检疫不合格的不准过境。过境动物的饲料受病虫害污染的,作除害、不准过境或销毁处理。过境动物的尸体、排泄物、铺垫材料以及其他废弃物,不得擅自抛弃。

装载过境植物、动植物产品和其他检疫物的运输工具和包装容器必须完好,不得有货物撒

漏。过境时，口岸检验检疫机构检查运输工具和包装容器外表，符合国家检疫要求的准予过境。发现运输工具和包装不严密，有可能使过境货物在途中撒漏的，承运人或押运人应按检疫要求采取密封措施。无法采取密封措施的，不准过境。检疫发现有危险性病虫的，必须进行除害处理，除害处理合格的准予过境。动植物、动植物产品和其他检疫物过境期间，未经检验检疫机构批准不得开拆包装或者卸离运输工具。出境口岸对过境货物及运输工具不再检疫。

3. 出境运输工具的动植物检疫

装载出境动物的运输工具，须在口岸检验检疫机构监督下进行消毒处理合格后，由口岸检验检疫机构签发《运输工具检疫处理证书》，准予装运。

装载出境动植物、动植物产品和其他检疫物的运输工具，经口岸检验检疫机构查验合格后方可装运。如发现有危险性病虫害或一般生活害虫超过规定标准的须经除害处理后，由口岸检验检疫机构签发《运输工具检疫处理证书》，准予装运。《运输工具检疫处理证书》只限本次出境有效。

训练 9-2：

1. 受入境检疫的船舶，在卫生检疫机关发给入境检疫证前，不得降下(　　)。

A. 船旗　　B. 国旗

C. 方便旗　　D. 检疫信号

2. 除鼠或免予除鼠证书过期的船舶适用(　　)。

A. 锚地检疫　　B. 随船检疫

C. 泊位检疫　　D. 电讯检疫

3. 出境船舶必须在(　　)接受检疫。

A. 出境港口　　B. 最后离开的出境港口

C. 预定到达港口或检疫锚地　　D. 出境报关地

第三节　出入境人员健康申报

为了防止传染病由国外传入或由国内传出，保障人民身体健康，根据《国际卫生条例》和《中华人民共和国国境卫生检疫法》及其实施细则的规定，检验检疫机构对出入境人员实施卫生检疫。出入境人员卫生检疫是提供检疫查验发现染疫人和染疫嫌疑人，给予隔离、留验、就地诊验和必要的卫生处理，达到控制传染病源、切断传播途径、防止传染病传入或传出的目的。

一、出入境健康申报

1. 入境申报

为了加强对入境人员传染病监测，采取必要的预防措施，防止传染病的发生、流行，保护人体健康，出入境检验检疫机构依法要求入境的人员填写《入境检疫申明卡》，出示某种传染病的预防接种证书，健康证明或其他有关证件。《入境检疫申明卡》是按《中华人民共和国国境卫生检疫法》和《中华人民共和国外国人入出境管理法实施细则》的有关规定要求，由入境旅

客填写并向检疫官员申报的卡片，每个入境旅客必须主动填写，自觉申报。

申报内容为：

①精神病、艾滋病（含病毒感染者）、性病、肺结核等疾病；

②发烧、咳嗽、腹泻、呕吐等症状；

③随身携带的生物制品、血液、血液制品等特殊物品，废旧衣服；

④来自黄热病疫区的旅客应出示黄热病预防接种证书。

检验检疫人员根据旅客申报的内容，依法采取相应的预防、控制措施，以防止传染病传入我国，对来自检疫传染病和监测传染病疫区的人员，检疫人员可以根据流行病学和医学检查结果，发给就诊方便卡。

2. 出境申报

受检疫的出境人员，应根据卫生检疫规定和检疫人员的要求，如实填写健康申明卡，出示某种有效的传染病预防接种证书、健康证明或者其他有关证件。

出境一年以上的中国公民应出示《国际旅行健康证书》；前往黄热病疫区的中国籍旅客应出示黄热病预防接种证书。

检疫人员对所有出境人员进行医学观察，阻止染疫人和染疫嫌疑人出境，并根据需要提供健康咨询服务。

小博士 9-1： 办理航空口岸出入境旅客健康申报手续新规定

根据国家质检总局、民航总局联合公告要求，从 2008 年 1 月 1 日起，在常态下，也就是国内外未发生重大传染病疫情时，出入境人员免于填报健康申明卡，但有疾病症状或者携带检验检疫管制物品的，必须主动口头向检验检疫官员申报。在紧急状态下，即当国内外发生重大传染病疫情时，检验检疫机关根据上级要求采取临时性检疫强制措施，出入境人员必须逐人如实填报健康申明卡。

新的健康申报办法是在厦门的海空港涉台航线以及进出空港口岸的中国（含港澳地区）公民中试点了 11 个月后成功推开的，此举加快了通关速度，增强了把关效能，取得了良好的社会效果。

二、出入境健康检查

1. 检查对象

应接收健康检查的出入境人员包括：

①申请出国或者出境一年以上的中国籍公民；

②在境外居住 3 个月以上的中国籍回国人员；

③来华工作或居留一年以上的外国籍人员；

④国际通行交通工具上的中国籍员工。

2. 健康检查的重点项目

①中国籍出境人员。重点检查检疫传染病、监测传染病，还应根据去往国家疾病控制要

求、职业特点及健康标准，着重检查有关项目，增加必要的检查项目；

②回国人员。除按照国际旅行人员健康检查记录表中的各项内容检查外，重点应进行艾滋病抗体监测、梅毒等性病的监测。同时根据国际疫情增加必要的检查项目，如疟疾血清学监测或血涂片、肠道传染病的粪检等；

③来华外籍人员。验证外国签发的健康检查证明，对可疑项目进行复查，对项目不全的进行补项。其重点检查项目是检疫传染病、监测传染病和外国人禁止入境的五种传染病，即艾滋病、性病、麻风病、开放性肺结核、精神病；

④国际通行交通工具上的中国籍员工，除按照国际旅行人员健康检查记录表中的各项内容检查外，重点进行艾滋病抗体监测、梅毒等性病的监测。

训练 9-3：

1. 凡申请出境居住(　　)以上的中国籍人员，必须持有卫生检疫机关签发的健康证明。

A. 半年　　B. 一年　　C. 两年　　D. 三个月

2. 每个入境旅客必须主动填写(　　)，自觉申报。

A.《入境检疫申明卡》　　B.《入境健康申明卡》

C.《入境检验申明卡》　　D.《入境检疫申报卡》

第四节　出入境旅客携带物、伴侣动物、邮寄物、快件的报检

出入境旅客携带物和邮寄物的检验检疫是出入境检验检疫的重要组成部分。依据《中华人民共和国进出境动植物检疫法》及其实施条例、《中华人民共和国国境卫生检疫法》及其实施细则、《中华人民共和国食品卫生法》和其他有关规定，检验检疫机构依法对旅客携带物和邮寄物实施检验检疫。

一、旅客携带物的检验检疫申报

1. 旅客携带物检验检疫范围

旅客携带物检验检疫（简称旅检）是指检验检疫机构对出入境的旅客（包括交通员工和享有外交、领事特权与豁免权的人员）携带或随所搭乘的车、船、航空器等交通工具托运的特殊物品（包括微生物、人体组织、生物制品、血液及其制品）、骸骨、骨灰、废旧物品和来自疫区、被传染病污染或者可能传播传染病的行李物品以及动植物、动植物制品和其他检疫物，在对外开放的港口、机场、车站和边境通道等场所实施的检验检疫。

2. 检验检疫地点

旅检工作主要在海关旅客检查厅或过境关卡执行，以现场检疫为主，其他检疫手段为辅。

3. 检疫审批和许可

携带植物种子、种苗及其他繁殖材料进境的，必须事先提出申请，办理检疫审批手续。因特殊情况无法事先办理的，应当按照有关规定申请补办检疫审批手续。办理审批手续后，须在进境口岸所在地直属检验检疫局备案。因科学研究等特殊需要携带禁止携带进境物，必须提

前向国家质检总局或相关行政主管部门申请办理检疫特许审批。

携带用于人体的特殊物品出入境，必须事先向出入境口岸所在地直属检验检疫局申请办理检疫审批。携带尸体、骸骨、骨灰等进出境的，应当按照有关规定办理卫生检疫许可证。

4. 申报时应提供的单据

携带上述所列检疫物品入境的，入境时必须如实填写《入境检疫申明卡》，主动向口岸检验检疫机构申报。

携带或托运植物种子、苗木及其他植物繁殖材料进境申报，须提供经进境口岸直属检验检疫局备案的《引进种子、苗木检疫审批单》或《引进林木种子、苗木和其他繁殖材料检疫审批单》；申报需特许检疫审批的禁止进境物时，须提供国家质检总局出具的《进境动植物特许检疫许可证》。

携带特殊物品出入境申报时，须提供《入/出境特殊物品卫生检疫审批单》、国家相关部门出具的准出入证明、检验证书等相关资料；出入境人员携带骸骨或骨灰申报时，须提交境外公证机构出具的公证书、死亡医学证明书、入/出境许可证和原墓葬地点证明等相关资料。

5. 检疫程序

口岸检验检疫机构受理申报后，对所申报的内容和相关材料进行物证审核。对于国家规定允许携带并且数量在合理范围之内的携带物以现场检疫为主，经现场检疫未发现病虫害的，随检随放，不签发证单；现场检疫不能得出结果的，需要截留作实验室检测以及现场检疫认为必须作除害处理的，则作截留处理，检疫人员签发《出入境人员携带物留检/处理凭证》交给物主，经检疫合格或除害处理后放行，通知物主领回。

出入境人员携带的特殊物品，经检验检疫合格后予以放行；骸骨、骨灰经检疫合格后签发《尸体/棺柩/骸骨/骨灰入/出境许可证》予以放行；不合格者则作卫生处理或予以退回。

携带入境的动物、动物产品和其他检疫物，经检疫合格或除害处理后合格的，予以放行；检验检疫不合格又无有效办法处理或经除害处理后不合格的，作限期退回或销毁处理，并由口岸检验检疫机构签发《出入境人员携带物留检/处理凭证》。

携带国家禁止携带进境物入境的，作退回或者销毁处理。禁止携带《中华人民共和国进境植物检疫禁止进境物名录》、《中华人民共和国禁止携带、邮寄进境的动物、动物产品及其他检疫物名录》所列的各物和国家禁止进口的废旧服装、废旧麻袋、血液、血液制品（除人血清白蛋白外）及国家规定禁止入境的其他检疫物入境。

携带出境的动植物、动植物产品和其他检疫物，物主有要求的，检验检疫机构实施检疫，检疫合格的，签发检疫证书。

二、携带伴侣动物

为防止狂犬病等恶性传染病传入我国，保障农牧业生产和人体健康，根据《中华人民共和国进出境动植物检疫法》和《中华人民共和国海关法》的规定，农业部和海关总署制定了《旅客携带伴侣动物的管理规定》。

1. 检疫申报

旅客携带伴侣犬、猫进境，每人限1只。旅客携带伴侣犬、猫进境，须持有输出国（或地区）官方兽医检疫机关出具的检疫证书和狂犬病免疫证书向海关申报，并由海关通知口岸检

验检疫机构对旅客所携带的动物实施隔离检疫。没有上述证书者，一律不准携带伴侣犬、猫入境。

旅客携带伴侣动物出境，物主在离境前需持家庭所在地县级以上兽医卫生防疫检验部门出具的动物健康证书及狂犬病疫苗接种证书到离境口岸检验检疫机构报检，每位出境旅客限带1只伴侣动物。

2. 入境检疫程序

口岸检验检疫机构对有关伴侣犬、猫在指定场所进行为期30天的隔离检疫。经检疫合格的犬、猫凭口岸检验检疫机构签发的检疫证书准予入境；检疫不合格的由检验检疫机构按有关规定处理。

隔离检疫期内有关伴侣犬、猫的饲养管理由物主负责，或由物主委托口岸检验检疫机构代理负责。检疫、饲养管理等所涉费用，由物主向检验检疫机构缴纳。

旅客申报携带入境伴侣犬、猫不能交验输出国（或地区）官方出具的检疫证书和狂犬病免疫证书或超出规定限量的，海关通知口岸检验检疫机构将有关犬、猫扣留。旅客应在口岸检验检疫机构规定的期限内办理退运境外手续。逾期未办理或旅客声明自动放弃的，视同无人认领，由口岸检验检疫机构进行检疫处理。

三、邮寄物

邮寄物检验检疫是指对通过国际邮政渠道（包括邮政部门、国际邮件快递公司和其他经营国际邮件的单位）出入境动植物、动植物产品和其他检疫物实施的检验检疫。

1. 邮寄物检验检疫范围

邮寄物检验检疫范围包括：动植物、动植物产品及其他检疫物的国际邮寄物；来自疫区的、被传染病病原体污染的或者可能成为传染病传播媒介的国际邮寄物品；微生物、人体组织、生物制品、血液及其制品等特殊物品的国际邮寄物品；须实施检疫的其他国际邮寄物品。

2. 检疫审批

收（寄）件人须办理检疫审批手续的邮寄物：

因科研、教学等特殊原因，需邮寄入境《中华人民共和国禁止携带、邮寄进境的动物、动物产品和其他检疫物名录》和《中华人民共和国进境植物检疫禁止进境名录》的邮寄物，收件人须事先按照有关规定向国家质检总局申请办理特许审批手续。

属于《中华人民共和国进境植物检疫禁止进境名录》外的植物繁殖材料，收件人须事先按照有关规定向国务院农业或林业行政主管部门或各省、自治区、直辖市农业（林业）行政主管部门申请办理审批手续。办理审批手续后，须在进境口岸所在地直属检验检疫局备案。进境动植物产品邮寄物需要办理审批手续的，收件人须事先向国家质检总局或其授权的入境口岸所在地直属检验检疫机构申请办理检疫审批手续。

邮寄物属微生物、人体组织、生物制品、血液及其制品等特殊物品，收件人或寄件人须向入境口岸所在地或产地直属检验检疫局申请办理检疫审批手续。

因特殊情况，未事先办理审批手续的，收件人应向入境口岸所在地直属检验检疫局申请补办检疫审批手续。

3. 入境检疫

邮寄物入境后，邮政部门应向检验检疫机构提供入境邮寄物清单，须检疫审批的物品应提供检疫审批的有关单证，由检验检疫人员实施现场检疫。现场检疫时，检验检疫人员首先审核证单并对包装物进行检疫。需拆包检验时，由检验检疫人员和邮政部门工作人员双方共同拆包。如需作进一步检疫的邮寄物，由检验检疫人员封存，向邮政部门办理交接手续后带回检验检疫机构，并通知收件人限期办理审批和报检手续。

由国际邮件互换局直分到邮局营业厅的邮寄物，由邮局通知收件人限期到检验检疫机构办理检疫手续。快递邮寄物，由快递公司、收件人或其代理人限期到检验检疫机构办理检疫手续。对受理报检的进境邮寄物，由检验检疫机构按有关规定进行检疫。入境邮寄物经检疫合格或经检疫处理合格的予以放行。

入境邮寄物有下列情况之一的，检验检疫机构作退回或销毁处理，并出具《检验检疫处理通知书》：

①国家质检总局公告规定禁止邮寄入境的；

②证单不全的；

③在限期内未办理检疫审批或报检手续的；

④经检疫不合格又无有效处理方法的。

4. 出境检疫

出境邮寄物有下列情况之一的，寄件人须向检验检疫机构报检，由检验检疫机构实施现场和实验室检疫：

①进口国有检疫要求的；

②出境邮寄物中有微生物、人体组织、生物制品、血液及其制品等特殊物品的；

③寄件人有检疫要求的。

出境邮寄物经检疫或经检疫处理合格的予以放行，根据进口方要求可出具有关证书。检疫不合格又无有效处理方法的，不准出境。

四、出入境快件

出入境快件，是指依法经营出入境快件的企业(简称快件运营人)在特定时间内以快速的商业运输方式承运的出入境货物和物品。

1. 检验检疫范围

下列出入境快件应实施检验检疫：根据《中华人民共和国进出境动植物检疫法》及其实施条例和《中华人民共和国国境卫生检疫法》及其实施细则，以及有关国际条约、双边规定应当实施动植物检验检疫和卫生检疫的；列入《出入境检验检疫机构实施检验检疫的进出境商品目录》内的；属于实施强制性认证制度、出口质量许可制度以及卫生注册登记制度管理的；其他有关法律、法规规定应当实施检验检疫的。

2. 报检要求

快件运营人必须经检验检疫机构备案登记后，方可按照有关规定办理出入境快件的报检手续。快件出入境时，应由具备报检资格的快件运营人及时向所在地检验检疫机构办理报检手续，凭检验检疫机构签发的《出境货物通关单》或《入境货物通关单》向海关办理报

关手续。

快件运营人在申请办理出入境快件报检时，应提供报检单、总运单、每一批快件的分运单、发票、提单等相关证单。属于下列情形之一的，还应向检验检疫机构提供相应的文件资料：

①输入动物、动物产品、植物种子、种苗及其他繁殖材料的，应提供相应的检疫审批许可证和检疫证明；

②因科研等特殊需要，输入禁止进境物的，应提供国家质检总局签发的特许审批证明；

③属于微生物、人体组织、生物制品、血液及其制品等特殊物品的，应提供国家相关部门出具的准出入证明、《入/出境特殊物品卫生检疫审批单》及其有关资料；

④属于实施强制认证制度、出口质量许可制度和卫生注册登记制度管理的，应提供有关证明；

⑤国家法律、法规、规章或者有关国际条约、双边协议有规定的，应提供相应的其他审批证明文件。

3. 检验检疫及处理

检验检疫机构对出入境快件的检验检疫监管，以现场检验检疫为主，特殊情况的，可以取样作实验室检验检疫。出入境快件经检验检疫合格的或检验检疫不合格但经实施有效检验检疫处理符合要求的，检验检疫机构签发《出境货物通关单》或《入境货物通关单》予以放行。对检验检疫不合格的，检验检疫机构签发有关单证交快件运营人，作退货或销毁处理。

训练 9-4：

1. 出入境旅客携带检疫物品入境的，入境前必须如实填写（　　），主动向口岸检验检疫机构申报。

A.《出入境检疫申明卡》　　B.《出入境货物通关单》

C.《出/入境特殊物品卫生检疫审批单》　　D.《进境动植物特许检疫许可证》

2. 旅客携带伴侣犬、猫进境，须持有输出国（或地区）官方兽医检疫机关出具的检疫证书和（　　）。

A. 动物注册证明　　B. 宠物注册证明

C. 宠物健康证书　　D. 狂犬病免疫证书

3. 邮寄物入境后，邮政部门应向检验检疫机构提供进境邮寄物清单，由检验检疫人员实施现场检疫。现场检疫时，对需拆验的邮寄物，由检验检疫人员和（　　）双方共同拆包。

A. 海关人员　　B. 公安人员　　C. 邮政人员　　D. 收件人

4. 因科研等特殊需要，输入禁止进境物的快件，快件运营人报检时应提供（　　）签发的特许审批证明。

A. 国家质检总局　　B. 直属检验检疫机构

C. 中国科学院　　D. 邮政部门

练习题

一、单选题

1. 装运经国家批准进口的废物原料的集装箱,应当由( )实施检验检疫。

A. 目的地检验检疫机构　　B. 进境口岸检验检疫机构

C. 指运地检验检疫机构　　D. 合同指定的检验检疫机构

2. 进口供拆船用的废旧钢船、入境修理的船舶以及我国淘汰的远洋废旧钢船,不论是否来自动植物疫区,一律由( )实施检疫。

A. 直属检验检疫机构　　B. 地方检疫部门

C. 当地环保部门　　D. 口岸检验检疫机构

3. 装载出境动物的运输工具,装载前应当在口岸检验检疫机构监督下进行( )。

A. 清洗处理　　B. 消毒处理

C. 灭害处理　　D. 以上都对

4. 来自动植物疫区的船舶、飞机、火车,经检疫发现有禁止进境的动植物、动植物产品和其他检疫物的,口岸出入境检验检疫机构必须进行( )。

A. 退回　　B. 熏蒸、消毒

C. 封存或销毁　　D. 补办检疫审批手续

5. 健康证的有效期是( )。

A. 六个月　　B. 一年　　C. 二年　　D. 三年

二、多选题

1. 装载动植物、动植物产品的进出境集装箱必须实施( )。

A. 卫生检疫　　B. 动植物检疫

C. 适载鉴定　　D. 熏蒸消毒

2. 下列关于进境集装箱表述正确的是( )。

A. 所有进境集装箱应实施动植物检疫

B. 所有进境集装箱应实施卫生检疫

C. 所有出境集装箱应实施卫生检疫

D. 所有出境集装箱应实施适载检疫

3. 来自疫区的入境运输工具经检疫合格或经除害处理合格的,由口岸检验检疫机构根据不同情况,分别签发( )方能准予入境。

A.《运输工具检疫证书》　　B.《运输工具检疫处理证书》

C.《检验检疫处理通知书》　　D.《交通工具卫生证书》

4. 目前,船舶入境卫生检疫的检疫方式有( )。

A. 锚地检疫　　B. 随航检疫

C. 泊位检疫　　D. 电讯检疫

5. 装载过境动物的运输工具到达口岸时,口岸检验检疫机构对( )进行消毒。

A. 装载的动物　　B. 装载容器外表

C. 运送人员　　D. 运输工具

6. 出入境人员健康体检的主要对象是(　　)。

A. 申请出国或出境一年以上的中国籍公民

B. 在境外居住 3 个月以上的中国籍回国人员

C. 来华工作或居留一年以上的外籍人员

D. 到疫区旅游的出国人员

7. 进境邮寄物作退回或销毁处理的情况有(　　)。

A.《中华人民共和国国家质量监督检验检疫总局公告》规定禁止邮寄进境的

B. 证单不全的

C. 在限期内未办理检疫审批或报检手续的

D. 经检疫不合格又无有效处理方法的

8. 携带进境的动物、动物产品和其他检疫物，经检验检疫不合格又无有效办法处理的，或经除害处理后仍不合格的，可以(　　)。

A. 限期退回　　B. 销毁

C. 重新检疫　　D. A、B、C 都不是

三、判断题

1. 入境集装箱可随货物一起在报关后由目的地检验检疫机构实施检疫。(　　)

2. 进境供拆解用的废旧船舶，由口岸出入境检验检疫机构实施动植物检疫。(　　)

3. 对装运出口易腐烂变质食品的船舱和集装箱，承运人或装箱单位必须在装货前申请检验。未经检验合格的，不准装运。(　　)

4. 享有外交、领事特权与豁免的外国机构和人员公用或者自用的动植物、动植物产品和其他检疫物进境，口岸出入境检验检疫机关不实施动植物检疫。(　　)

5. 需入境检疫的船舶，夜间在明显处所垂直悬挂红、红、白、红灯四盏灯号，表示本船没有染疫，请发给入境检疫证。(　　)

6. 对来自动植物疫区的船舶、飞机、火车等，无论是否装载动植物、动植物产品和其他检疫物，在入境口岸均应实施动植物检疫。(　　)

7. 进境检疫时发现运输工具中装有我国规定禁止或限制进境的物品，应予没收。(　　)

8. 装载植物、动植物产品和其他检疫物的运输工具过境时，口岸检验检疫机构检查运输工具和包装容器外表，符合国家检疫要求的准予过境，出境口岸对过境货物及运输工具不再检疫。(　　)

9. 对入境货运汽车，必须申报实施卫生检查、采样检验或必要的卫生处理，检疫完毕后签发《运输工具检疫证书》。(　　)

10. 入境交通运输工具，检疫时发现有危险性病虫害的，不准带离运输工具，作除害、封存或销毁处理，并对卸离运输工具的非动植物性物品或货物作外包装消毒处理，对可能被动植物病虫害污染的部位和场地作消毒除害处理。(　　)

11. 旅检工作主要在海关旅客检查厅或过境关卡执行。(　　)

12. 旅客携带伴侣犬、猫进境时，对犬、猫数量没有限制。(　　)

13. 隔离检疫期内，由于伴侣犬、猫的饲养管理所产生的费用由检验检疫机构负责。（　　）

14. 出境快件在其运输工具离境4小时后，运营人应向离境口岸检验检疫机构办理报检手续。（　　）

15. 快件运营不可通过电子数据交换（EDI）的方式申请报检。（　　）

16. 出境邮寄物需由检验检疫机构实施现场和实验室检疫。（　　）

17. 享有外交、领事特权和豁免权的人员可以不进行旅检。（　　）

18. 外交人员或其家属如携带犬猫入境不需要申报检疫。（　　）

第十章　出入境检验检疫签证、通关与放行

● 知识目标

1. 我国检验检疫机构对出入境检验检疫签证、通关与放行制度；
2. 我国对申请检验检疫的相关管理程序；
3. 识别我国出入境检验检疫签证日期和有效期、放行通关的要求及有关电子报检的规定。

● 技能目标

1. 根据我国检验检疫机构对出入境检验检疫签证、通关与放行的规定，按具体报检项目进行相应的报检操作；
2. 具备根据各种报检项目的程序和要求准备单证的能力。

引　例

某公司报检员向检验检疫机构报检一批出口货物，检验检疫机构经检验检疫合格，于2006年5月10日签发了《出境货物通关单》。该报检员将《出境货物通关单》放在抽屉里未使用，你知道该单证必须在什么时间以前使用吗？

第一节　签　　证

法律、行政法规、规章或国际公约规定须经检验检疫机构检验检疫的出境货物，经检验检疫合格的，签发《出境货物通关单》，作为海关核放货物的依据；同时，国外有要求签发有关检验检疫证书的；检验检疫机构根据对外贸易关系人的申请，经检验检疫合格的，签发相应的检验检疫证书；经检验检疫不合格的，签发《出境货物不合格通知单》。

法律、行政法规、规章或国际公约规定须经检验检疫机构检验检疫的入境货物，检验检疫机构接收报检后，先签发《入境货物通关单》，海关据以验放货物后，经检验检疫机构检验检疫合格的，签发《入境货物检验检疫证明》，不合格的对外签发检验检疫证书，供有关方面对外索赔。需异地实施检验检疫的，口岸检验检疫机构办理异地检验检疫手续。

检验检疫证单的签发应符合国家有关法律法规有关规定，以及国际惯例的有关要求。因此，报检人在申请签发检验检疫证单时应事先了解签发检验检疫证单的有关规定和具体做法，做到有备无患，防患于未然。

一、检验检疫证单的签发程序

出入境检验检疫证书的签发程序包括审核、制证、校对、签署和盖章、发证放行等环节。抽样记录、检验检疫结果记录、拟稿等环节在各检验检疫施检部门完成，其他各环节均在检务部门完成，包括审核证稿及其全套单据，缮制各种证单，经过校对证单，签署和盖章后发证，完成签证工作的最后一个环节，也是检验检疫工作程序的最后一个环节。

检务部门在收到施检部门的证稿后，出境签证在两个工作日、入境签证在5个工作日内完成，特殊情况除外。

二、证书文字与文本

检验检疫证书使用按照国家质检总局制定或批准的格式，分别使用英文、中文、中英文合璧签发。报检人有特殊要求使用其他语种签证的，应由申请人提出申请，经审批后予以签发。入境货物索赔的证书使用中英文合璧签发，根据需要也可使用中文签发。

一般情况下，检验检疫机构只签发一份正本。特殊情况下，合同或信用证要求两份或两份以上正本，且难以更改合同或信用证的，经审批同意，可以签发，但应在第二份证书正本上注明"本证书是×××号证书正本的重本"。

三、签证日期和有效期

(1)检验检疫机构签发的证单一般以验讫日期作为签发日期。

(2)出境货物的出运期限及有关检验检疫证单的有效期为：

①一般货物为60天；

②植物和植物产品为21天，北方冬季可适当延长至35天；

③鲜活类货物为14天；

④交通工具卫生证书用于船舶的有效期为12个月，用于飞机、列车的有效期为6个月，除鼠/免于除鼠证书为6个月；

⑤国际旅行健康证明书有效期为12个月，预防接种证书的有效时限参照有关标准执行；

⑥换证凭单以标明的检验检疫有效期为准；

⑦信用证要求装运港装船时检验，签发证单日期为提单日期3天内签发(含提单日)。

四、检验检疫证单有关栏目的填写要求

1. 货物品名

货物名称必须填写具体的名称，不得填写笼统的商品类。如为"塑料玩具"，不能填为"玩具"。需要时可填写货物的型号、规格或牌号。

2. 报检数量/重量

填写重量时，应注意净重、毛重或以毛重作净重。一般以净重填写，如填写毛重，或以毛重作净重则需注明。

3. 包装种类和数量

指本批货物运输包装的种类及件数，如 100 纸箱。散装的要注明“散装”。如采用木质包装，应详细列明。

4. 标记及号码

按货物实际运输包装的标记填写，没有标记的填写“N/M”，或注明“散装”、“裸装”。标记太多填写不下，或有计算机无法绘制的图案时，报检人应提供标记的样张。

5. 起运地

指装运该批货物出/入境的交通工具的起运地点。出境的原则上填写起运城市名称；入境的按进口提单所列的起运地点填写。

五、证单的更改、补充与重发

在检验检疫机构签发检验检疫证单后，报检人要求更改或补充内容的，应向原证书签发检验检疫机构提出申请，经检验检疫机构核实批准后，按规定予以办理。任何单位或个人不得擅自更改检验检疫证书内容，伪造或变更检验检疫证书属于违法行为。

1. 更改证书

在检验检疫证书签发后，报检人要求更改证单内容的，经审批同意后方可办理更改手续。报检人申请更改证单时，应将原证书退回，填写《更改申请单》，书面说明更改原因及要求，并附有关函电等证明单据。品名、数(重)量、检验检疫结果、包装、发货人、收货人等重要项目更改后与合同、信用证不符的，或者更改后与输出、输入国家法律法规规定不符的，均不能更改。

2. 补充证书

检验检疫机构发出证书后，因交接、索赔、结汇等各种需要，或报检人要求补充检验项目，或发现该批货物的其他缺陷或产生缺陷的原因等，为了进一步说明这些情况，检验检疫机构可在原证书的基础上酌情补充证书内容，对原证书的不充分或遗漏部分做进一步说明或评定。报检人需要补充证书内容时，应办理申请手续，填写《更改申请单》，并出具书面证明材料，说明要求补充的理由，经检验检疫机构核准后据实签发补充证书。检验检疫机构按规定在补充证书上注明本证书是×××证书的补充证书字样(This Certificate is a Supplement of the Certificate No. ××××.)。补充证书与原证书同时使用时有效。

3. 重发证书

申请人在领取检验检疫证书后，因故遗失或损坏，应提供经法人代表签字、加盖公章的书面说明，并在检验检疫机构指定的报纸上声明作废。经原发证的检验检疫机构审核批准后，方能重新补发证书。

训练 10-1：

1. 一般出境货物的检验检疫证单的有效期为(　　)。

A. 1 个月　　B. 2 个月　　C. 3 个月　　D. 6 个月

2. 报检人需要补充证书内容时，应办理申请手续，填写(　　)，并出具书面证明材料，说明要求补充的理由。

A.《补充证明申请单》　　B.《修改证书申请单》

C.《修改证书申请书》　　D.《更改申请单》

第二节　出入境检验检疫计费

出入境检验检疫费是指在进出口环节中由出入境检验检疫机构依法收取的检验检疫费用。出入境检验检疫费属于行政执法收入，依法收费是检验检疫机构的重要职责之一，依法缴费是出入境关系人的基本义务。

一、检验检疫计收费的依据

1. 法律法规

《中华人民共和国进出口商品检验法》及其实施条例、《中华人民共和国进出境动植物检疫法》及其实施条例、《中华人民共和国国境卫生检疫法》及其实施细则、《中华人民共和国食品卫生法》等法律、法规，对检验检疫机构收取检验检疫费做出了明确规定。

2. 协议协定

世界贸易组织的“关税与贸易总协定”（GATT1947）规定“各缔约方对进出口或有关进出口征收的任何性质的所有规费和费用，应限制在等于提供服务所需的近似成本以内，且不得成为对国产品的一种间接保护或为财政目的而对进出口产品征收的一种税”，对缔约方政府主管机关实施的有关进出口规费，包括出入境检验检疫费，做出了明确规定。

二、收费原则和收费标准

1. 原则

①统一制定：行政执法的收费标准由国家计委、财政部统一制定、发布。

②简化减少：收费项目要设置合理，便于实际操作。

③公开透明：所有收费标准要对外公布，做到亮证收费。

④公证合理：既要达到减轻企业负担、扩大外贸出口的目的，又要保证检验检疫事业的发展。

2. 依据

现行的检验检疫收费依据是国家发改委和财政部于2003年12月31日下发，并于2004年4月1日正式实施的《出入境检验检疫收费办法》（发改价格[2003]2357号），对出入境检验检疫收费办法、收费项目和收费标准作出了明确规定。

三、计收费工作的监督管理

检验检疫机构依法对出入境人员、货物、运输工具、集装箱及其他应检物实施检验、检疫、鉴定、认证、监督管理等，按《出入境检验检疫收费办法》收费，其他单位、部门和个人不得收取出入境检验检疫费。

各检验检疫机构应严格按照《出入境检验检疫收费办法》的规定收取检验检疫费，按规定

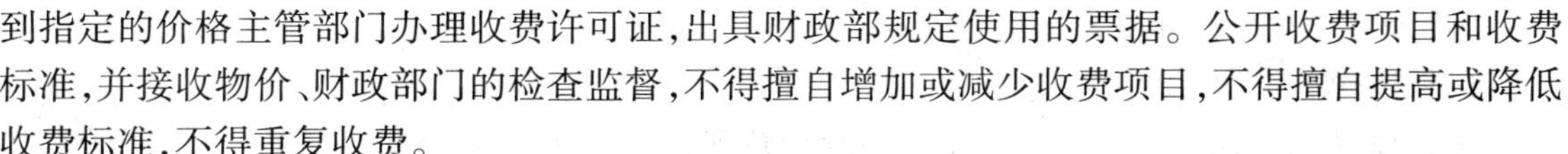

到指定的价格主管部门办理收费许可证,出具财政部规定使用的票据。公开收费项目和收费标准,并接收物价、财政部门的检查监督,不得擅自增加或减少收费项目,不得擅自提高或降低收费标准,不得重复收费。

训练 10-2:

根据(　　)等有关法律、行政法规的规定,制定出入境检验检疫计收费管理办法。

A.《中华人民共和国进出口商品检验法》及其实施条例

B.《中华人民共和国进出境动植物检疫法》及其实施条例

C.《中华人民共和国国境卫生检疫法》及其实施细则

D.《中华人民共和国食品卫生法》

第三节　通关与放行

通关与放行是检验检疫机构对列入法定检验检疫的出入境货物出具规定的证件,表示准予出入境并由海关监管验放的一种行政执法行为。其目的是为了保证出境货物的质量、安全、卫生符合国家法律行政法规的规定,对外贸易合同的要求,以及国际上的有关规定,维护国家信誉,扩大出口,提高经济效益;保证入境货物符合国家法律、行政法规和对外贸易合同规定要求,防止次劣、有害的货物入境,保障生产建设安全和人民健康、维护国家的权益。

对出入境运输工具,符合卫生检疫要求的,检验检疫机构签发运输工具检验检疫证书予以放行;经卫生处理的,签发检验检疫证书放行。对出入境货物,检验检疫机构签发《入境货物通关单》或《出境货物通关单》,海关凭《入境货物通关单》或《出境货物通关单》验放通关。对入境人员,检验检疫机构查验入境人员填报的《入境检疫申明卡》后放行。

根据原国家出入境检验检疫局和海关总署 2000 年 1 号联合公告规定,凡列入《出入境检验检疫机构实施检验检疫的进出境商品目录》的进出境商品,必须经出入境检验检疫机构实施检验检疫,海关凭出入境检验检疫机构签发的《入境货物通关单》或《出境货物通关单》验放。海关只受理报关地出入境检验检疫机构签发的《入境货物通关单》或《出境货物通关单》。

一、入境货物的放行通关

入境货物在入境口岸本地实施检验检疫的,签发《入境货物通关单》(三联);需先在口岸放行,异地检验检疫的,签发《入境货物通关单》(四联)。

放行要求:应审核检验检疫所需的合同、发票、提单等单据是否齐全。申请放行的商品的品名、规格、数(重)量、唛头等是否与所附单据相符。申请品质检验的还应审核是否有国外品质证书或质量保证书。放行入境废物、动植物及其产品,以及列入《中华人民共和国实施强制性产品认证的产品目录》内的商品,须审核相关证单是否符合规定要求。

二、出境货物的通关放行

在本地报关的出境货物,经检验检疫合格后,签发《出境货物通关单》(两联),正本由报检人持有，用于在海关办理通关手续。

1．产地检验检疫，产地放行

放行要求：放行时，放行人员应审核检验检疫所需的对外贸易合同，信用证、发票、装箱单等是否齐全。《出境货物通关单》上的发货人与对外贸易合同的卖方是否一致，与信用证上的受益人是否相符。合同号与信用证号是否与所附的合同号码和信用证号相符。金额、唛头、输出国家是否与所附单据相符。还要仔细核对品名、规格、H.S 编码、数(重)量、包装是否与施检部门出具的检验检疫结果报告单或有关证书相一致，最后签发《出境货物通关单》。

2．产地检验检疫，口岸查验放行

口岸查验放行时，放行人员应审核检验检疫查验所需的对外贸易合同、信用证、发票、箱单、产地检验检疫机构出具的《出境货物换证凭单》等单据是否齐全。经口岸查验无问题的货物，放行人员应仔细核对所出具的《出境货物通关单》上的发货人、合同、信用证、金额、输出国家、品名、数重量、包装、H.S 编码等是否与《出境货物换证凭单》和其他单据相一致，不一致的不予放行。《出境货物换证凭单》可以并批和分批使用。涉及两个或两个以上部门施检的货物，放行人员凭检验检疫结果或证书和本局指定施检部门负责人的签字签发《出境货物通关单》。

三、木质包装的放行

1．出境木质包装

输往美国、加拿大、巴西、澳大利亚等国和欧盟带有木质包装的货物，海关凭检验检疫机构签发的《出境货物通关单》验放。

①检验检疫机构根据《出境木质包装除害处理结果单》出具《出境货物通关单》，放行时进行核销。一次核销完毕的，收回正本；核销有剩余的，核销后的《出境木质包装除害处理结果单》，复印件由检验检疫机构存档，正本由报检人持有。

②木质包装盛装的货物属于法检目录货物的，与法检货物一并放行。

③木质包装盛装的货物不属于法检目录货物的，根据《出境木质包装除害处理结果单》出具《出境货物通关单》。在《出境货物通关单》备注栏注明“仅供木质包装”字样，金额栏不注明价值，数重量栏只标明木质包装数量单位。

④2005 年 9 月 1 日起，按照国家质检总局 2005 年第 11 号公告的规定执行，出境木质包装必须具有 IPPC 标识才能放行。

2．入境木质包装

①木质包装盛装的货物属于法检目录货物的，与法检货物一并放行。

②木质包装盛装的货物不属于法检目录货物的，海关凭检验检疫机构签发的《入境货物通关单》验放，并在备注栏注明“仅用于外包装通关”。

③美国、日本、韩国、欧盟输往我国的不属于法检目录货物，非木质包装的，海关凭检验检疫机构签发的《入境货物通关单》验放，并在备注栏注明“先通关，后对外包装进行查验”。

④2006 年 1 月 1 日起，按照国家质检总局 2005 年第 11 号公告的规定执行，进境木质包装必须具有 IPPC 标识才能放行。

四、《出境货物通关单》的有效期

《出境货物通关单》的有效期，因商品不同有所区别。一般货物为 60 天；植物和植物产品为 21

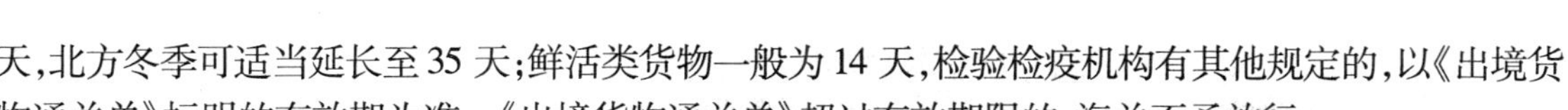

天，北方冬季可适当延长至35天；鲜活类货物一般为14天，检验检疫机构有其他规定的，以《出境货物通关单》标明的有效期为准。《出境货物通关单》超过有效期限的，海关不予放行。

五、未列入《出入境检验检疫机构实施检验检疫的进出境商品目录》出入境货物的通关放行

1. 进口可再利用的废物原料

海关凭检验检疫机构签发的《入境货物通关单》验放。各地检验检疫机构签发《入境货物通关单》时，在备注栏注明"上述货物经初步查验，未发现不符合环境保护要求的物质"。

2. 进口旧机电产品

海关凭检验检疫机构签发的《入境货物通关单》验放。各地检验检疫机构在签发《入境货物通关单》时，在备注栏注明"旧机电产品进口备案"。

3. 出口纺织品标识查验

海关凭检验检疫机构签发的《出境货物通关单》验放。各地检验检疫机构在签发《出境货物通关单》时，在备注栏内加注"纺织品标识查验合格"。

4. 进口货物发生短少、残损或其他质量问题

进口货物发生短少、残损或其他质量问题，对外索赔的赔付货物，海关凭检验检疫机构签发的用于索赔的检验证书副本验放。

5. 出入境的尸体、棺柩、骸骨、骨灰等

海关凭检验检疫机构签发的《尸体/棺柩/骸骨/骨灰入/出境许可证》验放。

6. 其他

除上述情况外，其他未列入《出入境检验检疫机构实施检验检疫的进出境商品目录》的，但国家有关法律、法规明确由出入境检验检疫机构负责检验检疫的货物和特殊物品，海关一律凭检验检疫机构签发的《入境货物通关单》或《出境货物通关单》验放。

国际植物保护公约（International Plant Protection Convention，简称IPPC）是1951年联合国粮食和农业组织（FAO）通过的一个有关植物保护的多边国际协议，进境货物木质包装都应按国际标准在输出国家或地区进行检疫除害处理，并加施政府植物检疫机构批准的IPPC专用标志。

训练10-3：

1. 在本地报关的入境货物，经检验检疫合格后，签发（　　）。
   A.《入境货物通关单》（一联）　　B.《入境货物通关单》（二联）
   C.《入境货物通关单》（三联）　　D.《入境货物通关单》（四联）
2. 需先在口岸放行，异地检验检疫的入境货物，签发（　　）。
   A.《入境货物通关单》（一联）　　B.《入境货物通关单》（二联）
   C.《入境货物通关单》（三联）　　D.《入境货物通关单》（四联）

第四节　电子报检、电子转单和电子通关

随着全球信息化的不断发展，世界各国都制定了发展政府信息化的政策，旨在借助信息科

技提高政府服务效率，加大施政力度。在国际经济贸易快速发展、世界经济日益一体化的今天，口岸已成为国内与国外物流相连接的重要节点，而通关效率的提高则是加快物流的一个重要环节，并进而成为一个国家或地区贸易和投资环境的重要评价指标。为提高进出境货物的通关速度，我国正在实施提高口岸工作效率的“大通关”工程。检验检疫机构作为口岸执法部门，是积极推进“大通关”进程中的一个重要角色。为此，国家质检总局按照“提速、增效、减负、严密监管”的目标，以信息化为手段，不断改革传统的口岸货物检验检疫流程，开发建设了中国电子检验检疫的系统工程。

“中国电子检验检疫”是国家电子政务十二个重点信息系统之一“金质工程”的重要组成部分。2000 年，国家质检总局开发了综合业务管理系统，在全国范围内实现了电子报检、电子签证、电子转单，随着快速核放系统、电子审单系统、进境许可证系统、决策支持系统、电子身份认证系统、集装箱管理系统等信息化系统的不断开发和应用，检验检疫工作不断向电子信息化进程推进，并逐渐形成由“电子申报、电子监管、电子放行”三部分组成的“三电工程”，“中国电子检验检疫”日趋成熟。

一、电子报检

电子报检是指报检人使用电子报检软件，通过检验检疫电子业务服务平台将报检数据以电子方式传输给检验检疫机构，经检验检疫业务管理系统和检验检疫工作人员处理后，将受理报检信息反馈报检人，实现远程办理出入境检验检疫报检业务的过程。目前能够进行电子报检的业务包括出境货物报检、入境货物报检、产地证书报检和出境包装报检等。

目前，电子申报已覆盖了全国 31 个省市区 35 个直属检验检疫局、440 个检验检疫分支机构，直接联网的进出口企业达到 4 万家，部分企业与海关和口岸相关部门实现了互联互通。电子申报满足了加强和改进报检工作质量的基本要求，最大限度地减少环节、简化手续，减少企业往返检验检疫部门的次数。

1. 电子报检的申请

1）申请电子报检的报检单位应具备下列条件：

①遵守报检的有关管理规定；

②已在检验检疫机构办理报检单位备案或注册登记手续；

③具有经检验检疫机构注册的报检员；

④具备开展电子报检的软硬件条件；

⑤在国家质检总局指定的机构办理电子业务开户手续。

2）报检单位申请电子报检应提供以下资料：

①在检验检疫机构取得的报检单位备案或注册登记证明复印件；

②《电子报检登记申请表》；

③《电子业务开户登记表》。

检验检疫机构对申请开展电子报检业务的报检单位进行审查，经审查合格的可以开展电子及检业务。

2. 电子软件

开展电子报检业务应使用经国家质检总局评测合格并认可的电子报检软件，不得使用未

经国家质检总局测试认可的软件进行电子报检。软件分为通过企业端检验检疫电子业务服务平台进行电子报检和通过浏览器进行电子报检两种方式，企业可根据具体情况自愿选择。

3．实施电子报检后的工作流程

1）报检环节

①对报检数据的审核采取“先机审，后人审”的程序进行。企业发送电子报检数据，电子审单中心按计算机系统数据规范和有关要求对数据进行自动审核，对不符合要求的，反馈错误信息；符合要求的，将报检信息传输给检验检疫工作人员，进行人工再次审核，符合规定的将成功受理报检信息反馈报检单位，并提示报检单位与检验检疫机构联系检验检疫事宜。

②出境货物受理电子报检后，报检人应按受理报检信息的要求，在检验检疫机构施检时，提交报检单和随附单据。

③入境货物受理电子报检后，报检人应按受理报检信息的要求，在领取《入境货物通关单》时，提交报检单和随附单据。

④电子报检申请人对已发送的报检申请需更改或撤销报检时，应发送更改或撤销报检申请。检验检疫机构按有关规定办理。

2）施检环节

报检单位接到报检成功信息后，与检验检疫机构联系检验检疫。在现场检验检疫时，持报检软件打印的报检单和全套随附单据交检验检疫工作人员审核，不符合要求的，检验检疫工作人员通知报检企业立即更改。

3）计收费

计费由电子审单系统自动完成，并对照报检单位提供的单据进行计费复核，报检单位应按规定缴纳检验检疫费。

4）签证放行

4．电子报检应注意的问题

①电子报检人应确保电子报检信息真实、准确，不得发送无效报检信息。报检人发送的电子报检信息应与提供的报检单及随附单据有关内容保持一致。

②电子报检人须在规定的报检时限内将相关出入境货物的报检数据发送至报检地检验检疫机构。

③对于合同或信用证中涉及检验检疫特殊条款和特殊要求的，电子报检人须在电子报检申请中同时提出。

④实行电子报检的报检单位名称、法定代表人、经营范围、经营地址等变更时，应及时向当地检验检疫机构办理变更手续。

二、电子转单

“电子转单”指通过系统网络，将产地检验检疫机构和口岸检验检疫机构的相关信息相互连通，出境货物经产地检验检疫，将检验检疫合格后的相关电子信息传输到出境口岸检验检疫机构；入境货物经入境口岸检验检疫机构签发《入境货物通关单》后的相关电子信息传输到目的地检验检疫机构，实施检验检疫的监管模式。较之传统的由客户凭《出境货物换证凭单》到报关地检验检疫机构换发《出境货物通关单》的方式，电子转单具有数据信息共享、简化操作

程序、降低外贸成本、提高通关速度的功能。

1．出境电子转单

①产地检验检疫机构检验检疫合格后，应及时通过网络将相关信息传输到电子转单中心。出境货物电子转单传输内容包括报检信息、签证信息及其他相关信息。

②由产地检验检疫机构向出境检验检疫关系人以书面方式提供报检单号、转单号及密码等。

③出境检验检疫关系人凭报检单号、转单号及密码等到出境口岸检验检疫机构申请《出境货物通关单》。

④出境口岸检验检疫机构应出境检验检疫关系人的申请，提取电子转单信息，签发《出境货物通关单》。

⑤按《口岸查验管理规定》需核查货证的，出境检验检疫关系人应配合出境口岸检验检疫机构完成检验检疫工作。

2．入境电子转单

①对经入境口岸办理通关手续，需到目的地实施检验检疫的货物，口岸检验检疫机构通过网络，将相关信息传输到电子转单中心。入境货物电子转单内容包括报检信息、签证信息及其他相关信息。

②由入境口岸检验检疫机构以书面方式向入境检验检疫关系人提供报检单号、转单号及密码等。

③目的地检验检疫机构暗示接收国家质检总局电子转单中心转发的相关电子信息，并反馈接收情况信息。

④入境检验检疫关系人应凭报检单号、转单号及密码等，向目的地检验检疫机构申请实施检验检疫。

⑤目的地检验检疫机构根据电子转单信息，对入境检验检疫关系人未在规定期限内办理报检的，将有关信息通关国家质检总局电子转单中心反馈给入境口岸检验检疫机构。入境口岸检验检疫机构应按时接收电子转单中心转发的上述信息，并采取相关处理措施。

3．暂不实施电子转单的情况

①出境货物在产地预检的；

②出境货物出境口岸不明确的；

③出境货物需到口岸并批的；

④出境货物按规定需在口岸检验检疫并出证的；

⑤其他按有关规定不适用电子转单的。

4．实施电子转单后的查验和更改

1）查验

按《口岸检查管理规定》需核查货证的，报检单位应配合出境口岸检验检疫机构完成检验检疫工作。除出口活动物、重点检查有关名单内企业申报的货物，以及国家质检总局确定的货物等必须逐批核查货证外，其他货物的口岸查验核查货证的比例为申报查验批次的1%～3%。

2）更改

产地检验检疫机构签发完《转单凭条》后需进行更改的，按《出入境检验检疫报检规定》的

有关规定办理。应报检人和产地检验检疫机构要求，在不违反有关法规及规章的情况下，出境口岸检验检疫机构可以根据下列情况对电子转单有关信息予以更改。

①对运输造成包装破损或短装等原因需要减少数重量的；

②需要在出境口岸更改运输工具名称、发货日期、集装箱规格及数量等有关内容的；

③申报总值按有关比重换算或变更申报总值幅度不超过10%的；

④经口岸检验检疫机构和产地检验检疫机构协商同意更改有关内容的。

三、电子通关

为了确保检验检疫机构对出入境货物的监管有效、方便进出，加快进出口货物通关速度，国家质检总局和海关总署开发了电子通关单联网核查系统，已于2003年1月1日在主要口岸的检验检疫机构和海关推广应用。该系统采用网络信息技术，将检验检疫机构签发的出入境通关单的电子数据传输到海关计算机业务系统，海关将报检报关数据比对确认相符合，予以放行。目前，检验检疫机构和海关联合采取的通关单联网核查系统还需同时校验纸质的通关单据，这是将来实现无纸化报关必然的一个过渡阶段。这种通关方式相比原来的传统的通关方式具有信息共享、方便、快捷、准确的特点，企业可以在企业端通过电子申报进行电子报检，检验检疫机构放行的信息到达海关后，海关经核查无误即可放行，这不仅加快了通关速度，还有效控制了报检数据与报关数据不符问题的发生，同时，能有效遏制不法分子伪造、变造通关证单的不法行为。

对于申报企业，要不断改善自身电子信息网络的条件，具备电子申报的条件和手段，要认真遵守检验检疫和海关的有关管理规定，配合两个管理部门的电子信息化措施的推广和实施。

训练10-4：

1. 电子报检是指实现(　　)出入境检验检疫报检的行为。

A. 电子办理　　B. 计算机办理　　C. 网络办理　　D. 远程办理

2. 出境电子转单，出境检验检疫关系人凭报检单号、转单号及密码等到出境口岸检验检疫机构(　　)。

A. 提取电子转单信息　　B. 申请《出境货物通关单》

C. 将处理信息反馈电子转单中心　　D. 申请电子转单

3. 为了加快进出口货物通关速度，根据质检总局和海关总署开发了(　　)系统，已于2003年1月1日在主要口岸的检验检疫机构和海关推广应用。

A. 电子通关单　　B. 电子通关

C. 电子通关单联网核查　　D. 电子通关单联网

练习题

一、单项选择题

1. 检验检疫机构出具的(　　)是证明投资各方投入财产价值量的有效依据。

A. 价值鉴定证书　B. 出境货物通关单　C. 入境货物通关单　D. 产地证书

2. 检验检疫证书的格式由(　　)制定或批准。

A. 国家质检总局　B. 检验检疫机构　C. 各地行政机关　D. 国务院

3. 检验检疫证单的有效期对于一般货物而言为(　　)

A. 1 个月　B. 15 天　C. 60 天　D. 120 天

4. 电子报检是指实现(　　)出入境检验检疫报检的行为。

A. 远程办理　B. 电子办理　C. 网络办理　D. 许算机办理

5. 出境货物受理电子报检后,报检人应按受理报检信息的要求,在(　　)时,提交报检单和随附单据。

A. 检验检疫机构施检　B. 领取《出入境货物通关单》

C. 发送报检申请　D. 待报检软件打印

6. 入境货物受理电子报检后,报检人应按受理报检信息的要求,在(　　)时,提交报检单和随附单据。

A. 检验检疫机构施检　B. 领取《出入境货物通关单》

C. 发送报检申请　D. 待报检软件打印

二、多项选择题

1. 以下对于入境货物的放行通关要求叙述正确的是(　　)

A. 申请品质检验的应审核是否有国外品质证书或质量保证书

B. 动植物及其产品必须提供输出国或地区官方的检疫证书

C. 实施进口安全质量许可制度的商品须提供《进口商品安全质量许可证书》

D. 入境废物应提供国家环保部门签发的《进口废物批准证书》

2. 下列有关检验检疫证单的作用描述正确的是(　　)

A. 产地证书是进口国海关征收或减免关税的有效凭证

B. 一般产地证是享受最惠国税率的有效凭证

C. 普惠制产地证是享受给惠国减免关税的有效凭证

D. 检验检疫证书在诉讼时是举证的有效证明文件

3. 国家质检总局推行的"三电工程"包括(　　)

A. 企业与检验检疫机构的电子申报　B. 检验检疫机构内地与口岸的电子转单

C. 检验检疫机构与海关间的电子通关　D. 国家质检总局与海关间的电子政务

4. 较之传统的由客户凭《出境货物换证凭单》到报关地检验检疫机构换发《出境货物通关单》的方式,电子转单具有(　　)的功能。

A. 简化操作程序　B. 数据信息共享

C. 提高通关速度　D. 降低外贸成本

三、判断题

1.《出境货物通关单》的有效期对于鲜活类货物而言为 14 天。　(　　)

2. 对美国、日本、韩国输往我国的,不属于《出入境检验检疫机构实施检验检疫的进出口商品目录》内的非木质包装货物,海关只能凭《出境货物通关单》验放,不能凭其他文件

验放。（　　）

3. 检务部门收到施检部门的证稿后，出境签证应在两个工作日内完成，入境签证应在5个工作日内完成。（　　）

4. 检验检疫的补充证单可以单独使用有效。（　　）

5. 在目前阶段，国家质检总局和海关总署开发采用的“电子通关单联网核查系统，还需同时校验纸质的通关单据。（　　）

6. 电子报检人可以使用任一电子报检软件进行电子报检。（　　）

7. 实施电子报检后，全部由按计算机系统审核，不需人工进行审核。（　　）

8. 电子报检人对已发送的报检申请需更改或撤销报检时，应发送更改或撤销报申请。（　　）

第十一章　现行出入境货物检验检疫注册登记审批的申请

● **知识目标**

1. 有关出入境货物检验检疫注册登记审批申请的适用范围和相关规定；
2. 我国出入境货物检验检疫注册登记审批申请的主管部门、许可条件、申请程序、检验及监督管理。

● **技能目标**

1. 能够按具体出入境货物检验检疫注册登记审批的规定进行实际操作；
2. 具备根据各种出入境货物检验检疫注册登记审批的要求准备单证的能力。

引　例

某公司准备从事化妆品进出口业务，经过了解，需要在相应的质检机构办理进出口化妆品标签的申请，准备相应的单证到质检机构按规定的程序办理《进出口化妆品标签审核证书》，你了解申请《进出口化妆品标签审核证书》的程序及需要的单证吗？

第一节　标 签 标 志

一、进出口化妆品标签

1. 适用范围

化妆品指以涂、擦、散布于人体表面任何部位（皮肤、毛发、指甲、口唇等）或口腔黏膜，以达到清洁、护肤、美容和修饰目的的产品。

化妆品标签审核，是指对进出口化妆品标签中标示的反映化妆品卫生质量状况、功效成分等内容的真实性、准确性进行符合性检验，并根据有关规定对标签格式、版面、文字说明、图形、符号等进行审核。

下列进出口化妆品实行标签审核管理：

①列入《出入境检验检疫机构实施检验检疫的进出境商品目录》的；

②其他法律、法规规定须由检验检疫机构实施检验的；

③国际条约、双边协议要求检验的。

2. 主管部门

国家质检总局主管全国进出口化妆品的监督检验管理工作。国家质检总局设在各地的出入境检验检疫机构负责所辖地区进出口化妆品的监督检验管理工作。

3. 许可条件

①标签标示内容符合销售国强制要求；

②化妆品标签标注内容与化妆品相符；

③申请人可为进出口化妆品的经营者或代理人。

4. 申请程序

(1)进出口化妆品的经营者或其代理人应在报检前，并在行政许可规定的时限内向国家质检总局或任一检验检疫机构提出标签审核申请并提交材料。

①《进出口化妆品标签审核申请书》；

②产品成分表；

③标签所标注内容的说明材料；

④具有特殊功效的产品需提供有效的实验室证明材料；

⑤经公证的进口产品在生产国(地区)官方允许销售的证明文件或原产地证明；

⑥出口企业生产卫生许可证；

⑦进口产品经销商或代理商的营业执照；

(以上申请材料均为两份，装订成两套，受理机构和国家质检总局各持一套)

⑧标签样张6份(受理机构1份，国家质检总局5份)。

以上每份材料均需加盖申请单位公章；所有外文内容均须翻译成中文。

(2)属于下列情况之一的，可以合并提出化妆品标签审核申请，但每种标签必须提交6套样张：

①成分、工艺相同，规格不同的；

②成分、工艺相同，包装形式不同的：

③成分、工艺、规格及包装形式相同，外观不同的。

(3)受理机构根据申请人提交的材料是否齐全、标签形式是否符合要求作出受理或不予受理的决定，并按规定出具书面凭证。受理同时，通知申请人将样品寄送中国检验检疫科学研究院进行符合性检验。样品满足如下要求：

应提供未启封、有合格最终销售包装的样品5份。对于眉笔等净含量小的化妆品的样品数量，以满足检验需要为准。对于200毫升或200克以上包装的化妆品，可提供3份样品。

(4)受理申请后，受理机构按规定对标签及申请材料内容进行具体审查。受理机构为各地检验检疫机构的，审查结束后将审查意见和全部申请材料报送国家质检总局。

(5)中国检验检疫科学研究院收到样品后进行符合性检疫，并将检验结果报送国家质检总局。

(6)国家质检总局根据规定，对申请材料、审查意见及检验结果进行审核，作出准予许可或不予许可的决定，对准予许可的，于10个工作日内颁发《进出口化妆品标签审核证书》；不许可的，书面说明理由，并书面通知申请人。

5. 检验及监督管理

①进出口化妆品必须经过标签审核,取得《进出口化妆品标签审核证书》后方可报检。进出口化妆品的报检人应按《出入境检验检疫报检规定》的要求报检,并提供《进出口化妆品标签审核证书》。

②出口化妆品由产地检验检疫机构实施检验,出境口岸检验检疫机构查验放行;进口化妆品由进境口岸检验检疫机构实施检验。

③进出口化妆品经检验合格的,由检验检疫机构出具合格证单,必须在检验检疫机构监督下加贴检验检疫标志。

进出口化妆品经检验不合格的,由检验检疫机构出具不合格证单。其中安全卫生指标不合格的,应在检验检疫机构监督下进行销毁或退货;其他项目不合格的,必须在检验检疫机构监督下进行技术处理,经重新检验合格后,方可销售、使用或出口;不能进行技术处理或者经技术处理后,重新检验仍不合格的,进口化妆品责令其销毁或退货,出口化妆品不准出口。

④检验检疫机构对进出口化妆品及其生产企业实施卫生质量许可制度等监督管理措施。检验检疫机构对进口化妆品实施后续监督管理。发现未经检验检疫机构检验的、未加贴或者盗用检验检疫标志及无中文标签的进口化妆品,可依法采取封存、补检等措施。

二、进出口食品标签

1. 适用范围

适用于对进出口预包装食品(以下简称进出口食品)标签的审核、检验管理。预包装食品是指预包装于容器中,以备交付给消费者的食品,食品标签是指预包装食品容器上的文字、图形、符号,以及一切说明物。

2. 主管部门

国家质检总局主管全国进出口食品标签管理工作,并负责食品标签的审核、批准、发证工作。国家质检总局指定的检验检疫机构负责食品标签的初审及检验工作。

3. 许可条件

①食品标签标示内容符合销售国强制要求;

②食品标签标注内容与食品相符;

③申请人可为进出口食品的经营者或代理人。

4. 申请程序

(1)进出口食品的经营者或其代理人在报检前,在行政许可规定的时限内向国家质检总局或检验检疫机构提出食品标签审核申请,并提交材料。

①《进口食品标签审核申请书》;

②食品标签的设计说明及适合使用的证明材料;

③食品标签所标示内容的说明材料;

④产品在生产国(地区)官方允许销售的证明文件或原产地证明(用于进口产品);

⑤经销商或代理商的营业执照;

⑥如产品的配料为“纯天然”等,或产品为“高钙”,“低糖”,或涉及年份、酒龄、荣誉证明等特征性指标的提供原产地有效说明材料(用于进口产品);

⑦具有特殊功效的产品应提供有效实验证明材料(用于进口产品)；

⑧出口企业卫生许可证(用于出口产品)；

以上申请材料均为2份,装订成两套,受理机构和国家质检总局各持一套。

⑨食品标签的样张6套,难以提供样张的,可提供有效照片(受理机构1份,国家质检总局5份)。

以上每份材料均需加盖申请人公章;所有外文内容均须翻译成中文。

品种及工艺相同、规格或包装形式不同的进出口食品可以合并提出标签审核申请。

(2)受理机构根据申请人提交的材料是否齐全、标签形式是否符合要求作出受理或不予受理的决定,并按规定出具书面凭证。受理同时,通知申请人将样品寄送中国检验检疫科学研究院进行符合性检验。样品满足如下要求:

①样品应具有代表性,并能满足标签审核要求。

②样品数量:净含量在500克或500毫升以下(含500克或500毫升)的食品,提供两份样品。净含量在500克或500毫升以上的食品,提供1份样品。特殊货值的食品在满足检测需要的前提下,经请示国家质检总局后酌情缩减。

③受理申请后,受理机构按规定对标签及申请材料内容进行具体审查。受理机构为各地检验检疫机构的,审查结束后将审查意见和全部申请材料报送国家质检总局。

④中国检验检疫科学研究院收到样品后进行符合性检疫,并将检验结果报送国家质检总局。

⑤国家质检总局根据规定,对申请材料、审查意见及检验结果进行审核,作出准予许可或不予许可的决定,对准予许可的,于10个工作日内颁发《进出口食品标签审核证书》;不予许可的,书面说明理由,并书面通知申请人。

取得审核证书的食品标签,由国家质检总局统一对外公布。不符合要求的,由国家质检总局出具《进出口食品标签审核不合格通知单》。

5. 检验管理

进出口食品的报检人办理报检手续时,必须提供《进出口食品标签审核证书》,否则检验检疫机构不受理报检。

检验检疫机构对进出口食品实施检验时,应对食品标签进行检验,并根据食品标签检验结果综合评定食品是否合格。进出口食品标签未经审核或检验不合格的,进口食品不准入境,出口食品不准出口。

小博士 11-1: 标签审核政策调整

为贯彻落实国务院行政审批改革精神,简化程序,方便进出,参照国际通行做法,总局决定对进出口食品、化妆品标签审核制度进行调整,自2006年4月1日起,进出口食品、化妆品的标签审核与进出口食品、化妆品检验检疫相结合进行,不再实行预先审核。

三、出入境检验检疫标志

1. 适用范围

标志是指出入境检验检疫机构根据国家法律、法规及有关国际条约、双边协定,加施在经检验检疫合格的检验检疫物上的证明性标记。进口安全质量认证标志及其他认证标志按照国家有关规定执行,不在本适用范围。

2. 主管部门

国家质检总局负责标志的制定、发放和监督管理工作。标志的样式、规格由国家质检总局规定。国家质检总局设在各地的出入境检验检疫机构负责标志加施和标志使用的监督管理。

3. 标志的使用

①入境货物应当加施标志而未加施标志的,不准销售、使用;出境货物应当加施标志而未加施标志的,不准出境。

②按照出入境检验检疫法律、法规、规章以及有关国际条约、双边协定、检验检疫协议等规定需加施标志的检验检疫物,经检验检疫合格后,由检验检疫机构监督加施标志。

③入境货物需要在检验检疫地以外的销售地、使用地加施标志的,进口商应在报检时提出申请,检验检疫机构将检验检疫证书副本送销售地、使用地检验检疫机构,销售人、使用人持证书向销售地、使用地检验检疫机构申请监督加施标志。

④入境货物需要分销数地的,进口商应在报检时提出申请,检验检疫机构按分销批数分证,证书副本送分销地检验检疫机构。由销售人持证书向分销地检验检疫机构申请监督加施标志。

⑤出境货物标志加施情况由检验检疫地的检验检疫机构在检验检疫证书、《出口货物换证凭单》中注明,出境口岸检验检疫机构查验换证时核查。

4. 标志的监督管理

检验检疫机构可采取下列方式对标志使用情况进行监督检查:

①流通领域的监督检查;

②口岸核查;

③在生产现场、港口、机场、车站、仓库实施监督抽查。

④检验检疫机构实施标志监督检查,有关单位应当配合并提供必要的工作条件。出入境货物应加施标志而未加施标志的,销售、使用应加施标志而无标志货物的,或者不按规定使用标志的,按检验检疫有关法律、法规、规章的规定处理。

⑤伪造、变造、盗用、买卖、涂改标志,或者擅自调换、损毁加施在检验检疫物上的标志的,按照检验检疫法律、法规规定给予行政处罚;构成犯罪的,对直接责任人员追究刑事责任。

训练 11-1:

1. 化妆品标签审核是指对进出口化妆品标签中标示的反映化妆品卫生质量状况、功效成分等内容的真实性、准确性进行符合性检验,并根据有关规定对标签格式、版面、文字说明、图形、符号等进行审核。 (对/错)

2. 我国对化妆品、食品采用的标签审核的主管部门相同。 (对/错)

3. 标志是指出入境检验检疫机构根据国家法律、法规及有关国际条约、双边协定,加施在经检验检疫合格的检验检疫物上的证明性标记。 (对/错)

4. 入境货物应当加施标志而未加施标志的,不准销售、使用;出境货物应当加施标志而未

加施标志的，不准出境。（对/错）

第二节　登记备案

一、出入境快件检验检疫

1. 适用范围

出入境快件，是指依法经营出入境快件的企业（以下简称快件运营人），在特定时间内以快速的商业运输方式承运的出入境货物和物品。

应当实施检验检疫的出入境快件包括：

①根据《中华人民共和国进出境动植物检疫法》及其实施条例和《中华人民共和国国境卫生检疫法》及其实施细则，以及有关国际条约、双边协议规定应当实施动植物检疫和卫生检疫的；

②列入《出入境检验检疫机构实施检验检疫的进出境商品目录》内的；

③属于实施进口安全质量许可制度、出口质量许可制度以及卫生注册登记制度管理的；

④其他有关法律法规规定应当实施检验检疫的。

2. 主管机构

国家质量监督检验检疫总局统一管理全国出入境快件的检验检疫工作。各直属检验检疫局负责受理出入境快件运营单位核准的申请。国家质检总局设在各地的出入境检验检疫机构负责所辖地区出入境快件的检验检疫和监督管理工作。

3. 核准条件

①具有独立法人资格；

②具有政府主管部门或其授权部门准许开办进出境快件运营业务的批准文件及营业执照；

③具有与境外合作者（包括境内企业法人在境外设立的分支机构）的合作运输合同或协议；

④具备必要的出入境快件检验检疫查验、监管场所。

4. 核准程序

(1)申请单位向所在地直属检验检疫局提出申请并提交有关材料：

①出入境快件运营单位核准申请表；

②政府主管部门或其授权部门准许开办进出境快件运营业务的批准文件及营业执照；

③海关核发的《出入境快件运营人登记备案证书》、法人资格证明、税务登记证、收费许可证的有效复印件；

④安全操作规章制度和财务管理制度，出入境运营情况说明；

⑤出入境快件检验检疫查验、监管条件等国家质检总局规定的其他资料。

(2)直属检验检疫机构根据申请单位提交的材料是否齐全、是否符合法定形式作出受理或不予受理的决定，并按规定出具书面凭证。

(3)受理申请后，直属检验检疫局按规定对申请材料内容进行审查，对申请单位的营业场所和办公条件进行现场核查，对其企业有关管理制度进行评审，作出准予许可或不予许可的决定。准予许可的，10 个工作日内颁发《出入境快件运营单位核准证书》；不予许可的，应当书面说明理由。

5．检验检疫和监督管理

检验检疫机构根据工作需要，可以在出入境快件的存放仓库、海关监管仓库或者快件集散地设立办事机构或者定期派人到现场实施检验检疫。

快件运营人不得承运国家有关法律法规规定禁止出入境的货物或物品。

对应当实施检验检疫的出入境快件，未经检验检疫或者经检验检疫不合格的，不得运递。

检验检疫机构对出入境快件应以现场检验检疫为主，特殊情况的，可以取样作实验室检验检疫，并按照出入境快件检验检疫管理办法的有关规定对出入境快件实行分类管理。

二、进出口电池产品

1．适用范围

适用于电池产品（含专用电器具配置的电池），指《商品名称及编码协调制度》中代码 8506、8507 品目下的所有子目商品，对此类产品实行备案和汞含量专项检测制度。

2．主管机构

国家质检总局主管全国进出口电池产品汞含量的检验监管工作，国家质检总局设在各地的出入境检验检疫机构负责所辖地区进出口电池产品的备案及日常检验监管工作。国家质检总局核准实施进出口电池产品汞含量检测的实验室负责汞含量专项检测。

3．申请程序

（1）进出口电池产品汞含量申请人（制造商、进口商或进口代理商等）在电池产品进口前应向有关检验检疫机构申请备案；出口电池产品的制造商在电池产品出口前，应向所在地检验检疫机构申请备案。

（2）进出口电池产品备案时应填写《进出口电池产品备案申请表》，并提交如下文件：

①法定代表人授权经办人员办理备案的委托授权书；

②进口电池产品的进口商或进口代理商，出口电池产品制造商的《企业法人营业执照》；

③进口电池产品制造商对其产品汞含量符合中国法律法规的声明；

④电池制造商对于电池产品的结构、电化学体系、品牌、规格型号、产地、外观及标记的文字说明；

⑤检验检疫机构要求提供的其他资料。

（3）检验检疫机构受理备案申请后，应对进出口电池产品是否属含汞电池产品进行审核。经审核，对不含汞的电池产品，可直接签发《进出口电池产品备案书》；对含汞的及必须通过检测才能确定其是否含汞的电池产品，须进行汞含量专项检测。受理备案申请的检验检疫机构凭“汞含量检测实验室”出具的《电池产品汞含量检测合格确认书》（正本）审核换发《进出口电池产品备案书》。

4．有效期及备案管理

《进出口电池产品备案书》有效期为一年。

《进出口电池产品备案书》有效期到期前一个月，备案申请人凭进出口电池产品制造商对

其产品未曾更改结构、工艺、配方等有关制造条件和对其产品汞含量符合中国法律法规的书面声明，到原签发《进出口电池产品备案书》的检验检疫机构核发下一年度的《进出口电池产品备案书》。

三、进口涂料检验

1. 适用范围

涂料是指《商品名称及编码协调制度》中编码为3208 项下和3209 项下的商品。国家对进口涂料实行登记备案和专项检测制度。

2. 主管部门

国家质检总局主管全国进口涂料的检验监管工作。国家质检总局设在口岸的出入境检验检疫机构负责对进口涂料实施检验。

国家质检总局指定涂料专项检测实验室（以下简称专项检测实验室）和进口涂料备案机构。

3. 登记备案的申请

(1)进口涂料的生产商、进口商或者进口代理商（以下称备案申请人）根据需要，可以向备案机构申请进口涂料备案。

(2)备案申请应当在涂料进口至少两个月前向备案机构提出，同时备案申请人应当提交以下资料：

①《进口涂料备案申请表》；

②备案申请人的《企业法人营业执照》的复印件（加盖印章），需分装的进口涂料的分装厂商《企业法人营业执照》的复印件（加盖印章）；

③进口涂料生产商对其产品中有害物质含量符合中华人民共和国国家技术规范要求的声明；

④关于进口涂料产品的基本组成成分、品牌、型号、产地、外观、标签及标记、分装厂商和地点、分装产品标签等有关材料（以中文文本为准）；

⑤其他需要提供的材料。

(3)备案机构接到备案申请后，对备案申请人的资格及提供的材料进行审核，在5 个工作日内，向备案申请人签发《进口涂料备案申请受理情况通知书》。

(4)备案申请人收到《进口涂料备案申请受理情况通知书》后，受理申请的，由备案申请人将被检样品送指定的专项检测实验室，备案申请人提供的样品应当与实际进口涂料一致，样品数量应当满足专项检测和留样需要；未受理申请的，可按照《进口涂料备案申请受理情况通知书》的要求进行补充和整改后，可重新提出申请。

(5)专项检测实验室应当在接到样品 15 个工作日内，完成对样品的专项检测及进口涂料专项检测报告，并将报告提交备案机构。

(6)备案机构应当在收到进口涂料专项检测报告 3 个工作日内，根据有关规定及专项检测报告进行审核，经审核合格的签发《进口涂料备案书》；经审核不合格的，书面通知备案申请人。

4. 备案登记有效期限

《进口涂料备案书》有效期为2年。当有重大事项发生,可能影响涂料性能时,应当对进口涂料重新申请备案。

5. 进口检验

已经备案的涂料,在进口报检时除按照规定提交相关单证外,应当同时提交《进口涂料备案书》。检验检疫机构按照以下规定实施检验:

①核查《进口涂料备案书》的符合性。核查内容包括品名、品牌、型号、生产厂商、产地、标签等;

②专项检测项目的抽查。同一品牌涂料的年度抽查比例不少于进口批次的10%,每个批次抽查不少于进口规格型号种类的10%,所抽取样品送专项检测实验室进行专项检测。

若出现抽查不合格,则对该品牌、型号的进口涂料实施逐批抽取样品进行专项检测,至连续5批抽查专项检测合格后,再按照原定比例抽查。

6. 监督管理

有下列情形之一的,由备案机构吊销《进口涂料备案书》,并且在半年内停止其备案申请资格:

①涂改、伪造《进口涂料备案书》;

②经检验检疫机构检验,累计两次发现报检商品与备案商品严重不符;

③经检验检疫机构抽查检验,累计3次不合格的。

备案机构定期将备案情况报告国家质检总局。国家质检总局通过网站(http://www.aqsiq.gov.cn)等公开媒体公布进口涂料备案机构、专项检测实验室、已备案涂料等信息。

训练11-2:

1. 经营出入境快件的企业应到检验检疫部门备案登记,所需提供的材料不包括(　　)。

A. 出入境快件运营单位报关注册登记申请表

B. 政府主管部门或其授权部门准许开办进出境快件运营业务的批准文件及营业执照

C. 海关核发的《出入境快件运营人登记备案证书》、法人资格证明、税务登记证、收费许可证的有效复印件

D. 安全操作规章制度和财务管理制度,出入境运营情况说明

2. 不需要对电池产品(含专用电器具配置的电池)申请备案和汞含量专项检测的单位是(　　)。

A. 制造商　　B. 进口商　　C. 进口代理商　　D. 消费者

3. 主管全国进出口电池产品汞含量的检验监管工作的机构是(　　)。

A. 国家质检总局　　B. 直属检验检疫局　　C. 所在地检验检疫局　　D. 实验室

4.《进口涂料备案书》有效期为(　　)。当有重大事项发生,可能影响涂料性能时,应当对进口涂料重新申请备案。

A. 半年　　B. 1年　　C. 2年　　D. 3年

四、进境旧机电产品

1. 适用范围

进口旧机电产品备案是指国家允许进口的旧机电产品的收货人或者其代理人在合同签署之前,向国家质检总局或者进口旧机电产品的收货人所在地直属检验检疫局(以下统称备案机构)申请货物登记备案、并办理有关手续的活动。适用于国家允许进口的、在中国境内销售、使用的如下旧机电产品:

①已经使用,仍具备基本功能和一定使用价值的机电产品;

②未经使用但存放时间过长,超过质量保证期的机电产品;

③未经使用但存放时间过长,部件发生明显有形损耗的机电产品;

④新旧部件混装的机电产品;

⑤大型二手成套设备。

2. 主管部门

国家质检总局主管全国进口旧机电产品检验监督管理工作。国家质检总局设在各地的出入境检验检疫机构负责所辖地区进口旧机电产品检验监督管理工作。

3. 申请程序

(1)申请时间。进口旧机电产品的收货人或者其代理人在合同或者协议生效之日前,进口旧机电产品到货90日前,向国家质检总局或所在地直属检验检疫局申请备案。

(2)备案应提供的资料:

①申请人、收货人、发货人营业执照(复印件);

②合同或有约束力的协议;

③国家允许进口证明文件(复印件);

④装运前预检验申请书;

⑤拟进口旧机电产品清单(包括:名称、编码、数量、规格型号、产地、制造日期、制造商、新旧状态、价格、用途);

⑥其他有关资料。

(3)国家质检总局或所在地直属检验检疫局在受理备案申请后5个工作日内确定该批进口旧机电产品是否需要实施装运前预检验。对需要进行装运前预检验的,出具《进口旧机电产品装运前预检验备案书》;对不需要进行装运前预检验的,出具《进口旧机电产品免装运前预检验证明书》。

(4)对需要进行装运前预检验的,备案申请人应持《进口旧机电产品装运前预检验备案书》及备案产品清单,及时向装运前预检验机构地区装运前预检验。

对国家质检总局签发《旧机电产品装运前预检验备案书》的进口旧机电产品,由国家质检总局指定直属检验检疫局组织实施装船前预检验;对直属检验检疫局签发《旧机电产品装运前预检验备案书》的进口旧机电产品,由直属检验检疫局组织实施装船前预检验。

4. 到货报检及检验

①进口旧机电产品运抵口岸后,收货人或其代理人应当持《进口旧机电产品免装运前预

检验证明书》(正本)或者《进口旧机电产品装运前预检验备案书》(正本)、《装运前预检验报告》(正本)和《装运前预检验证书》(正本)以及其他必要单证办理进口报检手续。

②口岸检验检疫机构受理报检后核查单证,必要时按照规定实施现场查验,符合要求的,签发《入境通关单》,并在《入境通关单》上注明为旧机电产品。

③进口旧机电产品的收货人或者其代理人应当在货到使用地6个工作日内,持有关报检资料向货物使用地检验检疫机构申报检验。

五、出口食用动物饲用饲料

1. 适用范围

出口食用动物饲料是指用于饲喂出口食用动物的饲料,包括单一饲料、配合饲料、添加剂预混合饲料、浓缩饲料、精料补充料、各类饲料药物、矿物质添加剂和饵料等。

饲料生产企业是指生产的饲料用于饲喂出口食用动物的生产企业。

2. 主管部门

国家质检总局统一管理全国出口食用动物饲用饲料的检验检疫和监督管理工作。国家质检总局设在各地的直属出入境检验检疫机构负责各自辖区内出口食用动物饲用饲料的检验检疫、生产企业的登记备案和监督管理工作,包括受理申请、审核、登记备案和监督管理工作等。

3. 登记备案手续

(1)本着自愿原则,出口食用动物饲料的生产企业可以向所在地直属检验检疫局申请登记备案。

(2)申请登记备案的饲料生产企业应具备下列条件:

①具有企业法人资格;

②饲料添加剂、添加剂预混合饲料生产企业具有国务院农业行政主管部门颁发的生产许可证;

③具备与饲料生产规模相适应的厂房、设备、工艺和仓储设施;

④具有基本的质量、卫生检验设备和相应技术人员;

⑤具备科学的质量管理或质量保证手册,或具有健全的质量和卫生管理体系及完善的出入厂(库)、生产、检验等管理制度;

⑥申请登记备案的饲料生产企业所生产的出口食用动物饲用饲料必须符合国家有关规定和要求。

(3)申请登记备案的饲料生产企业向所在地直属检验检疫局办理申请手续,填写《出口食用动物饲用饲料生产企业登记备案申请表》一式3份,并提交如下材料一式2份:

①工商行政管理部门核发的企业法人营业执照复印件;

②国务院农业行政主管部门颁发的生产许可证复印件(饲料添加剂、添加剂预混合饲料生产企业提供);

③质量管理(保证)手册或相应的质量管理体系及出入厂(库)、生产、检验管理制度等材料;

④申请登记备案的出口食用动物饲用饲料和饲料添加剂的品种清单及其原料的描述材料;

⑤省级人民政府饲料主管部门核发的饲料药物添加剂或添加剂预混合饲料产品批准文号(批准文件复印件)及产品说明书;

⑥饲料中使用的药物添加剂、矿物质添加剂和动植物性饲料原料为进口产品的，应提交检验检疫机构出具的检验检疫合格证明。

(4)直属检验检疫局在15个工作日内对申请单位提交的申请书和有关材料进行书面审核，决定是否受理；经审核受理申请的，对申请单位进行实地考核，并按申请的饲料及添加剂品种抽取样品并封样。

申请单位将封存的样品送检验检疫机构或其指定的检测部门按规定的方法和项目进行检测。检测部门根据实际检测结果如实出具检测报告。

受理申请的直属检验检疫局对经实地考核和饲料样品检验合格的饲料生产企业，给予登记备案，并颁发《出口食用动物饲料生产企业登记备案证》(简称《登记备案证》)。

4. 有效期及监督管理

①《登记备案证》的有效期为5年。有效期满后拟继续生产出口食用动物饲用饲料的，应在有效期满前3个月依据本办法重新提出申请。

已取得《登记备案证》的饲料生产企业变更登记备案内容时，应提前向发证的直属检验检疫局申请办理变更手续。

检验检疫机构对登记备案的饲料生产企业实行日常监督检查与年审相结合的办法进行监督管理。登记备案的企业应按规定每年向直属检验检疫局申请年审，年审期限为每年的12月1日至翌年的1月30日。

②登记备案的饲料生产企业，将饲料销往所在地直属检验检疫局辖区外的出口食用动物饲养场时，应持《登记备案证(副本)》到该动物饲养场所在地直属检验检疫局办理异地备案手续。

直属检验检疫局办理异地备案手续时，审验《登记备案证》，并在《登记备案证(副本)》上签章。

③登记备案的饲料生产企业有违规行为的，由检验检疫机构按有关规定注销其《登记备案证》。

出口食用动物注册饲养场有违规行为的，由检验检疫机构按有关规定注销其《注册登记证》，并禁止其饲养的动物用于出口。

训练11-3：

1. 进境旧机电产品备案适用于国家允许进口的、在中国境内销售、使用的如下旧机电产品(　　)。

A. 已经使用，仍具备基本功能和一定使用价值的机电产品

B. 未经使用但存放时间过长，超过质量保证期的机电产品

C. 未经使用但存放时间过长，部件发生明显有形损耗的机电产品

D. 新旧部件混装的机电产品

E. 大型二手成套设备

2. 进口旧机电产品的收货人或者其代理人在合同或者协议生效之日前，进口旧机电产品到货(　　)前，向国家质检总局或所在地直属检验检疫局申请备案。

A. 30日　　B. 60日　　C. 90日　　D. 120日

3. 本着自愿原则，出口食用动物饲料的生产企业可以向所在地直属检验检疫局申请登记备案。（对/错）

4. 检验检疫机构对登记备案的饲料生产企业实行日常监督检查与年审相结合的办法进行监督管理。登记备案的企业应按规定每年向直属检验检疫局申请年审，年审期限为每年的12 月 1 日至翌年的 1 月 30 日。（对/错）

第三节 检疫审批

一、进境动物和动物产品

1. 检疫审批范围

①动物。活动物(指饲养、野生的活动物，如畜、禽、蛇、龟、鱼、虾、蟹、贝、蚕、蜂等)、胚胎、精液、受精卵、种蛋及其他动物遗传物质。

②食用性动物产品。肉类及其产品(含脏器;熟制肉类产品，如熟制香肠、火腿、肉类罐头、食用高温炼制油脂除外)、鲜奶、鲜蛋。

③非食用性动物产品。皮张类(蓝湿皮、蓝干皮、已鞣制皮毛除外)、毛类(不包括洗净毛、炭化毛、毛条)、骨蹄角及其产品、明胶、蚕茧、动物源性饲料及饲料添加剂、饲料用乳清粉、鱼粉、肉粉、骨粉、肉骨粉、油脂、血粉、血液等，含有动物成分的有机肥料。

④过境动物。

⑤特许审批。动物病原体(包括菌种、毒种等)、害虫及其他有害生物;动物疫情流行的国家和地区的有关动物、动物产品和其他检疫物;动物尸体。

2. 实施机关

肉类、肠衣、鲜奶、蛋、动物源性饲料及其添加剂等，受理机构为加工、存储地所在地直属检验检疫局或入境口岸所在地直属检验检疫局，审核机构为国家质检总局。

活动物、原皮、原毛、原羽毛/绒、生骨、生蹄、生角、明胶、蚕茧、特许审批类等，受理机构为目的地直属检验检疫局，审核机构为国家质检总局。

3. 一般检疫审批提交的材料

1)动物及其繁殖材料

①《进境动植物检疫许可证申请表》;

②申请单位法人资格证明(复印件);

③进口猪、牛、羊等大中动物，须提交国家质检总局签发的《进出境动物隔离检疫许可证》;

④进口其他动物，须提交直属检验检疫局签发的《进出境动物隔离检疫许可证》;

⑤进口动物遗传物质，须提交直属检验检疫局批准的登记管理备案文件。

2)原毛(包括羽毛)、原皮、生的骨、角、蹄、蚕茧

①《进境动植物检疫许可证申请表》;

②申请单位法人资格证明(复印件);

③申请单位与生产、加工、存放企业不一致的，申请单位还须提交与国家质检总局批准的

进境动物产品生产、加工、存放企业签订的合同/协议。

3)动物源性饲料及动物源性饲料添加剂

①《进境动植物检疫许可证申请表》;

②申请单位法人资格证明(复印件);

③农业部颁发的饲料登记证

4)肉类及水产品

①《进境动植物检疫许可证申请表》;

②申请单位法人资格证明(复印件);

③非质检总局指定的注册存放冷库或加工单位提出申请的,还须提交经所在地检验检疫机构确认的与指定的注册存放冷库和加工单位签订的存储协议或加工合同。

5)过境动物

①《进境动植物检疫许可证申请表》;

②申请单位法人资格证明(复印件);

③输出国家或者地区官方检疫部门出具的动物卫生证书(复印件);

④输入国家或地区官方检疫部门出具的准许动物进境的证明文件。

4. 一般检疫审批的程序

①检疫审批手续应当在贸易合同或协议签订前办妥。

②须填写《进境动植物检疫许可证申请表》,先通过网上"进出境动植物检疫许可证管理系统",向直属检验检疫局申报,向受理机构提出申请并提交符合要求的有关材料。

③受理机构根据申请单位提交的材料是否齐全、是否符合法定形式作出受理与否的决定,并按规定出具书面文书。

④受理机构为直属检验检疫局的,受理申请后,按规定对申请材料内容进行具体审查,必要时对申请单位进行现场考核。初步审查后,受理机构将初审意见连同全部申请材料报送国家质检总局。

⑤国家质检总局根据规定,对初审材料和初审意见进行审查,作出准予许可或不予许可的决定。准予许可的,签发《进境动植物检疫许可证》;不予许可的,签发《进境动植物检疫许可申请未获批准通知单》。

5. 特许检疫审批的程序

1)办理特许检疫审批的条件

①引进的禁止进境物确属科学研究等特殊需要,要求引进单位或个人提供上级主管部门的证明,详细说明"特批物"的品名、品种、产地和引进的特殊需要和使用方式;

②引进单位应提供具有符合检疫要求的监督管理措施。

2)提交的资料

①《进境动植物检疫许可证申请表》;

②申请单位法人资格证明(复印件);

③书面申请报告,详细说明进口禁止进境物的用途、进境后的防疫措施等;

④省部级科研立项报告或证明文件。

3)审批程序

①引进单位提交有关证明,到当地检验检疫机构领取《进境动植物检疫许可证申请表》;

②引进单位报当地检验检疫机构进行初审。当地检验检疫机构初审合格的,出具初审意见,加盖公章后报国家质检总局审批;初审不合格的,出具未获批准通知,告知引进单位。

③国家质检总局根据特批物进境后的特殊需要和使用方式,决定批准的数量,提出检疫要求,指定进境口岸,并委托有关口岸检验检疫机构核查和监督使用。

6. 检疫审批的有效期

进境活动物和动物产品检疫审批的有效期为3个月。办理审批后,需更改进境国家和地区、时间、动物或动物产品的种类、数量的,需重新办理审批手续。输出国发生重大疫情时,如果国家有关部门发布禁止或限制公告,原审批自动失效。

训练11-4:

1. 进境动物和动物产品检疫审批的范围和类别有(　　)。

A. 动物　B. 动物产品　C. 特许审批　D. 过境动物

2. 进境动物和动物产品一般检疫审批的程序和特许检疫审批的程序中的审批机构都是(　　)。

A. 国家质检总局　B. 直属检验检疫局　C. 所在地检验检疫局　D. 农业部

二、进境植物和植物产品

1. 检疫审批范围

烟草类、粮谷类、豆类、薯类、饲料类、果蔬类、植物、植物繁殖材料、植物栽培介质。

特许审批。植物病原体(包括菌种、毒种等)、害虫及其他有害生物;植物疫情流行的国家和地区的有关植物、植物产品和其他检疫物;土壤。

2. 审批机关

国家质检总局审批范围:烟草类、粮谷类、豆类、薯类、饲料类、果蔬类、植物栽培介质,以及禁止进境的特许审批。

国务院农业部或林业行政主管部门及各省、自治区、直辖市农业(林业)厅(局)审批范围:非禁止进境的植物繁殖材料的国外引种检疫审批手续。

3. 审批程序

凡属于国家质检总局审批范围的,须填写《进境动植物检疫许可证申请表》,先通过网上"进出境动植物检疫许可证管理系统",向直属检验检疫局受理并初审后上报给国家质检总局审批。经国家质检总局审核,对符合审批要求的,签发《中华人民共和国进境动植物检疫许可证》;不符合审批要求的,不予签发,并告知申请人不予签发的理由。

引进非禁止进境的繁殖材料进境的,按照国务院农业部或林业部行政主管部门及各省、自治区、直辖市农业(林业)厅(局)的有关要求申请办理。

携带或邮寄植物繁殖材料进境的,因特殊原因无法事先办理检疫审批手续的,携带人或邮寄人应当按照有关要求申请补办检疫审批。

1)进境水果检疫审批

(1)货主、物主或其代理人输入水果前必须事先提出申请,并应当在贸易合同或者协议签订前办理检疫审批手续。

(2)符合下列条件,方可办理进境水果检疫审批手续:

①输出国家或者地区无重大疫情;

②符合中国有关动植物检疫法律、法规的规定;

③符合中国与输出国家或者地区签订的有关双边检疫协定(含检疫协议、备忘录等)。

(3)办理进境检疫审批手续后,有下列情况之一的,货主、物主或其代理人应重新办理审批手续:

①变更进口水果的品种或增加数量的;

②变更输出国家或地区的;

③变更进境口岸的;

④超过检疫许可证有效期的。

(4)检验检疫及监督管理

①货主、物主或其代理人应当在水果进境前或进境时向入境口岸所在地检验检疫机构报检,并提交《中华人民共和国进境动植物检疫许可证》、输出国家或地区政府动植物检疫机关签发的植物检疫证书及产地证书、贸易合同、发票等证单。

②进境水果无输出国家或者地区政府动植物检疫机关签发的植物检疫证书的,或者未依法办理检疫审批手续,入境口岸所在地检验检疫机构可以根据具体情况,作退回或者销毁处理。

③经港澳地区中转进境的水果,应按照原箱、原包装和原植物检疫证书(简称"三原")进境。进境前,应当经国家质检总局认可的港澳地区检验检疫机构对是否属允许进境的水果种类及"三原"进行确认。

④国家质检总局对向中国输出水果的国外果园、加工、存放单位实行注册登记制度。

2)进境植物繁殖材料检疫审批

(1)适用范围

适用于通过各种方式进境的贸易性和非贸易性植物繁殖材料(包括贸易、生产、来料加工、代繁、科研、交换、展览、援助、赠送以及享有外交、领事特权与豁免权的外国机构和人员公用或自用的进境植物繁殖材料)。

植物繁殖材料是植物种子、种苗及其他繁殖材料的统称,指栽培、野生的可供繁殖的植物全株或者部分,如植株、苗木(含试管苗)、果实、种子、砧木、接穗、插条、叶片、芽体、块根、块茎、鳞茎、球茎、花粉、细胞培养材料(含转基因植物)等。

(2)审批要求

①输入植物繁殖材料的,必须事先办理检疫审批手续,并在贸易合同中列明检疫审批提出的检疫要求。

②因特殊原因引进带有土壤或生长介质的植物繁殖材料的,引种单位、个人或其代理人须向国家质检总局申请办理输入土壤和生长介质的特许检疫审批手续。国家质检总局在办理特许检疫审批手续时,将根据审批物原产地的植物疫情、入境后的用途、使用方式,提出检疫要

求，并指定入境口岸。

③引种单位、个人或其代理人应在植物繁殖材料进境前10～15日，将《进境动植物检疫许可证》或《引进种子、苗木检疫审批单》、《引进林木种子、苗木和其他繁殖材料检疫审批单》送入境口岸直属检验检疫局办理备案手续。

(3)检疫监督管理

引种单位、个人或其代理人应在植物繁殖材料进境前7日持经直属检验检疫局核查备案的《进境动植物检疫许可证》或《引进种子、苗木检疫审批单》、输出国家(或地区)官方植物检疫部门出具的植物检疫证书、产地证书、贸易合同或信用证、发票以及其他必要的证单向指定的检验检疫机构报检。

受引种单位委托引种的，报检时还需提供有关的委托协议。

引种单位或代理进口单位须向所在地检验检疫机构办理登记备案手续；隔离检疫圃须经检验检疫机构考核认可。

3)进境栽培介质检疫审批

(1)适用范围

适用于进境的除土壤外的所有由一种或几种混合的具有贮存养分、保持水分、透气良好和固定植物等作用的人工或天然固体物质组成的栽培介质，栽培介质包括 potting substratum、potting soil、potting medium 等。如砂 sand、炉渣 calcined、矿渣 acoria、沸石 zeolite、煅烧黏土 calcined clay、陶粒 clay pellets、蛭石 vermiculite、珍珠岩 perlite、矿棉 rockwool、玻璃棉 glasswool、浮石 pumide、片岩、火山岩 volcanic rock、聚苯乙烯 polystyrene、聚乙烯 polyethylen、聚氨脂 polyurethane、塑料颗粒 plastic particle、合成海绵 synthetic sponge 等无机栽培介质，以及来源为有机物并经高温、高压灭菌处理的介质，如泥炭 peat、泥炭藓 sphagnum、苔藓 moos、树皮 barks、椰壳(糠)cocos substrate、软木 cork、木屑 saw dust 稻壳 rice hulls、花生壳 peanut hulls、甘蔗渣 bagase、棉子壳 cotton hulls 等。

(2)审批程序

使用进境栽培介质的单位必须事先提出申请，并应当在贸易合同或协议签订前办理检疫审批手续。办理栽培介质进境检疫审批手续必须符合下列条件：

①栽培介质输出国或者地区无重大植物疫情发生；

②栽培介质必须是新合成或加工的，从工厂出品至运抵我国国境要求不超过4个月，且未经使用；

③进境栽培介质中不得带有土壤。

(3)申请栽培介质审批应提交的资料

①《进境动植物检疫许可证申请表》(网上提交)，并附具栽培介质的成分检验、加工工艺流程、防止有害生物及土壤感染的措施、有害生物检疫报告等有关材料。

②申请单位法人资格证明(复印件)。

③对首次进口的栽培介质，进口单位办理审批时，应同时将经特许审批进口的样品每份1.5～5kg，送国家质检总局指定的实验室检验，并由其出具有关检验结果和风险评估报告。

④再次进口来自同一境外供货商的栽培介质，进口单位办理审批时应提供前批许可证复印件。

经审查合格，由国家质检总局签发《中华人民共和国进境动植物检疫许可证》，并签署进境检疫要求，指定其进境口岸和限定其使用范围和时间。

⑤使用进境栽培介质的单位，须向口岸检验检疫机构申请注册登记。检验检疫机构对其进境的栽培介质使用过程、隔离设施和卫生条件等指标进行考核验收，合格后发给注册登记证。

(4)监督管理

①国家质检总局对向我国输出贸易性栽培介质的国外生产、加工、存放单位实行注册登记制度。

②输入栽培介质的货主或其代理人，应当在进境前持检疫审批单向进境口岸检验检疫机构报检，并提供输出国官方植物检疫证书、贸易合同、信用证和发票等证单。检疫证书上必须注明栽培介质经检疫符合中国的检疫要求。

③带有栽培介质的进境参展植物在参展期间由参展地检验检疫机构进行检疫监管；展览结束后需要在国内销售的应按有关贸易性进境栽培介质检疫规定办理。

4)特许检疫审批

①办理特许检疫审批的条件

A. 引进的禁止进境物确属科学研究等特殊需要，要求引进单位或个人提供上级主管部门的证明，详细说明“特批物”的品名、品种、产地和引进的特殊需要和使用方式；

B. 引进单位应具有符合检疫要求的监督管理措施。

②提交的资料

A.《进境动植物检疫许可证申请表》；

B. 申请单位法人资格证明(复印件)；

C. 书面申请报告，详细说明进口禁止进境物的用途、进境后的防疫措施等；

D. 省部级科研立项报告或证明文件。

③审批程序

A. 引进单位提交有关证明，应当到当地检验检疫机构领取《进境动植物检疫许可证申请表》；

B. 引进单位报当地检验检疫机构进行初审。当地检验检疫机构初审合格的，出具初审意见，加盖公章后报国家质检总局审批；初审不合格的，出具未获批准通知，告知引进单位；

C. 国家质检总局根据特批物进境后的特殊需要和使用方式，决定批准的数量，提出检疫要求，指定进境口岸，并委托有关口岸检验检疫机构核查和监督使用。

训练 11-5：

1. 进境植物、植物产品检疫审批机关有(　　)。

A. 国家质检总局　　B. 林业行政主管部门

C. 各省、自治区、直辖市农业(林业)厅(局)　　D. 农业部

2. 办理进境水果检疫审批手续后，货主、物主或其代理人应重新办理审批手续情况包括(　　)。

A. 变更进口水果的品种或增加数量的　　B. 变更输出国家或地区的

C. 变更进境口岸的　　D. 超过检疫许可证有效期的

3. 办理特许检疫审批提交的资料包括(　　)。

A.《进境动植物检疫许可证申请表》

B. 申请单位法人资格证明(复印件)

C. 书面申请报告,详细说明进口禁止进境物的用途、进境后的防疫措施等

D. 省部级科研立项报告或证明文件

第四节　注册登记

一、进出口动物中转场、饲养场、隔离场

1. 出口观赏鱼饲养场/中转包装场注册登记的申请

1)适用范围

出口观赏鱼是指供出口的以观赏为目的的种用和非种用的海水鱼和淡水鱼。国家对出口观赏鱼的饲养场和中转包装场实行注册登记制度。出口观赏鱼的饲养场和中转包装场须符合出口观赏鱼的饲养场动物卫生基本要求的规定。只有经注册的观赏鱼饲养场饲养的观赏鱼方可用于出口;只有经注册的中转包装场方可用于出口观赏鱼的中转存放。

2)主管部门

国家质检总局主管全国出口观赏鱼的检疫管理工作。国家质检总局设在各地的出入境检验检疫机构负责所辖地区出口观赏鱼的检疫和监督管理工作。

3)申请程序

(1)从事出口观赏鱼的饲养、中转包装的饲养、中转包装场须向所在地直属检验检疫局提出注册登记申请。填写《出口观赏鱼饲养场/中转包装场申请表》一式三份。同一单位所属的位于不同地点的饲养场和中转厂应分别申请,实行一场一证制度。同时提交以下资料:

①饲养场、中转包装场平面图和照片;

②工商营业执照复印件;

③质量管理保证手册。

④观赏鱼进出场、饲料、用水、疾病防治、消毒用药、疫苗和卫生管理等管理制度。

(2)直属检验检疫局对申请单位提交的《申请表》和有关资料进行审核,并按照《出口观赏鱼饲养场、中转包装场动物卫生基本要求》的规定对饲养场或中转包装场进行考核,抽取鱼样、水样、饲料样进行检疫。对出口观赏鱼饲养场、中转包装场进行综合评定,符合要求的,予以注册登记,颁发《出口观赏鱼饲养场/中转包装场注册登记证》并报国家质检总局备案。

4)有效期及监督管理

(1)注册登记证有效期5年。检验检疫机构对出口观赏鱼饲养场、中转包装场实施检疫监督管理。对出口观赏鱼饲养场、中转包装场实行年审和抽查制度,并按照国家质检总局及进口国家或地区的要求定期对饲养场、中转包装场场内鱼体健康状况、水质、饲料等进行检疫监测。

(2)观赏鱼出口前,货主或其代理人应当向饲养场所在地检验检疫机构报检,并提供出口

贸易合同、饲养场出具的《出口观赏鱼供货证明》及相关贸易单据等。

(3)出口观赏鱼饲养场、中转包装场有下列行为之一的，限期改进，逾期不改的，取消其注册登记：

①不按规定接受年审的；

②年审或抽查不合格的；

③填写《出口观赏鱼饲养场、中转包装场检疫监督管理手册》时弄虚作假的。

(4)出口观赏鱼饲养场、中转包装场擅自从其他饲养场引进观赏鱼的，取消其注册登记。出口公司从非注册的出口观赏鱼饲养场或中转包装场组织货源出口的，在全国范围内停止接受其报检。

各地检验检疫机构应将被取消注册登记的出口观赏鱼饲养场、中转包装场报国家质检总局备案。国家质检总局不定期公布被取消注册登记的出口观赏鱼饲养场、中转包装场名单。

2. 供港澳活牛检验检疫注册的申请

1)适用范围

凡在我国内地从事供港澳活牛育肥、中转、运输、贸易的企业均纳入注册管理。

2)主管部门

国家质检总局统一管理供港澳活牛的检验检疫工作。国家质检总局设在各地的直属出入境检验检疫局负责各自辖区内供港澳活牛育肥场和中转仓的注册、监督管理和疫情监测，负责供港澳活牛的起运地检验检疫和出证管理。

3)申请程序

(1)供港澳活牛育肥场、中转仓须向所在地直属检验检疫局申请注册。注册以育肥场、中转仓为单位，实行一场(仓)一证制度。只有经注册的育肥场饲养的活牛方可供应港澳地区；只有经注册的中转仓方可用于供港澳活牛的中转存放。

(2)申请注册的育肥场须符合下列条件：

①具有独立企业法人资格；

②在过去6个月内育肥场及其周围10公里范围内未发生过口蹄疫，场内未发生过炭疽、结核病和布氏杆菌病；

③育肥场设计存栏数量及实际存栏量均不得少于200头；

④符合《供港澳活牛育肥场动物卫生防疫要求》。

(3)申请注册的中转仓须符合下列条件：

①具有独立企业法人资格。不具备独立企业法人资格者，由其具有独立法人资格的主管部门提出申请；

②中转仓过去21天内未发生过一类传染病；

③中转仓设计存栏数量不得少于20头；

④符合《供港澳活牛中转仓动物卫生防疫要求》。

(4)申请注册的育肥场、中转仓应填写《供港澳活牛育肥场/中转仓检验检疫注册申请表》1式3份，并提供下列材料：

①《企业法人营业执照》复印件；

②育肥场、中转仓平面图和照片；

③育肥场、中转仓的动物卫生防疫制度、饲养管理制度。

直属检验检疫局按照规定的条件对申请注册的育肥场、中转仓进行考核。合格者予以注册,并颁发《供港澳活牛检验检疫注册证》。

4)有效期及监督管理

①注册证自颁发之日起生效,有效期为5年。直属检验检疫局对供港澳活牛注册育肥场、中转仓实施年审制度。对逾期不申请年审或年审不合格且在限期内不整改或整改不合格的吊销其注册证。

②注册育肥场、中转仓连续2年未供应港澳活牛的,检验检疫机构应注销其注册资格,吊销其注册证。

③供港澳活牛育肥场、中转仓如迁址或发生企业名称、企业所有权、企业法人变更时应及时向直属检验检疫局申请重新注册或变更手续。

④出境口岸检验检疫机构负责供港澳活牛出境前的监督检查和临床检疫;负责供港澳活牛在出境口岸滞留站或转入中转仓的检疫和监督管理。

⑤检验检疫机构对供港澳活牛注册育肥场、中转仓实施检验检疫监督,定期检查供港澳活牛的收购、用药、免疫、消毒、饲料使用和疾病发生情况。注册育肥场、中转仓应按要求如实填写监管手册,并接受检验检疫机构的监督管理。

违反上述有关规定的,注销其注册资格。

训练11-6:

1. 出口观赏鱼饲养场、中转包装场(　　),限期改进,逾期不改的,取消其注册登记。
   A. 不按规定接受年审的
   B. 年审或抽查不合格的
   C. 填写《出口观赏鱼饲养场、中转包装场检疫监督管理手册》时弄虚作假的
   D. 超范围经营的
2. 申请注册的供港澳活牛中转仓须符合的条件是(　　)。
   A. 具有独立企业法人资格。不具备独立企业法人资格者,由其具有独立法人资格的主管部门提出申请
   B. 中转仓过去21天内未发生过一类传染病
   C. 中转仓设计存栏数量不得少于20头
   D. 符合《供港澳活牛中转仓动物卫生防疫要求》
3. 出口观赏鱼是指供出口的以观赏为目的的种用和非种用的海水鱼和淡水鱼。(对/错)
4. 供港澳活牛育肥场、中转仓须向所在地直属检验检疫局申请注册。(对/错)

3. 供港澳活羊中转场注册的申请

1)适用范围

我国内地从事供港澳活羊中转场纳入注册管理。“供港澳活羊中转场”是指专门用于将

供港澳活羊从饲养单位输往港澳途中暂时存放的场所，包括在起运地的中转场和在出境口岸的中转场。

2)主管部门

国家质检总局统一管理全国供港澳活羊的检验检疫工作。国家质检总局设在各地的直属出入境检验检疫机构负责各自辖区内供港澳活羊中转场的注册、监督管理和产地疫情监测，负责供港澳活羊的起运地检验检疫和出证管理。

3)注册程序

(1)从事供港澳活羊中转业务的企业须向所在地直属检验检疫局申请注册。只有经注册的中转场方可用于供港澳活羊的中转存放。

(2)申请注册的中转场须符合下列条件：

①具有独立企业法人资格。不具备独立企业法人资格者，由其具有独立企业法人资格的上级主管部门提出申请；

②具有稳定的货源供应，与活羊养殖单位或供应单位签订有长期供货合同或协议；

③中转场设计存栏数量不得少于200只；

④中转场内具有正常照明设施和稳定电源供应；

⑤须符合《供港澳活羊中转场动物卫生防疫要求》。

(3)申请注册的中转场应填写《供港澳活羊中转场检验检疫注册申请表》1式3份，并提供下列材料：

①《企业法人营业执照》复印件；

②中转场平面图和照片；

③中转场的动物卫生防疫制度、饲养管理制度；

④签订供港澳活羊供货合同或协议的单位名单，内容包括单位名称、地址、单位性质(中转或养殖)、生产或经营规模、负责人姓名、联系电话。

(4)直属检验检疫局按规定对申请注册的中转场进行考核。合格者，予以注册，并颁发《供港澳活羊中转场检验检疫注册证》。

4)有效期及监督管理

①注册证自颁发之日起生效，有效期为5年。直属检验检疫局对供港澳活羊注册中转场实施年审制度。对逾期不申请年审或年审不合格且在限期内不整改或整改不合格的吊销其注册证。

②注册中转场连续2年未用于供应港澳活羊的，检验检疫机构应注销其注册资格，吊销其注册证。

③供港澳活羊中转场如迁址或发生企业名称、企业所有权、企业法人变更时应及时向直属检验检疫局申请重新注册或变更手续。

④出境口岸检验检疫机构负责供港澳活羊出境前的监督检查和临床检疫；负责供港澳活羊在出境口岸滞留站或转入中转场的检疫和监督管理。

⑤检验检疫机构对供港澳活羊注册中转场实施检验检疫监督，定期检查供港澳活羊的收购、用药、免疫、消毒、饲料使用和疾病发生情况。注册中转场应按要求如实填写监管手册，并接受检验检疫机构的监督管理。

违反上述有关规定的，检验检疫机构应注销注册中转场的注册资格。

4. 供港澳活猪饲养场注册登记的申请

1）适用范围

供港澳活猪是指内地供应香港、澳门特别行政区用于屠宰食用的大猪、中猪和乳猪。我国内地从事供港澳活猪饲养场实行注册管理。

2）主管部门

国家质检总局统一管理全国供港澳活猪的检验检疫和监督管理工作。国家质检总局设在各地的直属出入境检验检疫局负责各自辖区内供港澳活猪饲养场的注册、起运地检验检疫和出证及检验检疫监督管理。

3）注册登记程序

（1）供港澳活猪的饲养场须向所在地直属检验检疫局申请检验检疫注册。注册以饲养场为单位，实行一场一证制度，每一个注册场使用一个注册编号。未经注册的饲养场饲养的活猪不得供港澳。

（2）申请注册的饲养场须填写《供港澳活猪饲养场检验检疫注册申请表》，同时提供下列资料：

①《企业法人营业执照》复印件。

②饲养场平面图和彩色照片。

③饲养场饲养管理制度及动物卫生防疫制度。

申请注册的饲养场必须符合《供港澳活猪注册饲养场的条件和动物卫生基本要求》。

（3）直属检验检疫局按规定对申请注册的饲养场提供的资料进行审核，实地考核，采样检验。合格的，予以注册，并颁发《出境动物养殖企业注册证》；不合格的，不予注册。

4）有效期及监督管理

①注册证自颁发之日起生效，有效期 5 年。有效期满后继续生产供港澳活猪的饲养场，须在期满前 6 个月按照本办法规定，重新提出申请。

直属检验检疫局对供港澳活猪注册饲养场（以下简称注册饲养场）实行年审制度。对逾期不申请年审，或年审不合格且在限期内整改不合格的，取消其注册资格，吊销其注册证。

②注册饲养场场址、企业所有权、名称、法定代表人变更时，应向直属检验检疫局申请办理变更手续；需要改扩建的，应事先征得直属检验检疫局的同意。

③出境口岸检验检疫机构负责供港澳活猪抵达出境口岸的监督管理、临床检查或复检工作。

④检验检疫机构对注册饲养场实行监督管理制度，定期或不定期检查注册饲养场的动物卫生防疫制度的落实情况、动物卫生状况、饲料及药物的使用等。对注册饲养场实行分类管理。

检验检疫机构对注册饲养场实施疫情监测和残留监测制度。

注册饲养场应有经检验检疫机构备案的兽医负责注册饲养场的日常动物卫生和防疫管理，并填写《供港澳活猪注册饲养场管理手册》，配合检验检疫机构做好注册饲养场的检验检疫工作，并接受检验检疫机构的监督管理。

⑤严禁非注册饲养场活猪供港澳。对违反规定的出口企业，检验检疫机构停止接受其报

检;对违反规定的注册饲养场,检验检疫机构取消其注册资格,吊销其注册证。

违反上述有关规定的,取消其注册资格,吊销注册证。

训练 11-7:

1. 申请注册的供港澳活羊中转仓须符合的条件是(　　)。

A. 具有稳定的货源供应,与活羊养殖单位或供应单位签订有长期供货合同或协议。

B. 中转场设计存栏数量不得少于 200 只。

C. 中转场内具有正常照明设施和稳定电源供应。

D. 须符合《供港澳活羊中转场动物卫生防疫要求》。

2. 供港澳活羊中转场是指专门用于将供港澳活羊从饲养单位输往港澳途中暂时存放的场所,包括在起运地的中转场和在出境口岸的中转场。(对/错)

3. 供港澳活猪是指内地供应香港、澳门特别行政区用于屠宰食用的大猪、中猪和乳猪。(对/错)

4. 注册证自颁发之日起生效,有效期 5 年。有效期满后继续生产供港澳活猪的饲养场,须在期满前 6 个月重新提出申请。(对/错)

5. 供港澳活禽饲养场注册登记的申请

1)适用范围

供港澳活禽是指由内地供应香港、澳门特别行政区用于屠宰食用的鸡、鸭、鹅、鸽、鹌鹑、鹧鸪和其他饲养的禽类。供港澳活禽饲养场纳入注册登记管理。

2)主管部门

国家质检总局统一管理全国供港澳活禽的检验检疫工作和监督管理工作。国家质检总局设在各地的直属出入境检验检疫局负责各自辖区内的供港澳活禽饲养场的注册、疫情监测、起运地检验检疫和出证及监督管理工作。

3)注册登记程序

(1)供港澳活禽饲养场须向所在地直属检验检疫局申请检验检疫注册。注册以饲养场为单位,实行一场一证制度。每一注册饲养场使用一个注册编号。未经注册的饲养场饲养的活禽不得供港澳。

(2)申请注册的活禽饲养场必须符合下列条件:

①存栏 3 万只以上;

②符合供港澳活禽饲养场动物卫生基本要求。

(3)申请注册的活禽饲养场须填写《供港澳活禽饲养场检验检疫注册申请表》,同时提供下列资料:

①《企业法人营业执照》复印件;

②饲养场平面图和彩色照片;

③饲养场动物防疫制度、饲养管理制度或全面质量保证(管理)手册。

(4)直属检验检疫局按规定对饲养场提供的材料进行审核和实地考核、采样检测。合格的,予以注册,并颁发《中华人民共和国出入境检验检疫出境动物养殖企业注册证》;不合格的,不予注册。

4)有效期及监督管理

①注册证自颁发之日起生效,有效期5年。有效期满后继续生产供港澳活禽的饲养场,须在期满前6个月按照本办法规定,重新提出申请。

直属检验检疫局对供港澳活禽注册饲养场实行年审制度。对逾期不申请年审,或年审不合格且在限期内整改不合格的,检验检疫机构注销其注册登记,吊销其《注册证》。

②供港澳活禽注册饲养场因场址、企业所有权、企业法人变更时,应及时向直属检验检疫局申请重新注册或办理变更手续。

③出境口岸检验检疫机构负责供港澳活禽出境前的临床检查或复检和回空车辆及笼具的卫生状况监督工作。

④注册饲养场应有检验检疫机构备案的兽医负责饲养场活禽的防疫和疾病控制的管理,负责填写《供港澳活禽注册饲养场管理手册》,配合检验检疫机构做好检验检疫工作,并接受检验检疫机构的监督管理。

违反上述有关规定的,检验检疫机构注销其注册登记,吊销其注册证。

6. 进出境动物临时隔离检疫场许可的申请

1)范围

进出境动物临时隔离检疫场是指由口岸检验机构批准的,供进出境动物检疫时所使用的临时性场所。

2)申请程序

临时隔离场由货主提供。货主在检验检疫审批前填写《进出境动物临时隔离检疫场许可证申请表》,向口岸检验检疫机构提出申请。口岸检验检疫机构接到申请后,应在5个工作日内对临时隔离场进行审核,对符合条件的,签发《进出境动物临时隔离检疫场许可证》。每次批准的临时隔离场只允许用于一批动物的隔离使用。

7. 进境植物繁殖材料隔离检疫圃资格

1)范围

进境植物繁殖材料隔离检疫圃(以下简称隔离检疫圃)由国家质检总局或直属出入境检验检疫局核准,授予承担进境植物繁殖材料隔离检疫工作的资格。

隔离检疫圃分为国家隔离检疫圃、专业隔离检疫圃和地方隔离检疫圃。

2)实施机关

①国家圃或专业圃:受理机构为直属检验检疫局,审核机构为国家质检总局。

②地方圃:受理及审核机构均为直属检验检疫局。

3)许可条件

①具备防止有害生物扩散的防疫隔离设施和条件;

②具备开展相应的有害生物检疫鉴定条件;

③具备完善的管理制度和防疫措施;

④具备符合要求的种植和卫生条件。

4)申请程序

(1)申请单位向受理机构提出申请并提交有关材料:

①书面申请;

②申请单位法人资格证明(复印件);

③隔离圃平面图及重点设施、部位照片;

④管理制度和防疫措施。

(2)受理机构根据申请单位提交的材料是否齐全、是否符合法定形式作出受理或不予受理的决定,并按规定出具书面凭证。

(3)受理申请后,受理机构对申请材料内容进行审查,并成立专家评审组对申请单位进行评审和实地考核。

(4)审核机构为直属检验检疫局的,直属检验检疫局对评审意见进行审查,作出准予许可或不予许可的决定。准予许可的,于10个工作日内签发进境植物隔离检疫圃许可证,不予许可的,书面通知申请单位,并说明理由。

(5)审核机构为国家质检总局的,直属检验检疫局将初审已经连同全部申请材料报国家质检总局。国家质检总局根据规定,对申请材料和初审已经进行审查,作出准予许可或不予许可的决定。准予许可的,于10个工作日内签发进境植物隔离检疫圃许可证,不予许可的,书面通知申请单位,并说明理由。

训练11-8:

1. 申请注册的供港澳活禽饲养场必须符合的条件是(　　)。

A. 存栏3万只以上

B. 存栏10万只以上

C. 符合供港澳活禽饲养场动物健康基本要求

D. 符合供港澳活禽饲养场动物卫生基本要求

2. 进境植物繁殖材料隔离检疫圃资格申请单位向受理机构提出申请并提交的有关材料有(　　)。

A. 书面申请　　B. 申请单位法人资格证明(复印件)

C. 隔离圃平面图及重点设施、部位照片　　D. 管理制度和防疫措施

3. 进出境动物临时隔离场由货主提供。　　(对/错)

4. 每次批准的进出境动物临时隔离场只允许用于一批动物的隔离使用。　　(对/错)

5. 隔离检疫圃分为国家隔离检疫圃、专业隔离检疫圃和地方隔离检疫圃。　　(对/错)

二、出口食品生产企业卫生

1. 适用范围

出口食品生产、加工、储存企业(以下简称出口食品生产企业)的卫生注册、登记。

2. 主管部门

国家认证认可监督管理委员会(以下简称国家认监委)主管全国出口食品生产企业卫生

注册、登记工作。国家质量监督检验检疫总局设在各地的直属出入境检验检疫局负责所辖地区出口食品生产企业的卫生注册、登记工作。

3. 卫生注册、登记的要求

①在中华人民共和国境内生产、加工、储存出口食品的企业,必须取得卫生注册证书或者卫生登记证书后,方可生产、加工、储存出口食品。

②未经卫生注册或者登记企业的出口食品,国家质检总局设在各地的出入境检验检疫机构不予受理报检。

③国家认监委根据出口食品的风险程度,公布和调整《实施出口食品卫生注册、登记的产品目录》(以下简称《注册目录》)。对《注册目录》内食品的生产企业,实施卫生注册管理;对《注册目录》以外食品的生产企业实施卫生登记管理。

④申请卫生注册的出口食品生产企业,应当按照《出口食品生产企业卫生要求》建立卫生质量体系。

⑤申请卫生登记的出口食品生产企业,应当根据产品特点并参照《出口食品生产企业卫生要求》建立卫生质量体系。

出口食品生产企业在新建、扩建或者改建前,应当向所在地的直属检验检疫局申请选址、设计的卫生审查,审查合格方能施工。

4. 审批程序

(1)申请单位向所在地直属检验检疫局提出申请并提交有关材料:

①《出口食品生产企业卫生注册/登记申请书》(1 式 3 份);

②企业法人营业执照复印件;

③厂区平面图、车间平面图、工艺流程图以及生产工艺关键部位的图片资料。

(2)直属检验检疫局根据申请单位提交的材料是否齐全、是否符合法定形式作出受理或不予受理的决定,并按规定出具书面凭证。

(3)受理申请后,直属检验检疫局组织评审组按规定对申请材料内容进行具体审查,对申请单位的出口食品生产、加工、储存条件进行现场评审。

(4)直属检验检疫局根据规定,对申请材料和评审意见进行审查,作出准予许可或不予许可的决定。准予许可的,于 10 日内办法卫生注册证书或卫生登记证书;不予许可的,书面说明理由。

5. 有效期

《卫生注册证书》和《卫生登记证书》有效期为 3 年。《卫生注册证书》由国家认监委统一印制,由直属检验检疫局向卫生注册企业颁发。《卫生登记证书》由国家认监委统一印制,以直属检验检疫局名义向卫生登记企业颁发。

6. 监督管理

直属检验检疫局对注册企业实施监督管理。对注册企业监督管理的方式包括:

(1)日常监督管理。由检验检疫机构派员对卫生注册企业实施日常监督管理。

(2)定期监督检查。直属检验检疫局组织卫生注册评审员对卫生注册企业定期实施监督检查。对肉类、水产、罐头、肠衣类卫生注册企业,每年至少组织一次全面监督检查。对季节性出口产品的卫生注册企业,应当按照生产季节进行监督检查。对获得国外卫生注册的企业,应当至少

每半年(或者生产季节)进行一次全面监督检查。对其他卫生注册企业,直属检验检疫局可视具体情况确定监督检查次数。定期监督检查应当包括日常监督管理中发现问题的改正情况。

(3)换证复查。出口食品注册企业应当在证书有效期满前3个月向直属检验检疫局提出复查申请。受理申请的直属检验检疫局按照本规定第三章规定的评审要求,对申请企业进行复查,合格的予以换证,不合格的或者未申请换证的不予换证。

(4)在对卫生注册企业的监督管理过程中,有下列情形之一的,直属检验检疫局应当书面通知企业限期整改,并暂停受理其出口报检,直至确认企业整改符合要求:

①发现有对产品安全卫生质量构成严重威胁的因素包括原料、辅料和生产加工用水(冰)等,不能保证其产品安全卫生质量的;

②经出口检验检疫发现产品安全卫生质量不合格,且情况严重的。

(5)在对卫生注册企业的监督管理过程中,有下列情形之一的,由直属检验检疫局发出通知,吊销其卫生注册证书:

①有上述"监督管理"第(四)项所列情形,且在限期内未完成整改的;

②企业因原料、生产、加工、储存内部管理等原因,其产品在国外出现卫生质量问题造成不良影响的;

③企业隐瞒出口产品安全卫生质量问题的事实真相,造成严重后果的;

④企业拒不接受监督管理的;

⑤借用、冒用、转让、涂改、伪造卫生注册证书、注册编号、卫生注册标志,或者本企业未注册食品使用本企业注册食品的注册编号的。

被吊销卫生注册证书的企业,自收到吊销通知书之日起1年内不得重新提出卫生注册申请。

(6)有下列情形之一的,视为企业的卫生注册资格自动失效:

①卫生注册企业的名称、法人代表或者通讯地址发生变化后30日内未申请变更的;

②卫生注册企业的生产车间改建、扩建、迁址完毕或者其卫生质量体系发生重大变化后30日内未申请复查的;

③1年内没有出口注册范围内食品的:

④逾期未申请换证复查的。

三、出口危险品生产企业

1. 出口烟花爆竹生产企业登记的申请

1)适用范围

针对出口烟花爆竹的生产企业的产品质量、公共安全和人身安全,各地检验检疫机构对出口烟花爆竹的生产企业实施登记管理制度。

2)主管部门

国家质检总局统一管理全国出口烟花爆竹检验和监督管理工作,国家质检总局设在各地的出入境检验检疫机构负责所辖地区出口烟花爆竹的检验和监督管理工作。

3)申请程序

(1)出口烟花爆竹生产企业登记条件:

①具有工商营业执照、税收登记证和公安机关颁发的生产安全许可证;

②具有质量手册或质量管理的有关文件；

③应当具有完整的生产技术文件；

④应当有经过检验检疫机构培训考试合格的检验人员，能按照产品图纸，技术标准和工艺文件进行生产过程中检验：

⑤应当其有专用成品仓库。仓库应清洁，有通风防潮、防爆措施，库内产品应分类按品牌堆放，隔地、离墙堆码整齐。

(2)申请及审批程序：

①申请登记的企业应向所在地检验检疫机构正式提交书面登记申请。并提供有关生产、质量、安全等方面的有关资料。

②根据生产企业的申请，各直属检验检疫局按照本条件规定的内容对申请登记企业进行考核。

③对考核合格的企业，由各直属检验检疫局授予专用的登记代码。

④经考核不合格的企业，整改后可申请复核，经复核仍不合格，半年后才能重新申请。

4)监督管理

出口烟花爆竹的检验和监督管理工作采取产地检验与口岸查验相结合的原则。

各地检验检疫机构将已登记的生产企业名称、登记代码等情况及时报国家质检总局备案。出口烟花爆竹的生产企业在申请出口烟花爆竹的检验时，应当向检验检疫机构提交《出口烟花爆竹生产企业声明》。凡经检验合格的出口烟花爆竹，由检验检疫机构在其运输包装明显部位加贴验讫标志。

2. 出口打火机、点火枪类商品生产企业登记

1)登记条件

①具有工商营业执照、税收登记和公安机关颁发的安全许可证：

②具有质量手册或质量管理的有关文件；

③具有完整的生产技术文件：

④具有专用成品仓库。

2)申请及审批程序

①申请登记的企业应向所在地检验检疫机构正式提交书面登记申请，并提供有关生产、质量、安全等方面的有关资料以及《出口打火机、点火枪类商品生产企业自我声明》。

②根据生产企业的申请，由各直属局的登记考核小组对申请登记企业进行考核。

③对考核合格的企业，有直属局颁发《出口打火机、点火枪类商品生产企业登记证》和专用的登记代码。

④经考核不合格的企业，整改后可申请复合，经复核仍不合格，半年后才能重新申请。

四、出口蔬菜、水果种植地及加工厂

1. 出口蔬菜种植基地备案

1)适用范围

适用于出境蔬菜种植基地(简称蔬菜基地)备案和监督管理。

2)主管部门

出境蔬菜种植企业或出口企业所在地的检验检疫机构。

3)申请对基地备案的企业应具备的条件

①法人资格企业;

②具有对基地的合法管理权限;

③具有与基地业务相适应的管理能力,设有植物保护管理制度,有足够的植保员;

④具有对基地的管理制度,至少应当包括农药采购、保管、发放、使用及残留控制等内容;

⑤法律法规及国家质检总局依法规定的其他条件。

4)申请备案的蔬菜基地应具备的条件

①蔬菜基地周围环境无污染源;

②蔬菜基地种植面积至少300亩;

③蔬菜基地应至少有一名专职植保员,其应经过有关部门培训,具有农学、植物保护和农药使用的基本知识,负责蔬菜基地的病虫害防治、农药安全使用和农药残留的统一管理;

④有健全的农药管理制度,有专人负责农药保管、发放、施用,有农药残留控制措施、专门的农药存放场所,以及所有与农药使用有关的记录信息;

⑤有严格的田间管理制度;

⑥有蔬菜病虫害发生与防治的报告制度和相关记录。

5)申请蔬菜基地备案应提交的材料

①企业书面申请;

②企业合法管理基地权限的有效证明文件,如经过公证的基地使用或承包的有效证明、租地合同或与农民签订蔬菜种植合同的复印件等;

③蔬菜基地安全用药管理制度、田间管理制度及蔬菜溯源制度等相关材料;

④蔬菜基地负责人、植保员的相关证明材料;

⑤蔬菜基地平面图;

⑥其他需要的材料。

6)监督管理

(1)检验检疫机构自受理企业提出的蔬菜基地备案申请后30天内,对经考核合格的予以备案。

(2)备案有效期3年,期满前3个月应重新申请备案。取得检验检疫机构对基地备案资格的企业及基地变更备案内容的,应提前3个月相检验检疫机构申请变更。企业应当每年向检验检疫机构申请对蔬菜基地的年度审核。经年审不合格的蔬菜基地,责令其限期整改。

(3)检验检疫机构对获得蔬菜基地备案资格的企业实行监督管理。在企业对基地日常监管的基础上,检验检疫机构采取不定期抽查、年度审核和复审相结合的方式对基地实施监管。

(4)发现有下列情形之一的,予以取消种植基地的备案资格:

①年审不合格且限期整改不能符合要求的;

②连续多次被进口方官方检出有毒有害残留物质超标和禁止入境的有害生物的;

③存放和使用国家和地方政府明令禁用农药的;

④转让、借用、涂改基地备案号的;

⑤拒不接受监督管理的;

⑥对疫情及安全卫生质量问题隐瞒或谎报的。

(5)有下列情形之一的,种植基地的备案资格自动注销:

①企业名称及法人代表等发生变化后30天内未申请变更的;

②基地的种植面积、质量体系发生重大变化后30天内未申请复查的;

③一年内没有出口该备案基地蔬菜的;

④逾期未申请年审或换装复查的。

被取消备案资格的,半年以后或经检验检疫机构同意后方可重新提出种植基地备案申请。

2. 出口水果果园及加工厂注册登记

1)适用范围

出境水果果园及加工厂。

2)主管部门

①受理部门:拟出口水果的果园及其加工厂所在地检验检疫机构。

②审批部门:直属检验检疫局。

3)果园注册备案条件

①果园有较为完善的生产管理制度,建立化肥、农药的购买、使用记录。有专业技术人员负责化肥农药的管理和使用;

②附近无影响水果生产的有毒有害物质污染源;

③果园连片种植面积达到一定规模。

4)加工厂注册备案条件

①加工厂干净整洁,有水果存放、加工、处理、冷藏等相对隔离的场所;

②具有符合要求的加工、清洗、除害处理设施。

5)注册登记程序

①拟出口水果的果园及其加工厂向所在地检验检疫机构提出注册申请;

②所在地检验检疫机构初审合格后,报直属检验检疫局审批备案。

训练11-9:

1. 出口食品生产企业卫生注册登记适用于(　　)。

A. 出口食品生产企业　　B. 出口食品加工企业

C. 出口食品储存企业　　D. 出口食品运输企业

2.《卫生注册证书》和《卫生登记证书》有效期为(　　)年。

A. 1　　B. 2　　C. 3　　D. 5

3. 出境水果加工厂注册备案条件为(　　)。

A. 加工厂干净整洁,有水果存放、加工、处理、冷藏等相对隔离的场所

B. 具有符合要求的加工、清洗、除害处理设施

C. 附近无影响水果生产的有毒有害物质污染源

D. 果园连片种植面积达到一定规模

4. 针对出口烟花爆竹的生产企业的产品质量、公共安全和人身安全,各地检验检疫机构

对出口烟花爆竹的生产企业实施登记管理制度。（对/错）

5. 出口烟花爆竹的检验和监督管理工作采取产地检验与口岸查验相结合的原则。（对/错）

6. 出口打火机、点火枪类商品生产企业应申请出口危险品生产企业登记。（对/错）

7. 出口蔬菜种植基地备案有效期三年，期满前三个月应重新申请备案。取得检验检疫机构对基地备案资格的企业及基地变更备案内容的，应提前三个月相检验检疫机构申请变更。（对/错）

第五节　产品认证

一、强制性产品认证

国家对涉及人类健康和安全，动植物生命和健康，以及环境保护和公共安全的产品实行强制性认证制度。

1. 强制性产品认证使用范围

国家对强制性产品认证公布统一的《中华人民共和国实施强制性产品认证的产品目录》（以下简称《目录》），凡列入《目录》的产品，必须经国家指定的认证机构认证合格、取得指定认证机构颁发的认证证书、并加施认证标志后，方可出厂销售、进口和在经营性活动中使用。

国家认证认可监督管理委员会已陆续发布实施强制性产品认证的产品目录。自2003年5月1日起，未获得强制性产品认证和未施加中国强制性认证标志的产品不得出厂、进口、销售。

2. 主管机构

根据国务院授权，国家认证认可监督管理委员会主管全国认证认可工作，负责全国强制性产品认证管理和组织实施工作。各地质检部门负责对所辖地区《目录》中产品实施监督，对强制性产品认证违法行为进行查处。

国家认证认可监督管理委员会指定的认证机构，在指定的工作范围内按照产品认证实施规则开展认证工作；对获得认证的产品，颁发《中国国家强制性产品认证证书》；对获得认证的产品进行跟踪检查；受理有关的认证投诉、申诉工作；依法暂停、注销和撤销认证证书。

3. 认证程序

《目录》中产品认证的程序包括以下全部或者部分环节：

（1）认证申请和受理；

（2）型式试验；

（3）工厂审查；

（4）抽样检测；

（5）认证结果评估和批准；

（6）获得认证后的监督。

4. 认证的申请

(1)《目录》中产品的生产者、销售者和进口商可以作为申请人,向指定认证机构提出《目录》中产品认证申请。

(2)申请人申请《目录》中产品认证应当遵守以下规定:

①按照《目录》中产品认证实施规则的规定,向指定认证机构提交认证申请书、必要的技术文件和样品;

②申请人为销售者、进口商时,应当向指定认证机构同时提交销售者和生产者或首进口商和生产者订立的相关合同副本;

③申请人委托他人申请《目录》中产品认证的,应当与受委托人订立认证、检测、检查和跟踪检查等事项的合同,受委托人应当同时向指定认证机构提交委托书、委托合同的副本和其他相关合同的副本;

④按照国家规定缴纳认证费用。

(3)国家认证认可监督管理委员会指定的认证机构负责受理申请人的认证申请,根据认证实施规则的规定,安排型式试验、工厂审查、抽样检测等活动,在一般情况下,应当自受理申请人认证申请的90日内,作出认证决定并通知申请人。向获得认证的产品颁发《中国国家强制性产品认证证书》。

5. 认证标志

认证标志的名称为“中国强制认证”(英文名称为“China Compulsory Certification”,英文缩写为“CCC”,也可简称为“3C”标志。),认证标志是《目录》中产品准许其出厂销售、进口和使用的证明标记。

认证证书的持有人应当按照认证标志管理规定的要求使用认证标志。

6. 监督管理

(1)国家认证认可监督管理委员会指定的认证机构按照具体产品认证实施规则的规定,对其颁发认证证书的产品及其生产厂(场)实施跟踪检查。

(2)对下列情形之一的,应当注销认证证书:

①《目录》中产品认证适用的国家标准、技术规则或者认证实施规则变更,认证证书的持有人不能满足上述变更要求的;

②认证证书超过有效期,认证证书的持有人未申请延期使用的;

③获得认证的产品不再生产的;

④认证证书的持有人申请注销的。

(3)对下列情形之一的,应当责令暂时停止使用认证证书:

①认证证书的持有人未按规定使用认证证书和认证标志的;

②认证证书的持有人违反《目录》中产品认证实施规则和指定的认证机构要求的;

③监督结果证明产品不符合《目录》中产品认证实施规则要求,但是不需要立即撤销认证证书的。

(4)对下列情形之一的,应当撤销认证证书:

①在认证证书暂停使用的期限内,认证证书的持有人未采取纠正措施的;

②监督结果证明产品出现严重缺陷的;

③获得认证的产品因出现严重缺陷而导致重大质量事故的。

(5)申请人和认证证书持有人对指定认证机构的认证决定有异议的,可以向作出认证决定的认证机构提出投诉、申诉,对认证机构处理结果仍有异议的,可以向国家认证认可监督管理委员会申诉。

7. 无需办理和免于办理强制性产品认证的有关规定

(1)符合以下条件的,无需办理强制性产品认证:

①外国驻华使馆、领事馆和国际组织驻华机构及其外交人员自用的物品;

②香港、澳门特区政府驻内地官方机构及其工作人员自用的物品;

③入境人员随身从境外带入境内的自用物品;

④政府间援助、赠送的物品。

符合以上条件的《目录》中的产品,无需申请强制性产品认证证书,也不需加施中国强制性产品认证标志。

(2)符合以下条件的,可免于办理强制性产品认证

①科研、测试所需的产品;

②考核技术引进生产线所需的零部件;

③直接为最终用户维修目的所需的产品;

④工厂生产线/成套生产线配套所需的设备/部件(不包含办公用品);

⑤仅用于商业展示,但不销售的产品;

⑥暂时进口,需退运出关的产品(含展览品);

⑦以整机全数出口为目的而用于一般贸易方式进口的零部件;

⑧以整机全数出口为目的而用进料或来料加工方式进口的零部件。

符合上述免于办理强制性认证条件的《目录》中的产品,生产厂商、进口商、销售商或其代理人可向有关质检机构提出申请,并提交相关申请书、证明符合免办条件的证明材料、责任担保书、产品符合性声明(包括型式试验报告)等资料,经批准获得《免于办理强制性产品认证证明》后,方可出厂销售、进口和在经营性活动中使用。

小博士 11-2: **日常生活中的"3C"标志**

《第一批实施强制性产品认证的产品目录》列明了 19 类 132 种需"3C"认证的商品,其中,第七类家用和类似用途设备共 18 种,包括:家用电冰箱和食品冷冻箱;电风扇;空调器;电动机-压缩机;家用电动洗衣机;电热水器;室内加热器;真空吸尘器;皮肤和毛发护理器具;电熨斗;电磁灶;电烤箱;电动食品加工器具;微波炉;电灶、灶台、烤炉和类似器具;吸油烟机;液体加热器和冷热饮水机;电饭锅。

二、出口商品质量许可

1. 适用范围

为保证出口商品质量,国家对重要出口商品实施出口商品质量许可证制度,经考核并获得

出口商品质量许可证的商品，检验检疫机构方可受理报检和检验放行。这些重要的出口商品主要有：机械产品，轻工机电产品，陶瓷产品，纺织机械，玩具、医疗器械产品，煤炭，焦炭，烟花爆竹，冶金轧辊等。（商品种类以国家质检总局调整公布的为准）。

为避免重复管理，对实施强制性产品认证制度的产品，不再实施出口质量许可证制度。

2. 主管部门

各直属检验检疫局。

3. 申请条件

①申请单位需具备独立的法人资格；

②申请单位具备有效的质量保证体系；

③申请质量许可证的产品符合国家技术规范的强制性要求，尚未制定国家技术规范的强制性要求的，参照出口商品质量许可制度管理部门指定的相关标准。

4. 申请程序

（1）申请单位向所在地直属检验检疫局提出申请并提交有关材料：

①《出口商品质量许可申请书》3 份；

②企业工商营业执照及其复印件；

③质量管理文件；

④生产主要用设备、工艺、装备、仪器明细表、关键零部件、主要原材料明细表，检验试验用仪器设备明细表。

（2）直属检验检疫局根据申请单位提交的材料是否齐全、是否符合法定形式，作出受理或不予受理的决定，并按规定出具书面凭证。

（3）受理申请后，直属检验检疫局按规定对申请材料内容进行具体评审，由实验室对产品进行型式试验，评审组对工厂质量保证体系进行现场评审。

（4）各直属检验检疫局根据规定，对申请材料、型式试验报关和评审结果，作出准予许可或不准予许可的决定。准予许可的，于 10 个工作日内颁发《出口商品质量许可证书》；不予许可的，书面说明理由。

5. 监督管理

质量许可证的有效期按不同商品有不同的有效期限。在有效期内，检验检疫机构对获证单位实行日常的检查监督。对不符合要求的予以吊销质量许可证。质量许可证被吊销半年后，方可重新办理申请手续。在质量许可证的有效期满前半年内，获证单位应申请办理下一有效期的接转手续。

训练 11-10：

1.《中华人民共和国实施强制性产品认证的产品目录》列明了我国对哪些产品实施强制性产品认证。 （对/错）

2. 为避免重复管理，对实施强制性产品认证制度的产品，不再实施出口质量许可证制度。 （对/错）

3. 国家对重要出口商品实施出口商品质量许可证制度，经考核并获得出口商品质量许可

证的商品，检验检疫机构方可受理报检和检验放行。（对/错）

三、出口危险货物包装容器质量许可证

检验检疫机构对出口危险货物的运输包装容器的生产单位实行质量许可制度。

1. 申请范围

危险货物运输包装容器的生产企业。

2. 主管部门

国家质检总局统一管理全国出口危险货物包装容器质量许可证的管理工作，负责审批、发放《出口危险货物包装容器质量许可证》。

各直属检验检疫局负责受理《联合国危险货物运输规章范本》细目表中的危险货物，根据《联合国危险货物运输标准与实验手册》所界定的出口危险货物的包装容器，包括：常规危险货物包装容器、25 升以下的小型气体压力容器如喷罐、打火机、中型散装容器、便携式罐体、大包装等质量许可证的申请、考核和后续管理。

3. 申请程序

(1)申请单位向所在地直属检验检疫局提出申请并提交有关材料

①《出口危险货物包装容器质量许可证申请书》；

②营业执照及其复印件；

③生产用主要设备、工艺设备、主要外购、外协明细表；

④现行的质量手册和质量管理文件；

⑤必要的检验、试验用主要设备、仪器、工具明细表；

⑥提供国家质检总局出口危险品包装检测实验室的合格报告。

(2)直属检验检疫局根据申请单位提交的材料是否齐全、是否符合法定形式，当场或 5 日内作出受理或不予受理的决定，并按规定出具书面凭证。

(3)受理申请后，直属检验检疫局按规定对申请材料内容进行具体审查，申请产品送交指定检测实验室进行检测，对申请单位进行生产现场考核。

(4)考核完成后，直属检验检疫局将考核材料和申请材料报送国家质检总局。

(5)国家质检总局对申请材料和考核材料进行审查，作出准予许可或不准予许可的决定。准予许可的，于 10 个工作日内颁发《出口危险货物包装容器质量许可证》；不准予许可的，书面说明理由。

4. 监督管理

(1)《出口危险货物包装容器质量许可证》有效期为 3 年，出口危险货物包装容器的生产单位如继续生产该产品，须在《出口危险货物包装容器质量许可证》有效期满前 6 个月内重新提出申请，经检验检疫机构考核合格，颁发质量许可证。

(2)企业在《出口危险货物包装容器质量许可证》有效期内有下列情况之一的，由发证机关吊销其质量许可证：

①一年内因运输包装质量造成进口方索赔两次以上者，或发生出口运输事故的；

②半年内检验累计批次合格率低于 80% 者；或连续两次抽样检验不合格，限期改进后达

不到标准要求的；

③检验检疫机构对获证企业进行监督检查及对企业年度自查情况进行抽查发现不符合要求，限期改进后达不到标准要求的；

④转让《出口危险货物包装容器质量许可证》的。

四、出口工业产品企业分类管理

1. 适用范围

凡列入《检验检疫机构实施检验检疫的进出境商品目录》的出口工业产品的生产企业，均可实行分类管理。分类的依据是根据生产企业的质量管理水平、质量保证能力及检验检疫机构年平均检验合格率等情况，将出口工业产品生产企业分为一类企业、二类企业、三类企业三种类别并实施检验监管管理。

2. 主管部门

国家质检总局统一管理全国出口工业产品生产企业分类管理工作。各地的直属出入境检验检疫局负责所辖地区出口工业产品生产企业分类管理的监督管理工作。各地检验检疫机构负责所辖地区出口工业产品生产企业分类管理的申请受理、考核以及日常检验监督管理工作。

3. 申请程序

申请企业应向当地检验检疫机构提出分类申请，填写《出口商品生产企业分类申请表》一式三份，并要提供如下文件：

①企业营业执照（复印件）；

②申请一类企业需提交 ISO9000 质量体系认证证书，申请二类企业需提交能够证明其具有完善的质量保证体系的证明材料；

③商品属于实施出口质量许可范围的，还应提交出口质量许可证（复印件）；

④出口商品适用标准目录；

⑤关键检测仪器设备清单；

⑥其他有关资料。

检验检疫机构受理申请后，对申请企业进行书面审核，必要时，可进行现场核查。经审核，对于符合一、二类出口商品生产企业条件的，颁发证书。

4. 监督管理

对属于一、二类生产企业生产的出口商品采取抽查检验。一类企业，抽查批次不大于申请报验总批次的 30%；二类企业，抽查批次不大于申请报验总批次的 50%；三类企业实行批批检验。对于需出具检验检疫证书的出口商品，不得按分类管理的方式进行检验。涉及安全卫生的出口商品的生产企业的检验管理办法另行规定。

对于一类企业，抽查发现一批不合格（一次检验不合格），即降为二类企业管理。6 个月后企业才能提出升为一类的申请。对于二类企业，抽查连续发现二批不合格，即降为三类企业管理。6 个月后企业才能提出升为二类的申请。企业因违反检验检疫有关法规受到行政处罚，或因企业责任受到国外重大质量索赔、质量投诉的，即降为三类企业管理。一年后才能申请二类企业。

训练 11-11：

1. 检验检疫机构对出口危险货物的运输包装容器的生产单位实行质量许可制度。（对/错）

2.《出口危险货物包装容器质量许可证》有效期为 3 年，出口危险货物包装容器的生产单位如继续生产该产品，须在《出口危险货物包装容器质量许可证》有效期满前 6 个月内重新提出申请，经检验检疫机构考核合格，颁发质量许可证。（对/错）

3. 凡列入《检验检疫机构实施检验检疫的进出境商品目录》的出口工业产品的生产企业，均可实行分类管理。（对/错）

4. 对属于一、二类生产企业生产的出口商品采取抽查检验。一类企业，抽查批次不大于申请报验总批次的 30%；二类企业，抽查批次不大于申请报验总批次的 50%；三类企业实行批批检验。（对/错）

练习题

一、单选题

1. 进口涂料经检验检疫机构抽查检验，累计（　　）不合格的，由备案机构吊销《进口涂料备案书》。

A. 2 次　　B. 3 次

C. 4 次　　D. 一般项目 3 次、有害物质含量 2 次

2. 进境活动物和动物产品检疫审批的有效期为（　　）。

A. 3 个月　　B. 6 个月　　C. 1 年　　D. 2 年

3. 进境动物产品检疫审批的有效期为（　　）。

A. 1 个月　　B. 3 个月　　C. 半年　　D. 一年

4. 实施强制性产品认证的进口商品，报检时应提供（　　）颁发的认证证书。

A. 国家质检总局指定的认证机构

B. 国家认证认可监督管理委员会

C. 国家质检总局

D. 国家认证认可监督管理委员会指定的认证机构

5. 下列不属于检验检疫机构实施卫生注册管理的出口商品是（　　）

A. 纺织品　　B. 水产品

C. 肉类产品　　D. 食用油

6. 检验检疫机构对快件运营人实行（　　）。

A. 出口质量许可制度　　B. 分类管理制度

C. 备案登记制度　　D. 审批认证制度

7. 我国对涉及人类健康和安全，动植物生命和健康，以及环境保护和公共安全的产品实行强制性认证制度，认证标志是（　　），其名称是（　　）。

A. CCIB,中国强制认证　　B. CCIB,中国安全认证

C. CCC,中国强制认证　　D. CCC,中国安全认证

8. 在一般情况下,自受理申请人认证申请的(　　)日内,作出认证决定并通知申请人,向获得认证的产品颁发《中国国家强制性产品认证证书》。

A. 30　　B. 60　　C. 90　　D. 120

9. 进境动物及其产品的检疫审批由(　　)办理。

A. 国家质检总局　　B. 进境口岸直属检验检疫局

C. 加工地直属检验检疫局　　D. 使用地直属检验检疫局

10. 直属检验检疫局在接到地方隔离检疫圃申请后(　　)个工作日内完成资料审核和实地考察工作,并作出是否给予核准的决定。

A. 15　　B. 30　　C. 45　　D. 60

11.《进口涂料备案书》有效期为(　　)。

A. 3 个月　　B. 6 个月　　C. 1 年　　D. 2 年

12. 经评审不合格的出口食品生产企业,自不合格通知发出之日起(　　)个月内不得重新提出卫生注册申请。

A. 3　　B. 6　　C. 12　　D. 18

13. 卫生注册证书和卫生登记证书有效期为(　　)年。

A. 1　　B. 2　　C. 3　　D. 5

14. 对肉类、水产、罐头、肠衣类卫生注册企业,每(　　)至少组织一次全面监督检查。对获得国外卫生注册的企业,应当至少每(　　)进行一次全面监督检查。

A. 1 年,1 年　　B. 1 年,半年　　C. 半年,1 年　　D. 半年,半年

15.《出口商品运输包装质量许可证》有效期为(　　)年。

A. 1 年　　B. 2 年　　C. 3 年　　D. 4 年

二、多选题

1. 下列属于《中华人民共和国实施强制性产品认证的产品目录》中产品认证的环节有(　　)。

A. 进口验证　　B. 型式试验　　C. 抽样检测　　D. 工厂审查

2. 办理进境动植物检疫审批手续后,有(　　)情况的,货主、物主或其代理人应重新办理审批手续。

A. 减少水果数量　　B. 变更水果品种　　C. 变更输出国家　　D. 变更进境口岸

3. 下列进出口商品,检验检疫机构不予受理免验申请的有(　　)

A. 食品　　B. 动植物及其产品　　C. 散装运输的商品　　D. 危险品包装

4. 经检验检疫合格,须加贴检验检疫标志后才能销售的进口商品有(　　)

A. 动物产品　　B. 植物产品　　C. 食品　　D. 化妆品

5. 进出口食品标签是指预包装食品容器上的(　　)等说明物。

A. 文字　　B. 图形　　C. 色彩　　D. 符号

6. 强制性产品的认证是国家对涉及(　　)的产品实行必须认证的一种制度。

A. 人类健康和安全　　B. 动植物生命和健康

C. 动植物与卫生检疫疫区　　D. 环境保护和公共安全

7. 产品认证的程序包括(　　)等。

A. 认证申请和受理　　B. 型式试验

C. 认证结果评价和批准　　D. 获得认证后的监督

8. 进境水果无输出国家或者地区政府动植物检疫机关签发的植物检疫证书的,或者未依法办理检疫审批手续,入境口岸所在地检验检疫机构可以根据具体情况,作(　　)处理。

A. 熏蒸　　B. 除害　　C. 销毁　　D 退回

9. 因(　　)等特殊原因,需从国外引进禁止进境的植物繁殖材料的,引种单位、个人或其代理人须按照有关规定向国家质检总局申请办理特许检疫审批手续。

A. 外事　　B. 科学研究　　C. 教学　　D. 重大工程

10. 办理栽培介质进境检疫审批手续必须符合(　　)。

A. 输出国或者地区无重大植物疫情发生

B. 栽培介质合成后至运抵我国要求不超过4个月

C. 栽培介质中不得带有土壤

D. 栽培介质须经除害处理。

11. 检验检疫机构对出口食品企业监督管理有(　　)两种形式。

A. 过程监督管理　　B. 日常监督管理　　C. 随机监督检查　　D. 定期监督检查

12. (　　)需进行出口危险品生产企业登记。

A. 烟花爆竹　　B. 油漆　　C. 打火机　　D. 点火枪类

13. 需要办理《出口商品质量许可证》的出口商品主要有(　　)等。

A. 机械产品　　B. 玩具　　C. 食品　　D. 煤炭

14. (　　)不予受理进出口商品免验申请。

A. 动植物产品　　B. 危险品

C. 散装运输的商品　　D. 需出具检验检疫证书的商品

15. 对进境动物和动物产品的检疫审批表述正确的是:(　　)。

A. 所有进境动物及其产品的检疫审批均由国家质检总局办理。

B. 进境动物和动物产品的一般检疫审批的手续应当在贸易合同或协议签订前办妥。由国家质检总局签发《中华人民共和国进境动植物检疫许可证》。

C. 进境活动物和动物产品检疫审批的有效期为3个月。办理审批后,需更改进境国家和地区、时间、动物或动物产品的种类、数量的,需重新办理审批手续。

D. 进境活动物和动物产品检疫审批批准后,输出国发生重大疫情时,如果国家有关部门发布禁止或限制公告,原审批自动失效。

三、判断题

1. 供港活牛育肥场注册以育肥场为单位,实行一场一证制度。(　　)

2. 海南某公司打算从荷兰进口郁金香种子,合同顺利签订后,该公司即着手到检验检疫机构办理检疫审批手续。(　　)

3. 经评审不合格的出口食品厂、库,自通知之日起6个月后可以重新提出卫生注册申请。(　　)

4. 入境货物凡应当加施标志而未加施标志的，不准销售、使用；出境货物凡应当加施标志而未加施标志的，不准出境。 （ ）

5. 像出口猪、牛、羊、鸡一样，出口观赏鱼必须来自注册饲养场。 （ ）

6. 从事供港澳活羊中转业务的企业须向所在地直属检验检疫机构申请注册。 （ ）

7. 输入植物种子、种苗及其他繁殖材料的检疫审批，由国家质检总局负责。 （ ）

8. 检验检疫机构根据生产企业的质量管理水平、质量保证能力及检验检疫机构年平均检验合格率等情况，将出口商品生产企业分为 3 类，对于需出具检验检疫证书的出口商品，不得按分类管理的方式进行检验。 （ ）

9. 产品的生产者、销售者和进口商都可以作为申请人，向指定认证机构提出强制性产品认证申请。 （ ）

10. 进境水果类的检疫审批申请经国家质检总局审核，不符合审批要求的，不予签发，但要告知申请人不予签发的理由。 （ ）

11. 国家质检总局对向我国输出贸易性栽培介质的国外生产、加工、存放单位实行注册登记制度。 （ ）

12. 出口公司从非注册的出口观赏鱼饲养场或中转包装场组织货源出口的，在全国范围内停止接受其报检。 （ ）

13. 出口食用动物饲料生产企业的登记备案采用自愿原则。 （ ）

14. 国家质检总局负责“出入境检验检疫标志”的制定、发放和监督管理工作，各地出入境检验检疫机构负责标志加施和标志使用的监督管理。 （ ）

15. 进出口化妆品的经营者或其代理人应在报检前60 个工作日向国家质检总局指定的检验机构提出标签审核申请。 （ ）

第三篇

单证缮制

Danzheng Shanzhi

第十二章　报关单证的填制

● **知识目标**

1. 进出口报关单的含义、类别、用途、适用范围、法律效力及填制的一般要求；
2. 进出口报关单的主要内容和填制规范以及其他报关单证的填制方法。

● **技能目标**

能够根据所给的单据正确填制进口货物的报关单证。

引　例

张平想在毕业后从事报关业务，于是在毕业实习期间来到一家专业的报关公司实习，看着熟练的报关员从一些报关单证中找到所要填报的信息，觉得很是羡慕，对于张平来说，首先要考取报关资格今后才能从事这个行业。面对这么多的单据，他不知如何寻找自己所需要的信息来正确地填报，他该从何学起呢？

第一节　进出口货物报关单概述

一、进出口货物报关单的概念和分类

1. 概念

进出口货物报关单，是指进出口货物的收发货人或其代理人，按照海关规定的格式对进出口货物的实际情况向海关作出书面申明，以此要求海关对其货物按适用的海关制度办理通关手续的法律文书。

2. 类别

按货物的流转状态、贸易性质和海关监管方式的不同，进出口货物报关单可分为以下几种类型：

1)按进出口状态分

①进口货物报关单；

②出口货物报关单。

2）按表现形式分

①纸质报关单；

②电子数据报关单。

3）按海关监管方式分

①进料加工进出口货物报关单；

②来料加工及补偿贸易进出口货物报关单；

③一般贸易及其他贸易进出口货物报关单。

4）按用途分

①报关单录入凭单，指申报单位按海关规定的格式填写的凭单，用作报关单预录入的依据。

②预录入报关单，指预录入公司录入、打印，由申报单位向海关办理申报手续的报关单。

③报关单证明联，指海关在核实货物实际进、出境后按报关单格式提供的证明，用作企业向税务、外汇管理部门办理有关手续的证明文件。

二、进出口货物报关单各联的用途

纸质进口货物报关单一式五联，分别是：海关作业联、海关留存联、企业留存联、海关核销联、进口付汇证明联；纸质出口货物报关单一式6联，分别是：海关作业联、海关留存联、企业留存联、海关核销联、出口收汇证明联、出口退税证明联。

1．进出口货物报关单海关作业联和留存联

进出口货物报关单海关作业联和留存联是报关员配合海关查验、缴纳税费、提取或装运货物的重要单据，也是海关查验货物、征收税费、编制海关统计以及处理其他海关事务的重要凭证。

2．进出口货物报关单收、付汇证明联

进口货物报关单付汇证明联和出口货物报关单收汇证明联，是海关对已实际进出境的货物所签发的证明文件，是银行和国家外汇管理部门办理售汇、付汇和收汇及核销手续的重要依据之一。

对需办理进口付汇核销或出口收汇核销的货物，进出口货物的收、发货人或其代理人应当在海关放行货物或结关以后，向海关申领进口货物报关单进口付汇证明联或出口货物报关单出口收汇证明联。

3．进出口货物报关单加工贸易核销联

进出口货物报关单海关核销联，是指口岸海关对已实际申报进口或出口的货物所签发的证明文件，是海关办理加工贸易合同核销、结案手续的重要凭证。加工贸易的货物进出口后，申报人应向海关领取进出口货物报关单海关核销联，并凭以向主管海关办理加工贸易合同核销手续。

4．出口货物报关单出口退税证明联

出口货物报关单出口退税证明联，是海关对已实际申报出口并已装运离境的货物所签发的证明文件，是国家税务部门办理出口货物退税手续的重要凭证之一。

对可办理出口退税的货物，出口货物发货人或其代理人应当在载运货物的运输工具实际离境、海关收到载货清单（俗称“清洁舱单”）、办理结关手续后，向海关申领出口货物报关单出口退税证明联。对不属于退税范围的货物，海关不予签发该联。

5. 进口货物报关单与出口货物报关单样式

1）进口货物报关单（表12-1）

中华人民共和国海关进口货物报关单　　表12-1

预录入编号：　　　　海关编号：

进口口岸	备案号		进口日期	申报日期
经营单位	运输方式		运输工具名称	提运单号
收货单位	贸易方式		征免性质	征税比例
许可证号	起运国（地区）		装货港	境内目的地
批准文号	成交方式	运费	保费	杂费
合同协议号	件数	包装种类	毛重（公斤）	净重（公斤）
集装箱号	随附单据			用途
标记唛码及备注				

项号	商品编码	商品名称、规格型号	数量及单位	原产国（地区）	单价	总价	币制	征免

税费征收情况		
录入员 录入单位	兹声明以上申报无讹并承担法律责任	海关审单批注及放行日期（签章） 审单　　　审价
报关员 单位地址　　　申报单位（签章）		征税　　　统计
邮编　　　电话　　　填制日期		查验　　　放行

2）出口货物报关单（表12-2）

中华人民共和国海关出口货物报关单 表 12-2

预录入编号： 海关编号：

出口口岸	备案号		出口日期	申报日期
经营单位	运输方式		运输工具名称	提运单号
发货单位	贸易方式		征免性质	结汇方式
许可证号	运抵国（地区）		指运港	境内货源地
批准文号	成交方式	运费	保费	杂费
合同协议号	件数	包装种类	毛重（公斤）	净重（公斤）
集装箱号	随附单据			生产厂家
标记唛码及备注				

项号	商品编码	商品名称、规格型号	数量及单位	最终目的国（地区）	单价	总价	币制	征免

税费征收情况			
录入员 录入单位	兹声明以上申报无讹并承担法律责任	海关审单批注及放行日期（签章）	
报关员		审单	审价
单位地址	申报单位（签章）	征税	统计
邮编 电话	填制日期	查验	放行

三、报关单填制的一般要求

进出境货物的收货人或其代理人向海关申报时，必须填写并向海关递交进口或出口货物报关单。申报人在填制报关单时，必须依法如实向海关申报。

(1)报关人必须按照《海关法》、《货物申报管理规定》和《报关单填制规范》的有关规定和要求，向海关如实申报。

(2)报关单的填报必须真实，要做到两个相符：

①单证相符，即报关单与合同、批文、发票、装箱单、提单等相符；

②单货相符，即报单中所报内容与实际进出口货物情况相符。不得伪报、瞒报及虚报。

(3)报关单的填报要准确、齐全、完整、清楚，报关单所列各栏要逐项详细填写，内容无误；字迹要清楚、整洁、端正，不可用铅笔(或红色复写纸)填报；填报项项目，若有更改。必须在更改项目上加盖校对章。

(4)不同批文或合同的货物、同一批货物中有不同贸易方式的货物、不同备案号的货物、不同提运单的货物、不同征免性质的货物、不同运输方式或相同运输方式但不同航次的货物，均应分单填报。一份原产地证书只能对应一份报关单。同一份报关单上的商品不能同时享受协定税率和减免税。在一批货物中，对于实行原产地证书联网管理的，如涉及多份原产地证书或含非原产地证书商品，均应分单填报。

(5)在反映进出口商品情况的项目中，须分别填报的主要有下列几种情况：商品编号不同的；商品名称不同的；原产国(地区)/最终目的国(地区)不同的。

(6)已向海关申报的进出口货物报关单，如原填报内容与实际进出口货物不一致而又有正当理由的，申报人应向海关递交书面更正申请，经海关核准后，对原填报的内容进行更改或撤销。

四、进出口货物报关单的法律效力

《中华人民共和国海关法》规定："进口货物的收货人、出口货物的发货人应当向海关如实申报，交验进出口许可证件和有关单据"。

进出口货物报关单及其他进出境报关单(证)在对外经济贸易活动中具有十分重要的法律效力，它是货物的收、发货人向海关报告其进出口货物实际情况及适用海关业务制度，申请海关审查并放行货物的必备法律证书。它既是海关对进出口货物进行监管、征税、统计以及开展稽查、调整的重要依据，又是出口退税和外汇管理的重要凭证，也是海关处理经出口货物走私、违规案件以及税务、外汇管理部门查处骗税、套汇犯罪活动的重要证书。因此，申报人对所填报的进出口货物报关单的真实性和准确性应承担法律责任。

第二节　进出口货物报关单的填制内容及要求

一、预录入编号

预录入编号是指预录入单位录入的报关单的编号，用于该单位与海关之间引用其申报后尚未批准放行的报关单。

报关单录入凭单的编号规则由申报单位自行决定，计算机自动打印。

二、海关编号

海关编号是指海关接受申报时给予报关单的18位顺序编号。其中前4位为接受申报海关的编号，5～8位为海关接受申报的公历年份，9位为进出口标志(1为进口，0为出口)，10～

18 位为报关单顺序编号。

三、进口口岸/出口口岸

指货物实际进(出)我国关境口岸海关的名称。

加工贸易合同项下货物必须在海关核发的《登记手册》(分册,下同)限定或指定的口岸海关办理报关手续,《登记手册》限定或指定的口岸与货物实际进出境口岸不符的,应向合同备案主管海关办理《登记手册》的变更手续后填报。

进口转关运输货物应填报货物进境地海关名称及代码,出口转关运输货物应填报货物进境地海关名称及代码。按转关运输方式监管的跨关区深加工结转货物,出口报关单填报转出地海关名称及代码,进口报关单填报转入地海关名称及代码。在不同出口加工区之间转让的货物,填报对方出口加工区海关名称及代码。

其他未实际进出境的货物,填报接受申报的海关名称及代码。关区代码表说明见表 12-3。

关区代码表说明 表 12-3

一、关区代码表用于填报进出口报关单的进出口口岸海关的名称。《关区代码表》由两部分组成,即关区代码和关区名称。关区代码由四位数字组成,前两位采用海关统计的直属海关关别代码,后两位为隶属海关的代码。关区名称即各口岸海关中文名称。 二、使用关区代码时应注意的问题代码表中只有直属海关关别和代码的,可以填报直属海关名称和代码(见例 1);如果有隶属海关关别和代码时,必须填报隶属海关关别和代码(见例 2)。 例 1:在太原海关办理货物进出口报关手续,本栏目可填报“太原海关”,代码“0500”。 例 2:在上海浦江海关办理货物进出口报关手续,本栏目不得填报“上海海关”,代码“2200”,必须填报“上海浦江海关”,代码“2201”

四、备案号

备案号是经营进出口业务的企业在向海关办理备案手续时,由海关给予的加工贸易手册、征免税证明或其他有关备案审批文件的编号。

填报备案号要求:填写加工贸易《登记手册》、电子账册及其分册、《进出口货物征免税证明》或其他有关备案审批文件的编号。无备案审批文件的报关单免填。一份报关单只允许填报一个备案号,具体填报要求见表 12-4。

具 体 填 报 要 求 表 12-4

<table>
<tr><td colspan="3">1. 加工贸易备案号类型:(12 位编号)</td></tr>
<tr><td rowspan="4">第 1 位</td><td rowspan="4">标志号</td><td>A-外商投资企业按比例进口供加工内销产品的料件手册(暂停使用)</td></tr>
<tr><td>B-来料加工手册</td></tr>
<tr><td>C-进料加工手册</td></tr>
<tr><td>D-外商免费提供的不作价设备手册</td></tr>
<tr><td colspan="2">第 2 ~ 5 位</td><td>关区代码</td></tr>
<tr><td colspan="2">第 6 位</td><td>年份</td></tr>
<tr><td colspan="2">第 7 ~ 12 位</td><td>流水号</td></tr>
</table>

(1)少量低值辅料(即不使用《登记手册》,5000 美元以下、78 种客供辅料)

填报："C＋关区代码＋0000000"。

(2)加工贸易异地进出口分册

填报："F××××××××××××"。

(3)加工贸易深加工结转分册

填报："G××××××××××××"。

(4)征免税证明类型(表12-5)

填报："Z××××××××××××"。

(5)加工贸易成品凭《征免税证明》转为享受减免税进口货物

进口报关单填报《征免税证明》编号，出口报关单填报《登记手册》编号(表12-6)。

(6)如贸易方式为来料加工，征免性质也应当是来料加工，备案号的标记代码应为"B"

报关单预录入时，报关单内容必须与免税表(即海关免税证明)完全一致，否则，海关计算机系统将作退单处理。

征免税证明类型　　表12-5

2. 减免税备案号类型：(12位编号)		
第1位	标志号	Z
第2～5位	关区代码	
第6位	年份	
第7～12位	流水号	

出口加工区域备案号类型　　表12-6

2. 出口加工区域备案号类型：(12位编号)		
类型1	H×××××××××××	出入加工区保税货物的电子账册备案号
类型2	H××××D××××××	出入加工区征免税货物的电子账册备案号

五、进口日期/出口日期

进口日期是指运载所需申报货物的运输工具申报进境的日期。本栏目填报的日期必须与相应的运输工具进境日期一致。

出口日期指运载所申报货物的运输工具办结出境手续的日期。本栏目供海关打印报关单证明联用，预录入报关单及EDI报关单均免予填报。

无实际进出境的报关单填报办理申报手续的日期。

本栏目为8位数，顺序为年四位，月、日各2位。如2006年3月18日填为2006.03.18。

六、申报日期

指海关接受进(出)口货物的收、发货人或其代理人申请办理货物进(出)口手续的日期。

本栏目为8位数，顺序为年四位，月、日各2位。

注意：预录入时不需输入，计算机对数据规范性审核通过后，系统正式接受的日期就作为申报日期。

进口日期与申报日期的关系涉及滞报金、税率和汇率的正确应用。

一般情况下,进口申报日期不能早于进口日期,出口申报日期不能晚于出口日期。

七、经营单位

本栏目填报经营单位名称及经营单位编码(见表12-7)。

经营单位编码(企业10位数海关注册登记编码)　　表12-7

<table>
<tr><td>第1、2位</td><td colspan="3">省、自治区、直辖市代码</td></tr>
<tr><td>第3、4位</td><td colspan="3">省辖市(地区、直辖行政单位)代码</td></tr>
<tr><td rowspan="7">第5位</td><td rowspan="7">经济区划代码</td><td>1</td><td>经济特区</td></tr>
<tr><td>2</td><td>经济技术开发区和上海浦东新区、海南洋浦经济开发区</td></tr>
<tr><td>3</td><td>高新技术</td></tr>
<tr><td>4</td><td>保税区</td></tr>
<tr><td>5</td><td>出口加工区</td></tr>
<tr><td>7</td><td>物流园区</td></tr>
<tr><td>9</td><td>其他</td></tr>
<tr><td rowspan="9">第6位</td><td rowspan="9">企业性质代码</td><td>1</td><td>国有企业</td></tr>
<tr><td>2</td><td>中外合作企业</td></tr>
<tr><td>3</td><td>中外合资企业</td></tr>
<tr><td>4</td><td>外商独资企业</td></tr>
<tr><td>5</td><td>有进出口经营权的集体企业</td></tr>
<tr><td>6</td><td>有进出口经营权的私营企业</td></tr>
<tr><td>7</td><td>有进出口经营权的个体工商户</td></tr>
<tr><td>8</td><td>有报关权而无进出口经营权的企业</td></tr>
<tr><td>9</td><td>其他</td></tr>
<tr><td>第7~10位</td><td colspan="3">顺序代码(临时报关代码为0000或9999)</td></tr>
</table>

经营单位应符合:

①对外签订并执行合同进出口贸易合同;

②中国境内法人。

特殊情况下,确定经营单位原则如下:

援助、赠送、捐赠的货物,填报直接接受货物的单位。

进出口企业之间相互代理进出口,或没有进出口经营权的企业委托有进出口经营权的企业代理进出口的,填报代理方。

合同签订、执行者不是同一企业,按执行合同的企业填报。

外商投资企业委托外贸企业进口投资设备、物品,填报外商投资企业,但要在报关单备注栏注明“委托××公司进口”字样。

进口溢卸货物由对外贸易公司或外轮代理公司接受并办理报关纳税手续的,上述单位为

经营单位；如原收货人接受，则以原收货人为经营单位。

八、运输方式

根据实际运输方式按《运输方式代码表》选择填报相应的运输方式（表12-8）。

运输方式代码表　　表12-8

代码	运输方式名称	释　　义
0	非保税区	非保税区运入保税区和保税区退区货物
1	监管仓库	境内存入出口监管仓和出口监管仓退仓货物
7	保税区	保税区运往非保税区货物
8	保税仓库	保税仓库转内销货物
9	其他运输	如利用人扛、驮畜、输油管道、输水管道和输电网等方式运输
W	物流中心	从中心外运入保税物流中心或从保税物流中心运往中心外
X	物流园区	从境内运入园区内或从保税物流园区运往境内
Y	保税港区	保税港区运送区外和区外运入保税港区的
Z	出口加工	出口加工区与区外之间进出的货物

特殊情况下，运输方式的填报原则如下：

非邮政方式进出口的快递货物，按实际运输方式填报；

旅客随身携带的货物，按旅客所乘运输工具申报；

进口转关运输货物，按载运货物抵达进境地的运输工具申报。出口转关运输货物，按载运货物驶离出境地的运输工具申报。

九、运输工具名称

指载运货物进出境的运输工具的名称或运输工具编号。

一份报关单只允许填报一个运输工具名称。具体填报要求如表12-9。

运输工具代码表　　表12-9

代码	运输方式名称	释　　义
2	江海运输	船名＋“/”＋航次号
3	铁路运输	车次或车厢号＋“/”＋进出境日期
4	汽车运输	国内行驶车牌号＋“/”＋进出境日期
5	航空运输	航班号＋进出境日期＋“/”＋总运单号
6	邮件运输	邮政包裹号＋“/”＋进出境日期

无实际进出境的按以下要求填报：

进出口转关运输：填报“@”＋转关运输申报编号

进出口中转运输（表12-10）：

进出口中转运输　　表 12-10

代码	运输方式名称	输　入　格　式	
		进　　口	出　　口
2	江海运输	进境船名 +“/”+“@”+进境航次	境内驳船船名 +“/”+驳船航次
3	铁路运输	车厢号 +“/”+“@”+进境日期	车名(关别代码 +“TRAIN”)+“/”+起运日期
4	汽车运输		车名(关别代码 +“TRUCK”)+“/”+起运日期
5	航空运输	国际空运联程分运单号	

加工贸易深加工结转及料件结转货物/加工贸易转内销货物(含转为享受减免税进口的货物):

①先办理转结转/内销进口报关,进口报关单本栏目填报实际运输工具名称;

②出口报关单本栏目填报:

转入方关区代码 + 进口报关单号。

上述规定以外无实际进出境的,本栏目为空。

十、提运单号

本栏目填报的内容应与运输部门向海关申报的载货清单内容一致。一份报关单只允许填报一个提运单时,一票货物有多个提运单,应分单填报。运输方式代码、进出口转关运输方式代码、进出口中转运输方式代码具体填报要求如表 12-11、表 12-12、表 12-13。

运 输 方 式 代 码　　表 12-11

代码	运　输　方　式	输　入　格　式
2	江海运输	进口提单或出口运单号
3	铁路运输	运单号
4	汽车运输	免
5	航空运输	总运单号
6	邮件运输	邮政包裹单号
	无实际进出境	空

转关运输方式代码　　表 12-12

代码	运输方式	输　入　格　式	
		进　　口	出　　口
2	江海运输	正本提单号	空
3	铁路运输	铁路运单号	
5	航空运输	总运单号 +“/”+分运单号	
	其他	空	空

中转运输方式代码 表 12-13

代码	运输方式	输入格式	
		进口	出口
2	江海运输		正本提单号
5	航空运输	国际空运联程货物“@”+分运单号	

十一、收货单位/发货单位

本栏目应填报收、发货单位的中文名称或其海关注册编码。

(1)收货单位指进口货物在境内的最终消费、使用单位,包括:

①自行从境外进口货物的单位;

②委托有外贸经营权的企业进口货物的单位。

(2)发货单位指出口货物在境内的生产或销售单位,包括:

①自行出口货物的单位;

②委托有外贸经营权的企业出口货物的单位。

加工贸易报关单的收、发货单位应与《登记手册》的“货主单位”一致。

十二、贸易方式(监管方式)

贸易方式指以国际贸易中进出口货物的交易方式为基础,结合海关对进出口货物的征税、统计及监管条件综合设定的对进出口货物的管理方式。

本栏目根据实际情况,并按海关规定的“贸易方式代码表”选择填报相应的贸易方式简称或代码(表 12-14)。一份报关单只允许填报一种贸易方式。

易混淆、易错报的贸易方式辨析见表 12-15 和表 12-16。

贸易方式代码表 表 12-14

序号	代码	简称	全称
1	0110	一般贸易	一般贸易
2	0130	易货贸易	易货贸易
3	0214	来料加工	来料加工装配贸易进口料件及加工出口货物
4	0615	进料对口	进料加工对口合同
5	0715	进料非对口	进料加工(非对口合同)
6	0844	进料边角料内销	进料加工项下边角料转内销
7	1427	出料加工	出料加工
8	2025	合资合作设备	合资、合作企业作为投资进口设备、物品
9	2225	外资设备物品	外资企业作为投资进口的设备、物品
10	2700	展览品	进出境货物
11	3010	货样广告品 A	有经营权单位进出口的货样广告品
12	3039	货样广告品 B	无经营权单位进出口的货样广告品

退运与直接退运 表 12-15

	退运货物(出境)	直接退运
退运原因	因质量不符、延误交货期等原因(不包括加工贸易中的料件和成品的退换)	因国家贸易管制政策调整、贸易纠纷、货物错发、误卸或其他特殊原因所造成的退运
是否已办结海关进口手续	已放行	未放行
退运审批手续	一般只需有关商检机构鉴定,并经收发货双方同意即可	必须经海关批准

不作价设备与加工贸易设备 表 12-16

	不作价设备	加工贸易设备
进口方式	均属于加工贸易项下进口设备	
支付方式	外商免费提供,不需付汇	有偿提供,需付汇
监管证件	免于办理进口配额、许可证、进口登记证明	提交相应证件

特别提示:

①进料加工客供辅料(78 种)5000 美元以下的出口合同,辅料进口填报“低值辅料”;

②三资企业进口供加工内销产品的料件或按内外销比例为加工内销产品而进口的料件,进口填报“一般贸易”;

③补偿贸易租借进口设备,进口填报“补偿贸易”;

加工装配租赁进口设备,进口填报“加工贸易设备”;

租赁期满复出口或复进口设备,填报“退运货物”;

④外国籍运输工具在我国境内添加国产燃料,填报“一般贸易”;

⑤“来料养殖”、“来料种植”不属于“来料加工”,进口填报“一般贸易”;

⑥外商投资企业利用投资总额以外的自有资金进口物资,填报“一般贸易”。

十三、征免性质

指海关对进出口货物实施征、减、免税管理的性质类别。一份报关单只允许填报一种征免性质。

本栏目应按照海关核发的《征免税证明》中批注的征免性质填报,或根据实际情况按海关规定的《征免性质代码表》选择填报相应的征免性质简称或代码(表 12-17)。

征免性质代码表 表 12-17

代码	简称	全　称	征免类别
101	一般征税	一般征税进出口货物	照章征税
201	无偿援助	无偿援助进出口物资	法定减免
299	其他法定	其他法定减免税进出口货物	法定减免

续上表

<table>
<tr><th>代码</th><th>简称</th><th>全　　称</th><th colspan="2">征免类别</th></tr>
<tr><td>301</td><td>特定区域</td><td>特定区域进口自用物资及出口货物</td><td rowspan="3">按地区</td><td rowspan="24">特定减免</td></tr>
<tr><td>307</td><td>保税区</td><td>保税区进口自用物资</td></tr>
<tr><td>399</td><td>其他地区</td><td>其他执行特殊政策地区出口货物</td></tr>
<tr><td>401</td><td>科教用品</td><td>大学院校及科研机构进口科教用品</td><td rowspan="10">按用途</td></tr>
<tr><td>403</td><td>技术改造</td><td>企业技术改造进口货物</td></tr>
<tr><td>406</td><td>重大项目</td><td>国家重大项目进口货物</td></tr>
<tr><td>412</td><td>基础设施</td><td>通信、港口、地铁、公路、机场建设进口设备</td></tr>
<tr><td>413</td><td>残疾人</td><td>残疾人组织和企业进出口货物</td></tr>
<tr><td>417</td><td>远洋渔业</td><td>远洋渔业自捕水产品</td></tr>
<tr><td>418</td><td>国产化</td><td>国家定点生产小轿车和摄录机企业进口散件</td></tr>
<tr><td>420</td><td>远洋船舶</td><td>远洋船舶及设备部件</td></tr>
<tr><td>421</td><td>内销设备</td><td>内销远洋船用设备及关键部件</td></tr>
<tr><td>422</td><td>集成电路</td><td>集成电路生产企业进口货物</td></tr>
<tr><td>501</td><td>加工设备</td><td>加工贸易外商提供的不作价进口设备</td><td rowspan="4">按贸易性质</td></tr>
<tr><td>502</td><td>来料加工</td><td>来料加工装配和补偿贸易进口料件及出口成品</td></tr>
<tr><td>503</td><td>进料加工</td><td>进料加工贸易进口料件及出口成品</td></tr>
<tr><td>506</td><td>边境小额</td><td>边境小额贸易进口货物</td></tr>
<tr><td>601</td><td>中外合资</td><td>中外合资经营企业进出口货物</td><td rowspan="7">按企业性质</td></tr>
<tr><td>602</td><td>中外合作</td><td>中外合作经营企业进出口货物</td></tr>
<tr><td>603</td><td>外资企业</td><td>外商独资企业进出口货物</td></tr>
<tr><td>606</td><td>海上石油</td><td>勘探、开发海上石油进口货物</td></tr>
<tr><td>608</td><td>陆地石油</td><td>勘探、开发陆地石油进口货物</td></tr>
<tr><td>609</td><td>贷款项目</td><td>利用贷款进口货物</td></tr>
<tr><td>611</td><td>贷款中标</td><td>国际金融组织贷款、外国政府贷款中标机电设备零部件</td></tr>
<tr><td>789</td><td>鼓励项目</td><td>国家鼓励发展的内外资项目进口设备</td><td colspan="2" rowspan="2">按资金来源</td></tr>
<tr><td>799</td><td>自有资金</td><td>外商投资额度外利用自有资金进口设备、备件、配件</td></tr>
<tr><td>801</td><td>救灾捐赠</td><td>救灾捐赠进口物资</td><td colspan="2">其他减免</td></tr>
<tr><td>802</td><td>扶贫慈善</td><td>境外向我境内无偿捐赠用于扶贫慈善的免税进口物资</td><td colspan="2" rowspan="2">特准减免</td></tr>
<tr><td>898</td><td>国批减免</td><td>国务院特准减免税的进出口货物</td></tr>
<tr><td>998</td><td>内部暂定</td><td>享受内部暂定税率的进出口货物</td><td colspan="2" rowspan="2">暂定税率</td></tr>
<tr><td>999</td><td>例外减免</td><td>例外减免税出口货物</td></tr>
</table>

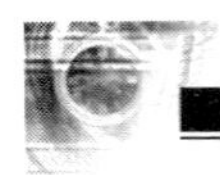

几种常用贸易方式与征免性质、用途、征免方式和备案凭证的对应关系见表12-18。

常用贸易方式、征免性质、用途、征免方式和备案凭证的对应关系表　　表12-18

<table>
<tr><th>常用贸易方式</th><th>征免性质</th><th>用　途</th><th>征免方式</th><th>备案凭证首位</th></tr>
<tr><td rowspan="5">一般贸易</td><td>一般征税</td><td>外贸自营内销</td><td>照章征税</td><td></td></tr>
<tr><td></td><td>其他内贸</td><td></td><td></td></tr>
<tr><td>科教用品</td><td rowspan="3">企业自用</td><td rowspan="3">全免</td><td rowspan="3">Z</td></tr>
<tr><td>鼓励项目(内)</td></tr>
<tr><td>自有资金</td></tr>
<tr><td>来料加工</td><td>来料加工</td><td rowspan="2">加工返销</td><td rowspan="2">全免</td><td>B</td></tr>
<tr><td>进料加工</td><td>进料加工</td><td>C</td></tr>
<tr><td rowspan="4">合资合作设备</td><td>中外合资</td><td rowspan="4">企业自用</td><td rowspan="3">全免</td><td rowspan="3">Z</td></tr>
<tr><td>中外合作</td></tr>
<tr><td>鼓励项目</td></tr>
<tr><td>一般征税</td><td>照章征税</td><td></td></tr>
<tr><td rowspan="3">外资设备用品</td><td>外资企业</td><td rowspan="3">企业自用</td><td rowspan="2">全免</td><td rowspan="2">Z</td></tr>
<tr><td>鼓励项目</td></tr>
<tr><td>一般征税</td><td>照章征税</td><td></td></tr>
<tr><td>不作价设备</td><td>加工设备</td><td rowspan="2">企业自用</td><td>全免</td><td>D</td></tr>
<tr><td>加工贸易设备(作价)</td><td>一般征税</td><td>照章征税</td><td></td></tr>
</table>

加工贸易报关单本栏目应按照海关核发的《登记手册》中批注的征免性质填报相应的征免性质简称或代码。

特殊情况下填报要求如下：

①保税工厂经营的加工贸易，根据《登记手册》填报“进料加工”或“来料加工”；

②三资企业按内外销比例为加工内销产品而进口料件，填报“一般征税”或其他相应征免性质；

③加工贸易转内销货物，按实际应享受的征免性质填报（如一般征税、科教用品、其他法定等）；

④料件退运出口、成品退运进口货物填报“其他法定”；

⑤加工贸易结转货物本栏目为空。

十四、征税比例/结汇方式

征税比例仅用于“非对口合同进料加工”贸易方式下（代码“0715”）进口料、件的进口报关单。现不需填报。

注意：其他情况有征税比例的（如征税比例不是5%或15%）必须拆单申报。

出口报关单应填报结汇方式，即出口货物的发货人或代理人收结外汇的方式（表12-19）。

结汇方式代码表　　表 12-19

代　码	1	2	3	4	5	6	7	8	9
名　称	信汇	电汇	票汇	付款交单	承兑交单	信用证	先出后结	先结后出	其他

十五、许可证号

应申领进(出)口许可证的货物,必须在此栏目填报商务部(原外经贸部)及其授权发证机关签发的进(出)口货物许可证的编号,不得为空。

一份报关单只允许填报一个许可证号。一份报关单对应多个许可证号必须拆单申报。

注意:许可证号的组成:

第 1.2 位代表年份,第 3.4 位代表发证机关(AA-部级发证;AB/AC-特派员办事处发证;01.02-地方发证),后 6 位为顺序号。

十六、起运国(地区)/运抵国(地区)

起运国(地区)指进口货物起始发出的国家(地区)。

运抵国(地区)指出口货物直接运抵的国家(地区)。

对发生运输中转的货物,如中转地未发生任何商业性交易,则起、抵地不变,如中转地发生商业性交易,则以中转地作为起运/运抵国(地区)中文名称或代码。

本栏目应按海关规定的《国别(地区)代码表》选择填报相应的起运国(地区)或运抵国(地区)中文名称或代码。

无实际进出境的,本栏目填报“中国”(代码“142”)。

例如:中国购自美国的产品,如果直接运至中国,起运国为美国;如果途经中国香港转运至中国内地,因在香港未发生买卖行为,起运国仍为美国。内地购自香港的美国产品,如果该产品途经香港转运至内地,因在中转地香港发生了买卖行为,故起运地应为香港。

十七、装货港/指运港

装货港,是指进口货物在运抵我国关境前的最后一个境外装运港。

一般情况下,装货港所属国家应与起运国一致;在运输中转地换装运输工具,但未发生商业性交易的货物,装货港所在国家可与起运国不一致。指运港,是指出口货物运往境外的最终目的港;最终目的港不可预知的,可按尽可能预知的目的港填报。本栏目应根据实际情况按海关规定的《港口航线代码表》选择填报相应的港口中文名称或代码。

无实际进出境的,本栏目填报“中国境内”(代码“0142”)。

如一批进口货物由澳大利亚悉尼运往中国香港,中转后运往中国内地某港口,则该批货物的装货港应填报为香港,如未在香港发生中转,则装货港应填报为悉尼。

一批出口货物由中国内地运往中国香港,中转后运往澳大利亚悉尼,则指运港应填报为悉尼;如一批出口货物由中国运往釜山、大阪、横滨,而预先无法知道最终目的港的,则可按尽可能预知的目的港填报,不可预知的,按最后目的港横滨填报。

十八、境内目的地/境内货源地

境内目的地，是指进口货物在国内的消费、使用地或最终运抵地。

境内货源地，是指出口货物在国内的产地或原始发货地。

本栏目应根据进口货物的收货单位、出口货物生产厂家或发货单位所属国内地区，并按海关规定的《国内地区代码表》选择填报相应的国内地区名称或代码。

十九、批准文号

进口报关单本栏目用于填报《进口付汇核销单》编号。

出口报关单本栏目用于填报《出口收汇核销单》编号。

二十、成交方式

本栏目应根据实际成交价格条款按海关规定的《成交方式代码表》选择填报相应的成交方式代码。

无实际成交进出境的，进口填报 CIF 价，出口填报 FOB 价(表 12-20)。

成交方式代码表　　表 12-20

代　码	1	2	3	4	5	6
名　称	CIF	C&F	FOB	C&I	市场价	垫仓

实际操作中，出口按 FOB 填报，因此，如果出口合同成交条款是 CIF 或 CFR 的话，为与出口收汇核销单金额相符，还需要在报关单备注栏内注明合同价格。

二十一、运费

本栏目用于：

进口：成交价格中不包含运费(FOB)；

出口：成交价格中含有运费(CIF、CFR)。

运费可按单价、总价或运费率三种方式之一填报，同时注明运费标记，并按海关规定《货币代码表》选择填报相应的币种代码。

运保费合并计算的，运保费填报在本栏目。

运费标记：

“1”－运费率；“2”－每吨货物的运费单价；“3”－运费总价。

运费三种格式：

①总价运费：币种/总价/3。如 502/5000/3；

②单价运费：币种/单价/2。如 502/24/2；

③运费率：费率/1。如 5%，填报为 5。

二十二、保险费

本栏目用于：

进口：成交价格中不包含保险费（CFR、FOB）；

出口：成交价格中含有保险费（CIF）。

可按保险费总价或保险费率两种方式之一填报，同时注明保险费标记，并按海关规定的《货币代码表》选择填报相应的币种代码。

运保费合并计算的，运保费填报在运费栏目中。

保险费标记：

“1” – 保险费率；“3” – 保险费总价。

保险费两种格式：

（1）总价保费：币种/总价/3。如502/5000/3；

（2）保险费率：费率/1，费率按百分比填报。如3‰的保险费率填报为0.3。

如果没有保险费，则应按“货价 + 运费”总额的0.3%填报。

二十三、杂费

指成交价格以外的，应计入完税价格或应从完税价格中扣除的费用，如手续费、佣金、回扣等。

可按杂费总价或杂费率两种方式之一填报，同时注明杂费标记，并按海关规定的《货币代码表》选择填报相应的币种代码。

应计入完税价格的杂费填报为正值或正率，应从完税价格中扣除的杂费填报为负值或负率。

杂费标记：

“1” – 杂费率；“3” – 杂费总价。

杂费两种格式：

（1）杂费率：费率/1。如应计入完税价格的1.5%的杂费率填报为1.5/1，应从完税价格中扣除的1%的回扣率填报为 –1/1；

（2）杂费总价：币制/总价/3。如应计入完税价格的500英镑杂费总价填报为301/500/3，应从完税价格中扣除500英镑杂费总价填报为301/ –500/3。

二十四、合同协议号

本栏目应填报进（出）口货物合同（协议）的全部字头和号码。

二十五、件数

本栏目应填报有外包装的进（出）口货物的实际件数，不得填报0，裸装货物填报为1。

特殊情况下，填报要求如下：

①舱单件数为集装箱（TEU）的，填报集装箱个数；

②舱单件数为托盘的，填报托盘数；

③舱单显示件数为1，而该批货物有两家单位申报，则两家单位分别制单，件数均填报为1。

二十六、包装种类

本栏目应填报进(出)口货物的实际外包装种类,如:木箱、纸箱、铁桶、散装等。

二十七、毛重(千克)

指货物及其包装材料的重量之和。

本栏目应填报进(出)口货物实际毛重,计量单位为千克,不足1千克的填报为1。

二十八、净重(千克)

指货物的毛重减去外包装材料后的重量,即商品本身的实际重量。

本栏目填报进(出)口货物的实际净重,计量单位为千克,不足1千克的填报为1。

如氨纶丝一般绕在铁心上,净重应为"毛重-内包装重量-铁心(承载物)重量"。

二十九、集装箱号

1. 含义

集装箱又称货柜,是一种用金属板材或木材、塑料、纤维板制成的长方形的大箱,可装载5~40吨的商品。集装箱号是在每个集装箱箱体两侧标示的全球唯一的编号。

2. 分类

集装箱分为:

①20英尺(20′)集装箱(标准箱)

②40英尺(40′)集装箱(折成2个标准箱)

③45、48、53英尺集装箱

3. 填报要求

在H2000通关系统中,集装箱号填报在集装箱表中,一个集装箱填一条记录,分别填报集装箱号、规格和自重。

在手工填制纸质报关单时,集装箱号以"集装箱号"+"/"+"规格"+"/"+"自重"的方式填报。多个集装箱的,第一个集装箱号填报在"集装箱号"栏中,其余的依次填报在"标记唛码及备注"栏中。在多于一个集装箱的情况下,其余集装箱编号打印在备注栏或随附清单上。

本栏目用于填报集装箱编号及数量。集装箱数量四舍五入填报整数,非集装箱货物填报为0。

三十、随附单据

指随进(出)口货物报关单一并向海关递交的单证或文件。合同、发票、装箱单、许可证等必备的随附单证不在本栏目填报。

本栏目应按海关规定的《监管证件名称代码表》选择填报相应证件的代码(表12-21),并填报每种证件的编号(编号打印在备注栏下半部分)。

监管证件名称代码表　　表 12-21

代　码	名　称	代　码	名　称
1	进口许可证	G	被动出口配额证 I 精神药物进(出)口准许证
2	进口许可证(轿车用)	J	金产品出口证或人总行进口批件
4	出口许可证	N	机电产品进口许可证
5	定向出口商品许可证	O	自动进口许可证(新旧机电产品)
6	旧机电产品禁止进口	P	进口废物批准证书
7	自动进口许可证或重要工业品证明	Q	进口药品通关单
8	禁止出口商品	S	进出口农药登记证明
9	禁止进口商品	T	银行调运外币现钞进出境许可证
A	入境货物通关单	U	白银进口准许证
B	出境货物通关单	W	麻醉药品进出口准许证
C	入境货物通关单(民用商品验证)	X	有毒化学品环境管理放行通知单
D	出/入境货物通关单(毛坯钻石用)	Z	进口音像制品批准单或节目提取单
F	濒危物种进出口允许证		

三十一、用途/生产厂家

进口货物填报用途，应根据进口货物的实际用途按海关规定的《用途代码表》选择填报相应的用途代码(详见表 12-22)。

出口货物填报生产厂家，即境内生产企业。

用途代码表　　表 12-22

代　码	用　途	代　码	用　途	代　码	用　途
01	外贸自营内销	05	加工返销	09	作价提供
02	特区内销	06	借用	10	货样，广告品
03	其他内销	07	收保证金	11	其他
04	企业自用	08	免费提供	12	以产顶进

三十二、标记唛码及备注

备注栏分为前半段和后半段：

前半段填报：

①标记唛码中除图形以外的文字、数字；

②一票货物多个集装箱的，在本栏目填报其余的集装箱号；

③受外商投资企业委托代理其进口投资设备、物品的外贸企业名称；

④加工贸易结转货物，其对应的备案号应填报在“备注”栏目。如出口报关单应填报“转出至××××××××号手册”。

经批准转内销的边角料、废次料，应在本栏目注明“残次料”。

⑤申报采用协定税率的商品，填报原产地证明标记；

⑥其他申报时必须说明的事项。

后半段填报：

随附单据中监管证件（不包括许可证）的编号，即“监管证件代码:监管证件号码”。

三十三、项号

项号分两行填报。第一行填报报关单中的商品排列序号；第二行专用于加工贸易等已备案的货物，填报该项货物在备案手册中的项号。

加工贸易合同项下进出口货物，在本栏第二行填报与《登记手册》一致的商品项号，所填报项号用于核销对应项号下的料件或成品数量。特殊情况填报要求如下：

1. 深加工结转货物

分别按照《登记手册》中的出口成品和进料项号填报；

2. 料件结转货物

出口报关单按照转出《登记手册》中进料项号填报；进口报关单按照转进《登记手册》中进料的项号填报；

3. 料件复出货物

出口报关单按照《登记手册》中进料的项号填报；

4. 成品退运货物

退运进境报关单和复运出境报关单按照《登记手册》原出口成品的项号填报；

5. 料件转内销或按料件补办进口手续的成品转内销

在进口报关单本栏目内填报《登记手册》相应进口料件的项号；

6. 成品转内销货物

进口报关单填报《登记手册》出口成品的项号；

7. 凭《征免税证明》成品转为享受减免税进口货物

先办理进口报关手续，进口报关单填报《征免税证明》中的项号；出口报关单填报《登记手册》原出口成品项号；

进、出口报关单货物数量应一致。

三十四、商品编号

指按海关规定的商品分类编码规则确定的进（出）口货物的商品编号。加工贸易《登记手册》中商品编号与实际商品编号不符的，应按实际商品编号填报。

三十五、商品名称、规格型号

商品名称、规格型号分两行填报。第一行填报进（出）口货物规范的中文商品名称；第二行填报规格型号，必要时可加注原文。具体填报要求如下：

①商品名称及规格型号应据实填报，并与所提供的商业发票相符；

②商品名称应当规范，规格型号应当足够详细，以能满足海关归类、审价以及监管的要求

为准。禁止、限制进出口等实施特殊管制的商品，其名称必须与交验的批准证件上的商品名称相符。

③加工贸易等已备案的货物，本栏目填报录入的内容必须与备案登记中同项号下货物的名称与规格型号一致。

三十六、数量及单位

数量及单位分三行填报，具体填报要求如下：

①第一行填报法定第一计量单位及数量；

②第二行填报第二计量单位及数量。海关法定计量单位中列明无第二计量单位的，第二行为空；

③第三行填报成交计量单位，如果成交计量单位与海关法定计量单位不一致时的话。与海关法定计量单位一致时，第三行为空。

如5台进口发电机组，每台输出功率为100kW。第一行填"5台"，第二行填"500kW"，第三行为空。

加工贸易等已备案的货物，成交计量单位必须与备案登记中同项号下货物的计量单位一致，不相同时必须修改备案或转换一致后填报。

三十七、原产国(地区)/最终目的国(地方)

原产国(地区)指进口货物的生产、开采或加工制造国家(地区)。

最终目的国(地区)指出口货物的最终实际消费、使用或进一步加工制造国家(地区)。

本栏目应按海关规定的《国别(地区)代码表》选择填报相应的国家(地区)名称或代码。

加工贸易报关单特殊情况下填报要求如下：

(1)料件结转货物，出口报关单填报"中国"(代码"142")，进口报关单填报原料件生产国；

(2)深加工结转货物，进出口报关单均填报"中国"(代码"142")；

(3)料件复运出境货物，填报实际最终目的国；加工出口成品因故退运境内的，填报"中国"(代码"142")，复运出境时，填报实际最终目的国。

三十八、单价/总价

本栏目应填报同一项号下进(出)口货物实际成交的商品价格。

无实际成交价格的，本栏目填报货值。

注意：退运进口的出口货物，应按该货物原出口价格填报；来料成品出口，填报工缴费和料件费(FOB价)，并在备注栏内注明工缴费(用于说明对外收汇金额)。

三十九、币制

指进(出)口货物实际成交价格的币制。

本栏目应根据实际成交情况按海关规定的《货币代码表》选择填报相应的货币名称或代码(详见表12-23)，如《货币代码表》中无实际成交币种，需转换后填报。

货币代码表 表 12-23

货币代码	货币名称	货币代码	货币名称	货币代码	货币名称
110	港币	136	泰国铢	331	瑞士法郎
113	伊朗里亚尔	142	人民币	332	卢布
116	日本元	143	台币	398	清算瑞士法郎
118	科威特第纳尔	201	阿尔及利亚第纳尔	501	加拿大元
121	澳门元	300	欧元	502	美元
122	马来西亚林吉特	302	丹麦克朗	601	澳大利亚元
127	巴基斯坦卢比	303	英镑	609	新西兰元
129	菲律宾比索	326	挪威克朗		
132	新加坡元	330	瑞典克朗		

四十、征免(规定)

指海关对进(出)口货物进行征税、减税、免税或特案处理的实际操作方式。

本栏目应按照海关核发的《征免税证明》或有关政策规定,对报关单所列每项商品选择填报海关规定的《征减免税方式代码表》中相应的征免税方式。

加工贸易报关单应根据《登记手册》中备案的征免规定填报(表 12-24)。

征减免税方式代码表 表 12-24

代码	名称	代码	名称	代码	名称
1	照章征税	4	特案	7	保函
2	折半征税	5	征免性质	8	折半补税
3	全免	6	保证金	9	全额退税

注意:对出口法定零税率的“一般贸易”货物,本栏内应填报“照章征税”,而不是“全免”。“租赁不到一年”和“租赁征税”下的进口货物,本栏应填报“照章征税”。

四十一、申报单位

本栏目指报关单左下方用于填报申报单位有关情况的总栏目。

申报单位指对申报内容的真实性直接向海关负责的企业或单位。自理报关的,应填报进(出)口货物的经营单位名称及代码;委托代理报关单的,应填报经海关批准的专业或代理报关企业名称及代码。本栏目还包括报关单位地址、邮编和电话等分项目,由申报单位的报关员填报。

第三节 其他报关单(证)的填制

其他进出境报关单(证)指除了《海关进出口货物报关单填制规范》所规定的报关单格式以外,专用于特定区域、特定货物以及特定运输方式的进出境报关单(证)。它们的性质、效能

及填制方式与进出口货物报关单基本一致。

一、保税区进出境货物备案清单

保税区进出境货物备案清单（以下简称保税区备案清单）是海关规定的统一格式，由保税区内企业或其代理人填制，并向保税区海关提交的申请货物进出保税区的法律文书，是海关依法对出、入保税区货物实施监督管理的重要凭证。

保税区备案清单适用于保税区从境外进口的货物（包括加工贸易料件、转口货物、仓储货物）和保税区运往境外的出口货物；不包括保税区与国内非保税区之间进出口的货物，区内企业从境外进口自用的机器设备、管理设备、办公用品以及区内工作人员自用的应税物品。

保税区备案清单的填制格式、内容及填制要求与报关单基本相同。

二、出口加工区进出境货物备案清单

出口加工区进出境货物备案清单（以下简称出口加工区备案清单）是海关规定统一格式，由出口加工区内企业或其代理人填制，并向出口加工区海关提交的申请货物运入或运离出口加工区的法律文书，是海关依法对出入出口加工区货物实施监督管理的重要凭证。

出口加工区备案清单主要适用于出口加工区实际进出境货物、加工区与国内其他地区之间的非实际进出境货物、同一出口加工区内或不同出口加工区之间的企业结转（调拨）货物。

出口加工区备案清单的填制，除个别栏目外，与报关单的填制相同。对出口加工区备案清单中的以下栏目应按下列规定填报：

①进出口口岸。对加工区进出境货物，应按货物实际进出境的口岸海关名称及代码填报；对加工区进出区货物，应填报本出口加工区海关名称及代码；对属同一区内结转（调拨）货物，应填报对方出口加工区海关名称及代码；对不同出口加工区之间结转（调拨）货物，应填报对方出口加工区海关名称及代码。

②备案号。对出入出口加工区的保税货物，应填报标记代码为“H”的电子账册备案号；对出入出口加工区的征免税货物，应填报标记代码为“H”，第六位为“D”的电子账册备案号；对出口加工区企业的维修、测试、检验、展览及暂进出口货物运往区外的，不需填报备案号。

③运输方式。对加工区进出境货物，其填报与进出口报关单的需求相同；对加工区进出区的货物，应填报“Z”；对加工区结转（调拨）货物，填报“9”。

④运输工具名称。对不同加工区结转（调拨）货物，应填报转入方关区代码（前两位）和进口货物报关单（备案清单）号，即“转入××（关区代码）火×××××××××（进口货物报关单/备案清单号）”。

三、过境货物报关单

过境货物报关单是指由过境货物经营人向海关递交申请过境货物进（出）境的法律文书，是海关依法监管货物过境的重要凭证。

四、进(出)境快件报关单

进(出)境快件报关单是指进出境快件运营人向海关提交的申报以快件运输方式进出口货物、物品的报关单证。

进(出)境快件报关单包括KJ1报关单、KJ2报关单、KJ3报关单,其适用范围见本教材第三章。

五、暂准进口单证册

暂准进口单证册(以下简称ATA单证册)是指由世界海关组织通过的《货物暂准进口公约》及其附约A和《关于货物暂准进口的ATA单证册海关公约》中规定的,用于替代各缔约方海关暂准进出口货物报关单和税费担保的国际统一通用的海关报关单证。

由于我国目前只加入了展览品暂准进口使用ATA单证册的有关国际公约,因此,我国目前只接受属于展览品范围的ATA单证册。有关单位向海关递交ATA单证册时,应递交中文或英文填报的ATA单证册。如递交英文时,应提供中文译本;用其他文字填写的,必须同时递交忠实于原文的中文或英文译本。

六、进(出)口转关运输货物申报单

进(出)口转关运输货物申报单是指进出口货物的收、发货人或其代理人向海关递交的申请办理转关运输货物进出境通关手续的报关单证。

练习题

一、单项选择题

1. 中国煤炭进出口公司收购山西省五矿公司在大同煤矿开采的煤,经河北省唐山京唐港出口,其在出口报关单上填写的发货单位应为(　　)。

A. 中国煤炭进出口公司　　B. 山西省五矿公司

C. 大同煤矿　　D. 唐山京唐港

2. 日本商人从北京购买地毯,陆运至香港,再空运经日本到伦敦,其运抵国(地区)应为(　　)。

A. 日本　　B. 香港　　C. 伦敦　　D. 英国

3. 某进出口公司向某国出口500吨散装小麦,该批小麦分装在一条船舱内。海关报送单上的"件数"和"包装种类"两个项目的正确填报应是(　　)。

A. 件数为500,包装种类为"吨"　　B. 件数为1,包装种类为"船"

C. 件数为3,包装种类"船舱"　　D. 件数为1,包装种类"散装"

4. 海关规定的进出口货物的进口日期是指(　　)。

A. 申报货物办结海关进口手续的日期

B. 向海关申报货物进口的日期

C. 运载货物的运输工具申报进境的日期

D. 所申报货物进入海关监管地或仓库的日期

5. 我国内地某进出口公司从香港购进一批SONY牌电视机，该电视机为日本品牌，其中显像管为韩国生产，集成电路板由新加坡生产，其他零件均为马来西亚生产，最后由韩国组装成整机，该公司向海关申报进口该批电视机时，原产地应填报(　　)。

A. 日本　　B. 韩国　　C. 新加坡　　D. 马来西亚

6. 海关规定对在海关注册登记的企业给予10位数代码编号，称为“经营单位代码”。10位数代码的正确组成顺序是(　　)。

A. 地区代码，企业性质代码和顺序代码

B. 企业详细地址代码，特殊地区代码，企业性质代码和顺序代码

C. 企业所在省，直辖市代码，特殊地区代码，企业性质代码和顺序代码

D. 企业所在省，直辖市代码及省辖市、县、计划单列市、沿海开放城市代码，企业性质代码，特殊地区代码和顺序代码

7. 某外资企业出口一批男式全羊毛西服，该批西服分别用85%的进料加工料和5%的国产原料加工而成，该企业在向海关办理出口申报手续时应填制(　　)报送单。

A. 进料加工专用出口货物

B. 一般贸易用出口货物

C. 外商投资企业专用出口货物

D. 来料加工和补偿贸易专用出口货物

8. 某外贸总公司(甲方)与日本某公司(乙方)签订了一项合同。合同规定：由乙方卖给甲方价值4000美元用于制作服装的该国辅料，甲方用该辅料和国产主料加工成价值40万美元的西服返销给乙方。在填制进出口货物报送单贸易方式栏是应填报(　　)。

A. 进口、出口均为“进料对口”

B. 进口为“进料对口”，出口为“一般贸易”

C. 进口、出口均为“一般贸易”

D. 进口为“一般贸易”，出口为“进料对口”

9. 汕头某合资企业委托广东省机械设备进出口公司与美国公司签约进口工程机械，并委托汕头外运公司代理报关，在填制进口报关单时，“经营单位”一项应为(　　)。

A. 某合资企业　　B. 广东省机械设备进出口公司

C. 美国某公司　　D. 汕头外运公司

10. 联合国救灾协调员办事处在美国市场采购原产于加拿大的冰雪救灾物资无偿援助我国，该批物资在洛杉矶装船，在日本东京中转后运抵我国，这种情况下其报关单“起运国(地区)”栏应填写(　　)。

A. 日本　　B. 加拿大　　C. 美国　　D. 联合国

11. 某公司一次到货进口木材一批，分属甲(一般贸易合同)、乙(加工贸易合同)两个合同项下，清单简列为(　　)。

A. 胶合板，三种规格，合同甲，海运提单号：A01、A02、A03

B. 地板条，一种规格，合同甲，海运提单号：A01

C. 锯材，两种规格，合同乙，海运提单号：B01、B02

D. 薄板，两种规格，合同乙，海运提单号：B03、B04

12. 报关单“贸易方式”栏应填报为“进料非对口”的是(　　)。

A. 原进料加工项下的成品或半成品,已在海关结转手续不直接出口,而是转让给境内其他承接进口料件加工复出口业务的单位进行再加工装配的贸易方式

B. 我国有外贸进出口经营权的企业运用外汇购买进口料件,加工为成品或半成品后返销出口的贸易方式

C. 进料加工贸易进口料件,经批准转为内销的贸易方式

D. 特定用途以进料加工形式进口料件加工的成品不返销出境而供应国内市场的贸易方式

13. 大连某中日合资企业委托辽宁省机械设备进出口公司与日本三菱重工签约进口工程机械,并委托大连外运公司代理报关,在填制进口报关单时,“经营单位”一项应为(　　)。

A. 该中日合资企业　　B. 辽宁省机械设备进出口公司

C. 日本三菱重工　　D. 大连外运公司

14. 某服装进出口公司向日本进口一批服装样装,在向海关申报时,其报关单“贸易方式”栏应填报为(　　)。

A. 一般贸易　　B. 货样广告品　　C. 货样广告品 A　　D. 货样广告品 B

15. 一般贸易所采用的进出口货物报关单是(　　)。

A. 粉红色　　B. 浅绿色　　C. 浅蓝色　　D. 白色

16. 一般来说,进口报关单是一式(　　)联。

A. 三　　B. 四　　C. 五　　D. 六

17. 登记手册的标记码为“B”,代表(　　)加工贸易。

A. 备料　　B. 来料　　C. 进料　　D. 设备进出口

18. 某批货物的进口日期是 2005 年 2 月 16 日,以下报关单中日期形式填写正确的是(　　)。

A. 2005.2.16　　B. 2005.02.16　　C. 2005.16.02　　D. 16.02.2005

19. 经营单位中第 5 位数字“1”代表的是(　　)。

A. 经济特区　　B. 高新技术产业开发区

C. 保税区　　D. 出口加工区

20. 经营单位中第 6 位数字“2”代表的是(　　)。

A. 有外贸经营权的国有企业　　B. 中外合作经营企业

C. 中外合资经营企业　　D. 外商独资企业

二、多项选择题

1. 在填报报关单“总价”项目时,下列表述正确的是(　　)。

A.“一般贸易”货物应按合同上定明的实际价格填报

B. 退运进口的出口货物,应按该货物原出口价格填报

C. 免费赠送的货样、广告品,可以免予填报

D. 来料加工项下的成品出口时,只需填报工缴费

2. 根据海关对报关单上“运输方式”项目的分类规定,“其他运输”是指(　　)运输方式。

A. 管道　　B. 畜驮　　C. 自行车装运　　D. 人力扛运

3. 可以作为经营单位进行填报的是(　　)。

A. 对外签订合同并非执行合同的单位

B. 非对外签订合同但具体执行合同的单位

C. 委托外贸公司对外签订并执行进口投资设备合同的外商投资企业

D. 接受并办理进口溢卸货物报送纳税手续的单位

4. 在填制报关单时,海关根据出口商品的不同情况,对商品数量的填报作出了一些规定,符合海关规定的有(　　)。

A. 规范的数量和单位,应按《海关统计商品目录》上规定的数量和单位填写

B. 与海关规范的数量和单位不一致的实际成交的数量和单位也可填在报关单上

C. 不能把整机和零件的数量加在一起填报数量

D. 不能把类似“一卷”“一箱”“一捆”等较笼统的数量和单位填在报关单上

5. 我国某进出口公司(甲方)与新加坡某公司(乙方)签订一出口合同,合同中定明,甲方向乙方出售5000件衬衫,于2005年4月10日在上海装船,途经香港运往新加坡。在签订合同时甲方得知乙方还要将该批货物从新加坡运往智利。根据上述情况填写报关单时,以下填写不正确的是(　　)。

A. 运抵国(地区)为“香港”,最终目的国(地区)为“新加坡”

B. 运抵国(地区)为“新加坡”,最终目的国为“智利”

C. 运抵国(地区)为“香港”,最终目的国为“智利”

D. 运抵国(地区)为“智利”,最终目的国为“智利”

6. 某公司从日本进口联合收割机10台及部分附件,分装30箱,发票注明每台单价为CIFshanghaiUSD22400,总价为USD224000,附件不另计价。进口货物报关单填报正确的为(　　)。

A. 成交方式;海运　　B. 件数;30

C. 商品名称;联合收割机及附件　　D. 单价;22400

7. 进口货物报关单有若干联,下列报关单中属于报关单基本联的是(　　)。

A. 海关留存联　　B. 企业留存联　　C. 海关核销联　　D. 海关统计联

8. 某进出口公司报关员在填制一份进口报关单时,在“标记唛码及备注”栏内添入了以下内容,其中内容正确的是(　　)。

A. NO MARK 字样　　B. 付汇核销单编号

C. 商检证1份及其编号　　D. 进料加工合同共2本手册及全部编号

9. 根据海关规定,在填写进出口货物报关单的“贸易方式”时,有未列名的贸易方式填写为“其他贸易”。在下列几种贸易方式中,不可填写为“其他贸易”的是(　　)。

A. 溢卸货物　　B 货样、广告品

C. 暂时进口货物　　D. 对台直接贸易

10. 某合资企业从韩国进口一批作为投资的机器设备。该公司委托A进出口公司对外签订进口合同,并代为办理进口手续。A进出口公司与外商订货后,随即委托B公司具体办理货物运输事宜,同时委托上海C报关公司负责办理进口报关手续。下列报关单单位填写错误的是(　　)。

A. 经营单位:A进出口公司　　B. 收货单位:某合资企业

C. 申报单位:B公司　　D. 收货单位:A进出口公司

11. 某进出口公司与澳大利亚签订一批原产于加拿大的土豆合同,货从旧金山装船,途经日本后换船运达广州市新风港,以下填写正确的是(　　)。

A. 原产国:加拿大　　B. 起运国:美国

C. 装货港:旧金山　　D. 境内目的地:中国

12. (　　)应填写出口货物报关单。

A. 非保税区运入保税区供加工生产产品用　B. 加工贸易深加工结转

C. 加工贸易成品转内销　　D. 保税仓库货物复出口

13. (　　)属于一般贸易性质。

A. 进料加工贸易中,对方有价或免费提供的机器设备

B. 贷款援助的进出口物

C. 外商投资企业进口供加工内需产品的料件

D. 经营保税仓库业务的企业购进供自用的货物

14. 按报关单的表现形式分,报关单可以分为(　　)。

A. 进口货物报关单　B. 出口货物报关单　C. 纸制报关单　D. 电子数据报关单

15. 报关单的填制必须做到(　　)。

A. 单、证相符　B. 单、货相符　C. 单、单相符　D. 证、货相符

16. 以下(　　)情况下报关,需要分单填写。

A. 不同批文或合同的货物

B. 同一批货物中不同贸易方式的货物

C. 不同运输方式或相同运输方式但不同航次的货物

D. 不同类型的货物

17. 批准文号指的是(　　)。

A. 进口付汇核销单编号　　B. 出口收汇核销单编号

C. 进口许可证号　　D. 自动进口许可证号

18. 以下关于运费的填写,正确的是(　　)。

A. 24美元的运费单价填报为502/24/2

B. 7000美元的运费总价填报为502/7000/3

C. 24美元的运费单价填报为502/24/3

D. 7000美元的运费总价填报为502/7000/2

19. 以下表述正确的有(　　)。

A. 一批进出口货物应填制一份进出口报关单

B. 一份原产地证书只能对应一份报关单

C. 一份报关单最多可填报20项商品

D. 一张纸质报关单上最多打印5项商品

三、判断题

1. 某大学科研器材处与中国科学仪器进出口公司签订合同订购一台美国惠普公司生产的气一质联用仪,该仪器由中仪公司与美国惠普公司签订购买合同180日后从美国运抵天津

港。在这种情况下，该大学器材处可以自己的名义向海关报关。（　）

2. 来料加工出口货物（收汇的）应向海关递交一式六联报关单。（　）

3. 报关单上的“杂费”指成交价格以外的、应计入完税价格或从完税价格中扣除的费用，如手续费、佣金、回扣等。（　）

4. 报关单上的“收货单位”应进口货物在境内的最终消费、使用的单位名称，“发货单位”应为出口货物在境内的生产或销售的单位名称。（　）

5. 报关单上的“商品名称、规格型号”栏，正确的填写内容应有中文商品名称、规格型号，商品的英文名称和品牌，缺一不可。（　）

6. 某租赁有限公司从事国内租赁业务。该公司委托广州某对外贸易公司从日本进口 50 辆水泥搅拌车，用于租赁给国内的建筑公司。由广州对外贸易公司对外订货，向海关申报进口报关手续时，该批用于租赁货物的贸易方式应填报为“一般贸易”。（　）

7. 某外贸公司与境外贸易公司商以 FOB 价、即期信用证方式结算订立出口棉麻衬衣的一般贸易出口合同，按规定申报时应填写一式四联报关单，分别是海关留存联、海关统计联、企业留存联、出口退税专用联。（　）

8. 某化工进出口公司下属某厂以进料加工贸易方式进口原料一批，经海关运抵港后，进口报关单的“备案号”栏应填报为该货物的加工贸易手册的编号。（　）

9. 进出口货物报关单是海关对进出口货物进行监管、征税、统计和开展稽查、调查的重要依据，是加工贸易进出口货物核销、出口货物退税和外汇管理的重要凭证，也是查处进出口货物走私、违规的重要书面依据。（　）

10. 某企业经海关批准从保税仓库内提取一批货物内销到国内市场，由于该批货物进入保税仓库时为空运进口，故在报关单运输方式栏应填报“航空运输”。（　）

11. 经海关批准，从保税仓库内提取一批货物在国际市场上销售，由于该批货物原进入保税仓库时是空运进口的，故该货出仓库时在报关单“运输方式”栏应填报“航空运输”。

（　）

12. 一批精密仪表在大连机场海关申报出口并转关运输至北京出境，其出口报关单“出口口岸”栏应按实际申报海关所在地填为“大连机场”。（　）

13. 出口货物报关单的“出口退税证明联”是海关对已办理出口申报的货物所签发的证明文件。（　）

四、综合实务题

1. 某外贸进出口公司从德国购进数字照相机（需申领自动进口许可证）一批载运货物的船舶于 2006 年 3 月 18 日运抵广州，该公司于 3 月 22 日采用 EDI 电子申报方式向广州新风海关报关，3 月 23 日向新风海关提交纸质报关单。之后，该公司发现由于报关员书写失误造成申报差错，向海关要求修改申报内容，由于其未对国家贸易管制政策的实施、税费征收及海关统计指标等造成危害的，海关同意修改，并对该报关员作计分处理。

请根据上述案例，在下列选项中选出正确答案

(1) 该批货物的申报日期应是（　）。

A. 3 月 18 日　　B. 3 月 22 日　　C. 3 月 23 日　　D. 3 月 24 日

(2) 货物向海关申报进口时，除报关单外，必须向海关提交的单证包括（　）。

A. 发票　　B. 提单　　C. 自动进口许可证　　D. 贸易合同

(3) 海关接受申报后，申报内容是不得修改或撤销，若海关批准修改或撤销，需符合(　　)情况。

A. 修改或撤销是由于计算机、网络系统等方面的原因导致

B. 修改或撤销是由于报关员的操作或书写失误，但未对国家贸易管制政策的实施、税费征收及统计指标造成危害的

C. 修改或撤销是由于海关审价、归类审核或专业认定前需对原申报数据进行修改的

D. 修改或撤销是海关在办理出口货物的放行手续后，由于配载、装运等原因造成原申报货物部分或全部退关，需要修改或撤销报关单证及其内容的

(4) 根据海关对报关员的计分考核管理办法，以下表述正确的是(　　)。

A. 由于报关员原因造成申报差错而引起报关单证的修改，记 1 分

B. 由于报关员原因造成申报差错而引起报关单证的修改，记 2 分

C. 由于报关员原因造成申报差错而引起报关单证的撤销，记 1 分

D. 由于报关员原因造成申报差错而引起报关单证的撤销，记 2 分

(5) 若该报关员对记分的行政行为有异议，应当自收到电子或纸质告知单之日起(　　)内向作出该记分行政行为的海关部门提出书面申辩。

A. 7 日　　B. 10 日　　C. 12 日　　D. 15 日

2. 某外商向我国境内一鞋靴进出口公司提供一批鞋靴货样，要求该公司按样品进行来样加工。于 2006 年 2 月 10 日，货样从香港通过“YUEHAI/238A”轮载运至深圳文锦渡海关，于 2006 年 2 月 15 日换装汽车运输至广州罗岗海关，从深圳文锦渡海关至广州罗岗海关的转关运输途中，该批货物不慎被窃，货物承运人当即向附件海关报告。

根据上述案例，选择回答下列问题：

(1) 向海关申报时，该批货物的监管方式属于(　　)。

A. 一般贸易　　B. 货样广告品　　C. 货样广告品 A　　D. 货样广告品 B

(2) 该批货物在报关单“进口口岸”栏应填(　　)。

A. 香港海关　　B 深圳文锦渡海关　　C. 广州罗岗海关　　D. 申报地海关

(3) 该批货物在报关单“运输方式”栏应填(　　)。

A 江海运输　　B. 铁路运输　　C. 陆路运输　　D. 汽车运输

(4) 该批鞋靴样进口时，经海关审核数量合理的，海关应按(　　)方式办理放行手续。

A. 保税　　B. 免税　　C. 减税　　D. 征税

(5) 在转关运输途中所引起的货样被窃，其责任应是(　　)。

A. 鞋靴进出口公司　　B. 货物承运人　　C. 海关　　D. 报关员

3. 资料：广州华林电器进出口公司(440133XXXX)委托广州威达无线电通讯进出口公司(440191XXXX)进口彩色视频投影机一批，该货承运船舶在洛杉矶港装货起运，航经海参崴，又停泊大阪转“CA0899”航班载运进口，于 2004 年 10 月 8 日抵广州白云机场申报进境，并委托广州快递物流有限公司(440198XXXX)持机电产品证明 4401-2004-26893 号和征减免税证明 Z51011A00422 于 2004 年 10 月 10 日向机场海关申报进口。该货物法定计量单位为台，海

运费、港杂费合计1000美元，保险费为100美元。

1）提单（Bill of Loading）

<table>
<tr><td colspan="2">Shipper/Exporter:
JINSHANG I/E CO. ,LTD.
LOS ANGELES,U. S. A.</td><td rowspan="7">B/L NO.
SHAD0648

YUE HAI
SHIPPING CO. ,LTD.

BILL OF LADING</td></tr>
<tr><td colspan="2">Consignee:
TO ORDER</td></tr>
<tr><td colspan="2">Notify Party:
GUANGZHOU WEIDA COMMUNICATIONS
INTERNATIONAL I/E CO. ,LTD.
NO. 266 HUAHAI ROAD,
GUANGZHOU,CHINA.</td></tr>
<tr><td colspan="2">Place of Receipt:</td></tr>
<tr><td>Ocean Vessel Voy No.
HONGQI/338W</td><td>Port of Loading
LOS ANGELES</td></tr>
<tr><td>Port of Discharge
GUANGZHOU,CHINA</td><td>Place of Delivery</td></tr>
</table>

<table>
<tr><td colspan="5">Particulars furnished by the Merchant</td></tr>
<tr><td>Container No, And Seal No/Marks &Nos.</td><td>No. of Containers of P'Kgs</td><td>Kind of Packages/ Description of Goods</td><td>G. W.</td><td>Measurement</td></tr>
<tr><td>SEAL NO
YHL068899
HUALING
GUANGZHOU
C/N:1-12
MADE IN GERMANY</td><td colspan="2">PACKAGES
12CASES
COLOUR VIDEO PRODJECTORS
KASUGA MODEL NO:AC-368A
KASUGA MODEL NO:AC-381A

QUANTITY:168SETS
CONTRACT NO:A2688
"SHIPPER'S LOAD STOW & COUNT""FCL/FCL"</td><td>208.70KGS</td><td>55X48X44
54X42X33</td></tr>
<tr><td colspan="2">TOTAL NUMBER OF
CONTAINER/PACKAGES</td><td colspan="3">CONTAINER VESSEL</td></tr>
</table>

<table>
<tr><td>FREIGHT/CHARGES</td><td>Weight/Measurement</td><td>Rate</td><td>Per</td><td>Prepaid</td><td>Collect</td></tr>
<tr><td>Landen on Board the Vessel Date 08/09/2004</td><td>Number of Original B(s)/L-03-THREE</td><td colspan="2">Place of B(s)/L Issue:
LOS ANGELES/KO</td><td>Prepaid at</td><td>Payable at</td></tr>
</table>

2)商业发票(Commercial Invoice)

Commercial Invoice

Sold To:	GUANGZHOU WEIDA COMMUNICATIONS INTERNATIONAL I/E CO. ,LTD.		
Address:	NO 266 HUAHAI ROAD,GUANGZHOU,CHINA		
Contract:	A2688	Date:	08/09/2004
Country of origin:	GERMANY	Port of Destination:	GUANGZHOU,CHINA
Ship:	HONGQI	Port of shipment:	LOS ANGELES,USA
Volumes:	12CASE	Payment	AT SIGHT

Item	description of merchandise	quantity	unit price	total price
				CFR GUANGZHOU
	COLOUR VIDEO PROJECTORS (HS CODE:85283010)			
1	KASUGA MODEL NO:AC-368A	150SETS	USD54.00	USD8100.00
2	KASUGA MODEL NO:AC-381A	18SETS	USD100.00	USD1800.00

SHIPPING SCHEDULE:

MAWB NO. 999-7689 3846

HAWB NO. NEC-6833 4369

TOTAL: 168SETS USD9900.00

HAI DA LOGISTICS CO. ,LTD,HONGKONG

3)装箱单(Packing List)

PACKING LIST

Sold To:	GUANGZHOU WEIDA COMMUNICATIONS INTERNATIONAL I/E CO. ,LTD.		
Address:	NO 266 HUAHAI ROAD,GUANGZHOU,CHINA		
Contract:	A2688	Date:	08/09/2004
Country of origin:	GERMANY	Port of Destination:	GUANGZHOU,CHINA
Ship:	HONGQI	Port of shipment:	LOS ANGELES,USA
Volumes:	12CASE	Payment	AT SIGHT

C/n	description of merchandise	quantity	G. W.	N. W.	Measurement
	COLOUR VIDEO PROJECTORS	SET	KGS	KGS	
1-10	KASUGA MODEL NO:AC-368A	150	159.50	109.50	55X48X44
11-12	KASUGA MODEL NO:AC-381A	18	29.20	25.50	54X42X33
12CASE		168	188.70	135.00	

HAI DA LOGISTICS CO. ,LTD,HONGKONG

请根据以上资料，选择回答下列问题：

(1)"备案号"栏应填(　　)。

A. 68334369　B. A2688　C. Z51011A00422　D. 4401-2004-26893

(2)"申报日期"栏应填(　　)。

A. 04.10.08　B. 04.10.10　C. 2004.10.08　D. 2004.10.10

(3)"经营单位"栏应填(　　)。

A. 广州华林电器进出口公司 440133XXXX

B. 广州威达无线电通信进出口公司 440191XXXX

C. 广州快递物流有限公司 440198XXXX

D. 广州华林电器进出口公司

(4)"运输方式"栏应填(　　)。

A. 江海运输　B. 海洋运输　C. 中转运输　D. 航空运输

(5)"运输工具名称"栏应填(　　)。

A. HONUQI/338W　B. CA0893/20041008/68334369

C. CA089320041008/68334369　D. CA089320041008/999-76893846

(6)"提运单号"栏应填(　　)。

A. HAD0648　B. 999-7689 3846　C. 6833 4369　D. YHL068899

(7)"收货单位"栏应填(　　)。

A. 广州华林电器进出口公司 440133XXXX

B. 广州威达无线电通讯进出口公司 440191XXXX

C. 广州快递物流有限公司 440198XXXX

D. 440133XXXX

(8)"贸易方式"栏应填(　　)。

A. 一般贸易　B. 进料加工　C. 进料对口　D. 合资合作设备

(9)"征免性质"栏应填(　　)。

A. 一般征税　B. 进料加工　C. 进料对口　D. 中外合资

(10)"起运国(地区)"栏应填(　　)。

A. 美国　B. 香港　C. 日本　D. 俄罗斯

(11)"装货港"栏应填(　　)。

A. 洛杉矶　B. 海参崴　C. 大阪　D. 香港

(12)"境内目的地"栏应填(　　)。

A. 广州高新技术产品开发区　B. 广州保税区

C. 广州经济技术开发区　D. 广州市其他地区

(13)"运费"栏应填(　　)。

A. 1000　B. 502/1000/2　C. 502/1000/3　D. 此栏为空

(14)"保费"栏应填(　　)。

A. 100　B. 502/100/2　C. 502/100/3　D. 此栏为空

(15)"随附单据"栏应填(　　)。

A. O:4401-2004-26893　　B. 4401-2004-26893
C. O4401-2004-26893　　D. 此栏为空

(16)"用途"栏应填(　　)。
A. 外贸自营内销　B. 企业自用　C. 加工返销　D. 其他返销

(17)"标记唛码及备注"栏除了填报标记唛码外,还应填报(　　)。
A. Z51011A00422
B. 委托广州威达无线电通讯进出口公司进口
C. O:4401-2004-26893
D. 标记唛码已填,无须再填报其他内容

(18)"数量及单位"栏应填(　　)。
A. 150 台　18 台　　B. 150 台　159.50 千克　18 台　25.5 千克
C. 159.50 千克　25.50 千克　　D. 150 台　160 千克　18 台　260 千克

(19)"原产国"栏应填(　　)。
A. 美国　B. 德国　C. 日本　D. 俄罗斯

(20)"征免"栏应填(　　)。
A. 照章征税　B. 全免　C. 进料加工　D. 中外合作

第十三章　报检单证的填制

● 知识目标

1. 出入境货物报检单、其他常见报检证单和通关单的联网核查；
2. 进出口货物报检单的主要内容和填制规范，以及通关单的联网核查。

● 技能目标

具有在实践中能够根据所给的单据正确填制进出口货物报检单的能力。

引　例

上海对外经济贸易实业浦东有限公司要出口一批玻璃钟到日本的大阪，作为报检员，应如何缮制相关单证，进行报检呢？

第一节　出境货物报检单的填制

一、《出境货物报检单》的填制规范

《出境货物报检单》由各口岸出入检验检疫局统一印制，除编号由检验检疫机构指定外，其余各栏由报检单位填制并盖章确认。填制规范如下：

1. 编号(No.)

由检验检疫机构受理人指定，前6位为检验检疫局机关代码，第7位为报检类代码，第8、9位为年代码，第10至15位为流水号。

2. 报检单位(Declaration Inspection Unit)

指经国家质量监督检验检疫总局审核，获得许可、登记，并取得国家质检总局颁发的《自理报检单位备案登记证明书》或《代理报检单位备案登记证明书》的企业。本栏填报报检单位的中文名称，并加盖与名称一致的公章。

报检单位登记号(Register No)

指报检单位在国家质检总局登记的登记证号码。本栏填10位数登记证号码。

3. 联系人

填报检人员姓名、联系电话。

4. 报验日期(Date of Declaration Inspection)

指检验检疫机构接受报检当天的日期。本栏填制的报检日期统一用阿拉伯数字来表示，而不用英文等表示。

5. 发货人(Consignor)

指外贸合同中的供货商，或商业发票上的出票人。本栏分别用中、英文对照分行填报发货人名称。

6. 收货人(Consignee)

指外贸合同中的收购商，或商业发票上的受票人。本栏分别用中、英文对照分行填报收货人名称。

7. 货物名称(中/外文)(Description of Goods)

指被申请报检的出境货物名称、规格、型号、成分以及英文对照。本栏应按合同、信用证、商业发票中所列商品名称的中、英文填写。

注意：废旧物资在此栏内须注明。

8. H.S. 编码(H.S. Code)

指海关《协调商品名称及编码制度》中所列编码。并以当年海关公布的商品税则编码为准。本栏填报八位商品编码。

注意：有些商品有最后两位补充编码时，应填报十位编码。

9. 产地(Producing Area)

在出境货物报检单中指货物生产地、加工制造地的省、市、县名。在进境货物报检单中是指该进口货物的原产国或地区。本栏填报出境货物生产地的省、市、县的中文名称。

10. 数/重量(Quantity / Weight)

指以商品编码分类中计量标准项下的实际检验检疫数量、重量。本栏按实际申请检验检疫的数/重量填写，重量还须列明毛/净/皮重。

注意：本栏可以填报一个以上计量单位，如：第一计量单位："个"；第二计量单位："公斤"等。

11. 货物总值(Amount)

指出境货物的商业总值及币种。本栏应与合同、发票或报关单上所列货物总值一致。

注意：本栏不需要填报价格术语如"CIF"或"FOB"等。

12. 包装种类及数量(Number and Type of Packing)

是指货物实际运输外包装的种类及数量。本栏应按照实际运输外包装的种类及对应数量填报，如"136 箱"等。

注意：实际运输中为了方便装卸和保护外包装，常用托盘集中包装，这时除了填报托盘种类及数量以外，还应填报托盘上小包装数量及包装种类。

如是木质包装还应注明材质及尺寸。

13. 运输工具名称号码(Means of Conveyance)

指载运出境货物运输工具的名称和运输工具编号。

本栏填制与实际出境运输工具的名称及编号,如船舶名称及航次等。

注意:实际报检申请时,若未定运输工具的名称及编号时,可以笼统填制运输方式总称。如填:“船舶”或“飞机”等。

14. 合同号(Contract No)

合同号指对外贸易合同、订单、形式发票等的号码。

本栏填报的合同号应与随附的合同等号码一致。

15. 贸易方式(Terms of trade)

贸易方式指该批货物的贸易性质,即买卖双方将商品所有权通过什么方式转让。

本栏填报与实际情况一致的海关规范贸易方式。常见的贸易方式有:“一般贸易”、“来料加工”、“进料加工”、“进料非对口”、“合资合作设备” 等90多种贸易方式。

16. 货物存放地点(Place of Goods)

货物存放地点是指出口货物的生产企业所存放出口货物的地点。

本栏按实际填报具体地点、厂库。

17. 发货日期(Shipment Date)

是指货物实际出境的日期。按实际开船日或起飞日等填报发货日期,以年、月、日的方式填报。

18. 输往国家(地区)(Destination Country /Area)

是指出口货物直接运抵的国家(地区),是货物的最终销售国。

本栏填报输往国家(地区)的中文名称。

19. 许可证号/审批号(Licence No./Approve No)

凡申领进出口许可证或其他审批文件的货物,本栏应填报有关许可证号或审批号。无许可证或没有审批文件的出境货物本栏免报。

20. 生产单位注册号(Manufacture Register No)

是指出入境检验检疫机构签发给生产单位的卫生注册证书号或加工厂库的注册号码等。本栏填报实际生产单位的注册号。

21. 起运地(Place of Departure)

本栏填报出境货物最后离境的口岸或所在地的中文名称。如“上海口岸”等。

22. 到达口岸(Final Destination)

是指出境货物运往境外的最终目的港。

本栏最终目的港预知的,按实际到达口岸的中文名称填报,最终到达口岸不可预知的,可按尽可能预知的到达口岸填报。

23. 集装箱规格/数量及号码(Type of Container,Container Number)

集装箱规格是指国际标准的集装箱规格尺寸。常见的是四种箱型有 A 型、B 型、C 型和 D 型,它们的尺寸有十多种,主要有 20'C 型、40'A 型等。

集装箱的数量是指实际集装箱数量,而不是作为换算标准箱。

集装箱号码是指国际集装箱的识别号码,其组成规则是:箱主代号(3 位字母) + 设备识别号(“U”为海运集装箱) + 顺序号(6 位数字) + 检测号(1 位),如 TGHU8491952

本栏填报实际集装箱数量、规格、箱号。如“1 ×20’/TGHU8491952”。

24. 合同、信用证订立的检验检疫条款或特殊要求

在合同中订立的有关检验检疫的特殊条款及其他要求应填入此栏。

25. 标记和号码(Marks and Number of Packages)

货物的标记号码,又成为货物的唛头,主要用于识别货物。本栏应根据实际合同、发票等外贸单据上相同内容填报。

注意:如没有唛头应填报“N/M”,不可以空缺。

26. 用途(Purpose)

从以下 9 个选项中选择符合实际出境货物用途来填报:

(1)种用或繁殖、(2)食用、(3)奶用、(4)观赏或演艺、(5)伴侣动物、(6)试验、(7)药用、(8)饲用、(9)其他。

27. 随附单据(划“√”或补填)(Attached Files in√)

按照实际随附的单据种类划“√”或补充填报随附单据。

28. 签名(Signature of Authorized Signatory)

由持有《报检员证》的报检员手签姓名。

29. 检验检疫费用

由检验检疫机构计费人员核定费用后填写,如熏蒸费和消毒费等。

30. 领取证单

报检人在领取证单时填写领证日期和领证人签名。

二、范例

根据以下提供资料,试以报检人的身份填制《出境货物报检单》(表 13-1)。

报检单位:上海对外经济贸易实业浦东有限公司

Shanghai Foreign Trade Enterprise Pudong Co. ,Ltd.

报检单位号:3100704903

报检员/电话:× × ×/ 64331432

报检货物:玻璃钟 K -9 Class Clock

1400 个/ 2860 公斤/ 136 箱/价值 USD4172O/产地:上海/ N/M

合同号:8CW03D148,合同中无特别检验检疫要求

贸易方式:一般贸易

收货人:日本国大阪市 UNITIKA SAKAI LTD.

报检时间:2003 年 11 月 11 日

已选定运输方式:船舶集装箱运输

预计出运日期:2003 年 11 月 18 日

查得商品编码:7020.0090 其他非工业用玻璃制品

报检单编号:31010020850277E

中华人民共和国出入境检验检疫

出境货物报检单

表 13-1

报检单位（加盖公章）：　　　　　　　　　　　　　　　　＊编　号＿(1)＿

报检单位登记号：　(2)　　联系人：　(3)　　电话　　　　　报检日期：(4)年　月　日

发货人	（中文）（5）
	（外文）
收货人	（中文）（6）
	（外文）

货物名称(中/外文)	H. S. 编码	产地	数/重量	货物总值	包装种类及数量
(7)	(8)	(9)	(10)	(11)	(12)

运输工具名称号码	(13)	贸易方式	(15)	货物存放地点	(16)
合同号	(14)	信用证号		用途	(26)
发货日期	(17)	输往国家(地区)	(18)	许可证/审批号	(19)
起运地	(21)	到达口岸	(22)	生产单位注册号	(20)
集装箱规格、数量及号码	(23)				

合同、信用证订立的检验检疫条款或特殊要求	标 记 及 号 码	随附单据(划"√"或补填)	
(24)	(25)	□合同 □信用证 □发票 □换证凭单 □装箱单 □厂检单	□包装性能结果单 □许可/审批文件 □ □　(27) □

需要证单名称(划"√"或补填)				＊检验检疫费(29)	
□品质证书	＿正＿副	□植物检疫证书	＿正＿副	总金额 (人民币元)	
□重量证书	＿正＿副	□熏蒸/消毒证书	＿正＿副		
□数量证书	＿正＿副	□出境货物换证凭单			
□兽医卫生证书	＿正＿副	□		计费人	
□健康证书	＿正＿副	□			
□卫生证书	＿正＿副	□		收费人	
□动物卫生证书	＿正＿副	□			

报检人郑重声明： 1. 本人被授权报检。 2. 上列填写内容正确属实，货物无伪造或冒用他人的厂名、标志、认证标志，并承担货物质量责任。 签名：＿(28)＿	领 取 证 单 (30)	
	日期	
	签名	

注：有"＊"号栏由出入境检验检疫机关填写　　　　　◆国家出入境检验检疫局制

第二节　进境货物报检单的填制

《入境货物报检单》(表 13-2)的填写，内容应按合同、国外发票、提单、运单上的内容填写，报检单应填写完整、无漏项，字迹清楚，不得涂改，且中英文内容一致，并加盖申请单位公章。

(1)编号:同《出境货物报检单》的填写规范。

(2)报检单位、报检单位登记号:同《出境货物报检单》的填写规范。

(3)联系人:同《出境货物报检单》的填写规范。

(4)报检日期:同《出境货物报检单》的填写规范。

(5)收货人:同《出境货物报检单》的填写规范。

(6)发货人:同《出境货物报检单》的填写规范。

(7)货物名称(中/外文):进口货物的品名，应与进口合同、发票名称一致，如为废旧货物应注明。

(8)H. S 编码:进口货物的商品编码。以当年海关公布的商品税则编码分类为准。

(9)原产国(地区):该进口货物的原产国家或地区。对经过几个国家加工制造的进口货物，以最后一个对货物进行经济上可以视为实质性加工的国家作为该货物的原产国。

(10)数/重量:同《出境货物报检单》的填写规范。

(11)货物总值:同《出境货物报检单》的填写规范。

(12)包装种类及数量:同《出境货物报检单》的填写规范。货物实际运输包装的种类及数量，如是木质包装还应注明材质及尺寸。

(13)运输工具名称号码:同《出境货物报检单》的填写规范。

(14)合同号:同《出境货物报检单》的填写规范。

(15)贸易方式:同《出境货物报检单》的填写规范。

(16)贸易国别(地区):进口货物的贸易国别。

(17)提单/运单号:货物海运提单号或空运单号，由二程提单的应同时填写。

(18)到货日期:进口货物到达口岸的日期。

(19)起运国家(地区):货物的起运国家或地区。

(20)许可证/审批号:需办理进境许可证或审批的货物应填写有关许可证号或审批号。

(21)卸毕日期:货物在口岸的卸毕日期。

(22)起运口岸:货物的起运口岸。

(23)入境口岸:货物的入境口岸。

(24)索赔有效期至:对外贸易合同中约定的索赔期限。

(25)经停口岸:货物在运输中曾经停靠的外国口岸。

(26)目的地:货物的境内目的地。

(27)集装箱规格、数量及号码:同《出境货物报检单》的填写规范。

(28)合同订立的特殊条款以及其他要求:同《出境货物报检单》的填写规范。

(29)货物存放地点:出境货物存放的地点。

(30)用途:同《出境货物报检单》的填写规范。

(31)随附单据:同《出境货物报检单》的填写规范。

(32)标记及号码:同《出境货物报检单》的填写规范。

(33)外商投资财产:由检验检疫机构报检受理人员填写。

（34）签名：同《出境货物报检单》的填写规范。

（35）检验检疫费：同《出境货物报检单》的填写规范。

（36）领取证单：同《出境货物报检单》的填写规范。

中华人民共和国出入境检验检疫

入境货物报检单

表 13-2

报检单位（加盖公章）：　　　　　　　　　　　　　　　　　　　　　＊编　号

报检单位登记号：　　　　联系人：　　　　电话：　　　　　　　　　报检日期：

<table>
<tr><td rowspan="2">收货人</td><td colspan="4">（中文）</td><td>企业性质（划“√”）</td><td>□合资 □合作 □外资</td></tr>
<tr><td colspan="6">（外文）</td></tr>
<tr><td rowspan="2">发货人</td><td colspan="6">（中文）</td></tr>
<tr><td colspan="6">（外文）</td></tr>
<tr><td>货物名称（中/外文）</td><td>H.S.编码</td><td>原产国（地区）</td><td>数量/重量</td><td>货物总值</td><td colspan="2">包装种类及数量</td></tr>
<tr><td></td><td></td><td></td><td></td><td></td><td colspan="2"></td></tr>
<tr><td>运输工具名称号码</td><td colspan="3"></td><td>合同号</td><td colspan="2"></td></tr>
<tr><td>贸易方式</td><td></td><td>贸易国别（地区）</td><td></td><td>提单/运单号</td><td colspan="2"></td></tr>
<tr><td>到货日期</td><td></td><td>起运国家（地区）</td><td></td><td>许可证/审批号</td><td colspan="2"></td></tr>
<tr><td>卸毕日期</td><td></td><td>起运口岸</td><td></td><td>入境口岸</td><td colspan="2"></td></tr>
<tr><td>索赔有效期至</td><td></td><td>经停口岸</td><td></td><td>目的地</td><td colspan="2"></td></tr>
<tr><td colspan="2">集装箱规格、数量及号码</td><td colspan="5"></td></tr>
<tr><td colspan="2" rowspan="2">合同订立的特殊条款
以及其他要求</td><td colspan="2" rowspan="2"></td><td>货物存放地点</td><td colspan="2"></td></tr>
<tr><td>用　途</td><td colspan="2"></td></tr>
<tr><td colspan="2">随附单据（划“√”或补填）</td><td colspan="2">标记及号码</td><td colspan="2">＊外商投资财产（划“√”）</td><td>□是 □否</td></tr>
<tr><td rowspan="4">□合同
□发票
□提/运单
□兽医卫生证书
□植物检疫证书
□动物检疫证书
□卫生证书
□原产地证
□许可/审批文件</td><td rowspan="4">□到货通知
□装箱单
□质保书
□理货清单
□磅码单
□验收报告
□旧机电备案书
□
□</td><td colspan="2" rowspan="4"></td><td colspan="3">＊检验检疫费</td></tr>
<tr><td colspan="2">总金额
（人民币元）</td><td></td></tr>
<tr><td colspan="2">计费人</td><td></td></tr>
<tr><td colspan="2">收费人</td><td></td></tr>
<tr><td colspan="4" rowspan="3">报检人郑重声明：
1. 本人被授权报检。
2. 上列填写内容正确属实。
签名：________</td><td colspan="3">领取证单</td></tr>
<tr><td>日期</td><td colspan="2"></td></tr>
<tr><td>签名</td><td colspan="2"></td></tr>
</table>

注：有“＊”号栏由出入境检验检疫机关填写

训练 13-1：

1. 在日本做好的纱线，出口到马来西亚做成布，然后，这些布出口到法国，做成成衣，出口到意大利，再从意大利出口到北京，成衣的原产国是(　　)。

A. 日本　　B. 马来西亚　　C. 法国　　D. 意大利

2. 在填写《入境货物报检单》时，收货人与合同所订的收货人不一致的，应按实际收货人填写。(对/错)

3. 填写报检单时，报检单位应加盖单位公章，所列各项内容必须填写完整、清晰、不得涂改。“标记及号码”一栏应填写实际货物运输包装上的标记，如果无标记，应填写 N/M。(对/错)

第三节　常用报检单证

报检人在报检时必须填写规定格式的报检单，做到书写工整、字迹清晰、不得涂改，该填的项目完整准确，单单一致，报检单必须加盖报检单位印章，同时提供与出入境检验检疫有关的单证资料。

一、入境报检

入境报检时，应填写入境货物报检单并提供合同、发票、提单等有关单证。

下列情况报检时除按上述条款规定办理外，还应按要求提供有关文件：

(1)凡实施安全质量许可、卫生注册，或其他需审批审核的货物，应提供有关证明；

(2)品质检验的还应提供国外品质证书或质量保证书、产品使用说明书及有关标准和技术资料；凭样成交的，须加附成交样品；以品级或公量计价结算的，应同时申请重量鉴定；

(3)报检入境废物时，还应提供国家环保部门签发的《进口废物批准证书》和经认可的检验机构签发的装运前检验合格证书等；

(4)申请残损鉴定的还应提供理货残损单、铁路商务记录、空运事故记录或海事报告等证明货损情况的有关单证；

(5)申请重(数)量鉴定的还应提供重量明细单、理货清单等；

(6)货物经收、用货部门验收或其他单位检测的，应随附验收报告或检测结果以及重量明细单等；

(7)入境的国际旅行者，应填写入境检疫申明卡；

(8)入境的动植物及其产品，在提供贸易合同、发票、产地证书的同时，还必须提供输出国家或地区官方的检疫证书；需办理入境检疫审批手续的，还应提供《进境动植物检疫许可证》；

(9)过境动植物及其产品报检时，应持货运单和输出国家或地区官方出具的检疫证书；运输动物过境时，还应提交国家质量监督检验检疫总局签发的动植物过境许可证；

(10)报检入境运输工具、集装箱时，应提供检疫证明，并申报有关人员健康状况；

(11)入境旅客、交通员工携带伴侣动物的，应提供入境动物检疫证书及预防接种证明；

(12)因科研等特殊需要,输入禁止入境物的,必须提供国家质量监督检验检疫总局签发的特许审批证明;

(13)入境特殊物品的,应提供有关的批件或规定的文件。

二、出境报检

出境报检时,应填写出境货物报检单并提供对外贸易合同(售货确认书或函电)、信用证、发票、装箱单等必要的单证,出口生产企业代外贸出口单位报检的,须有外贸出口单位委托出口生产企业向检验检疫局报检的委托书。

下列情况报检时除按上述条款规定办理外,还应按要求提供有关文件。

(1)凡实施质量许可、卫生注册或需经审批的货物,应提供有关证明;

(2)出境货物须经生产者或经营者检验合格并加附检验合格证或检测报告;申请重量鉴定的,应加附重量明细单或磅码单;

(3)凭样成交的货物,应提供经买卖双方确认的样品;

(4)出境人员应向检验检疫机构申请办理国际旅行健康证明书及国际预防接种证书;

(5)报检出境运输工具、集装箱时,还应提供检疫证明,并申报有关人员健康状况;

(6)生产出境危险货物包装容器的企业,必须向检验检疫机构申请包装容器的性能鉴定;

生产出境危险货物的企业,必须向检验检疫机构申请危险货物包装容器的使用鉴定;

(7)报检出境危险货物时,必须提供危险货物包装容器性能鉴定结果单和使用鉴定结果单;

(8)申请一般原产地证明书和普惠制原产地证明书的,应提供整套缮制完毕的产地证书、出口商业发票等资料,含进口成分的产品,还必须提交“含进口成分受惠商品成本明细单”;

(9)出境特殊物品的,根据法律法规规定应提供有关的审批文件;

(10)申请鉴定业务和委托检验的,根据不同的申请项目,参照以上条款执行。

第四节　通关单联网核查

一、通关单联网核查实施事项

为提高口岸通关效率,推进无纸通关改革,有效防范和打击逃漏检行为,方便合法进出,根据相关法律法规和《国务院关于加强产品质量和食品安全工作的通知》的要求,海关总署与质检总局决定实施“通关单联网核查”,自2008年1月1日起正式执行。有关事项如下(2007年第68号):

(1)海关和出入境检验检疫局及其分支机构(以下简称出入境检验检疫机构)对法定检验进出口商品(以下简称法检商品),实行出入境货物通关单(以下简称通关单)电子数据与进出口货物报关单(以下简称报关单)电子数据的联网核查,进一步提高通关效率,实现严密监管。

(2)“通关单联网核查”的基本流程是:出入境检验检疫机构根据相关法律法规的规定对法检商品签发通关单,实时将通关单电子数据传输至海关,海关凭以验放法检商品,办结海关手续后将通关单使用情况反馈质检总局。

(3)出入境检验检疫机构签发的通关单纸质单证信息与通关单电子数据必须一致。

(4)企业在报检、报关时,必须如实申报,并保证通关单与报关单相关申报内容一致,具体要求如下:

①报关单的经营单位与通关单的收/发货人一致;

②报关单的起运国与通关单的输出国家或地区一致;报关单的运抵国与通关单的输往国家或地区一致;

③报关单上法检商品的项数和次序与通关单上货物的项数和次序一致;

④报关单上法检商品与通关单上对应商品的 HS 编码一致;

⑤报关单上每项法检商品的法定第一数量不允许超过通关单上对应商品的数量/重量;

⑥报关单上法检商品的第一计量单位与通关单上的货物数量/重量计量单位相一致;

⑦出口货物报关单上的"申报日期"必须在出境货物通关单的有效期内。

(5)企业申领通关单的有关要求:

①通关单只能有效报关使用一次,企业应确保已申领通关单项下的进出口货物可一次性报关进出口。

如通关单签发后需要分成多票报关单报关的,企业应向出入境检验检疫机构申请拆分通关单。

②每份通关单所列的货物项数不能超过 20 项(含 20 项)。

③企业报检时提供的"报关地海关"应为报关地海关隶属的直属海关。特殊情况下,可为指定的报关地海关。

④临时注册企业应向出入境检验检疫机构提供海关制发的临时注册编码。

(6)通关单数据查询:

企业取得通关单后,进出口货物的经营单位或报检企业可通过中国电子检验检疫业务网(WWW. ECIQ. CN)查询通关单状态信息,状态信息分为"已发送电子口岸"、"电子口岸已收到"、"海关已入库"、"海关已核注"、"海关已核销"、"海关未能正常核销"、"通关单已过期"。

小博士 13-1: 通关单状态信息注释

状态信息为"已发送电子口岸",是指质检总局已将通关单电子数据发送给电子口岸;

状态信息为"电子口岸已收到",是指电子口岸已收到质检总局发送的通关单电子数据;

状态信息为"海关已入库",是指海关已成功接收通关单电子数据,企业可根据通关单电子数据办理报关手续;

状态信息为"海关已核注",是指该份通关单对应的报关单已申报成功;

状态信息为"海关已核销",是指该份通关单对应的报关单已结关;

状态信息为"海关未能正常核销",是指海关核销通关单电子数据不成功;

状态信息为"通关单已过期",是指该份通关单超过有效期,通关单无法使用。

(7)企业报关单预录入有关要求：

①申报法检商品必须录入通关单编号，并且一票报关单只允许填报一个通关单编号。

②涉及加工贸易手册、电子账册、减免税证明的进出口货物，企业选择海关备案数据填制报关单，报关单上法检商品的项号应与通关单项号一致。

③报关单涉及法检商品与非法检商品的，必须先录入法检商品，后录入非法检商品。

(8)实施通关单联网核查后，报关单和通关单电子数据不一致的，海关将做退单处理，企业根据海关退单信息办理相关手续。

(9)商品归类以海关认定为准，报关单上法检商品的 HS 编码经海关确认归类有误的，企业需向出入境检验检疫机构申请修改通关单。

企业申领通关单后商品 HS 编码依据国家规定调整的，企业报关时通关单商品 HS 编码应以调整后的为准，如需修改，需向出入境检验检疫机构申请修改通关单。

(10)因特殊情况无法正常实施通关单联网核查的，海关、出入境检验检疫机构应通过公告栏等方式及时告知企业，企业按照告知要求办理通关手续。

二、实例解析

1. 入境货物报检单(表 13-3)和报关单(表 13-4)填制范例说明

①报检单的发货人填写报关单的经营单位(以检验检疫备案登记代码录入)；

②报检单的起运国家(地区)即是通关单的输出国家或地区，填写报关单的起运国(地区)；

③报检单货物的排列顺序：实施电子数据比对的法检商品排列在前(2 项)，不实施比对的商品排列在后(1 项)。报关单上的法检货物项数和次序应与此一致；

④报检单的货物 HS 编码按报关单对应法检商品的 HS 编码填写；

⑤报检单货物的计量单位按报关单上对应法检商品的第一计量单位填写；

⑥报检单上每项法检商品以第一计量单位计算的数/重量应大于或等于报关单上对应法检商品的法定第一数量。

⑦报检单的入境口岸填写报关口岸名称。

2. 出境货物报检单(表 13-5)和报关单(表 13-6)填制范例说明

①报检单的发货人填写报关单的经营单位(以检验检疫备案登记代码录入)；

②报关单申报日期应在出境货物通关单有效期之内；

③报检单的输往国家(地区)即是通关单的输往国家或地区，填写报关单的运抵国(地区)；

④报关单上法检货物的项数(2 项，第 3 项为非法检商品)和次序与报检单一致；

⑤报检单上每项法检商品的 HS 编码按报关单上对应法检商品的 HS 编码填写；

⑥报检单货物的计量单位按报关单上对应法检商品的第一计量单位填写；

⑦报检单上每项法检商品以第一计量单位计算的数/重量应大于或等于报关单上对应法检商品的法定第一数量。

⑧报检单的起运口岸填写报关口岸名称。

中华人民共和国出入境检验检疫

入境货物报检单

表 13-3

报检单位(加盖公章)： XXX 代理报检有限公司　　　　＊编　号 470600107024501

报检单位登记号:4700910XXX　联系人:王汉兴　电话:36666666　　　　报检日期:2007 年 01 月 23 日

收货人	(中文)深运进出口有限公司	企业性质(划"√")	□合资 □合作 □外资
	(外文)		
发货人	(中文)＊		
	(外文)＊		

货物名称(中/外文)	H. S. 编码	原产国(地区)	数量/重量	货物总值	包装种类及数量
棉纤维型自动抓棉机	8445111200 M/N	法国	1 台	720810 美元	1 木托
棉纤维型梳棉机	8445111300 M/N	法国	1 台	315010 美元	1 木托
捻接器(七成新)	8448393000	法国	1 台	12580 美元	1 木托

运输工具名称号码	船舶 VICTOR211			合同号	07671123
贸易方式	一般贸易	贸易国别(地区)	法国	提单/运单号	HJSCLE03112102
到货日期	2007.01.21	起运国家(地区)	法国	许可证/审批号	
卸毕日期	2007.01.21	起运口岸	法国	入境口岸	盐田港
索赔有效期至	0000.00.00	经停口岸		目的地	深圳市龙岗区
集装箱规格、数量及号码	1×20′/E76578I002				
合同订立的特殊条款以及其他要求	通关单			货物存放地点	码头
				用　途	其他

随附单据(划"√"或补填)		标记及号码	＊外商投资财产(划"√")	□是 □否
□合同 □发票 □提/运单 □兽医卫生证书 □植物检疫证书 □动物检疫证书 □卫生证书 □原产地证 □许可/审批文件	□到货通知 □装箱单 □质保书 □理货清单 □磅码单 □验收报告 □旧机电备案书 □ □	N/M 有 IPPC 标记	＊检验检疫费	
			总金额(人民币元)	
			计费人	
			收费人	

报检人郑重声明： 1. 本人被授权报检。 2. 上列填写内容正确属实。 签名： 李志	领取证单	
	日期	
	签名	

注:有"＊"号栏由出入境检验检疫机关填写　　　　◆国家出入境检验检疫局制

中华人民共和国海关进口货物报关单　　表 13-4

预录入编号:317006 × × ×　Page 1　海关编号：081561543

<table>
<tr><td colspan="2">进口口岸　大鹏海关（5316）</td><td colspan="2">备案号　E53052000024</td><td>进口日期　2007.01.21</td><td>申报日期　2007.01.27</td></tr>
<tr><td colspan="2">经营单位　深运进出口有限公司 4403120 × × ×</td><td colspan="2">运输方式　江海运输</td><td>运输工具名称
HANJIN GOTHENBURG/G80</td><td>提运单号 HJSCLE03112102</td></tr>
<tr><td colspan="2">收货单位　深圳市龙发纺织有限公司</td><td colspan="2">贸易方式　一般贸易 0110</td><td>征免性质　鼓励项目(789)</td><td>征税比例</td></tr>
<tr><td>许可证号</td><td colspan="3">起运国(地区)　法国(305)</td><td>装货港　勒阿弗尔</td><td>境内目的地 深圳其他 44039</td></tr>
<tr><td>批准文号</td><td colspan="2">成交方式　CIF</td><td>运费</td><td>保费</td><td>杂费</td></tr>
<tr><td>合同协议号　07671123</td><td colspan="2">件数　3</td><td>包装种类　木托</td><td>毛重(公斤)　35375</td><td>净重(公斤)　30470</td></tr>
<tr><td>集装箱号
E76578I002/20′/(自重)</td><td colspan="4">随附单据　A</td><td>用途　其他</td></tr>
<tr><td colspan="6">标记唛码及备注　A:　470600107024501000</td></tr>
</table>

项号	商品编号	商品名称、规格型号	数量及单位	原产国(地区)	单价	总价	币制	征免
01) (1)	8445111200	棉纤维型自动抓棉机 TUSL TM	1 台	法国 (305)	720810	720810	EUR 欧元	全免
02) (2)	8445111300	棉纤维型梳棉机 VER TM	1 台	法国 (305)	315010	315010	EUR 欧元	全免
03) (3)	8448393000	捻接器(七成新)	1 台	法国 (305)	12580	12580	EUR 欧元	全免

<table>
<tr><td colspan="3">税费征收情况　　总价合计:
1048400.00</td></tr>
<tr><td>录入员
录入单位</td><td>兹声明以上申报无讹并承担法律责任</td><td rowspan="2">海关审单批注及放行日期(签章)

审单　　审价</td></tr>
<tr><td colspan="2">报关员</td></tr>
<tr><td colspan="2">单位地址　　申报单位(签章)　深运进出口有限公司</td><td>征税　　统计</td></tr>
<tr><td colspan="2">邮编　　电话　　填制日期　2007.01.27</td><td>查验　　放行</td></tr>
</table>

中华人民共和国出入境检验检疫
出境货物报检单

表 13-5

报检单位(加盖公章)： ××集团股份有限公司　　　　＊编　　号 470100207169999

报检单位登记号:4701600888　　联系人:李红　　电话:66860088　　报检日期:2007 年 01 月 05 日

发货人	(中文)××集团股份有限公司
	(外文)
收货人	(中文)＊
	(外文)MoonRiver Import & Export Corporation, Busan

货物名称(中/外文)	H. S. 编码	产地	数/重量	货物总值	包装种类及数量
14"彩色电视机	8528721100 L. M/N	深圳	906 台	38849.28 美元	906 纸箱
21"液晶电视机	8528723200 L. M/N	深圳	350 台	63231.00 美元	350 纸箱

运输工具名称号码	船舶	贸易方式	进料对口	货物存放地点	本公司仓库
合同号	2006-33	信用证号		用途	其他
发货日期	2007.01.14	输往国家(地区)	尼泊尔	许可证/审批号	＊
起运地	深圳	到达口岸	尼泊尔	生产单位注册号	4701600888
集装箱规格、数量及号码	＊				

合同、信用证订立的检验检疫条款或特殊要求	标记及号码	随附单据(划"√"或补填)	
＊	＊	□合同 □信用证 □发票 □换证凭单 □装箱单 □厂检单	□包装性能结果单 □许可/审批文件 □ □ □ □

需要证单名称(划"√"或补填)		＊检验检疫费	
□品质证书 __正__副 □重量证书 __正__副 □数量证书 __正__副 □兽医卫生证书 __正__副 □健康证书 __正__副 □卫生证书 __正__副 □动物卫生证书 __正__副	□植物检疫证书 __正__副 □熏蒸/消毒证书 __正__副 □出境货物换证凭单 □出境货物通关单 □ □ □	总金额 (人民币元) 计费人 收费人	

报检人郑重声明：	领取证单	
1. 本人被授权报检。 2. 上列填写内容正确属实,货物无伪造或冒用他人的厂名、标志、认证标志,并承担货物质量责任。 签名: 李红	日期 签名	

注:有"＊"号栏由出入境检验检疫机关填写　　　　◆国家出入境检验检疫局制

中华人民共和国海关出口货物报关单

预录入编号:185128×××　　Page 1 of 1　　海关编号:165128×××　　表13-6

出口口岸 大鹏海关(5316)	备案号 E53052000×××	出口日期 0000-00-00	申报日期 2007.01.12
经营单位 ××集团股份有限公司 4403130×××	运输方式 江海运输(2)	运输工具名称 E000000ZIN2A	提运单号 A1701120711
发货单位 4403130×××	贸易方式 进料对口(0615)	征免性质 进料加工(0503)	结汇方式 先出后结(7)
许可证号 ×××	运抵国(地区) 尼泊尔(125)	指运港 尼泊尔(0125)	境内货源地 深圳特区(44031)

批准文号 069609668	成交方式 FOB(3)	运费	保费	杂费
合同协议号 2006-33	件数 1276	包装种类 纸箱(2)	毛重(公斤) 33318	净重(公斤) 30914
集装箱号 MSKU8898231/40′/(自重)	随附单据 B			生产厂家

标记唛码及备注
退税/主管海关:深关现场　　B:470100207169999000　　集装箱号:APMU8008021,PONU7653189

项号	商品编号	商品名称、规格型号	数量及单位	最终目的国(地区)	单价	总价	币制	征免
01)	8528721100	14"彩色电视机	906台	尼泊尔	42.88	38849.28	USD	全免
		14"(美制式13")	0114		125		美元	
02)	8528723200	21"液晶电视机	350台	尼泊尔	180.66	63231.00	USD	全免
		21"	0104		125		美元	
03)	8529908190	21"彩色电视机机芯组件	40千克	尼泊尔	25	500	USD	全免
		21"	20套		125		美元	

***** 以下空白 *****

税费征收情况　　合计总价:壹拾万零贰仟伍佰捌拾元贰角捌分(102580.28)
逐单申报单

录入员 江×× 录入单位 ××集团股份有限公司 报关员 吴×× 单位地址 深圳南山华侨城　申报单位(签章)××集团股份有限公司(4403130×××) 邮编 518053　电话××××××××　填制日期 2007.01.12	兹声明以上申报无讹并承担法律责任	海关单批注栏及放行日期(签章) 审单　审价 征税　统计 查验　放行

练习题

一、单向选择题

1. 需凭《出口安全质量许可证》报检的商品如玩具，报检时须将其许可证号填入《出境货物报检单》(　　)栏目。

A. 许可证/审批号　　B. 发货人　　C. 生产单位注册号　　D. 贸易方式

2.《出境货物报检单》上收货人应填写(　　)。

A. 报检单位　　B. 代理收货人

C. 合同、信用证中所列买方名称　　D. 合同的卖方

3. 在填写《出境货物报检单》时，输往国家和地区是指(　　)。

A. 出口货物的最终销售国　　B. 出口货物的收货人所在国

C. 出口货物运往的目的港所在国　　D. 以上都对

4.《出境货物报检单》起运地一栏，应填写(　　)。

A. 货物原产地　　B. 签发《出境货物换证凭单》所在地

C. 货物最后离境的口岸及所在地　　D. A、B、C 均可

二、多项选择题

1.《入境货物报检单》上的用途有(　　)。

A. 种用、繁殖　　B. 奶用、观赏　　C. 演艺、伴侣动物

D. 试验、食用　　E. 药用、饲用、其他

2. 填报《入境货物报检单》时，应按照实际随附的单据种类(　　)或(　　)随附单据。

A. 划"√"　　B. 补填　　C. 选择

D. 添加　　E. 删除

3.《入境货物报检单》上的(　　)指货物的标记号码，应与合同、发票等有关外贸单据保持一致。

A. 标记　　B. 号码　　C. 货名

D. 货号　　E. 标识

4.《入境货物报检单》上的外商投资财产为由(　　) 填写。

A. 检验检疫机构　　B. 报检受理人员　　C. 海关机构

D. 报检申报人员　　E. 报关申报人员

5.《入境货物报检单》上的领取证单是指报检人在领取检验检疫机关出具的有关检验检疫单证时填写的(　　)。

A. 领证日期　　B. 领证人姓名　　C. 出证日期

D. 出证人姓名　　E. 申请人姓名

6.《入境货物报检单》上的内容应按(　　)的内容填写。

A. 合同　　B. 国外发票　　C. 提单

D. 运单　　E. 信用证

参 考 文 献

[1] 海关总署报关员资格考试教材编写委员会. 报关员资格考试全国统一考试教材. 北京:中国海关出版社,2007.5.

[2] 海关总署报关员资格考试教材编写委员会. 进出口商品名称与编码. 北京:中国海关出版社, 2007.5.

[3] 海关总署报关员资格考试教材编写委员会,2006 年版报关员资格考试全国统一考试教材,北京,中国海关出版社,2006.

[4] 海关总署报关员资格考试教材编写委员会,2005 年版报关员资格考试全国统一考试教材,北京,中国海关出版社,2005.

[5] 海关总署报关员资格考试教材编写委员会,2004 年版报关员资格考试全国统一考试教材,北京,中国海关出版社,2004.

[6] 海关总署教材编审委员会,2003 年版报关员资格考试全国统一考试教材,北京,中国海关出版社,2003.

[7] 兰影,2005 年版出入境检验检疫报检员培训教材,北京,中国法制出版社,2005.

[8] 兰影,2003 年最新版出入境检验检疫报检员培训教材,北京,中国法制出版社,2003.

[9] 罗兴武、文妮佳, 通关实务,北京,机械工业出版社,2006.8.

[10] 刘北林,海关商品学,北京:中国物资出版社,2003.9.

[11] 刘文丽,商品归类基础,北京:中国商务出版社,2002.6.

[12] 刘伟,报关实务,北京:中国商务出版,2002.6.

[13] http://www1.customs.gov.cn 中国海关(网).

[14] http://www.aqsiq.gov.cn/国家质量监督检验检疫总局门户网站.